汽车发动机故障诊断与修复

（第2版）

中国交通教育研究会职业教育分会　**组织编写**

上海景格科技股份有限公司　**技术支持**

赵　宏　刘新宇　**主　编**

何泽刚　王　芳　**副主编**

人民交通出版社

北京

内 容 提 要

本书是"十四五"职业教育国家规划教材,主要内容包括:汽车发动机认知、机体组故障诊断与修复、活塞连杆组故障诊断与修复、曲轴飞轮组故障诊断与修复、配气机构故障诊断与修复、冷却系统故障诊断与修复、润滑系统故障诊断与修复、发动机机械系统拆装、发动机传感器故障诊断与修复、电子节气门系统故障诊断与修复、发动机点火系统故障诊断与修复、汽油发动机燃油系统故障诊断与修复、发动机怠速控制系统故障诊断与修复、发动机进气控制系统故障诊断与修复、发动机排放控制系统故障诊断与修复和发动机综合故障诊断与修复。

本书可作为高等职业院校汽车检测与维修技术等专业核心课程教材,也可作为汽车服务人员在职培训及汽车爱好者的自学指导书。

图书在版编目(CIP)数据

汽车发动机故障诊断与修复/赵宏,刘新宇主编.
2 版. —北京:人民交通出版社股份有限公司,2025.
3. —ISBN 978-7-114-19832-8

Ⅰ. U472.43

中国国家版本馆 CIP 数据核字第 2024AG8435 号

Qiche Fadongji Guzhang Zhenduan yu Xiufu

书　　名：汽车发动机故障诊断与修复(第 2 版)
著 作 者：赵　宏　刘新宇
责任编辑：张一梅
责任校对：龙　雪
责任印制：张　凯
出版发行：人民交通出版社
地　　址：(100011)北京市朝阳区安定门外外馆斜街 3 号
网　　址：http://www.ccpcl.com.cn
销售电话：(010)85285911
总 经 销：人民交通出版社发行部
经　　销：各地新华书店
印　　刷：北京市密东印刷有限公司
开　　本：787×1092　1/16
印　　张：20.5
字　　数：455 千
版　　次：2018 年 7 月　第 1 版
　　　　　2025 年 3 月　第 2 版
印　　次：2025 年 3 月　第 2 版　第 1 次印刷　总第 6 次印刷
书　　号：ISBN 978-7-114-19832-8
定　　价：58.00 元

(有印刷、装订质量问题的图书,由本社负责调换)

为贯彻落实全国职业教育大会精神,推动现代职业教育高质量发展,中共中央办公厅、国务院办公厅印发《关于推动现代职业教育高质量发展的意见》。深化教育教学改革是其中重要一环,改进教学内容与教材,需要及时更新教学标准,将新技术、新工艺、新规范、典型生产案例及时纳入教学内容。在此背景下,修订《汽车发动机故障诊断与修复》教材非常必要。

本套教材以中国交通教育研究会职业教育分会汽车运用工程专业委员会制订的汽车检测与维修技术专业人才培养方案和课程标准为依据,以行业典型工作任务为课程内容参照点,以完整的学习任务为单元组织内容,以任务实施为主要学习方式,满足高职汽车检测与维修技术专业培养技能人才的教学需求,具有以下特点:

1. 思政元素融入化。为落实"立德树人"的根本任务,在教材编写中融入思政元素,着重于学生的实践能力培养,突出敬业精神、工匠精神及责任意识的培养。

2. 学习任务工作化。以任务驱动为导向,按照典型工作任务、完整过程和工作情境设计教学内容。从岗位需求出发,实现教学内容融合工作任务,通过任务实施巩固学习过程,为学生提供全面的学习和培养。

3. 教学内容专业化。在中国交通教育研究会职业教育分会汽车运用工程专业委员会的指导下,组织教育专家设计、行业专家指导、技术专家和职业院校教学专家团队合作编写,保证了教材内容的专业性以及教学理念的先进性。

4. 教材形式立体化。以"高职汽车检测与维修技术专业资源库"为支撑,资源库中含有丰富的动画、视频、优秀图书、论文、知识拓展等素材资源,教材中的相关知识点附近配有二维码,扫码可观看动画或视频资源,并配套了全面的考核项目和海量题库,使课程更加形象化、情景化、动态化、生活化。

5. 课程内容全面化。课程全面覆盖各层次学生学习需求,不仅涵盖重要知识内容和关键操作步骤,而且配套资源库中推荐众多优秀图书、论文、知识拓展链接,为各层次学生精选、设计匹配学习方法,丰富学习渠道,满足学生多种场景学习要求。

6. 教学形式信息化。课程采用教材与网络资源库同步呈现模式,实现网络云端数据访问,教学素材实时更新,满足各院校信息化教学需求。

本套教材是由中国交通教育研究会职业教育分会汽车运用工程专业委员会组织,四川交通职业技术学院、广西交通职业技术学院、天津交通职业学院、广东交通职业技术学院、湖北交通职业技术学院、江西交通职业技术学院、陕西交通职业技术学院、北京交通运输职业学院、河南交通职业技术学院、贵州交通职业技术学院、湖南交通职业技术学院、上海交通职业技术学院(院校排名不分先后)及上海景格科技股份有限公司深度合作,在行业专家、教学专家的指导下共同开发的"汽车类专业教学资源库"配套教材。希望通过本套教材的使用,使学生能够学到扎实的基础知识、练就娴熟的专业技能、积累实践操作经验,让学生决胜于职场,创造出一个美好的未来。

《汽车发动机故障诊断与修复》是本套教材中的一本。教材第1版于2018年出版,入选"十四五"职业教育国家规划教材。教材第2版以项目+学习任务引领,教材内容由浅入深,体现实践性。本次修订将学习目标细化为知识目标、技能目标和素质目标;增强课程思政元素融入,落实立德树人根本任务;注重吸收新技术和新标准,删除过时内容,对教材内容进行了更新和补充;在每个项目后增加了习题。

本书的编写分工为:天津交通职业学院的赵宏编写了项目一至项目六;上海大众的马永亮编写了项目七;天津交通职业学院的刘新宇编写了项目八、项目十、项目十二、项目十四中的学习任务2、项目十五、项目十六;天津交通职业学院的何泽刚编写了项目九;天津交通职业学院的王芳编写了项目十一、项目十三、项目十四中的学习任务1。全书由赵宏、刘新宇担任主编,何泽刚、王芳担任副主编。

在本书的编写过程中,编者参阅了大量文献,引述文献尽量予以标注,但难免存在遗漏。在此对各文献作者,以及为本书编写提供资料和提出宝贵修改意见的孙广珍老师一并致谢。

由于作者水平有限,加上时间仓促,书中疏漏与不妥之处在所难免,敬请有关专家和读者批评指正。

作　者
2024 年 10 月

本教材配套数字资源列表

目录

项目一　汽车发动机认知

项目描述

修理工小李跟着师傅学习维修汽车已经快半年了,可是只学会了简单的汽车维护技能,而汽车修理技能提高得很慢,小李经过分析后发现,主要是自己的理论知识学习不系统、不扎实。为此他总结出一个结论,想要做好维修工作,必须要有坚实的理论基础。

学习目标

知识目标

(1)了解发动机的总体结构,及各个机构和系统的组成和功用;

(2)了解发动机的分类;

(3)掌握发动机的基本术语;

(4)掌握发动机的工作原理。

技能目标

(1)能够认知发动机在整车上的安装位置和连接关系;

(2)能够认知发动机各机构和系统的基本组成。

素质目标

(1)培养学生具有爱党报国、敬业奉献和服务人民的思想;

(2)培养学生具有奋斗精神、奉献精神、创造精神、勤俭节约精神、劳动精神、工匠精神;

(3)培养学生良好的职业道德,严谨的工作态度和严格的质量意识、安全意识、环保意识、团队意识。

建议学时:4 学时。

知识准备

汽车发动机是将某一种形式的能量转换为机械能的机器。其功用是将液体或气体的化学能通过燃烧转化为热能，再把热能通过膨胀做功转化为机械能并对外输出动力。汽车的动力来自发动机，可以说发动机是汽车的心脏，为汽车的行驶提供动力。同时，发动机的性能又和汽车的动力性、经济性、环保性紧密相关。

一、发动机总体结构

发动机总体结构如图1-1所示。

发动机功用

在汽车100多年的发展历程中，发动机无论是在设计、制造工艺，还是在性能、控制方面都有了很大提升，但其基本原理仍然没有改变。随着最新科技不断与发动机融为一体，发动机已经成为一个复杂的机电一体化产品，其性能也日臻完善。

发动机是由多个机构和系统组成的复杂机器，其所有结构都是为能量转换服务的。现代汽车发动机的结构形式很多，即使是同一类型的发动机，其具体结构也不尽相同，但不论哪种类型的发动机，其基本结构都是相似的。

汽油发动机简称汽油机，主要由"两大机构、五大系统"组成。"两大机构"指曲柄连杆机构和配气机构；"五大系统"指燃料供给系统、冷却系统、润滑系统、点火系统和起动系统。

图1-1 发动机总体结构

1. 曲柄连杆机构

曲柄连杆机构由机体组、活塞连杆组和曲轴飞轮组三部分组成，如图1-2所示。机件主要包括汽缸体、汽缸盖、油底壳、活塞、连杆、曲轴和飞轮等，如图1-3所示。曲柄连杆机构是发动机实现热能与机械能相互转换的核心机构，其功用是将燃料燃烧所放出的热能通过活塞、连杆、曲轴等零部件转换成机械能，从而驱动汽车行驶。

2. 配气机构

配气机构是由气门组和气门传动组组成，主要包括气门、气门弹簧、凸轮轴、摇臂、凸轮轴传动机构等，如图1-4所示，其功用是根据发动机的工作需要，适时地开启进气通道或排气通道，使可燃混合气（燃料与空气的混合物）及时地进入汽缸，并使废气及时地从汽缸内排出；在发动机不需要进气或排气时，可利用气门将进气通道或排气通道关闭，以保持汽缸密封。

3. 燃料供给系统

电控汽油机燃料供给系统由空气供给系统、燃油供给系统和电子控制系统组成，如图1-5所示。其功用是根据发动机工况（工作状况）的需要，配制出适应数量和浓度的可燃混合气并送入汽缸。

图 1-2　曲柄连杆机构组成

机体组

活塞连杆组

曲轴飞轮组

汽缸盖

活塞

连杆

汽缸体

曲轴

油底壳

飞轮

图 1-3　主要机件

凸轮轴

气门

凸轮轴传动机构

摇臂

气门弹簧

图 1-4　配气机构

曲柄连杆机构组成

大众 EA888 配气机构

汽油机燃料供给
系统类型

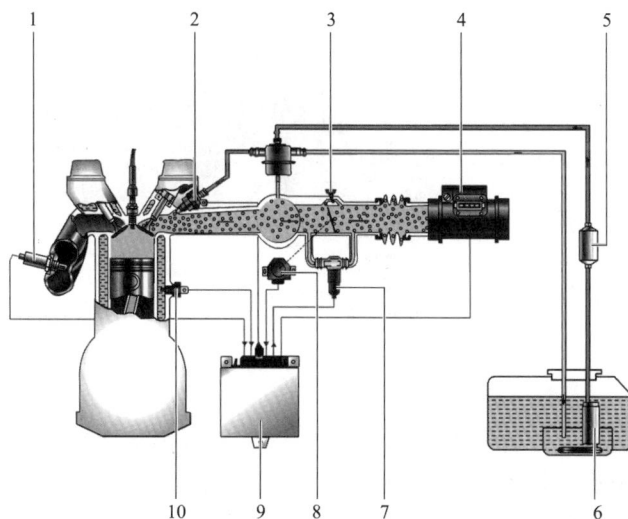

1　2　3　4　5

10　9　8　7　6

图 1-5　燃料供给系统

1-氧传感器;2-喷嘴;3-调压器;4-热线式空气流量传感器;5-燃油滤清器;6-电动燃油泵;7-怠速执行器;8-节流阀位置开关;
9-电子控制单元;10-冷却液温度传感器

4. 冷却系统

发动机的冷却系统可分为水冷式和风冷式两种。水冷式冷却系统通常由水套、水泵、散热器、风扇、节温器等组成,如图1-6所示。风冷式冷却系统主要由风扇、散热片组成。其功用是帮助发动机散热,以保证发动机在最合适的温度下工作。

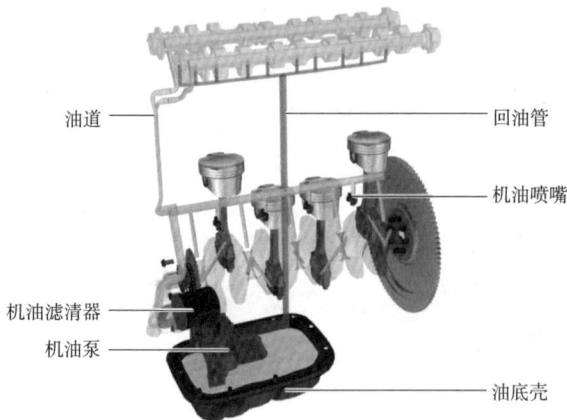

冷却液补偿桶　水泵　水套　　　　蒸汽排出管

节温器　　　　冷却风扇　散热器

图1-6　冷却系统

冷却系统组成

5. 润滑系统

润滑系统一般由润滑油泵、油道、机油滤清器等组成,如图1-7所示。其功用是向做相对运动的零件表面输送清洁的润滑油,以减小摩擦和磨损,并对摩擦表面进行清洗和冷却,起到润滑、冷却、洗涤、密封、防锈防腐和消除冲击负荷的作用。

油道　　　　　　　　　　　　　回油管

机油喷嘴

机油滤清器

机油泵

油底壳

图1-7　润滑系统

润滑系统组成

点火系统功用

6. 点火系统

点火系统主要由点火线圈、点火控制模块、高压线、火花塞等组成,如图1-8所示。其功用是根据发动机的工作需要,及时地点燃汽缸内的混合气。

7. 起动系统

起动系统由起动机及其附属装置组成,如图1-9所示。其功用是使发动机由静止状态进入到正常工作状态。

图1-8　点火系统

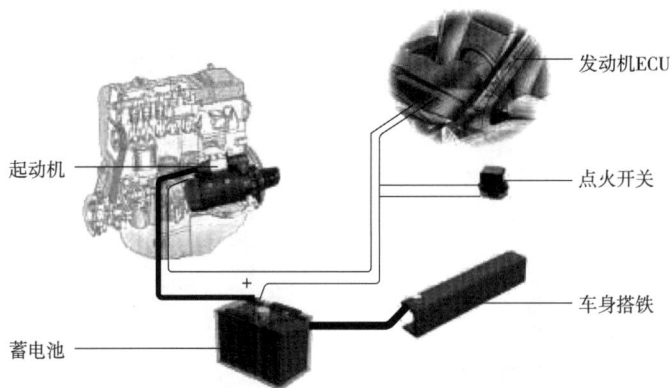

图1-9　起动系统

起动系统组成

发动机类型
（按行程数分类）

二、发动机的分类

1.按照所用燃料分类

按照所使用燃料的不同主要可以分为汽油机和柴油机,分别如图1-10和图1-11所示。以汽油为燃料的发动机称为汽油机;以柴油为燃料的发动机称为柴油机。汽油机与柴油机各有各自的特点:汽油机转速高、质量小、噪声小、起动容易、制造成本低;柴油机压缩比大、热效率高,经济性能和排放性能都比汽油机好。

2.按照行程数分类

发动机按照完成一个工作循环所需的行程数可分为四冲程发动机和二冲程发动机,分别如图1-12和图1-13所示。曲轴转两圈,活塞在汽缸内上下往复运动四个行程,完成一个工作循环的发动机称为四冲程发动机;而曲轴转一圈,活塞在汽缸内上下往复运动两个行程,完成一个工作循环的发动机称为二冲程发动机。汽车发动机广泛使用四冲程发动机。

图 1-10 汽油发动机

图 1-11 柴油发动机

图 1-12 四冲程发动机

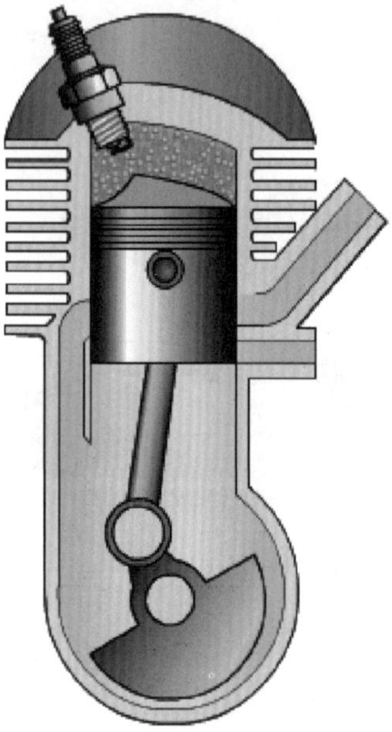

图 1-13 二冲程发动机

发动机类型
(按冷却方式分类)

3. 按照冷却方式分类

发动机按照冷却方式不同可以分为水冷发动机和风冷发动机,分别如图 1-14 和图 1-15 所示。水冷发动机利用汽缸体和汽缸盖冷却水套中进行循环的冷却液作为冷却介质进行冷却;而风冷发动机利用流动于汽缸体与汽缸盖外表面散热片之间的空气作为冷却介质进行冷却。水冷发动机冷却均匀,工作可靠,冷却效果好,被广泛地应用于现代汽车。

4. 按照汽缸数目分类

发动机按照汽缸数目不同可以分为单缸发动机和多缸发动机。仅有一个汽缸的发动机称为单缸发动机;有两个以上汽缸的发动机称为多缸发动机,如双缸、三缸(图1-16)、四缸(图1-17)、五缸、六缸、八缸、十二缸等。现代轿车多采用四缸、六缸发动机。

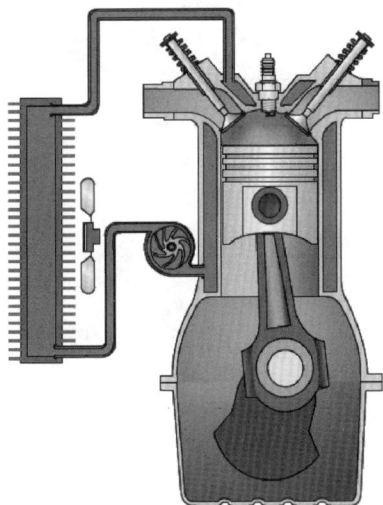

图1-14 水冷式发动机

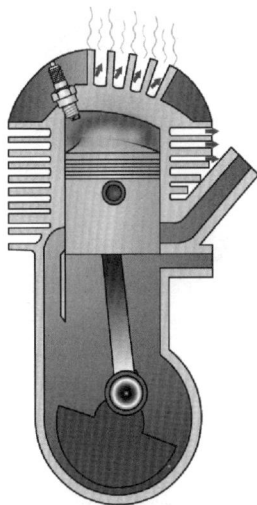

图1-15 风冷式发动机

图1-16 三缸发动机

图1-17 四缸发动机

5. 按照汽缸排列方式分类

根据汽缸的排列形式,汽缸体有直列式、对置式和 V 型、W 型等多种形式。直列式汽缸体的各个汽缸排成一列,一般是垂直布置,如图 1-18a)所示;对置式汽缸体的汽缸通常排成两列,两列之间的夹角为 180°,如图 1-18c)所示;V 型汽缸体的汽缸也排成两列,但两列之间的夹角 $\gamma < 180°$(一般为 60°或 90°),如图 1-18b)所示。对置式和 V 型汽缸体与汽缸数相同的直列汽缸体相比,高度降低,长度缩短,但宽度增大。W 型与 V 型发动机相比可以将发动机做得更短一些,曲轴也可短些,这样就能节省发动机所占的空间,同时质量也可轻些,但它的宽度更大,使得发动机室更满,如图 1-18d)所示。

6. 按照进气系统是否采用增压方式分类

发动机按照进气系统是否采用增压方式可以分为自然吸气(非增压)式发动机和强制进气(增压)式发动机,如图1-19、图1-20所示。

发动机类型(按汽缸排列方式分类)

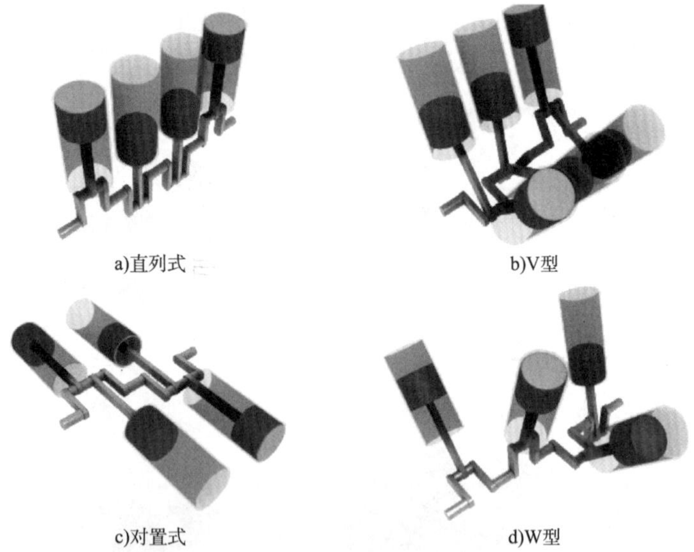

a)直列式 b)V型

c)对置式 d)W型

图 1-18　汽缸排列方式

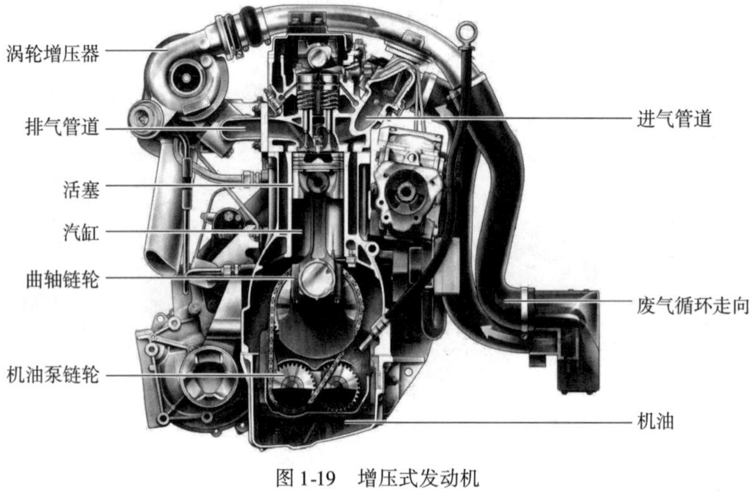

涡轮增压器

排气管道

活塞

汽缸

曲轴链轮

机油泵链轮

进气管道

废气循环走向

机油

图 1-19　增压式发动机

图 1-20　自然吸气发动机

三、发动机基本术语

发动机基本术语如图1-21所示。

图1-21 发动机基本术语

1. 上止点

活塞顶部距离曲轴回转中心最远的位置称为上止点。

2. 下止点

活塞顶部距离曲轴回转中心最近的位置称为下止点。

3. 活塞行程

活塞在上下两个止点间(即上止点和下止点)运行一次的距离S称为活塞行程。曲轴每转一周,活塞移动两个行程。

4. 曲柄半径

曲轴与连杆下端的连接中心至曲轴中心的距离R称为曲柄半径。曲轴每回转一周,活塞移动两个活塞行程。对于汽缸中心线通过曲轴回转中心的发动机,$S=2R$。

5. 燃烧室容积

燃烧室容积指活塞在上止点时,活塞顶部上方的容积,用V_e表示。

6. 汽缸工作容积

汽缸工作容积指上、下止点间所包容的汽缸容积,用V_h表示,其单位是升(L)。

7. 汽缸总容积

汽缸总容积指活塞在下止点时,活塞顶部上方的整个空间,用V_a表示。汽缸总容积等于汽缸工作容积与燃烧室容积之和,即

$$V_a = V_h + V_e \qquad (1-1)$$

发动机常用术语

式中：V_h——汽缸工作容积，L；

V_e——燃烧室容积，L。

8. 发动机工作容积（发动机排量）

多缸发动机各汽缸工作容积的总和，称为发动机工作容积（俗称发动机排量），用 V_L 表示。若发动机的汽缸数为 i，则

$$V_L = iV_h \tag{1-2}$$

9. 压缩比

压缩比指汽缸总容积与燃烧室容积之比，用 ε 表示。它表示活塞由下止点运动到上止点时，汽缸内气体被压缩的程度。压缩比越大，则压缩终了时汽缸内气体的压力和温度就越高。汽油机的压缩比一般为 8～10，柴油机的压缩比一般为 16～22。

10. 工作循环

对于往复活塞式发动机，发动机每做功一次，要经过进气、压缩、做功和排气 4 个行程，这种周而复始的连续过程，称为发动机的一个工作循环。

四、四冲程汽油机工作原理

四冲程汽油机每一个工作循环都有 4 个行程，按其作用分别称为进气行程、压缩行程、做功行程和排气行程，如图 1-22 所示。

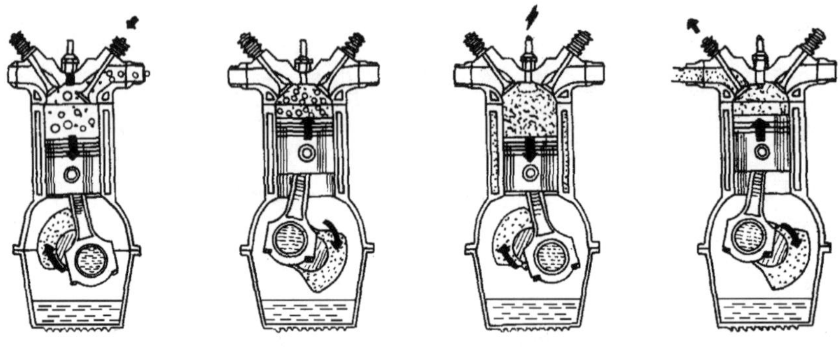

四行程汽油机
工作原理

a) 进气行程　　　b) 压缩行程　　　c) 做功行程　　　d) 排气行程

图 1-22　单缸四冲程汽油机工作原理

1. 进气行程

在进气行程中，活塞由曲轴带动从上止点向下止点运行，此时进气门开启，排气门关闭。随着活塞从上止点向下止点移动，活塞上方汽缸容积增大，汽缸内压力下降，当压力降低到大气压以下时，在汽缸内形成真空度，这样，可燃混合气经进气门被吸入汽缸。由于进气系统有阻力，进气终了时汽缸内的气体压力为 0.07～0.09MPa。流进汽缸内的可燃混合气，因为与汽缸壁、活塞顶等高温部件表面接触并与前一循环留下的高温残余废气混合，温度可升高到 370～400K。

2. 压缩行程

进气行程结束时，活塞由曲轴带动从下止点向上止点运动，此时排气门仍处于关闭状

态,进气门开始逐渐关闭。随着活塞向上运动,汽缸内容积逐渐减小,由于进气门和排气门均处于关闭状态,进入汽缸内的混合气被压缩,其温度和压力升高,直到活塞到达上止点时压缩行程结束,此时可燃混合气压力升高到 0.6~1.2MPa,温度可达 600~700K。

3.做功行程

当活塞运动接近压缩行程上止点时,火花塞跳火点燃汽缸内的混合气,此时进气门和排气门均处于关闭状态。可燃混合气燃烧后,放出大量热能,汽缸内压力和温度迅速增加,所能达到的最高压力为 3~5MPa,温度达到 2200~2800K。高温、高压燃气推动活塞从上止点向下止点运动,通过连杆使曲轴旋转并输出机械能,除了用于维持发动机本身继续运转之外,其余的能量用于对外做功。在做功行程后期,随着活塞向下移动,汽缸内容积增加,气体压力和温度都降低,在做功行程终了时压力降至 0.3~0.5MPa,温度降到 1300~1600K。

4.排气行程

做功行程结束时,汽缸内的气体将活塞推至下止点,汽缸内的混合气变为废气。此时排气门打开,进气门仍处于关闭状态,活塞在曲轴的带动下从下止点向上止点运动,汽缸内的废气经排气门排出,直到活塞到达上止点时排气行程结束。在排气行程中,汽缸内压力稍高于大气压力,为 0.105~0.115MPa,排气终了时,废气温度为 900~1200K。

发动机工作时,需要连续不断地进行循环,在每个循环中都是依次完成进气、压缩、做功、排气 4 个行程。

操作指引

1.组织方式

(1)场地设施:举升机一台,装有废气抽排系统和消防设施的场地。

(2)设备设施:发动机台架、整车一辆。

(3)工量具:常用工具和量具等。

(4)学生组织:教师指导、分组实训、过程评价。

2.注意事项

(1)进入实训场地必须穿着干净整齐的工作服。

(2)听从实训指导老师的安排,严格遵守场地安全规定,注意用电安全。

(3)使用举升器时,注意随时观察举升器和举升器周围的情况。

项目实施

(1)认知发动机在整车上的安装位置和连接关系。

(2)了解各系统在发动机上位置。

(3)认知发动机各系统的主要组成部件及其作用和简单工作原理。

项目小结

(1)按照不同的分类方法可以把发动机分成不同的类型,按照所用燃料分类可分为汽油机和柴油机;按照行程分类可分为四冲程发动机和二冲程发动机;按照冷却方式分类可分为水冷发动机和风冷发动机;按照汽缸数目分类可分为单缸发动机和多缸发动机;按照汽缸排列方式分类可分为直列式、V 型、W 型、水平对置式等;按照进气系统是否采用增压方式分类可分为自然吸气(非增压)式发动机和强制进气(增压式)式发动机。

(2)发动机总体结构主要由"两大机构、五大系统"组成。"两大机构"指曲柄连杆机构和配气机构;"五大系统"指燃料供给系统、冷却系统、润滑系统、点火系统和起动系统。

(3)发动机基本术语主要包括上止点、下止点、活塞行程、曲柄半径、燃烧室容积、汽缸总容积、汽缸工作容积、发动机工作容积、压缩比、工作循环等。

(4)四冲程汽油机每一个工作循环都有四个行程,分别是进气行程、压缩行程、做功行程和排气行程。

习题

一、判断题

1. 曲柄连杆机构主要由机体组、活塞连杆组和曲轴飞轮组三部分组成。　　　　(　　)

2. 发动机功用是将液体或气体的化学能通过燃烧后转化为热能,再把热能通过膨胀转化为机械能并对外输出动力。　　　　(　　)

3. 冷却系统是发动机实现热能与机械能相互转换的核心机构。　　　　(　　)

4. 活塞顶部离曲轴回转中心最近的位置称为上止点。　　　　(　　)

5. 压缩比越大,则压缩终了时汽缸内气体的压力和温度就越低。　　　　(　　)

二、选择题

1. 发动机工作循环中对外输出功的行程是(　　　　)。
　A. 进气行程　　　　B. 压缩行程　　　　C. 做功行程　　　　D. 排气行程

2. 四冲程发动机完成一个工作循环,曲轴转(　　　　)。
　A. 90°　　　　　　B. 180°　　　　　　C. 360°　　　　　　D. 720°

3. 对置式发动机的汽缸通常排成两列,两列之间的夹角是(　　　　)。
　A. 60°　　　　　　B. 90°　　　　　　C. 180°　　　　　　D. 360°

4. 上下止点间所包容的汽缸容积是(　　　　)。
　A. 燃烧室容积　　B. 汽缸总容积　　　C. 汽缸工作容积　　D. 发动机工作容积

5. 汽油机的压缩比一般为(　　　　)。
　A. 8 ~ 10　　　　　B. 12 ~ 16　　　　　C. 16 ~ 22　　　　　D. 22 ~ 30

项目二 机体组故障诊断与修复

项目描述

车主李先生反映,他驾驶的迈腾汽车行驶了 1.5 万 km。最近发现仪表冷却液温度指示灯报警,停车检查冷却液液面高度,发现冷却液不足,添加到标准位置后,行驶了一段时间后冷却液再次不足。再次检查,发现发动机前部、汽缸盖与汽缸体结合处有大量的冷却液泄漏的痕迹,此故障可能是由机体组故障引起的。要找出其故障所在并排除故障,就要认识发动机机体组的组成、结构、工作原理,掌握各部件的检修方法。

学习目标

知识目标

(1)掌握机体组的组成、功用及工作原理;

(2)掌握机体组主要零部件的功用、结构及特点;

(3)掌握机体组各零部件的检修方法;

(4)掌握机体组常见故障的诊断方法。

技能目标

(1)具备信息查询和维修手册使用的基本能力;

(2)能够按照企业安全生产规范进行操作;

(3)能够利用工具进行机体组的拆装;

(4)能够利用量具和相关检测设备进行机体组主要零部件的检修;

(5)能够利用检测设备和工具对机体组的常见故障进行诊断和修复。

素质目标

(1)培养学生具有爱党报国、敬业奉献和服务人民的思想;

(2)培养学生具有奋斗精神、奉献精神、创造精神、勤俭节约精神、劳动精神、工匠精神;

(3)培养学生良好的职业道德,严谨的工作态度和严格的质量意识、安全意识、环保意识、团队意识。

建议学时:8 学时。

知识准备

曲柄连杆机构的功用是把燃料燃烧产生的热能转换为推动活塞做直线运动的机械能,将活塞往复运动转变为曲轴的旋转运动,并向外输出动力。

发动机在工作时,汽缸内的最高温度可达 2500K 以上,最高压力可达 5 ~ 9MPa。发动机最高转速可达 3000 ~ 6000r/min,活塞每秒要滑行 100 ~ 200 个行程,其线速度是很大的,此外,与可燃混合气和燃烧废气接触的机件(如汽缸、汽缸盖、活塞组等)还将受到化学腐蚀。因此,机体零件与曲柄连杆机构是在高温、高压、高速和化学腐蚀的条件下工作的。曲柄连杆机构在高压下做变速运动,它在工作时的受力情况很复杂,其受到的力主要有气体压力、往复惯性力、旋转运动的离心力以及相对运动件接触表面的摩擦力。

一、机体组

发动机机体组由气门室罩、汽缸盖、汽缸垫、汽缸体、油底壳等主要部件组成,如图 2-1 所示。其主要功用是作为曲柄连杆机构、配气机构和发动机各系统主要零部件的装配基体。另外,还与汽缸盖、活塞顶和汽缸壁一起形成燃烧室。

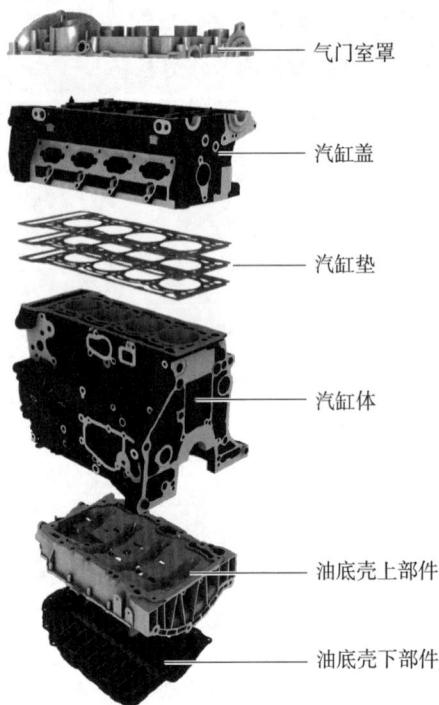

大众 EA888 机体组

气门室罩

汽缸盖

汽缸垫

汽缸体

油底壳上部件

油底壳下部件

图 2-1 机体组组成

二、机体组主要零部件结构

1. 汽缸体、汽缸盖

汽缸体上部为活塞在其中运动做导向的圆柱形空腔,称为汽缸,汽缸体下部包围着曲轴的部分为曲轴箱。

汽缸的工作条件十分恶劣,承受着较大的机械负荷和较复杂的热负荷,所以要求汽缸体具有良好的耐磨损、耐高温、耐高压、耐高速和耐化学腐蚀性能。根据其工作条件和结构特点,汽缸体一般采用灰铸铁、球墨铸铁和合金铸铁制成,有些发动机为了减轻质量,采用铝合金制成。部分大、中型发动机为了降低成本,在发动机内镶有汽缸套,汽缸套有干式和湿式两种,如图2-2所示。干式汽缸套不与冷却液接触,冷却效果较差,但加工和安装都比较方便,其壁厚一般为1~3mm。湿式汽缸套外表面直接与冷却液接触,所以冷却效果好,但加工和安装工艺复杂,壁厚一般为5~9mm。湿式汽缸套靠上支承定位带和下支承定位带保证径向定位,而轴向定位则是利用定位凸缘来保证。为了保证水套的密封,湿式汽缸套下端的密封带与座孔之间一般装有1~3道橡胶密封圈,有的在定位凸缘下面还装有铜垫片。湿式汽缸套安装后,一般其顶端高出汽缸体上平面0.05~0.15mm,以便汽缸盖将汽缸垫压得更紧,从而提高汽缸的密封性。

a)湿式　　　　　　　　　　b)干式

图2-2　汽缸套的结构图

在汽缸体的侧壁上加工有主油道,在主油道与需要润滑的部位之间由分油道连通。发动机工作时,润滑油经主油道和分油道输送到各摩擦表面。

曲轴箱的主要功用是保护和安装曲轴,也可用于安装发动机附件。为安装曲轴,在曲轴箱内加工有若干个同心的主轴承座孔。曲轴箱有3种结构形式,如图2-3所示。汽缸体下平面与曲轴中心线平齐的称为平分式曲轴箱,此结构形式便于加工,但刚度小,与油底壳接合面密封较困难,多用于中小型发动机上。曲轴轴线高于汽缸体下平面的称为龙门式,下曲轴箱前后端与汽缸体为同一平面,强度和刚度均比平分式大,密封简单可靠,但工艺性较差,多用于大中型发动机上。隧道式曲轴箱的主轴承座孔为整体式,其强度和刚度最高,但工艺性差,只用于少数机械负荷较大、采用组合式曲轴的发动机。

汽缸套类型

汽缸体的结构
形式

a)平分式　　　　　　　　b)龙门式　　　　　　　　c)隧道式

图2-3　曲轴箱的结构形式

汽缸盖与汽缸体接合平面上的凹坑是燃烧室的组成部分。汽缸盖上还装有进、排气门孔，气门导管孔，火花塞安装孔，凸轮轴轴承孔，用于安装进、排气门，还有进气通道和排气通道、火花塞、凸轮轴等，如图2-4所示。汽缸盖一般由灰铸铁或合金铸铁铸成，铝合金的导热性好，有利于提高压缩比，近年来铝合金汽缸盖被广泛采用。

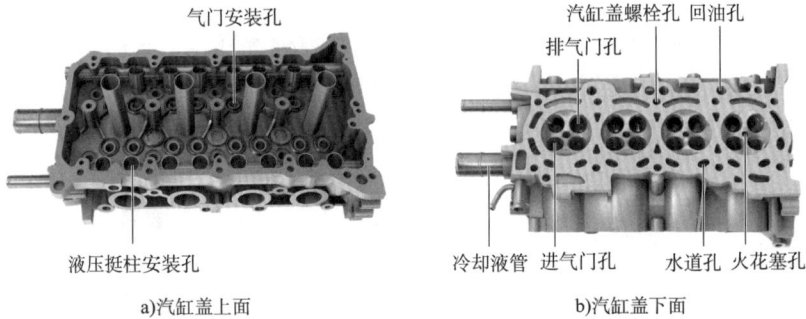

a)汽缸盖上面

b)汽缸盖下面

图2-4　汽缸盖结构

在缸心距较大、缸数较多的发动机上，为制造和维修方便，减小缸盖变形对汽缸密封性的影响，有些采用分开式汽缸盖，即一缸一盖、两缸一盖或三缸一盖。

为了保证发动机正常工作温度，在水冷式发动机的汽缸体和汽缸盖内设有充水空腔，称之为水套。汽缸体与汽缸盖内的水套是连通的。而风冷式发动机，在汽缸体与汽缸盖外面有散热片，以帮助散热。

汽油机燃烧室由汽缸盖、汽缸壁和活塞顶部组成。其常见形式有半球形燃烧室、楔形燃烧室和盆形燃烧室等。

半球形燃烧室结构紧凑，火花塞布置在燃烧室中央，火焰行程短，故燃烧速率高，散热少，热效率高。这种燃烧室结构上也允许气门双行排列，进气口直径较大，故充气效率较高，虽然使配气机构变得较复杂，但有利于排气净化，在轿车发动机上被广泛地应用。

楔形燃烧室结构简单、紧凑，散热面积小，热损失也小，能保证混合气在压缩行程中形成良好的涡流运动，有利于提高混合气的混合质量，进气阻力小，提高了充气效率。气门排成一列，使配气机构简单，但火花塞置于楔形燃烧室高处，火焰行程长些。切诺基轿车发动机采用这种形式的燃烧室。

盆形燃烧室，汽缸盖工艺性好，制造成本低，但因气门直径易受限制，进、排气效果要比半球形燃烧室差。捷达轿车发动机、奥迪轿车发动机采用盆形燃烧室。

2. 汽缸垫

汽缸垫安装在汽缸盖与汽缸体之间，用以保证汽缸体与汽缸盖的接合面密封，防止气体、冷却液和润滑油泄漏。汽缸垫多数由金属与石棉及黏合剂压制而成，如图2-5所示。它具有一定的弹性，用以补偿汽缸体和汽缸盖平面的平面度误差。汽缸垫的水孔和燃烧室孔周围有镶边，以防被高温的冷却液或气体烧坏。

3. 油底壳

油底壳是位于发动机下部的封闭曲轴箱储油槽的外壳。油底壳多由薄钢板冲压而成，

形状较为复杂的一般采用铸铁或铝合金浇铸成型。其内部装有稳油挡板,以避免发动机颠簸时造成的润滑油油面振荡激溅,有利于润滑油杂质的沉淀,侧面装有量油尺,用来检查油量。此外,油底壳底部最低处还装有放油螺塞。

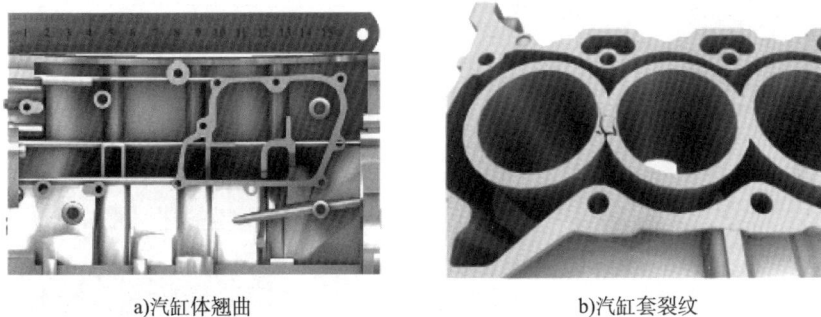

图 2-5　汽缸垫

三、机体组各部件损坏原因分析

发动机机体组主要损坏形式有汽缸体及汽缸盖有裂纹、各接合面的翘曲变形或其他部件的变形、汽缸磨损、汽缸垫烧蚀击穿等(图 2-6)。所有这些损坏都会影响发动机的技术性能指标、工作可靠性和耐久性。因此,在修理过程中应认真检验,发现问题及时解决。

a)汽缸体翘曲　　　　　　　　b)汽缸套裂纹

图 2-6　汽缸体的损坏形式

1.汽缸体、汽缸盖裂纹原因分析

汽缸体与汽缸盖常因工作温度不均匀,导致热应力产生,在结构薄弱环节因刚度不足而产生破裂,在交变和脉动应力作用下导致疲劳裂纹的出现。发动机过热时,突然添加冷却液,或者因冲击、撞击、过度拧紧或对中不好而导致零件变形等不规范操作,会使缸体、缸盖产生裂纹甚至断裂。

汽缸体常见损伤

2.汽缸体、汽缸盖平面变形原因分析

汽缸体与汽缸盖在发动机工作过程中,往往产生变形会破坏零件的几何形状,使配合表面的相对位置偏差增加。变形超过允许限度时,将会引起漏水、窜气、冲毁汽缸衬垫等故障的产生。汽缸体、汽缸盖产生变形的原因主要有以下几个方面。

(1)在制造时进行的时效处理不足,导致零件内应力较大。在高温条件下工作时,内应力重新分配,达到新的平衡,使零件产生过大的翘曲变形,破坏各部位之间的位置精度,使得

换装新的零配件时，效果也不理想。

（2）由于装配、维修过程中，不按工艺规程操作，导致汽缸盖螺栓紧固力矩不均匀，不按规定顺序装卸缸盖螺栓引起缸盖变形，或装配过程中缸盖螺栓的拧紧力矩过大，使螺孔四周因受螺栓拉力作用而凸起。

（3）在高温下拆卸缸盖，使缸盖发生拱曲，或缸体、缸盖因裂纹损伤而采用热焊补修理法发生受热变形。

（4）由于汽缸垫不平引起漏水、漏气，使平面形成腐蚀斑点，或修理工作平面采用环氧树脂浇灌引起不平。

在这些变形中，往往缸盖变形较大，缸体变形较小。

3.汽缸磨损原因分析

发动机工作时，活塞在汽缸内做往复直线运动，如果润滑效果不良，会导致汽缸磨损加剧，如图2-7所示。磨损严重时，会导致漏气、窜油，使发动机动力性和经济性下降。导致汽缸磨损的原因很多，主要体现在以下方面。

a)轴向磨损   b)径向磨损

图2-7　汽缸磨损

汽缸磨损常见损伤

1）腐蚀磨损

汽缸内可燃混合气燃烧后会生成碳、硫、氮的氧化物，这些氧化物直接与缸壁作用，使汽缸壁产生腐蚀，即化学腐蚀。

当发动机汽缸壁温度较低时，混合气燃烧后生成的水蒸气会在汽缸壁上凝聚成水珠，水珠溶解废气中的腐蚀性气体而生成碳酸、硫酸、蚁酸等腐蚀性物质。这些腐蚀性物质附在汽缸壁上，使汽缸壁产生腐蚀，即微电池化学腐蚀。使其组织结构松散。当活塞在汽缸内运动时，在活塞环的作用下金属腐蚀产物被刮下来，从而造成腐蚀磨损，腐蚀越严重，磨损越厉害。

腐蚀磨损的强度取决于汽缸壁的温度。如一缸前壁与六缸后壁冷却效率较高，所以这些部位的腐蚀磨损就严重。

进气道对面的汽缸壁经常受到混合气的冲刷,既破坏油膜的形成,又使该部位冷却效率较高,因此,该部位的腐蚀磨损就严重。

发动机冷起动时,汽缸的磨损很大,其磨损量占汽缸总磨损量的45% ~60%。但在温度过高时,由于润滑油黏度低,油膜难于形成,不仅机械磨损加剧,高温氧化腐蚀磨损也会剧增,所以温度过高也会造成汽缸壁的严重磨损。

2)机械磨损

机械磨损属于正常磨损,它主要是由于润滑不良和气体压力等原因造成的。机械磨损最严重的部位是在活塞位于上止点时,第一道环的顶边上。

(1)润滑不良的影响。

汽缸是靠润滑油的飞溅润滑的。汽缸上部供油条件较差,又邻近燃烧室,受到高温的作用,润滑油变稀,甚至有可能被烧掉。同时可燃混合气进入汽缸时,混合气中所含的小油滴对汽缸上部(尤其是进气道对面)的冲刷严重。所有这些因素都造成了汽缸上部润滑不良,难以形成润滑油膜,容易产生边界摩擦或干摩擦,使磨损加剧。

(2)气体压力造成的影响。

发动机工作时,活塞环在自身弹力和气体压力作用下,压紧在汽缸壁上。当活塞在汽缸中往复运动时,活塞环与汽缸壁发生相对摩擦而磨损。活塞环作用在汽缸壁上的压力越大,润滑油膜的形成越困难,汽缸与活塞环的磨损就越严重。

3)磨料磨损

润滑油中含有未滤清的金属屑微粒,它来自发动机本身的磨损产物、燃烧产物的固态颗粒和来自外部空气的尘土,这些磨料随润滑油飞溅到汽缸表面,并与汽缸和活塞(环)摩擦而产生磨损。

磨料对汽缸磨损的影响与磨料粒子的大小、数量和硬度有极大的关系。润滑油越脏,含有的磨料越多,引起的磨损就越严重。

硬度高的磨料在汽缸内表面产生平行于汽缸轴线的拉痕,个别粗大的磨料附在活塞表面并随活塞不断地上下运动,会对缸壁产生明显的拉伤,俗称"拉缸"。

4)黏着磨损

在发动机冷却不良、润滑不足及长时间大负荷工作的情况下,汽缸摩擦处有极微小凸起与金属面直接接触,形成局部高温,使其熔融黏着、脱落,逐渐扩展为黏着磨损。这种磨损一旦发生,汽缸的工作面会遭到严重的破坏,甚至报废。

4. 汽缸垫烧蚀击穿原因分析

汽缸垫烧蚀击穿原因主要是汽缸盖和汽缸体平面不平、汽缸盖螺栓拧紧力矩不足、汽缸垫质量不好等。汽缸垫的烧蚀击穿部位一般在水孔或燃烧室孔周围,会导致发动机漏气或冷却液进入润滑油中,损坏的汽缸垫只能更换,不需修理。

操作指引

1. 组织方式

(1)场地设施:举升机一台,装有废气抽排系统和消防设施的场地。

（2）设备设施：发动机台架、整车一辆、发动机总成等。

（3）工量具：刀口尺、塞尺、游标卡尺、外径千分尺、量缸表、汽缸压力表等。

（4）耗材：汽缸垫等。

（5）学生组织：教师指导、分组实训、过程评价。

2. 注意事项

（1）进入实训场地必须穿着干净整齐的工作服。

（2）听从实训指导老师的安排，严格遵守场地安全规定，注意用电安全。

（3）在操作过程中，注意拆装工具的使用，动作要规范。

（4）在操作过程中，正确使用汽缸压力表、刀口尺、塞尺、量缸表等量具，避免损坏。

项目实施

1. 静态汽缸压力测试（以迈腾 1.8L 发动机为例）

1）测试条件

（1）发动机润滑油温度至少 30℃。

（2）蓄电池电压至少为 12.7V。

2）操作步骤

（1）断开燃油输送单元和喷油阀的熔断丝。

（2）拆下带输出级的点火线圈。

（3）用火花塞扳手旋出所有火花塞。

汽缸压力测量

（4）用压缩压力检测设备 V. A. G1763 和适配接头 V. A. G1381/1、V. A. G1381/5A 检测汽缸压缩压力。

（5）将压缩压力检测设备放入火花塞的孔中，并压紧。

（6）按照说明书操作检测设备，完全踩下加速踏板，操纵起动机直到检测设备显示压力不再上升为止。

汽缸压力值如下：新的 1.1 ~ 1.4MPa；磨损极限为 0.7MPa；所有汽缸压力之间的允许偏差：最大为 0.3MPa。

（7）安装：用火花塞扳手以 30N·m 的力矩拧紧火花塞；其他安装以与拆卸时相反的顺序进行。

2. 检测汽缸体、汽缸盖

1）检测汽缸体、汽缸盖裂纹

在检查汽缸体裂纹、汽缸盖裂纹之前，需要先将检查的汽缸清洗干净，清除累积在汽缸内的污垢；然后可以用目视法、染色法或水压法检查汽缸体、汽缸盖表面是否有裂纹。

目视法：清洗汽缸，用眼睛仔细观察，看有无明显裂纹。

水压法：将汽缸垫和汽缸盖装在汽缸上，在汽缸体前壁进水的地方装上盖板，连接水管、压水机，封死其他通道，然后注入足够的水量。如果汽缸有渗漏，则说明渗漏处有裂纹。目前水压法应用较少。

染色法:将染色渗透剂喷于被检查的部位,片刻之后将其擦干,如果渗透剂渗入内部,则说明该处有裂纹存在。

2)检测汽缸体、汽缸盖平面翘曲变形

汽缸体上平面和汽缸盖下平面的平面度,可用长度大于汽缸体长度的刀口尺或光轴测量,平放在缸体或缸盖平面上,仔细观察各部位是否漏光。对漏光处,用塞尺进行检测。检测时,应沿汽缸体上平面(或汽缸盖下平面)边缘和过中心交叉位置共6个方位进行。

汽缸体平面度的检测

汽缸盖允许的最大变形请查阅维修手册,如超出规定标准值应予以修复。

3. 检测汽缸磨损

测量汽缸的磨损情况,主要是为了测出汽缸的磨损量,从而确定该发动机的技术状况。若磨损量未达到大修标准而发动机的其他性能又较好,即可确定汽车继续行驶的里程;若需要进行发动机大修,即可确定汽缸的修理尺寸。

1)测量汽缸直径

(1)测量时注意事项。发动机汽缸的磨损情况,通常使用量缸表进行测量。测量时应注意以下几点:

①做好准备工作,彻底清除油污、积炭、结胶和水垢。

②不要在发动机修理台架上测量汽缸的内径,以防缸体被夹紧变形而测量不准。

③测量汽缸时,一定要保持测杆与汽缸中心线垂直。

(2)确定测量部位。选用适当量程的量缸表,按图2-8所示的部位和要求进行测量。在汽缸体上部距汽缸上平面10mm处、汽缸中部以及汽缸下部距缸套下部10mm处,各取3点,按汽缸体纵、横两个方向测量汽缸的直径。

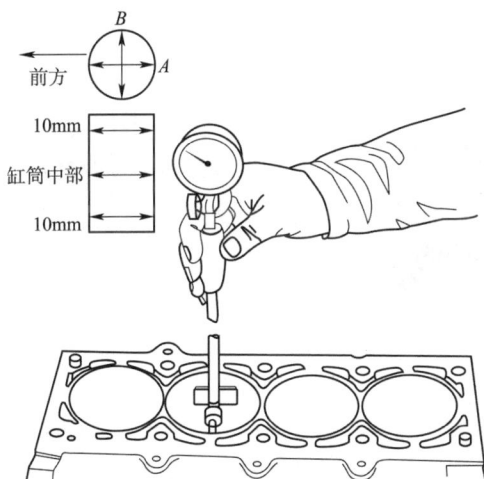

汽缸磨损的检测

图2-8 汽缸内径测量部位示意图

(3)测量汽缸的方法。

①清洁测量部位的汽缸壁。

②清洁并校验游标卡尺。

③用游标卡尺粗略测量汽缸直径,确定测量杆长度。

④清洁并校验外径千分尺。

⑤清洁、检查并安装量缸表,注意选择合适的测杆,并使其压缩 1~2mm,以留出测量余量。

⑥在台钳上校正量缸表。

⑦汽缸直径测量。测量时,用量缸表在汽缸上、中、下 3 个部位纵、横两个方向测量。严格按照操作规程操作,读出该处汽缸直径。按照维修手册中关于测量位置的要求,测量不同的位置的直径并记录,并以测量最大的数据为该汽缸直径。另外,一般发动机最大磨损尺寸在前后两缸的上部,应重点测量这两缸。

⑧计算汽缸圆度误差。根据测量结果进行计算,取同一平面不同方向的两个直径差值的一半作为该平面的圆度误差,取计算出的 3 个不同平面的圆度误差值,以最大的为该缸的圆度误差。如计算出的圆度误差超过维修手册中的规定值,应进行修复。

⑨计算汽缸圆柱度误差。根据测量结果计算,取不在同一个平面的圆度误差值最大的直径值的一半作为该缸的圆柱度误差。如计算出的圆柱度误差超过维修手册中的规定值,应进行修复。

2)确定汽缸修理级别(尺寸)

汽缸磨损超过允许限度后,或缸壁上有严重刮伤、沟槽和麻点时,应将汽缸按修理级别镗削修理,并选配与汽缸修理尺寸相符合的活塞及活塞环。汽缸修理尺寸可按下式进行计算:

修理尺寸 = 汽缸最大磨损直径 + 镗磨余量(镗磨余量一般取 0.10~0.20mm)

图 2-9　配缸间隙检查手法图

计算出的修理尺寸应与修理级数相对照。若与某一修理级数相等,可按某级数修理;若与修理级数不相符,应按向上靠近大的修理级数进行汽缸的修理。汽缸磨损超过最大一级修理尺寸时,应镶配缸套。只要有一缸需镗、磨或更换缸套,其余各缸应同时更换,应保持发动机各缸一致性。

3)检测修复后的汽缸

(1)检查圆度及圆柱度。汽缸经镗、磨后,圆度及圆柱度误差应不大于 0.005mm,各缸直径之差不得超过 0.005mm。

(2)检查配缸间隙。将活塞倒放入汽缸中,在汽缸壁与活塞之间垂直活塞销方向,插入厚 0.03mm、宽 12~15mm 的塞尺;再用弹簧秤检查拉出塞尺时的拉力,如图 2-9 所示。其拉力值与塞尺测得的间隙应符合维修手册要求,拉力过大或过小,表明汽缸镗磨不足或过量。

项目解决方案

1.故障原因分析

造成发动机前部、汽缸盖与汽缸体结合处有大量冷却液泄漏故障的主要原因有汽缸盖螺栓拧紧力矩不足、汽缸盖或者汽缸体接合面不平整、汽缸垫密封不良等。

2.故障诊断与排除过程

(1)用冷却系统压力测试仪 V. A. G1274B 和 V. A. G1274/8 对冷却系统压力进行测试，发现压力无下降，说明冷却系统泄漏不严重。

(2)检查汽缸盖螺栓的拧紧力矩，所有的汽缸盖螺栓拧紧力矩都符合维修手册数据，说明故障与拧紧力矩无关。

(3)拆卸汽缸盖后检查汽缸盖和汽缸体接合面的翘曲度，没有发现超标的地方，也没有发现有砂眼之类的缺陷。

(4)最后仔细检查汽缸垫，发现汽缸垫上有一块钢片破裂。

(5)换用新汽缸垫，然后按照维修手册的技术要求进行安装。添加冷却液后再次试车，故障排除。

3.案例小结

如果短时间冷却液减少，一般为冷却液泄漏，应重点进行密封性检查。

项目小结

(1)根据汽缸的排列形式不同，汽缸体有直列式、对置式、V 型和 W 型 4 种形式。

(2)曲轴箱是汽缸体下部包围着曲轴的部分，可分为平分式曲轴箱、龙门式曲轴箱、隧道式曲轴箱 3 种形式。

(3)汽缸套根据其与冷却液是否接触分为干式和湿式两种。

(4)发动机机体组主要的损伤形式有汽缸体及汽缸盖的破裂损伤、各接合面的翘曲变形或其他部件的变形、汽缸磨损损伤等。

(5)汽缸磨损原因主要有腐蚀磨损、机械磨损、磨料磨损、黏着磨损等。

(6)汽缸常见的检测项目有汽缸裂纹检测、汽缸体变形检测、汽缸磨损检测等。

(7)汽缸盖常见的检测项目有汽缸盖裂纹检测、汽缸盖变形检测等。

习题

一、判断题

1.汽缸体下平面位于曲轴中心线以下的为平分式曲轴箱。　　　　　　　　(　　)

2.干式汽缸套不与冷却水接触，冷却效果较差，壁厚一般为 5～9mm。　　(　　)

3.汽缸垫的常见故障是烧蚀击穿，烧蚀击穿部位一般在水孔或燃烧室孔周围。(　　)

4.汽缸磨损严重时，会导致漏气、窜油，使发动机动力性和经济性下降。　(　　)

5.腐蚀磨损的强度取决于汽缸壁的温度。　　　　　　　　　　　　　　(　　)

二、选择题

1.主轴承座孔为整体式的曲轴箱是(　　　)。

    A.平分式曲轴箱　　　　　　　　　　B.龙门式曲轴箱

    C.隧道式曲轴箱　　　　　　　　　　D.以上均不正确

2.迈腾汽车在静态汽缸压力测试时,要求发动机润滑油温度至少要达到(　　)。

　　A.10℃　　　　　　　B.30℃　　　　　　　C.80℃　　　　　　　D.100℃

3.下列不属于机体组组成的是(　　)。

　　A.汽缸盖　　　　　　B.汽缸体　　　　　　C.油底壳　　　　　　D.活塞

4.发动机工作时,汽缸内的最高温度可以达到(　　)。

　　A.1000K　　　　　　B.1500K　　　　　　C.2000K　　　　　　D.2500K

5.测量汽缸体平面度时,使用的量具是(　　)。

　　A.游标卡尺　　　　　B.外径千分尺　　　　C.塞尺　　　　　　　D.量缸表

项目三　活塞连杆组故障诊断与修复

项目描述

　　车主李先生反映,他驾驶的迈腾汽车,行驶了 15 万 km,近段时间发现发动机怠速运转时,发动机下部有"哒、哒、哒"的连续不断的金属敲击声。而且冷车时响声大,热车行驶时响声减小或消失。此故障可能是由于活塞与缸壁间隙过大、连杆弯曲、活塞与活塞销变形、连杆轴承装配过紧等原因造成的。要找出其故障所在并排除故障,就要认识活塞连杆组的组成、结构、工作原理,掌握各部件的检修方法。

学习目标

知识目标
(1)掌握活塞连杆组的组成、功用及工作原理;
(2)掌握活塞连杆组主要零部件的功用、结构及特点;
(3)掌握活塞连杆组各零部件的检修方法;
(4)掌握活塞连杆组常见故障的诊断方法。

技能目标
(1)具备信息查询和维修手册使用的基本能力;
(2)能够按照企业安全生产规范进行操作;
(3)能够利用工具进行活塞连杆组的拆装;
(4)能够利用量具和相关检测设备进行活塞连杆组主要零部件的检修;
(5)能够利用检测设备和工具对活塞连杆组的常见故障进行诊断和修复。

素质目标
(1)培养学生具有爱党报国、敬业奉献和服务人民的思想;

（2）培养学生具有奋斗精神、奉献精神、创造精神、勤俭节约精神、劳动精神、工匠精神；

（3）培养学生良好的职业道德，严谨的工作态度和严格的质量意识、安全意识、环保意识、团队意识。

建议学时：6 学时。

知识准备

活塞连杆组是曲柄连杆机构的重要组成部分。活塞与汽缸盖、汽缸壁共同组成燃烧室，承受汽缸中气体的压力，并将此压力通过活塞销和连杆传递给曲轴。

一、活塞连杆组组成

活塞连杆组主要由活塞、气环、油环、活塞销、连杆、连杆轴承等组成，如图3-1所示。

活塞连杆组的组成

图 3-1　活塞连杆组的组成

二、活塞连杆组主要零部件

活塞的功用

活塞的功用是承受汽缸中气体的压力，并将此压力通过活塞销传递给连杆。此外，活塞的顶部还与汽缸盖和汽缸配合共同组成燃烧室。

活塞在高温、高压、高速、润滑不良的条件下工作。活塞直接与高温气体接触，瞬时温度可达2500K以上,因此,受热严重,而散热条件又很差,所以活塞工作时温度很高,顶部温度可高达600~700K,且温度分布很不均匀;活塞顶部承受气体压力很大,特别是做功行程时压力最大,汽油机高达3~5MPa、柴油机高达6~9MPa,这就使得活塞会受到产生冲击,并承受侧压力的作用;活塞在汽缸内以很高的速度(8~12m/s)往复运动,且速度在不断地变化,这就产生了很大的惯性力,使活塞受到很大的附加载荷。活塞在这种恶劣的条件下工作,会产生变形并加速磨损,还会产生附加载荷和热应力,同时受到混合气的化学腐蚀作用。因此,为保证活塞能够正常工作,要求活塞要有足够的刚度和强度,传力可靠;导热性能好,要耐高压、耐高温、耐磨损;质量小,尽可能地减小往复惯性力。活塞一般都采用铝合金材料铸造或锻造而成,其结构如图3-2所示,主要由活塞顶部、活塞头部和活塞裙部三部分组成,在活塞裙部的上部有活塞销座。

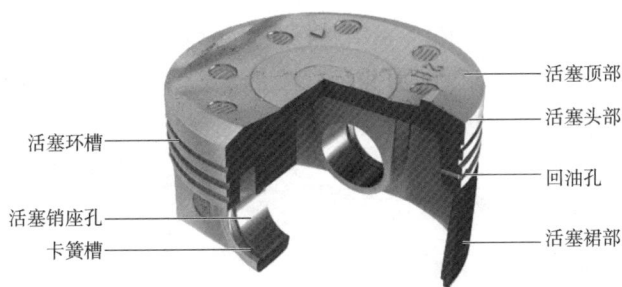

活塞的结构

图3-2 活塞的结构

1.活塞顶部

活塞顶部是燃烧室的组成部分,承受高温气体的压力。

为适合各种发动机的不同要求,活塞的顶部有各种不同的形状,如图3-3所示。有些活塞顶部在与气门对应的位置上有凹坑,这是为防止活塞在上止点与气门相碰而设计的。活塞缸位序号、加大尺寸、安装向前标记等一般也刻在活塞顶部。

活塞顶部的
常见形式

a)平顶   b)凹顶   c)凸顶

图3-3 活塞顶部形状

2.活塞头部

活塞头部是指活塞环槽以上的部分,主要用来安装活塞环,以实现汽缸的密封。

活塞头部加工有安装活塞环的环槽,一般有3~4道环槽,最下面一道环槽安装油环,其他环槽安装气环。

油环环槽底部一般加工有回油孔,以便使汽缸壁上多余的润滑油通过活塞内腔流回曲轴箱。有些油环环槽的底部有一条较窄的槽,除回油作用外,还有减少活塞头部向裙部传递热量的作用,所以称之为隔热槽,有些活塞的隔热槽设在活塞裙部。

3. 活塞裙部

活塞环槽以下的部分称活塞裙部,为活塞的往复运动起导向作用。

活塞裙部常见形式有桶式、开槽式、拖鞋式等,如图3-4所示。

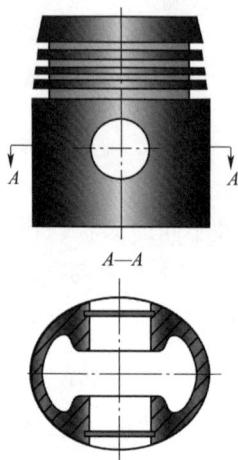

a)桶式　　　　　　b)开槽式　　　　　　c)拖鞋式

图3-4　活塞裙部的常见形式

活塞裙部常见
形式

发动机工作时,由于气体压力和活塞销座处金属较多的影响,活塞裙部沿活塞销轴线方向膨胀量较大,所以在常温下,活塞裙部截面形状呈椭圆形,椭圆形长轴垂直于活塞销方向,如图3-5所示,其目的是保证在热态下活塞与汽缸的配合间隙均匀。

此外,发动机工作中,由于活塞的温度从上到下逐渐降低,膨胀量逐渐减小,所以在常温下,活塞裙部直径上小下大,如图3-6所示。

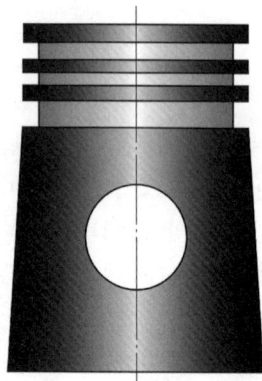

图3-5　活塞裙部截面形状图　　图3-6　常温下活塞裙部直径上小下大

有些活塞裙部除设有隔热槽外,还有膨胀槽,如图3-7所示。膨胀槽可使活塞裙部具有一定的弹性,在低温时与汽缸的配合间隙较小,且高温时又不致在汽缸中卡死。膨胀槽必须斜切,不能与活塞轴线平行,以防导致汽缸磨损不均匀。为防止切槽处裂损,在隔热槽和膨胀槽的端部都必须加工止裂孔。活塞裙部开槽会降低其强度和刚度,一般只适用于负荷较小的发动机。

为限制活塞裙部膨胀量,有些活塞在销座中镶铸有膨胀系数较低的恒范钢片,如图3-8所示。

拖鞋式活塞的裙部下端沿销座轴线方向去掉一部分,这种结构是在行程较小的发动机上为防止活塞与曲轴上的平衡重相碰而设计的。行程较大的发动机则一般采用全裙式活塞,也称桶式活塞。

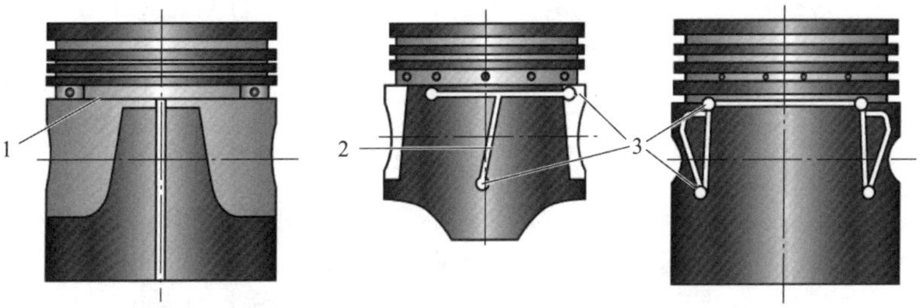

图 3-7　活塞膨胀槽和隔热槽
1-膨胀槽;2-隔热槽;3-隔热槽和膨胀槽

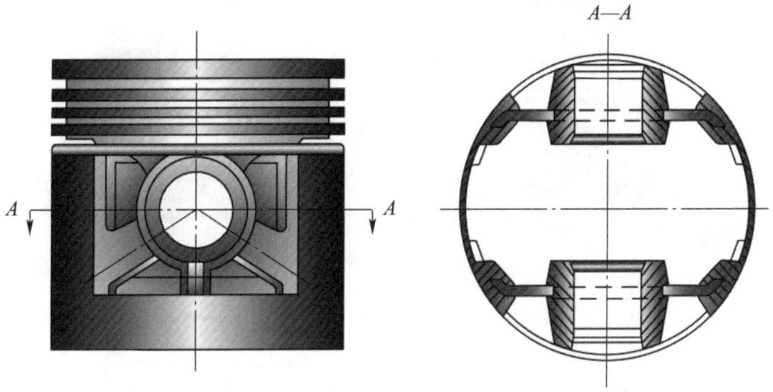

图 3-8　活塞销座中镶铸的恒范钢片

活塞销座孔的
偏置

4.活塞销座

活塞销座位于活塞裙部的上部,加工有座孔,用以安装活塞销。

活塞销座孔轴线通常位于活塞中心线左侧(由发动机前方看)偏移 1 ~ 2mm,称为活塞销偏置,如图 3-9 所示。目的是防止活塞在受气体压力较大的压缩上止点换向时,撞击汽缸壁而产生"敲缸"。活塞销偏置工作原理是活塞在压缩上止点,由右侧与汽缸壁接触向左侧与汽缸壁接触过渡时,由于活塞销偏置使活塞倾斜,左侧下端先与汽缸壁接触,随着做功行程,活塞向下止点移动,活塞承受向左的侧向力增大,活塞左侧上端逐渐靠向汽缸壁,从而减轻了活塞换向时对汽缸壁的撞击。

三、活塞环

活塞环按其功用可分为气环和油环两类,如图 3-10 所示。气环又称压缩环,其功用是密封活塞和汽缸之间的间隙,防止漏气和窜油,并将活塞承受的热量传给汽缸。油环的功用是刮去汽缸壁上多余的润滑油,并在汽缸壁上均匀布油。一般发动机上装有两道气环和一道油环,如图 3-11 所示。

活塞环工作时受到汽缸中气体的高温高压作用,温度较高,而且在汽缸中高速运动,加上润滑油高温变质,润滑条件变坏,导致其磨损严重。活塞环磨损失效后,发动机会出现起动困难、功率不足、曲轴箱压力升高、润滑油损耗量大、排气冒黑烟、活塞环槽积炭严重等现象。

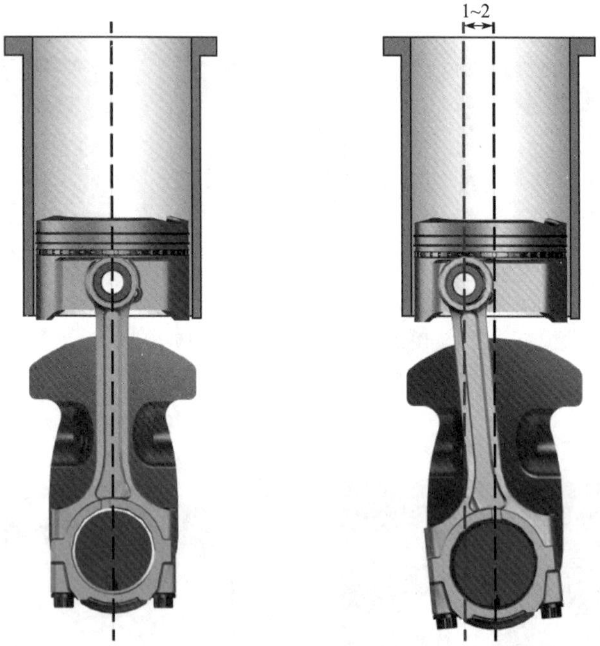

图 3-9 活塞销偏置

a)气环　　　　　　b)油环

活塞环种类

图 3-10 活塞环的分类

气环

油环

图 3-11 活塞环位置

　　根据活塞环的功用和工作条件,要求活塞环的材料应有耐热性、导热性、耐磨性、磨合性、韧性和足够的强度等特性。目前广泛采用的活塞环材料是优质灰铸铁、球墨铸铁或合金铸铁。由于第一道气环的工作条件最恶劣,一般其工作表面镀有多孔铬,多孔铬的硬度高,能储存少量的润滑油,其他活塞环一般镀锡或磷化,以改善磨合性能。

　　活塞环装在环槽内应处于浮动状态,以保证与汽缸壁密封接合。因此,活塞环的上下侧与环槽留有间隙,环与槽底留有间隙,在环的开口端也留有间隙,否则,活塞环受热膨胀会卡死在环槽内,拉坏汽缸。活塞环上切有一个开口,称活塞环开口。活塞环开口不仅便于活塞环拆装,而且可以使活塞环直径略大于汽缸直径,靠其弹性在缸内压紧汽缸壁,以加强密封性。

　　1）活塞环端隙

　　活塞环端隙 $\Delta 1$ 就是活塞环装入汽缸后,活塞环两端头的开口间隙,如图 3-12 所示。

　　2）活塞环侧隙

　　活塞环侧隙 $\Delta 2$ 就是活塞环与活塞环槽上下方向上的间隙,如图 3-12 所示。

图 3-12 活塞环配合间隙
1-汽缸;2-活塞环;3-活塞

3)活塞环背隙

活塞环背隙 Δ3 就是活塞环安装到活塞上放入汽缸后,活塞环内圆面与环槽底之间的间隙,如图 3-12 所示。

1. 气环

1)气环密封原理

第一密封面的建立。气环在自由状态下,环外径大于汽缸直径,装配后在弹力作用下与汽缸壁压紧,形成第一密封面。

第二密封面的建立。活塞环在运动时产生惯性力,与汽缸壁间产生摩擦力,侧隙有气体压力,在这 3 个力的共同作用下,活塞环在环槽的上侧或下侧,形成第二道密封面。

气环的第二次密封。窜入背隙和侧隙的气体,使环对汽缸壁和环槽进一步压紧,加强第一、第二密封面的密封。

2)气环的泵油作用

当活塞下行时,由于矩形环与缸壁之间的摩擦力以及环本身的惯性力,活塞环将紧贴在环槽的上岸,此时缸壁上刮下的润滑油充满了下边隙和背隙,如图 3-13 所示。当活塞上行,活塞环在摩擦力和惯性力的作用下,又紧贴在环槽下岸,挤压下边隙的润滑油从背隙、上边隙流向燃烧室中,如此不断反复,缸壁上的润滑油将源源不断地泵入燃烧室,这样将使发动机润滑油的消耗异常。

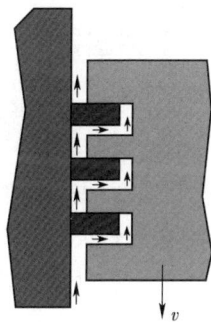

图 3-13 矩形环泵油原理

3)气环的断面形状

为了加强密封,加速磨合,减少泵油作用以及改善润滑,除了合理采用材料和加工工艺外,在结构上还采用了不同断面形状。气环按其断面形状主要有矩形环、锥形环、梯形环、桶形环、扭曲环,如图 3-14 所示。其中扭曲环又分为内切口和外切口两种,内切口扭曲环的切口在其内圆上边,而外切口则在其外圆下边。

扭曲原理是当活塞环装入汽缸后,环受到压缩产生弯曲变形,断面中性层以外产生拉应力、中性层以内产生压应力,拉应力的合力指向活塞环中心,压应力的合力背离活塞环中心。

矩形环由于中性层内外端面对称拉应力合力与压应力合力在同一平面内,不产生扭矩。扭曲环由于中性层内外断面不对称,使拉应力的合力与压应力的合力不在同一平面内,从而形成力偶,在力偶的作用下,活塞环会发生微量的扭曲变形。

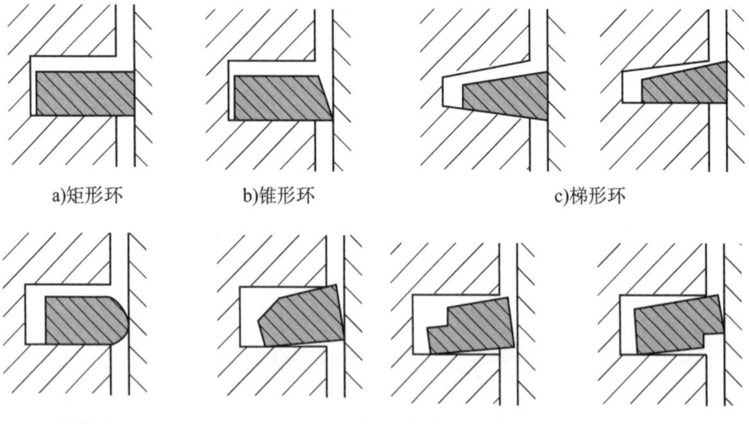

a)矩形环　　b)锥形环　　c)梯形环

d)桶形环　　　e)内切口扭曲环　　　f)外切口扭曲环

图 3-14　气环断面形状

2. 油环

油环可分为整体式和组合式两种,如图 3-15 所示。整体式油环一般用在负荷较大的发动机上,其外圆中部切有环槽,槽底开有若干回油孔,发动机工作时,利用上下两个板状环形刃口将汽缸壁上的多余润滑油刮下,并通过回油孔流回曲轴箱。多数汽车发动机都采用三件组合式油环,它由上下两片刮油钢片和一个衬簧组成,刮油钢片很薄,刮油作用强,对防止润滑油窜入燃烧室更有利。

a)整体式　　b)组合式

图 3-15　油环

四、活塞销

活塞销的功用是将活塞和连杆连接在一起,将活塞承受的气体压力传给连杆。

活塞销在高温下承受着周期性冲击载荷,润滑条件较差,因此,要求活塞销要有足够的刚度和强度,表面耐磨,质量要尽可能小。为此,活塞销一般采用低碳钢制成,先经过表面渗碳处理,以保证心部具有一定的耐冲击和韧性,再进行精磨和抛光处理。另外,活塞销为空心管状结构,外表面为圆柱形,内孔形状有圆柱形、截锥形和组合形,如图 3-16 所示。圆柱形孔容易加工,但圆柱形孔的活塞销的质量较大,截锥形孔则加工较复杂,但有利于减小活塞销的质量;组合形孔的活塞销性能介于二者之间。

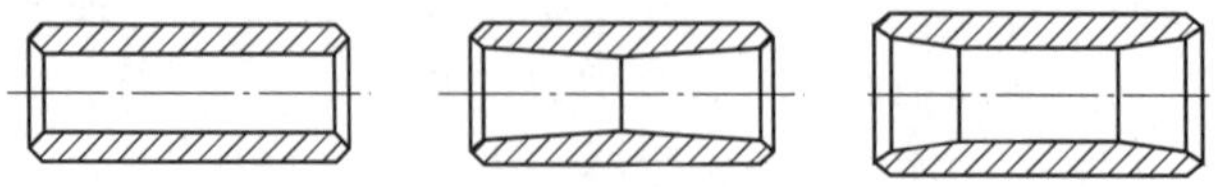

a)圆柱形孔　　b)截锥形孔　　c)组合形孔

图 3-16　活塞销纵截面形状

活塞销纵截面形状

　　有些活塞销座孔内加工有卡环槽,以便安装活塞销卡环,防止活塞销工作时轴向窜动。为减小活塞销座处受热后的变形量,有些活塞销座外表面是凹陷的。

　　在活塞内腔的活塞销座与活塞顶部之间一般铸有加强筋,以提高活塞的刚度。

　　活塞销的连接方式有半浮式和全浮式两种,如图 3-17 所示。半浮式连接是在发动机工作时,活塞销与活塞销座孔为间隙配合,而活塞销与连杆小头为过盈配合,活塞销只能在活塞销座孔内浮动。全浮式连接是在发动机工作时,活塞销与连杆小头和活塞销座孔均为间隙配合,活塞销可在活塞销座孔和连杆小头的衬套孔内自由转动。

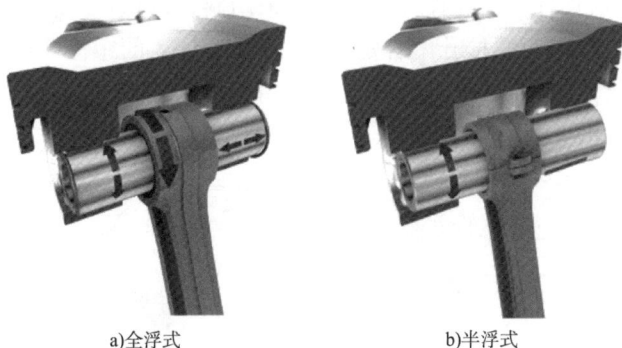

a)全浮式　　　　　　　　　　b)半浮式

图 3-17　活塞销的连接方式

　　连杆小头与活塞销相连,采用全浮式连接的活塞销时,在连杆小头孔内装有连杆衬套,以减少活塞销与连杆接触面的磨损。衬套一般为青铜制作,为润滑连杆衬套和活塞销,在连杆小头和连杆衬套上加工有集油孔或集油槽。更换活塞、活塞销的同时,必须更换连杆衬套。采用半浮式连接,连杆小头不必装连杆衬套,从而也减少了连杆衬套的维修作业,但活塞销磨损不均匀。而采用全浮式连接,必须在活塞销座孔两端装入卡环,以防止活塞销窜动而刮伤汽缸,全浮式活塞销磨损均匀。

五、连杆

　　连杆的功用是将活塞承受的气体压力传递给曲轴,使活塞的往复直线运动变为曲轴的旋转运动。连杆工作时承受活塞销传来的气体压力,本身摆动和活塞连杆组往复运动时的惯性力,这些力的大小和方向都是周期性变化的,因此,连杆会受到压缩、拉伸和弯曲等交变载荷,这就要求连杆在质量尽可能小的条件下要有足够的刚度和强度。为了满足上述要求,连杆一般采用中碳钢或中碳合金钢经模锻制成,也有些采用球墨铸铁制成的。为了提高连杆的疲劳强度,通常采用表面喷丸处理。

连杆功用

连杆结构

　　连杆由连杆小头、连杆杆身和连杆大头(包括连杆盖)三部分组成。

　　连杆杆身通常采用工字形截面,以求在保证连杆强度和刚度的前提下,减轻连杆的质量。

　　连杆大头是分开的,分开的部分称连杆盖,连杆盖与连杆用连杆螺栓连接。连杆螺栓是特制的,其根部有一段直径较大的部分,它与螺栓孔配合起到定位作用,防止装配时连杆盖与连杆错位。为保证连杆螺栓连接更加可靠,一般都采用了自锁螺母,以防工作时松动。

连杆大头连接曲轴上的连杆轴颈,连杆大头内孔装有两半的连杆轴承,轴承有一定的弹性,安装后轴承背面与连杆大头内孔紧密贴合,形成过盈配合。连杆大头的内孔加工有连杆轴承定位凹槽,安装时轴承背面的凸键卡在凹槽中,使连杆轴承正确定位。连杆轴承的内表面加工有油槽,用以储油保证可靠润滑。有些连杆轴承及连杆大头还加工有径向小油孔,从油孔中喷出的油可使汽缸壁得到更好的润滑。

连杆大头与连杆盖按切分面方向可分为平切口和斜切口两种,采用最多的是平切口,如图 3-18 所示。有些负荷较大的柴油发动机连杆,由于连杆大头直径比汽缸直径大,为拆装时能使连杆通过汽缸,连杆大头与连杆盖切分面采用斜切口形式。斜切口的连杆盖与连杆大头一般不是靠连杆螺栓与螺栓孔配合定位,有的在连杆盖的螺栓孔内压装一个定位套与连杆大头螺栓孔配合定位,有的则在切分面上采用锯齿定位、定位套定位、定位销定位或止口定位,如图 3-19 所示。

a)平切口   b)斜切口   连杆大头切口分类

图 3-18 连杆大头切口分类

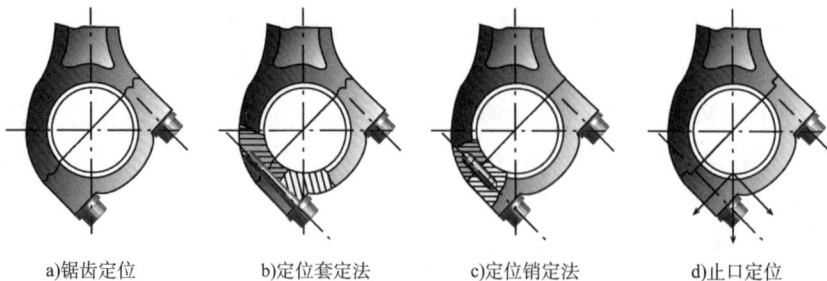

a)锯齿定位   b)定位套定法   c)定位销定法   d)止口定位

图 3-19 斜切口连杆大头的定位方式

连杆大头一般都是对称的,但也有部分发动机(多数是 V 型发动机)为减小连杆大头的轴向尺寸,采用偏位连杆,如图 3-20a)所示,即连杆大头两端面与连杆杆身中心平面不对称。偏位连杆安装时方向不能装反,V 型发动机装在同一连杆轴颈上的连杆应短面相对,直列发动机偏位连杆的短面应朝向曲轴主轴颈,如图 3-20b)所示。

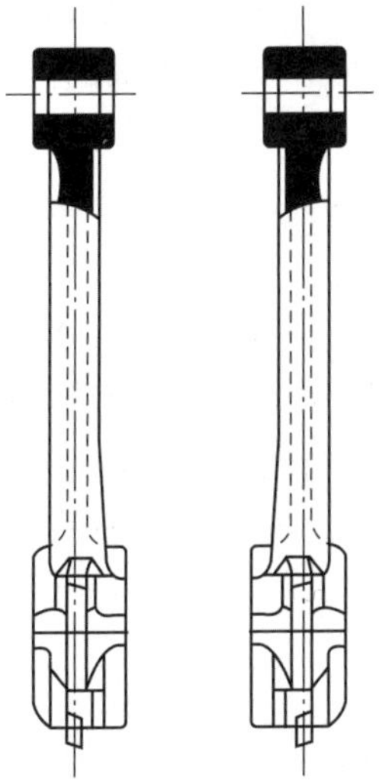

a)偏位连杆 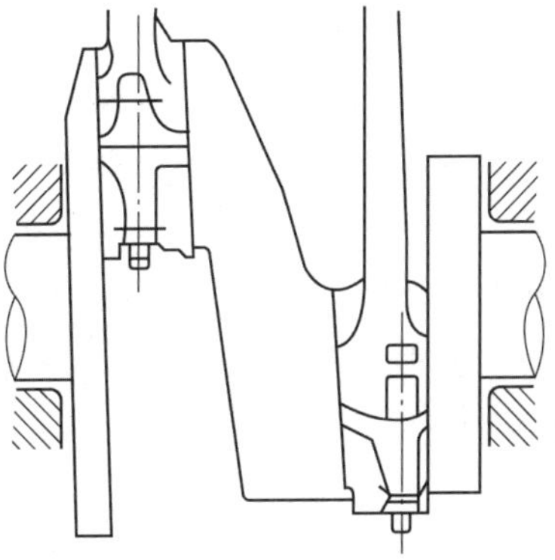   b)直列发动机偏位连杆的安装

图3-20　偏位连杆及其安装

六、连杆螺栓

连杆螺栓是用来连接连杆大头的零件,它承受着很大的冲击性载荷,若发生损坏,会给发动机带来极其严重的后果。因此,其一般采用韧性较高的优质合金钢或者优质碳素钢锻制或者冷墩成型。连杆大头在安装时必须坚固可靠,连杆螺栓必须按照维修手册的规定力矩拧紧。为了使连杆螺栓工作可靠,还应采用锁止装置,如防松胶、开口销、双螺母、自锁螺母及螺纹表面镀铜等措施。

七、连杆轴承

连杆轴承俗称连杆轴瓦,如图3-21所示,装在连杆大头的孔内,用以保护连杆轴颈及连杆大头。连杆轴承包括连杆上轴承和连杆下轴承,安装在连杆和曲轴的连接部位,起耐磨、连接、支承、传动作用。钢背由厚 $1 \sim 3mm$ 的低碳钢制成,是连杆轴承的基体。它既要有足够的强度以承受冲击性载荷,又要有合适的刚度,以便和轴承孔贴合良好。连杆轴承的内圆面上浇铸有 $0.3 \sim 0.7mm$ 厚的减磨合金层,采用的减磨合金主要有白合金、铜铅合金和高锡铝合金。连杆上轴承的内圆柱面上沿周向设置有油槽,油槽部的连

图3-21　连杆轴承

杆瓦壁上设置有过油孔。连杆轴承上设置有合理弧长的油槽,从而保证了在发动机工作过程中,活塞有恰当的润滑时机和润滑油量,以确保自身冷却良好,避免汽缸磨损损坏,同时还能避免润滑油浪费和过多润滑油对发动机工作的负面影响;连杆轴承上设置的定位凸键,使连杆轴承能装配在合理的位置,以使连杆轴承油槽部位避开重负荷受力区,保证工作时连杆轴承磨损小。

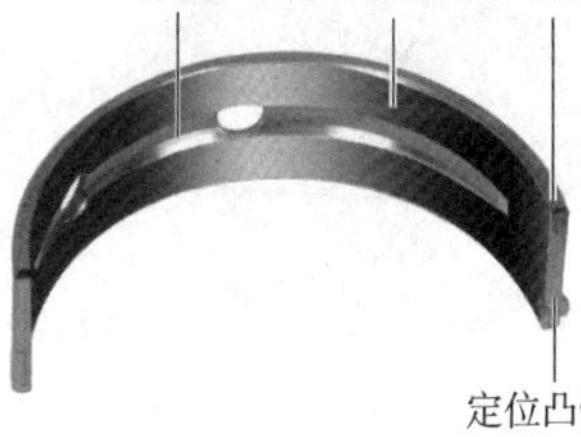

📖 **操作指引**

1. 组织方式

(1)场地设施:举升机一台,装有废气抽排系统和消防设施的场地。

(2)设备设施:发动机台架、活塞连杆组、连杆检测器等。

(3)工量具:外径千分尺、内径千分尺、塞尺、刮刀、铰刀等。

(4)耗材:洗油等。

(5)学生组织:教师指导、分组实训、过程评价。

2. 注意事项

(1)进入实训场地必须穿着干净整齐的工作服。

(2)听从实训指导老师的安排,严格遵守场地安全规定,注意用电安全。

(3)在操作过程中,注意拆装工具的使用,动作要规范。

(4)在操作过程中,正确使用外径千分尺等量具,避免损坏。

📷 **项目实施**

1. 检测活塞

1)清洁活塞

活塞上的积炭主要沉积在活塞顶部,活塞顶部积炭可用刮刀清除,如图 3-22 所示。若活塞环槽内有积炭,可用折断的旧活塞环磨制成合适的形状进行清除,如图 3-23 所示,但应注意不要刮伤活塞环槽底部。

图 3-22 清除活塞顶部积炭

图 3-23 清除活塞环槽内积炭

2)检查活塞的破损和烧蚀

活塞拆出后应检查其顶部有无异常,若有撞击造成的明显凹陷甚至是裂损,应及时查明故障原因,予以排除。对受损的活塞,若其顶部虽有凹陷但无裂损可继续使用,若发现有裂纹或孔洞必须换用新件。烧蚀较轻的活塞,允许继续使用,烧蚀严重时必须更换。

3)检查活塞环槽的磨损

活塞环槽的磨损通常发生在高度方向上,第一道活塞环槽磨损最严重。活塞环槽磨损后使活塞环侧隙增大,如不及时修理或更换活塞,会导致发动机工作时烧润滑油和汽缸压力下降等后果。

4)检查活塞的刮伤

活塞刮伤一般都有明显的痕迹,轻度刮伤的活塞,如果不影响与汽缸的配合间隙,允许用细砂布研磨后继续使用;刮伤严重的活塞必须更换,并根据下述情况查明故障原因。

(1)活塞裙部两侧同时出现刮伤,通常是新换活塞与汽缸配合间隙过小所致。

(2)活塞裙部垂直活塞销方向的一侧刮伤,通常是怠速转速过低使缸壁润滑不良或发动机长期大负荷工作,而导致活塞受侧压力较大的一侧刮伤。

(3)活塞裙部两侧销座处刮伤,通常是活塞销与座孔配合过紧,受热后沿活塞销方向膨胀量过大造成。

(4)活塞与汽缸配合间隙过大,将会引起第一道环槽的上部磨损或刮伤。

(5)刮伤部位出现在一侧活塞销座的上方,通常是连杆变形造成。

活塞直径的测量

5)测量活塞直径

活塞的主要磨损部位是裙部,测量时用外径千分尺在距离下边缘约10mm、与活塞销的轴线错开90°处测量。

2.检测活塞环

1)检测活塞环端隙

检查活塞环端隙时,将活塞环平正地放入汽缸内,用活塞顶部将其推平,

检测活塞环
侧隙、端隙

离汽缸上边缘约15mm,然后用塞尺测量开口处间隙。端隙过大或有其他损坏时,应重新选配活塞环。端隙过小时,应对环口的一端加以锉修。锉修时,应注意环口平整,锉后环外口应去掉毛刺,防止锋利的环口拉伤汽缸。迈腾_2007_1.8L_TSI 4V 四缸直喷式发动机气环的开口间隙标准值为0.15~0.40mm,磨损极限为0.80mm。油环开口间隙标准值为0.25~0.50mm,磨损极限为1.00mm。

2)检测活塞环侧隙

检查活塞环侧隙时,将活塞环放入环槽内,用塞尺测量。如果侧隙过大,影响活塞环的密封作用,应重新选配活塞环。如果侧隙过小,活塞环受热膨胀后有可能卡死在环槽内,可以把活塞环放在铺有砂布的平板上或专用设备上进行研磨。

注意:有切槽的环在修磨时,应磨没有切槽的一面。修磨时,要注意均匀用力,成"8"字形转圈磨,同时在手上不断挪动。

迈腾_2007_1.8L_TSI 4V 四缸直喷式发动机气环的侧隙标准值为0.04~0.08mm,磨损极限为0.15mm。

3)检测活塞环背隙

活塞环背隙难以直接测量,通常背隙以槽深与环宽之差来表示,背隙一般为活塞环低于槽岸边0~0.35mm。若活塞环高出槽岸边,应车深环槽,防止活塞环卡死在汽缸内。

检验侧隙、背隙的经验做法是,将活塞水平放置,以环在槽内低于槽岸边,且能转动自如,无松旷感为合适。

4)检测活塞环的漏光

活塞环漏光检验是选配工作中的重要环节,用它可检验活塞环与汽缸壁的密封程度和接合状况,密封不良会造成漏气、窜润滑油,接合不好会造成拉缸。

简易的检验方法是,将活塞环水平放入汽缸内,用一盖板盖住环的内环,在汽缸下部放置一个点亮的灯泡,用察看透光的方法检查活塞环与汽缸壁间的密封情况,如图3-24所示。

活塞环漏光度的检验技术要求如下。

(1)活塞环上漏光弧长所对应的圆心角,每处不得大于25°,其漏光间隙不大于0.03mm;同一根环上不得多于两处,总和不得大于45°。

(2)在靠近活塞环开口处两侧各30°范围内,不允许有漏光。

5)检测活塞环弹力

活塞环的弹力是保证汽缸密封性的重要条件。弹力过大会加速汽缸磨损,过小容易产生漏气。活塞环的弹力试验器如图3-25所示。将活塞环置于滚轮和底座之间,并使开口处于水平位置,量块可沿秤杆移动,当环口间隙达到规定值时,读出秤杆上的刻度数值,以此进行比较。

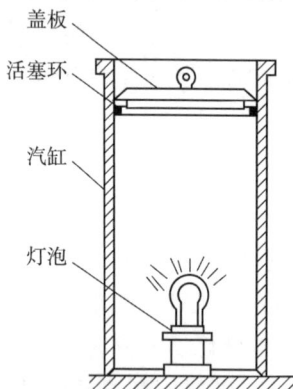

图3-24 活塞环漏光检验

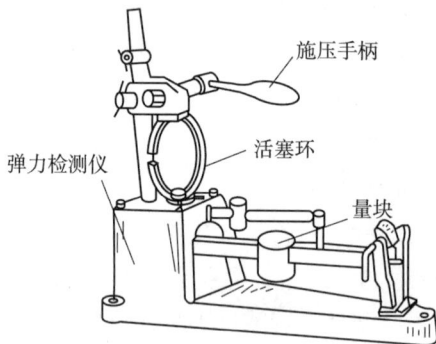

图3-25 弹力试验器

6)操作注意事项

(1)拆装气环应使用专用卡钳,若手工拆装活塞环时,应先用布包住活塞环开口端部,然后用两手拇指使活塞环开口张大,但应注意,不要使活塞环开口两端上下错开,以免活塞环变形或折断。

(2)安装非矩形断面的气环时,应注意活塞环端面上是否有"TOP"等标记,若有,有标记的一面应向上。内切口扭曲环的切口应向上,外切口扭曲环的切口应向下,避免装反。活塞环装反,会导致漏气和窜油。

(3)组合式油环的安装顺序是衬簧、上刮油钢片、下刮油钢片,衬簧接头处不能重叠过多,安装后两刮油钢片开口应相对并与衬簧接头错开90°。

(4)活塞环开口方向的布置直接影响汽缸的磨损和密封性,开口方向的布置形式很多,但最好按原车要求进行。除全裙式活塞外,一般活塞环开口不应与活塞销对正,同时开口应尽量避开做功时活塞与汽缸壁接触的一侧。

3.选配活塞销与活塞销座孔及连杆衬套

采用半浮式连接的活塞销,必须在压床上拆卸或安装,在维修中若不更换活塞,就不必拆下活塞销。采用铝合金活塞时,活塞销在常温下与座孔为过渡配合,安装时先将活塞在温度为 70～80℃ 的水中或油中加热,然后再将活塞销装入。

拆卸活塞销时,应将活塞和连杆按缸位摆放好,以免装错。同时还应注意活塞与连杆上是否有安装方向标记,如果没有,应做标记,以便安装时确保其方向正确。活塞和连杆上的安装标记如图 3-26 所示,安装活塞销时应使标记在同一侧,活塞连杆组件安装到汽缸内时标记应朝向发动机前方。

朝前标记

图 3-26　活塞和连杆上的安装标记

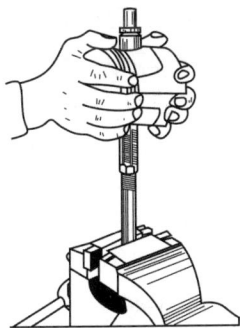

1)活塞销与活塞销座孔的选配

发动机工作中,活塞销座孔一般比活塞销更容易磨损。活塞销座孔磨损后,因修理成本较高,一般都更换活塞,并同时更换活塞销和活塞环。

更换活塞销时,活塞销应与活塞销座孔进行选配。采用半浮式连接的活塞销,将活塞放置在销座孔处于垂直方向的位置上,在常温下活塞销应能靠自重缓缓通过活塞销座孔;采用全浮式连接的活塞销,在活塞加热到 70～80℃ 时,应能用手掌心将涂有润滑油的活塞销推入座孔。若不符合上述要求,过松或过紧均应重新选配活塞销,对采用全浮式连接的活塞销,允许通过铰削活塞销座孔的方法达到配合要求。

(1)手工铰削工艺。

①选用铰刀。选用适当直径的长刃活络铰刀,应同时对活塞的两个销孔进行铰削,保证两孔的同轴度。

②调整铰刀。第一刀作为试探性铰削,其铰削量甚微,调整刀片时,仅与座孔接触即可。

③铰削。将铰刀柄固定在台钳上,双手握住活塞,轻压,顺时针方向徐徐铰动,如图 3-27 所示。铰到底,使活塞从铰刀下方脱出。

④试配。每铰一遍,应将活塞销试配一下,当活塞销能用手推入座孔 1/3 时,应停止铰削,如图 3-28 所示,然后用木槌或铜冲头轻轻击入,根据配合松紧度检查和修刮接触面。

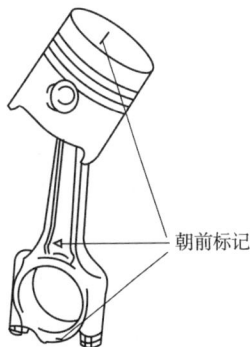

图 3-27　铰削活塞销座孔　　图 3-28　活塞销与活塞座孔试配

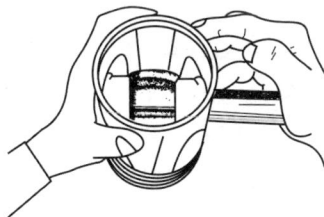

⑤配合。活塞销与活塞销座孔的配合,在常温下应有 0.0025～0.0075mm 的过盈量,当活塞处于 75～80℃ 时,感觉应有微量间隙。

修刮后的配合松紧度,应能用手掌击入 1/3～1/2 为宜。活塞销与活塞销孔的接触面积应在75%以上。

(2)检验活塞销与活塞销座孔配合的松紧度。

①活塞的热变形试验。目的主要是检验活塞销与座孔配合松紧度是否符合技术要求。活塞热变形的步骤如下。

a.在常温下测量并记录活塞的长、短轴实际尺寸。

b.将活塞放入热水中加温到75~85℃。

c.取出活塞,将活塞销涂润滑油迅速装入活塞销座孔趁热转动几圈。

d.冷却后再测量活塞的长、短轴尺寸,与原数据比较。

活塞热变形的要求:长轴缩短,短轴变长,变化量均不超过0.025mm。

几种情况的处理方法如下。

a.长、短轴变化不一致,以长轴变化为主。

b.变化大,说明配合过紧,应对活塞销座孔重新修刮。

c.无变化,说明配合过松,应换加大一级的活塞销重新铰配。

②检查活塞销的浮动情况。在工作中,可以通过检查活塞销在活塞销座孔内的浮动程度,判定其配合情况。

a.把活塞加温,组装活塞销及连杆。

b.把活塞连杆组放入水中加温到75~85℃,迅速取出,一手按住活塞,另一手握住并扭转连杆大头,前后推拉连杆。

c.活塞销能在活塞销座孔内浮动,说明配合符合要求。

d.若温度达85℃以上时,活塞销在活塞销座孔内仍不能活动,为配合过紧,应修配。

e.若温度低于75℃时,活塞销就开始浮动,为配合过松,应更换活塞销,重新修配。

2)活塞销与连杆的选配

(1)半浮式活塞销与连杆小头的选配。

半浮式连接的活塞销与连杆小头为过盈配合,过盈量一般为0.01~0.04mm。活塞销与连杆小头孔不允许试装,只能通过测量尺寸进行选配,如图3-29所示。

a)测量连杆小头直径   b)测量活塞销外径

图3-29　半浮式活塞销与连杆小头选配

在装配时必须将连杆小头放在电炉内加热到200℃左右,使销孔胀大,然后连同活塞一起装入,冷却后使活塞销固定在销孔内。工作时,活塞销只与活塞销孔转动。

(2)全浮式活塞销与连杆衬套的选配。

在维修中,若活塞销与连杆衬套配合间隙过大,或更换活塞和活塞销时,必须更换连杆衬套,以保证其正常配合。连杆衬套与连杆小头孔应有适量的过盈量,以防止工作时衬套转动或轴向窜动。新衬套可用台钳压入连杆小头,压入时,衬套倒角应朝向连杆小头倒角一侧,并将其放正,同时对正衬套的油孔和连杆小头的油孔,如图 3-30 所示,确保润滑油道畅通。

有些发动机的连杆衬套无加工余量,压装后不需修配。对有加工余量的连杆衬套,压入连杆小头后,需进行铰削修配,铰削程序如下。

①选择铰刀。根据活塞销实际尺寸选择,将铰刀夹紧在台钳上,并与钳口平面保持垂直。

②调铰刀。将连杆小端套入铰刀内,与铰刀吻合,以切削刃露出衬套 3~5mm 为宜。铰削量不得过大,以免铰削时出现摆动,铰出不正常的棱坎或喇叭口。

③铰削(图 3-31)。

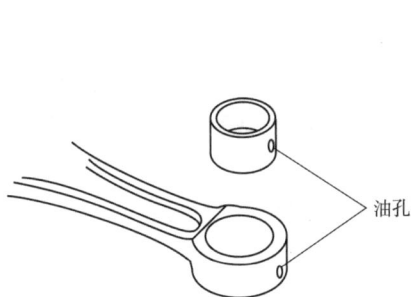

图 3-30　衬套油孔和连杆小头的油孔

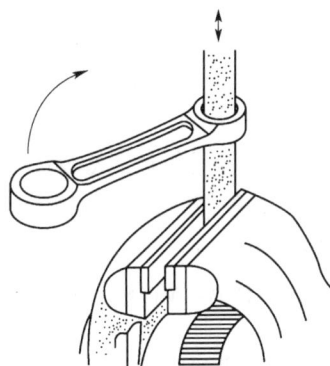

图 3-31　铰削连杆衬套

a. 一手握住连杆大端,均匀用力扳转;一手把持小端,并向下略施压力,进行铰削。

b. 当衬套下平面与切削刃下方相平时,停止铰削。此时,将连杆小端下压,使衬套平稳脱出铰刀,铰刀的调整量以旋转调整螺母 60°~90°为宜。

c. 在铰刀直径不变的情况下,将连杆翻转一面再铰一次。

d. 配对研磨。在铰削或磨削时,应留有研磨余量。如图 3-32 所示,将活塞销装入连杆衬套内配对研磨,并加少量润滑油;将活塞销夹持在台钳上,沿活塞销轴线方向扳动连杆,应无间隙感觉。

加入润滑油扳动时,应无"气泡"产生;把连杆置于与水平线呈 75°角时,应能停住;轻轻触动连杆,应能徐徐下降,此时间隙为合适。

如图 3-33 所示,经过铰削、研磨的衬套,能用大拇指把活塞销推入连杆衬套内,此时应无间隙感觉。研磨后,活塞销与衬套接触面积应在 75% 以上。

4. 检验与校正连杆变形

1)检验连杆的外观

(1)连杆体、轴承盖等不得有裂纹和损伤。

(2)轴承盖与轴承座应密合,接合面无损伤,定位槽完整无损。

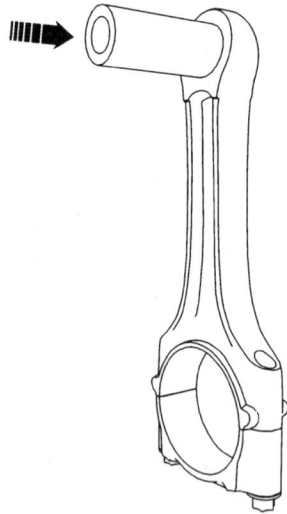

图 3-32　配对研磨连杆衬套　　　　图 3-33　活塞销配对间隙检查

（3）用塞尺检查连杆大头两端面与曲柄臂间隙应符合规定,否则应予以更换。

（4）检查连杆螺栓及螺母。如螺纹有损伤(在两扣以上),螺栓有裂痕或有明显的缺陷,螺栓拉长变形,或螺栓、螺母相互配合间隙过大,有明显松旷,应更换。

2）检验连杆变形

连杆弯曲、扭曲的检验在连杆检测器上进行,如图 3-34 所示。

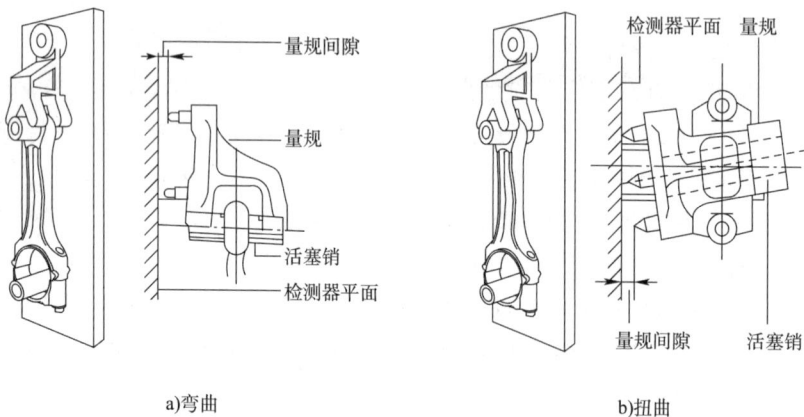

a)弯曲　　　　　　　　　　　　b)扭曲

图 3-34　连杆弯扭的检验

检查连杆变形时,将连杆轴承装好,活塞销装入连杆小头,再将连杆大头固定在连杆检测器的定心轴上,然后把三点式量规的 V 型槽贴紧活塞销,用塞尺测量连杆检测器平面与量规指销之间的间隙。三点式量规有三个指销,上面一个下面两个,三个指销均与连杆检测器平面接触,说明连杆无变形;若量规仅上面一个指销(或下面两个指销)与检测器平面有间隙,说明连杆有弯曲变形,如图 3-34a)所示,间隙大小反映了连杆的弯曲程度。若量规下面的两个指销与连杆检测器平面的间隙不同,说明连杆有扭曲变形,如图 3-34b)所示,两指销的间隙反映了连杆的扭曲程度;若上述两种情况并存,说明连杆既有弯曲变形又有扭曲变形,连杆的弯曲或扭曲变形超过其允许极限时,应进行校正或更换连杆。

3)校正连杆的弯曲、扭曲

(1)对弯曲的连杆,可用压床或连杆校正器上的校弯工具压直,如图3-35所示。

(2)对扭曲的连杆,可夹在台钳上,用连杆校正器上的校扭工具校正,如图3-36所示。没有校正工具时,也可用长柄扳钳、管子钳等校正。在常温下校正连杆,将会发生弹性变形和失效作用,即卸去负荷后,连杆有恢复原状的趋势。因此,在校正弯曲、扭曲变形较大的连杆时,校正后最好进行稳定处理。方法是将校正后的连杆用喷灯稍许加温。在校正弯曲、扭曲变形较小的连杆时,使校正负荷保持一定时间即可。经校正的连杆,应再次进行检验。如此反复进行,直至把弯曲、扭曲消除为止。

图 3-35 校正连杆的弯曲

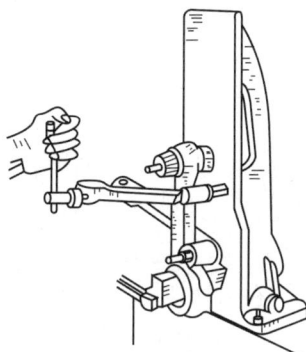

图 3-36 校正连杆的扭曲

4)连杆的选配

连杆大头内孔是与连杆盖配对装合后加工的,而且连杆装配后的质量在出厂时都有较严格的控制。因此,连杆和连杆盖的组合不能装错,一般都刻有配对标记(常用数字标记),拆装时必须注意。

连杆上的喷油孔和偏位连杆都有方向性,同时为保证连杆大头和连杆小头与配合件的配合位置,连杆的杆身上刻有朝前标记,并在连杆大头侧面刻有缸位序号,装配时不可装反,也不可装错缸位。

连杆螺栓必须根据不同发动机的要求按规定力矩拧紧。带开口销的,不可漏装开口销。

连杆应尽量成组更换。需要单只更换时,须保证连杆质量差不大于3g。连杆、连杆螺栓及螺母的结构,要与发动机的型号相适应。

项目解决方案

1.故障原因分析

造成上述故障的可能原因有活塞与缸壁磨损间隙过大、连杆弯曲、活塞因其销装配过紧而变形、连杆轴承装配过紧等。

2.故障诊断与排除过程

(1)怠速时,敲缸声明显而清晰;随着发动机温度升高或转速在中速以上,响声减弱或消失。

（2）在发动机低转速时，逐渐断火试验，断火后响声减弱或消失，即为该缸响声。

（3）卸下火花塞，从火花塞孔往汽缸内加注少量润滑油，润滑油注入后，用起动机带动曲轴旋转数圈，使活塞与汽缸壁间隙充满润滑油膜，而后起动发动机，若在起动后的瞬间响声明显减弱或消失，但随着油膜的流失或烧蚀，响声又很快出现，即可证明是该缸敲缸响。

拆卸发动机，用量缸表测量发现汽缸磨损超过极限，用外径千分尺检测活塞直径发现磨损超过极限。换用新的汽缸和新的活塞、活塞环，按照维修手册进行安装，再次试车，故障排除。

3. 故障小结

遇到异响故障时，应先分析出现异响时的工况，进行运转试验，不能盲目拆解。

项目小结

（1）活塞的作用是发动机工作时，活塞承受汽缸中气体的压力，并将此压力传给连杆，以便推动曲轴旋转；此外，活塞的顶部还与汽缸盖和汽缸配合共同组成燃烧室。

（2）活塞一般都用铝合金材料铸造或锻造而成，主要由活塞顶部、活塞头部和活塞裙部3部分组成，在活塞裙部的上部有活塞销座。

（3）活塞环按其功用可分为气环和油环两类。气环又称压缩环，其功用是密封活塞和汽缸之间的间隙，防止漏气和窜油，并将活塞承受的热量传给汽缸。油环的功用是刮去汽缸壁上多余的润滑油，并在汽缸壁上均匀布油。一般发动机上装有两道气环和一道油环。

（4）活塞销的功用是将活塞和连杆连接在一起，将活塞承受的气体压力传给连杆。

（5）连杆的功用是将活塞承受的气体压力传给曲轴，使活塞的往复直线运动变为曲轴的旋转运动。连杆由连杆小头、连杆杆身和连杆大头（包括连杆盖）三部分组成。

（6）活塞检测与选配主要包括活塞的清洁；活塞破损和烧蚀的检查；活塞环槽磨损的检查；活塞刮伤的检查；活塞直径的测量；活塞的选配等内容。

（7）活塞环的检验项目主要包括活塞环端隙的检测；活塞环侧隙的检测；活塞环背隙的检测；活塞环的漏光检验；活塞环弹力试验等项目。

（8）活塞销与活塞销座孔及连杆衬套选配主要包括活塞销与活塞销座孔的选配和活塞销与连杆衬套的选配。

（9）连杆变形检验与校正主要内容包括连杆的外观检验；连杆变形的检验；连杆弯曲、扭曲的校正；连杆的选配等。

习题

一、判断题

1. 活塞顶部在与气门对应的位置上有凹坑，这是为防止活塞在上止点与气门相碰而设计的。　　　　　　　　　　　　　　　　　　　　　　　　　　　（　　）

2. 活塞头部加工有安装活塞环的环槽，最下面一道环槽用于安装气环。　（　　）

3.油环环槽底部加工有回油孔,是为了使汽缸壁上多余的润滑油通过活塞内腔流回曲轴箱。 （ ）

4.在常温下,活塞裙部截面形状呈圆形。 （ ）

5.活塞销的功用是将活塞和连杆连接在一起,将活塞承受的气体压力传给连杆。

（ ）

二、选择题

1.活塞头部加工有安装活塞环的环槽,一般有( )道环槽。

　A.1～2 　　　　　B.2～3 　　　　　C.3～4 　　　　　D.5～6

2.活塞的温度从上到下逐渐降低,膨胀量( )。

　A.逐渐增加 　　　B.不变 　　　　　C.逐渐减小 　　　　D.先减小后增加

3.在保证连杆强度和刚度的前提下,为了减轻连杆的质量,连杆杆身通常采用( )字形截面。

　A.工 　　　　　　B.H 　　　　　　C.Z 　　　　　　D.O

4.在常温下,活塞裙部直径( )。

　A.上小下大 　　　B.上下一样大 　　C.上大下小 　　　　D.以上答案均不正确

5.活塞环上漏光弧长所对应的圆心角,每处不得大于( )。

　A.25° 　　　　　B.35° 　　　　　C.45° 　　　　　D.60°

项目四　曲轴飞轮组故障诊断与修复

项目描述

　　车主李先生反映,他驾驶的迈腾汽车,发动机稳定运转时无异响,但当转速突然变化时,会发出低沉连续的"镗、镗"的金属敲击声,严重时发动机会发生抖动。发生此故障的原因可能是主轴承响或连杆轴承响。要找出其故障所在并排除故障,就要认识曲轴飞轮组的组成、结构、工作原理,掌握各部件的检修方法。

学习目标

知识目标

(1)掌握曲轴飞轮组的组成、功用及工作原理;

(2)掌握曲轴飞轮组主要零部件的功用、结构及特点;

(3)掌握曲轴飞轮组各零部件的检修方法;

(4)掌握曲轴飞轮组常见故障的诊断方法。

技能目标

(1)具备信息查询和维修手册使用的基本能力;

(2)能够按照企业安全生产规范进行操作;

(3)能够利用工具进行曲轴飞轮组的拆装;

（4）能够利用量具和相关检测设备进行曲轴飞轮组主要零部件的检修；

（5）能够利用检测设备和工具对曲轴飞轮组的常见故障进行诊断和修复。

素质目标

（1）培养学生具有爱党报国、敬业奉献和服务人民的思想；

（2）培养学生具有奋斗精神、奉献精神、创造精神、勤俭节约精神、劳动精神、工匠精神；

（3）培养学生良好的职业道德，严谨的工作态度和严格的质量意识、安全意识、环保意识、团队意识。

建议学时：8 学时。

知识准备

曲轴飞轮组是发动机的重要组成部分。它将活塞连杆组的往复直线运动转化为曲轴飞轮组的旋转运动，承受连杆传来的力，并由此产生绕自身轴线的旋转力矩，该力矩通过飞轮输送给底盘传动系统，以驱动汽车行驶，曲轴还用来驱动其他机构等，如图 4-1 所示。

图 4-1 曲轴飞轮组

曲轴飞轮组功用

一、曲轴飞轮组

曲轴飞轮组主要由曲轴、飞轮等主要零部件组成，如图 4-2 所示。

二、曲轴飞轮组主要零部件

曲轴飞轮组组成

1. 曲轴

曲轴的功用是把活塞连杆组传来的气体压力转变为转矩并对外输出；另外，曲轴还用来驱动发动机的配气机构和其他辅助装置。

曲轴在工作时，要承受周期性变化的气体压力、往复惯性力和离心力，以及它们产生的转矩和弯矩的共同作用，在上述载荷的作用下，会引起扭转振动和弯曲振动而产生附加应力，转矩和负荷经常变化，导致轴颈处不易形成良好的油膜，而它与轴承相对的滑动速度又很高，在紧急制动情况下，曲轴还会产生轴向窜动。为了保证其工作可靠，要求曲轴具有足够的刚度和强度，并且具有一定的耐磨性，还需要具有良好的平衡性。为此，曲轴一般都采用中碳钢和中碳合金钢制作。为了提高其耐磨性，其主轴颈和连杆轴颈表面需要高频淬火

或者氮化。近年来,发动机还有采用高强度的稀土球墨铸铁铸造,但这种曲轴必须采用全支承以保证其刚度。

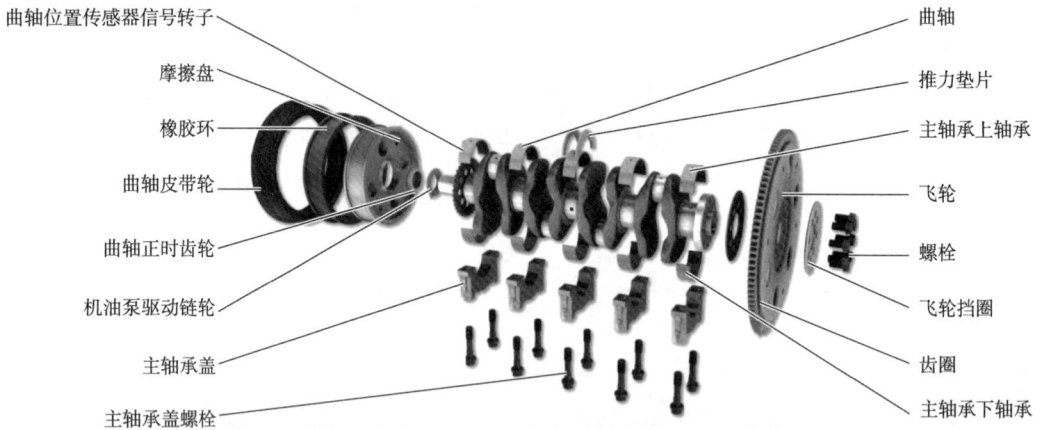

图 4-2 曲轴飞轮组组成

曲轴的基本组成包括前端轴、主轴颈、连杆轴颈(曲柄销)、曲柄、平衡重和后端凸缘等,如图 4-3 所示。

曲轴上磨光的表面为轴颈。将曲轴支承在曲轴箱内旋转的轴颈为主轴颈,主轴颈的轴线都在同一直线上。偏离主轴颈轴线用以安装连杆的轴颈为连杆轴颈(或称曲柄销),连杆轴颈之间有一定夹角。连杆轴颈与主轴颈之间还加工有润滑油道。

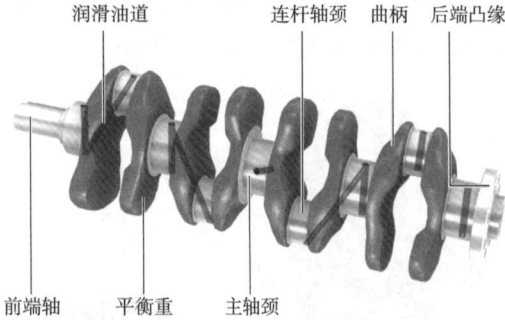

图 4-3 曲轴结构

将连杆轴颈和主轴颈连接到一起的部分称曲柄,连杆轴颈和曲柄共同将连杆传来的力转变成曲轴的旋转力矩,轴颈与曲柄之间有过渡圆角。

前端轴用以安装曲轴正时带轮(或正时齿轮、正时链轮)、水泵带轮等。后端凸缘用以安装飞轮。

曲轴结构

曲轴前后端都伸出曲轴箱,为防止润滑油流出曲轴箱,在曲轴前后端均设有密封装置。为保证密封可靠,一般都采用挡油盘和油封两种密封装置。

为使发动机运转平稳,一般在连杆轴颈相对的位置上设有平衡重。不同发动机的曲轴设置的平衡重数量不同,有 4 块、6 块、8 块等。

在汽车使用中,自动变速器的液力变矩器或离合器对曲轴产生轴向推力,或汽车上下坡时,均可能使曲轴发生轴向窜动,而曲轴的轴向窜动会影响曲柄连杆机构各零件之间的相互配合位置,所以必须采用定位装置加以限制。

曲轴的轴向定位装置为安装在某一主轴颈两侧的两个推力垫片,安装在曲轴前端第一道主轴颈两侧的推力垫片一般为整体式,安装在中间某一道主轴颈两侧的推力垫片一般为分开式,有些发动机上,分开式推力垫片与主轴承制成一体,称为翻边轴承。

多缸发动机曲拐的布置因汽缸数、汽缸排列形式和做功顺序(即点火顺序)而异。多缸发动机连杆轴颈的布置,应尽可能使连续做功的两个汽缸距离远,且各缸做功间隔力求均匀,以保证发动机工作平稳。常见的几种发动机的曲拐布置和工作顺序如下。

直列四缸四冲程发动机四个曲拐布置在同一个平面内。从曲轴前端看,一、四曲拐正对,二、三曲拐正对。做功间隔角720°/4 = 180°。发动机工作顺序有 1-3-4-2 和 1-2-4-3 两种。如果工作顺序是 1-3-4-2,则其曲拐布置如图 4-4 所示,工作顺序见表 4-1。

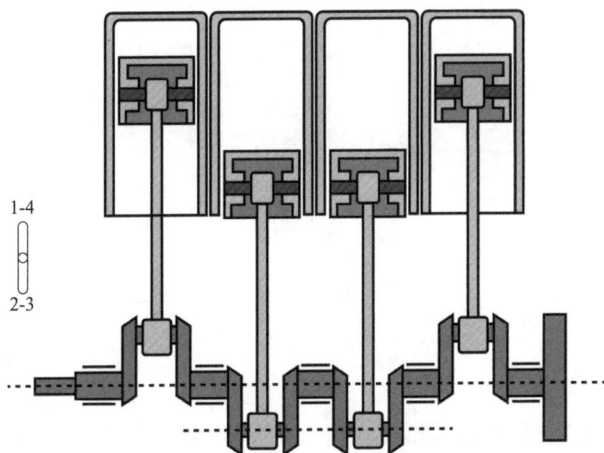

图 4-4　直列四缸四冲程发动机曲拐布置

直列四缸四冲程发动机工作循环(工作顺序为 1-3-4-2)　　表 2-1-3

曲线转角(°)	第一缸	第二缸	第三缸	第四缸
0 ~ 180	做功	排气	压缩	进气
180 ~ 360	排气	进气	做功	压缩
360 ~ 540	进气	压缩	排气	做功
540 ~ 720	压缩	做功	进气	排气

直列六缸四冲程发动机六个曲拐对称布置于互成 120° 角的三个平面内。从曲轴前端看,一、六缸曲拐正对,二、五缸曲拐正对,三、四缸曲拐正对。做功间隔角720°/6 = 120°。发动机工作顺序有 1-5-3-6-2-4 和 1-4-2-6-3-5 两种。如果做功顺序是 1-5-3-6-2-4,其曲拐布置如图 4-5 所示,工作顺序见表 4-2。

图 4-5　直列六缸四冲程发动机曲拐布置

直列六缸四冲程发动机工作循环（工作顺序为 1-5-3-6-2-4）　　表 4-2

曲线转角(°)		第一缸	第二缸	第三缸	第四缸	第五缸	第六缸
0~180	0~60		排气	进气	做功	压缩	
	60~120	做功					进气
	120~180			压缩	排气		
180~360	180~240		进气			做功	
	240~300	排气					压缩
	300~360			做功	进气		
360~540	360~420		压缩			排气	
	420~480	进气					做功
	480~540			排气	压缩		
540~720	540~600		做功			进气	
	600~660	压缩		进气			排气
	660~720		排气		做功	压缩	

　　V 型八缸发动机四个曲拐可以布置在同一个平面内，可以布置在两个相互错开 90°的平面内。其做功间隔角为 720°/8＝90°，各缸工作顺序一般为 1-8-4-3-6-5-7-2，其曲拐布置如图 4-6 所示，工作顺序见表 4-3。

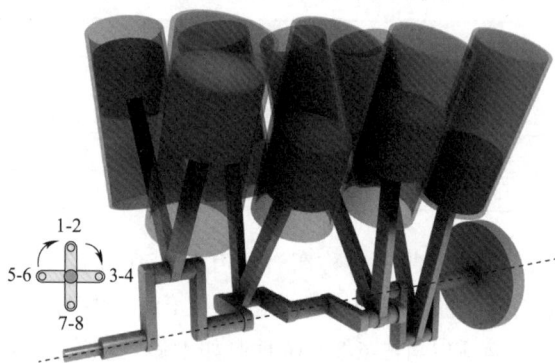

图 4-6　V 型八缸发动机曲拐布置

V 型八缸发动机工作循环（工作顺序为 1-8-4-3-6-5-7-2）　　表 4-3

曲线转角(°)		第一缸	第二缸	第三缸	第四缸	第五缸	第六缸	第七缸	第八缸
0~180	0~90	做功	做功	进气	压缩	排气	进气	排气	压缩
	90~180		排气	压缩		进气			做功
180~360	180~270	排气			做功		压缩	进气	
	270~360		进气	做功		压缩			排气
360~540	360~450	进气			排气		做功	压缩	
	450~540		压缩	排气		做功			进气
540~720	540~630	压缩			进气		排气	做功	
	630~720		做功	进气		排气			压缩

少数发动机采用组合式曲轴,即将曲轴的各部分分段加工,然后组装成整个曲轴,如图 4-7 所示。采用组合式曲轴的发动机,一般连杆大头为整体式,主轴承为滚动轴承,相应曲轴箱为隧道式。

图 4-7　组合式曲轴

1-起动爪;2-带轮;3-前端轴;4-滚动轴承;5-连杆螺栓;6-曲柄;7-飞轮齿圈;8-飞轮;9-后端凸缘;10-挡油圈;11-定位螺栓;12-锁片

按曲轴的主轴颈数,可将曲轴分为全支承曲轴和非全支承曲轴。在相邻的两个连杆轴颈之间,都设有主轴颈的曲轴称全支承曲轴,否则称为非全支承曲轴。全支承曲轴的主轴颈数比连杆轴颈数多一个,而非全支承曲轴的主轴颈数等于或少于连杆轴颈数。

2. 扭转减振器

在发动机工作过程中,经连杆传给曲柄的作用力的大小和方向都是周期性地变化的,这种周期性变化的激振力作用在曲轴上,引起曲拐回转的瞬时角速度也呈周期性变化。由于固装在曲轴上的飞轮转动惯量大,其瞬时角速度基本上可看作是均匀的。这样,曲拐便会忽而比飞轮转得快,忽而又比飞轮转得慢,形成相对于飞轮的扭转摆动,也就是曲轴的扭转振动,当激振力频率与曲轴自振频率成整数倍时,曲轴扭转振动便因共振而加剧。这将使发动机功率受到损失,正时齿轮或链条磨损增加,严重时甚至将曲轴扭断。为了消减曲轴的扭转振动,有的发动机在曲轴前端装有曲轴减振器,使曲轴扭转振动能量逐渐消耗于减振器内的摩擦,从而使振幅逐渐减小。

常用的扭转减振器有橡胶式(车用)、硅油式、摩擦片式,如图 4-8 所示。

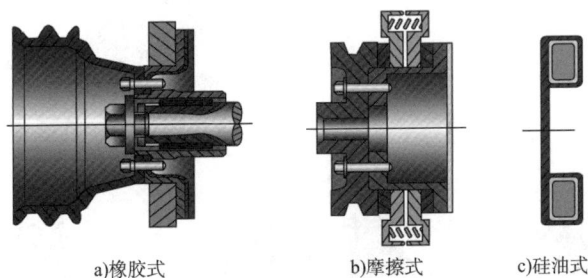

扭转减振器功用

a)橡胶式　　b)摩擦式　　c)硅油式

图 4-8　扭转减振器

橡胶式扭转减振器是把圆盘用螺栓与带轮及轮毂紧固在一起,橡胶层与圆盘及惯性盘硫化在一起。但曲轴发生扭转减振时,力图保持等速转动的惯性盘使橡胶层发生内摩擦,从而消除扭转减振的能量,避免扭转共振的产生。

3. 曲轴轴承

曲轴轴承包括连杆轴承(俗称小瓦)和曲轴主轴承(俗称大瓦),其结构基本相同。曲轴轴承的功用主要是减小摩擦和减轻曲轴等零件的磨损。

连杆轴承和曲轴主轴承一般都是分开式滑动轴承,其组成如图 4-9 所示,主要由钢背和

图 4-9　曲轴轴承的组成

减磨层组成,钢背是轴承的基体,在钢背的内圆表面制有耐磨的减磨层。减磨层所用的常用的减磨合金有巴氏合金、铜基合金、铝基合金三大类。其中巴氏合金分为锡基与铅基两类,巴氏合金疲劳强度低,许用比压及工作温度较低,一般用于强化程度较低的汽油机;铜基合金分为铅青铜和铜铅合金两类;铝基合金分为高锡合金和低锡合金两类,铝基合金目前在内燃机曲轴轴承中应用最广泛。另外,为对轴承进行可靠润滑,在轴承内表面制有油槽出口,在主轴承上还制有通油孔,以便润滑油进入曲轴内的油道。

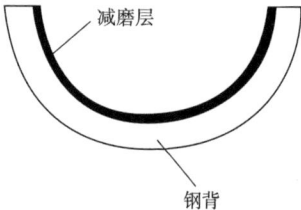

为防止发动机工作时,轴承发生轴向窜动,在轴承的钢背上制有定位凸键或定位销孔,以便安装后定位,如图 4-10 所示。发动机工作中,为防止曲轴轴承转动,曲轴轴承有自由弹势和一定的压紧量,自由弹势是指轴承在自由状态下的曲率半径比座孔大,压紧量是指轴承装入座孔后略高出座孔分界面,如图 4-11 所示。这样,可在装配后使轴承紧压在座孔内,既能防止轴承转动,又利于轴承散热。

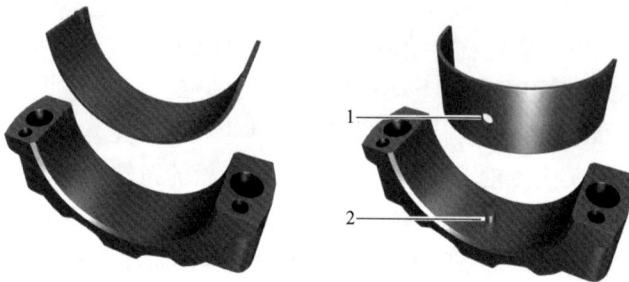

图 4-10　曲轴轴承定位
1-定位销孔;2-定位销

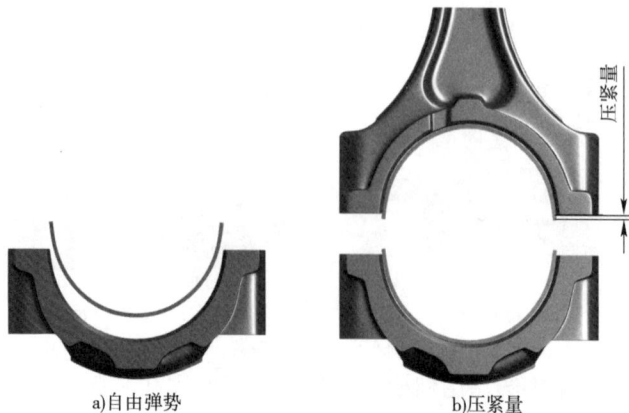

a)自由弹势　　b)压紧量
图 4-11　曲轴轴承的自由弹势和压紧量

4.飞轮

飞轮是一个转动惯量很大的圆盘(图4-12),其功用是将在做功行程中的一部分功能储存起来,用以在其他行程中克服阻力,带动曲柄连杆机构越过上、下止点,保证曲轴的旋转角速度和输出转矩尽可能均匀,并使发动机有可能克服短时间的超负荷。此外,在结构上,飞轮往往是传动系中摩擦离合器的驱动件,飞轮多采用灰铸铁制造。飞轮外缘上压有一个齿环,可与起动机的驱动齿轮啮合,供起动发动机用。飞轮上通常刻有第一缸点火正时记号,以便校准点火时刻。

图4-12　飞轮

🌼 操作指引

1.组织方式

(1)场地设施:举升机一台,装有废气抽排系统和消防设施的场地。

(2)设备设施:发动机台架、整车一辆、曲轴飞轮组等。

(3)工量具:百分表、平板、V形铁、千分尺等。

(4)耗材:塑料间隙规等。

(5)学生组织:教师指导、分组实训、过程评价。

2.注意事项

(1)进入实训场地必须穿着干净整齐的工作服。

(2)听从实训指导老师的安排,严格遵守场地安全规定,注意用电安全。

(3)在操作过程中,注意拆装工具的使用,动作要规范。

(4)在操作过程中,正确使用百分表、外径千分尺等量具,避免损坏。

飞轮结构

飞轮功用

📷 项目实施

检测曲轴弯曲
变形

1.检测曲轴

1)检测曲轴的裂纹

曲轴裂纹一般出现在应力集中处,如主轴颈或连杆轴颈与曲柄臂相连的过渡圆角处,表现为横向裂纹。也有在轴颈中的油孔附近出现轴向延伸的裂纹。常用检查方法有:磁力探伤仪检查、超声波探伤及浸油敲击法等。曲轴裂纹可进行焊修,但一般是换用新件。

2)检测曲轴弯曲变形

将曲轴的两端用V形铁支承在检测平板上;用百分表的触头抵在中间主轴颈表面,预压1~2mm,然后将大指针调至零位。转动曲轴一周,百分表上指针的最大与最小读数之差,即为中间主轴颈对两端主轴颈的径向圆跳动误差(通常也可用指针的最大与最小读数差值之半作为直线度误差或弯曲度值)。查阅维修手册,如径向跳动量大于标准值,则更换曲轴。

3)检测曲轴扭转变形

将曲轴两端的主轴颈放在检测平板的 V 形块上,使曲轴上 1、4 缸曲轴销旋转到水平位置。用高度尺测量 4 缸曲轴销离地高度,观察曲柄销与高度尺接触点高度,读取并记录测量值。再用高度尺测量 1 缸曲轴销离地高度,观察曲柄销与高度尺接触点高度,读取并记录测量值。查阅维修手册,两次测量数值对比,如差值大于标准值,则应进行修复或者更换曲轴。

曲轴扭转变形的检测

4)检测轴颈磨损

连杆轴颈径向磨损的最大部位是在各轴颈的内侧面上,即靠曲轴中心线一侧。沿轴线方向磨损的最大部位,一般在机械杂质聚积的一侧和各个轴颈受力大的部位。

主轴颈磨损后主要是呈椭圆形,它的最大磨损部位是在靠近连杆轴颈的一侧。沿轴向的磨损是不均匀的,一般没有规律性。

(1)检测曲轴轴颈。检验曲轴轴颈磨损量,可用外径千分尺测量主轴颈及连杆轴颈的直径。

用外径千分尺先在油孔两侧测量,然后旋转90°再测量。同一截面最大直径与最小直径之差的 1/2 为圆度误差;轴颈各部位测得的最大与最小直径差的 1/2 为圆柱度误差。圆度、圆柱度误差大于 0.020mm 时,应按修理尺寸磨修。轴颈直径达到其使用极限时应更换曲轴。

曲轴轴颈磨损的检测

(2)磨修曲轴轴颈。在专用曲轴磨床上进行。工艺要点如下。

①磨削曲轴前应先确定修理尺寸。一般发动机曲轴的主轴颈和连杆轴颈均有标准尺寸和级差为 0.25mm 的 2～4 级缩小修理尺寸,并配有相应尺寸的轴承,少数曲轴无修理尺寸。选择的修理尺寸,应小于或等于磨削加工后可能得到的最大轴颈尺寸。

②同一曲轴的所有轴颈应按同一级修理尺寸进行磨削,以保证曲轴的动平衡。

③曲轴轴颈磨削尺寸应根据选定的修理尺寸和轴承的实际尺寸进行磨削加工,并保证规定的配合间隙。

④曲轴磨削后,其轴颈圆度和圆柱度应小于 0.005mm,表面粗糙度应达到 Ra 0.2μm 以上,尺寸公差应不大于 0.02mm。

⑤曲轴主轴颈和连杆轴颈的两端应加工半径为 1～3mm 的过渡圆角,轴颈上的润滑油孔应加工 $C0.5～C1$ 的倒角,并除净毛刺。

除恢复轴颈尺寸及几何形状、精度外,还要保证轴颈的同轴度、平行度、曲轴过渡圆半径及各连杆轴颈间的夹角等相互位置精度。

5)检测曲轴轴向间隙

将千分表 V.A.S 6079 或 V.A.S 6341 与通用千分表支架 VW387 用螺栓固定在汽缸体上并与曲柄臂相对放置。用手将曲轴压向千分表并将千分表校表归"0"。将曲轴向反向压紧并读取显示值。

曲轴轴向间隙的检测

曲轴轴向间隙一般为 0.07～0.23mm,允许极限一般为 0.30mm。间隙过大或过小,可通过更换推力垫片来调整。

2.选配曲轴轴承

1）检查轴承的外观

检查曲轴主轴承和连杆轴承是否有严重磨损、烧伤、刮伤或疲劳剥落等现象。图 4-13 所示为轴承的异常磨损。对于曲轴推力垫片，若发现摩擦面有拉伤、变色、翻边等现象，应更换。

图 4-13　轴承的异常磨损

2）选配轴承

曲轴轴承间隙超过允许极限、修磨或更换曲轴后，均需更换轴承。为保证轴承与轴颈和轴承座孔的良好配合，更换轴承时，必须进行选配。各车型的轴承选配有具体要求，选配前应注意轴承、轴承盖、曲柄和汽缸体上有无数字或颜色等标记，并了解这些标记的含义，或查阅维修手册，然后再进行轴承选配。

（1）根据轴径的修理尺寸，选用曲轴轴径同一级修理尺寸的轴承。

（2）轴承厚度应符合规定。新轴承装入座孔内，上、下两片的两端均应高于接合面 0.05mm，保证轴承与座孔贴合紧密，提高散热效果。

（3）定位凸点完整。轴承背面光滑无斑点，表面粗糙度值应不大于 $Ra\,1.25\mu m$。

（4）弹性合适无哑声。把新选用的轴承放入轴承座后，要求轴承的曲率半径大于轴承孔的率半径，以保证轴承装入轴承座后，与轴承座紧密贴合。

（5）更换留有锉削余量的曲轴轴承时，可将轴承按规定位置装入轴承座孔，并按规定力矩拧紧轴承盖，然后根据曲轴的修理尺寸在专用锉削机上锉削轴承。也可采用手工刮削。

（6）按轴颈的标准尺寸或修理尺寸成组选配时，在成组选配的主轴承或连杆轴承中，可任选一上片轴承与一下片轴承配对使用。

（7）有选配标记的轴承，选配时必须与汽缸体和曲轴上的标记对应。

3）检测连杆轴承间隙

（1）拆下连杆轴承盖，清洗轴承和连杆轴径。

图 4-14　用塑料间隙规检查连杆轴承径向间隙

（2）如图 4-14 所示，将塑料间隙规沿轴向放置在连杆轴径或轴承上。

（3）装上连杆轴承盖，以规定的力矩拧紧，此时不得转动曲轴。

（4）重新拆下连杆轴承盖。

（5）将轴承盖与轴径间被压扁的塑料间隙规取出，将其压扁的宽度与印制刻度相比较，就可得出连杆轴承的径向间隙值。

（6）将连杆轴承盖按正常顺序装配到曲轴上，用磁座百分表测量连杆轴承盖的侧面与曲柄之间的间隙，如图 4-15 所示。最大应不超过使用极限，否则应更换连杆总成。

4）检测曲轴主轴承间隙

（1）拆下曲轴主轴承盖，清洗并擦净轴承和曲轴轴径。

（2）根据轴承宽度，沿轴向在曲轴轴径与轴承之间放上等长的塑料间隙规（方法同前）。

（3）安装轴承盖，以规定力矩拧紧，不得转动曲轴。

（4）拆下轴承盖，将轴承盖与轴径间被压扁的塑料间隙规取出，将其压扁的宽度与印制的刻度相比较，就可得出曲轴主轴承的径向间隙值。

（5）如图4-16所示，将曲轴主轴承盖按规定装合紧固，把百分表装在缸体上，用撬棍别住曲轴，使其不能转动，测量曲轴的轴向间隙，最大应不超过规定值。若此间隙超差，则应更换曲轴推力垫片。

图4-15　检查连杆轴承轴向间隙　　　　图4-16　检查曲轴主轴承轴向间隙

5）操作注意事项

（1）检测曲轴主轴承和连杆轴承的间隙时，必须严格按照规定力矩拧紧轴承盖，否则，测量值不准确。

（2）在测量径向间隙时，不得转动曲轴。

（3）有些车型发动机轴承为直接选配，不允许乱配。

2007款迈腾(1.8L/2.0L)四缸四气门涡轮增压直喷发动机出厂时已匹配轴承与厚度正确的汽缸体。彩色点表示轴承厚度。

在下部密封面或汽缸体正面上，用字母标记了汽缸体（上部轴承）上各轴承的安装位置。在曲轴上用字母标记了汽缸体（下部轴承）上各轴承的安装位置。第一个字母表示轴承盖1，第二个字母表示轴承盖2，依此类推。

汽缸体上的标记也可能刻在油底壳密封面上或汽缸体正面（变速器侧）。汽缸体上的标记表示上部轴承（汽缸体轴承）。记下这些字母，并根据表格找出字母表示的颜色。

曲轴上的标记表示下部轴承（轴承盖轴承）。记下这些字母，并根据表4-4找出字母表示的颜色。

曲轴主轴承
间隙的检测

字母表示的颜色　　　　　　　　　　　　　　　　　表4-4

汽缸上的字母	颜色	汽缸上的字母	颜色
S	黑色	B	蓝色
R	红色	W	白色
G	黄色		

3. 检查飞轮

飞轮主要损伤有工作面磨损、齿圈磨损或折断。如工作面沟槽深度大于0.5mm应磨削

(切削量不大于 1mm);更换飞轮时须刻上正时标记并做动平衡。齿圈单面磨损可翻面使用,但注意重新倒角。注意飞轮、曲轴磨削后要重新进行曲轴动平衡试验。

项目解决方案

1.故障原因分析

上述故障在排除时首先根据故障现象,做进一步的听诊,产生响声的部位在缸体下部的曲轴箱内;初步判断是主轴承或连杆轴承响;当继续做发动机的转速变换试验时,发现发动机转速越高,响声越大,并且振动感加大;基本断定是曲轴主轴承响。当第二缸断火时响声无明显变化,而做相邻两缸同时断火时,二与三缸同时断火,响声明显减弱,说明故障是第3 道主轴承。

2.故障诊断与排除过程

拆下油底壳,检查主轴承,发现第3 道主轴承减磨合金脱落严重,其余轴承均有不同程度的脱落,进行轴承更换后,发动机工作正常。

3.故障小结

主轴承响是发动机异响中较为常见的一种,产生异响的直接原因是主轴颈与轴承的径向间隙变大,严重超过标准。而导致间隙变化的相关因素有:主轴承盖固定螺栓松动;主轴承减磨合金烧毁或脱落;主轴承和轴颈磨损过甚及轴向止推装置磨损过甚,造成径向和轴向间隙过大;曲轴弯曲;润滑油压力太低或润滑油黏度太低等。所以,主轴承响可能是一道有问题也可能是多道都有问题,但诊断的方法是一样的。

项目小结

(1)曲轴的功用是承受连杆传来的力,并由此产生绕自身轴线的旋转力矩,该力矩通过飞轮输送给底盘驱动汽车行驶。曲轴还用来驱动发动机的配气机构和水泵、发电机、空气压缩机等附件。曲轴的基本组成包括前端轴、主轴颈、连杆轴颈(曲柄销)、曲柄、平衡重和后端凸缘等。

(2)曲轴轴承包括连杆轴承(俗称小瓦)和曲轴主轴承(俗称大瓦),其结构基本相同。曲轴轴承的功用主要是减小摩擦和减轻曲轴等零件的磨损。

(3)飞轮是一个转动惯量很大的圆盘。其功用是将在做功行程中的一部分功能储存起来,用以在其他行程中克服阻力,带动曲柄连杆机构越过上、下止点,保证曲轴的旋转角速度和输出转矩尽可能均匀,并使发动机有可能克服短时间的超负荷。此外,在结构上,飞轮往往是传动系中摩擦离合器的驱动件,飞轮多采用灰铸铁制造。

(4)曲轴检修的项目主要包括曲轴裂纹的检验、弯曲变形的检修、扭转变形的检修、轴颈磨损的检修以及曲轴轴向间隙的检查与调整等。

(5)曲轴轴承检修主要包括轴承的外观检查、连杆轴承间隙的检测、曲轴主轴承间隙的检测等。

(6)飞轮主要损伤有工作面磨损、齿圈磨损或折断。飞轮的修理:主要是当工作面沟槽深度大于0.5mm 应磨削(切削量不大于 1mm);更换飞轮时须刻上正时标记并做动平衡;齿圈单面磨损可翻面使用,但注意要重新倒角;飞轮、曲轴磨削后要重新进行动平衡试验。

习题

一、判断题

1. 主轴颈的轴线都在同一直线上。 (　　)

2. 相邻的两个连杆轴颈之间,都设有主轴颈的曲轴被称为非全支承曲轴。 (　　)

3. 多缸发动机的连杆轴颈布置因汽缸数、汽缸排列形式和做功顺序而异。 (　　)

4. 曲轴的轴向窜动会影响曲柄连杆机构各零件之间的相互配合位置,所以必须采用定位装置加以限制。 (　　)

5. 新选用的轴承放入轴承座后,要求轴承的曲率半径大于轴承孔的曲率半径。 (　　)

二、选择题

1. 采用组合式曲轴的发动机,主轴承为滚动轴承,相应的曲轴箱为(　　)。

　　A. 平分式 　　　　　B. 龙门式 　　　　　C. 隧道式 　　　　D. 以上答案均不正确

2. 全支承曲轴的主轴颈数比连杆轴颈数(　　)。

　　A. 多一个 　　　　　B. 少一个 　　　　　C. 一样多 　　　　D. 以上答案均有可能

3. 下列哪种方法不能用于检测曲轴裂纹(　　)。

　　A. 磁力探伤法 　　　B. 超声波探伤法 　　C. 浸油敲击法 　　D. 二次调整法

4. 做功顺序为 1-3-4-2 的直列四缸四冲程发动机,第二缸处于做功行程时,第四缸处于(　　)。

　　　　A. 进气行程 　　　B. 压缩行程 　　　C. 做功行程 　　　D. 排气行程

5. 做功顺序为 1-3-4-2 的直列四缸四冲程发动机,第一缸处于做功行程初期,第二缸气门状态是(　　)。

　　A. 进气门关闭,排气门开启 　　　　　　B. 进气门关闭,排气门关闭

　　C. 进气门开启,排气门关闭 　　　　　　D. 进气门开启,排气门开启

项目五 配气机构故障诊断与修复

　　车主李先生反映,他驾驶的迈腾汽车,行驶里程了 9500km,在息速时汽缸盖中部发出"嗒、嗒、嗒"异响。声音随着速度的增加频率加快,停车仔细听,发现"嗒、嗒"声来自发动机。此故障可能是由于进排气凸轮轴损坏、气门杆与气门导管配合间隙过大、气门弹簧损坏、气门与气门座配合不好等原因引起的。要找出其故障所在并排除故障,就要认识配气机构的组成、结构、工作原理,掌握各部件的检修方法。

📚 **学习目标**

知识目标

(1)掌握配气机构的组成、功用及工作原理;

(2)掌握配气机构主要零部件的功用、结构及特点;

(3)掌握配气机构各零部件的检修方法;

（4）掌握配气机构常见故障的诊断方法。

技能目标

（1）具备信息查询和维修手册使用的基本能力；

（2）能够按照企业安全生产规范进行操作；

（3）能够利用工具进行配气机构的拆装；

（4）能够利用量具和相关检测设备进行配气机构主要零部件的检修；

（5）能够利用检测设备和工具对配气机构的常见故障进行诊断和修复。

素质目标

（1）培养学生具有爱党报国、敬业奉献和服务人民的思想；

（2）培养学生具有奋斗精神、奉献精神、创造精神、勤俭节约精神、劳动精神、工匠精神；

（3）培养学生良好的职业道德，严谨的工作态度和严格的质量意识、安全意识、环保意识、团队意识。

建议学时：12学时。

知识准备

配气机构是发动机的重要组成部分。它的功用是按照发动机每个汽缸内所进行的工作循环和发火次序的要求，定时开启和关闭汽缸的进、排气门，使新鲜可燃混合气（汽油机）或空气（柴油机）及时进入汽缸，废气及时从汽缸排出。

配气机构功用

大众 EA888 配气机构

一、配气机构组成

配气机构组成可分为气门组和气门传动组两个部分，如图5-1所示。气门组主要包括气门、气门座、气门弹簧、气门弹簧座、气门导管等。气门传动组包括驱动气门动作的所有零件，其组成因配气机构的形式不同而不同，主要包括正时齿轮（正时链轮和链或正时带轮和传动带）、凸轮轴、挺柱、摇臂等。

二、配气机构工作原理和配气相位

1. 配气机构工作原理

发动机工作时，曲轴通过曲轴正时齿轮、正时链条带动凸轮轴正时链轮旋转，当凸轮轴上凸轮的基圆部分与摇臂接触时，气门处于关闭状态。当凸轮的凸起部分与摇臂接触时，摇臂被压下，气门弹簧被压缩，气门逐渐打开。当凸轮的最大凸起处与摇臂接触时，气门达到最大开度。当

图5-1　配气机构组成

凸轮与摇臂接触部位的凸起开始逐渐变小时,气门在气门弹簧的作用下,开始上升而逐渐关闭,并反向推动挺柱上移,使摇臂上移以保持与凸轮接触。当凸轮凸起离开摇臂时,气门完全关闭。

配气相位

2. 配气相位

现代发动机转速很高,一个行程经历的时间很短。短时间的进气和排气过程往往会使发动机充气不足或者排气不净,从而使发动机功率下降。如果能够做到排气彻底、进气充分,则可以提高充气系数,增大发动机的输出功率。因此,现代发动机都会延长进、排气时间,即气门的开启和关闭时刻并不正好是活塞处于上止点和下止点的时刻,而是分别提前或延迟一定的曲轴转角,以改善进、排气状况,从而提高发动机动力性。

配气相位就是进、排气门的实际开闭时刻,通常用相对于上、下止点曲拐位置的曲轴转角的环形图来表示,如图 5-2 所示。

1)进气门的配气相位

在排气终了,活塞到达上止点前,进气门就提前开启。从进气门开启到上止点间所对应的曲轴转角 α 称为进气门提前开启角,α 角一般为 $10° \sim 30°$。进气门提前开启,可以保证进气行程开始时,气门已经有较大的开度,有利于提高充气量。

图 5-2 配气相位图

活塞转过进气下止点(压缩行程开始)一段后,从下止点延迟至进气门关闭所对应的曲轴转角 β 称为进气门迟后关闭角,β 一般为 $40° \sim 80°$。延迟进气门关闭时刻,能够充分利用进气行程结束前汽缸内与大气的压力差和较大的气流惯性继续进气。活塞转过下止点过后,随着活塞的上行,汽缸内压力逐渐增大,进气气流速度逐渐减小,当汽缸内外的压力差消失,流速接近为 0 时关闭进气门。进气门持续开启时间为 $180° + \alpha + \beta$。

2)排气门的配气相位

在做功行程后期,活塞到达下止点前,排气门提前打开,从排气门开启到下止点所对应的曲轴转角 γ 称为排气门提前开启角,γ 一般为 $40° \sim 80°$。排气门适当提前打开,可以利用较高的缸内压力将大部分燃烧废气迅速排出,在活塞上行时缸内压力迅速下降,减少排气行程所消耗功率。另外,高温废气提前排出还可以防止发动机过热。

活塞转过上止点(进气行程开始)一段后,从上止点延迟至排气门关闭所对应的曲轴转角 δ 称为进气迟后关闭角,δ 一般为 $10° \sim 30°$。排气门迟后关闭可以利用排气流的惯性使废气继续排出。排气门开启持续时间为 $\gamma + 180° + \delta$。

由于进气门早开和排气门迟闭,存在进、排气门同时开启的现象。进气门和排气门同时开启的时间或曲轴转角,称为气门重叠时间或气门重叠角。气门重叠角的大小或等于进气门提前开启角与排气门迟后关闭角之和,气门重叠持续时间为 $\gamma + \delta$。气门重叠角选择要合适,如进气门提前开启角与排气门迟后关闭角过大,会出现废气倒流进气管和新鲜气体随废

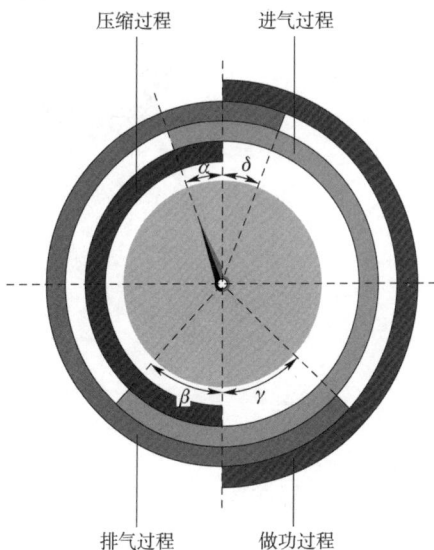

气排出等问题。

三、配气机构分类

配气机构形式多种多样,其主要区别在于气门布置形式和数量、凸轮轴布置形式和驱动方式。

根据气门安装位置不同,配气机构可分为气门顶置式、气门侧置式和气门下置式,如图 5-3 所示。气门侧置式和气门下置式配气机构已经被淘汰。

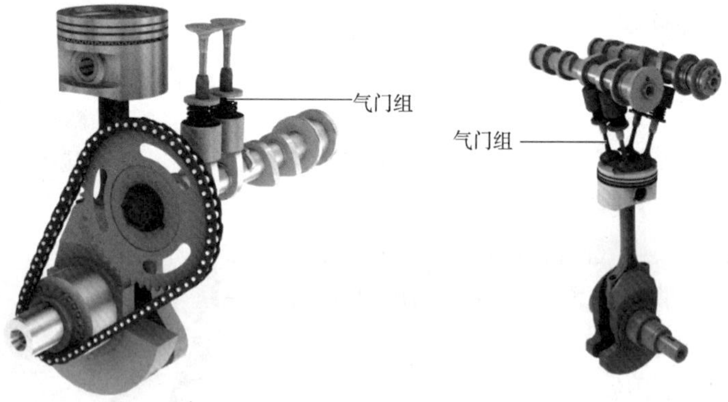

配气机构分类
(按气门的布置
位置分类)

a)气门侧置式　　　　　　b)气门顶置式

图 5-3　按气门安装位置分类

按凸轮轴布置位置不同可分为凸轮轴上置式、凸轮轴中置式和凸轮轴下置式,如图 5-4 所示。

配气机构分类
(按每缸气门数目
分类)

a)凸轮轴上置式　　　　b)凸轮轴中置式　　　　c)凸轮轴下置式

图 5-4　按凸轮轴布置位置分类

按每缸气门数目不同可分为二气门式、四气门式和五气门式等,如图 5-5 所示。
按传动方式不同可分为齿轮传动式、链传动式和带传动式,如图 5-6 所示。

四、配气机构主要零部件

1. 气门组

1)气门

气门工作条件十分恶劣,要承受高温、高压、冲击,而且润滑困难。因此,要求气门材料必须有足够的强度、刚度，并且要耐磨、耐高温、耐腐蚀、耐冲击。进气门一般采用中碳合金钢(如镍钢、镍铬钢和铬钼钢等)，排气门采用耐热合金钢(如硅铬钢、硅铬钼钢等)，为了改善气门的导热性能，有些气门内部充注金属钠。

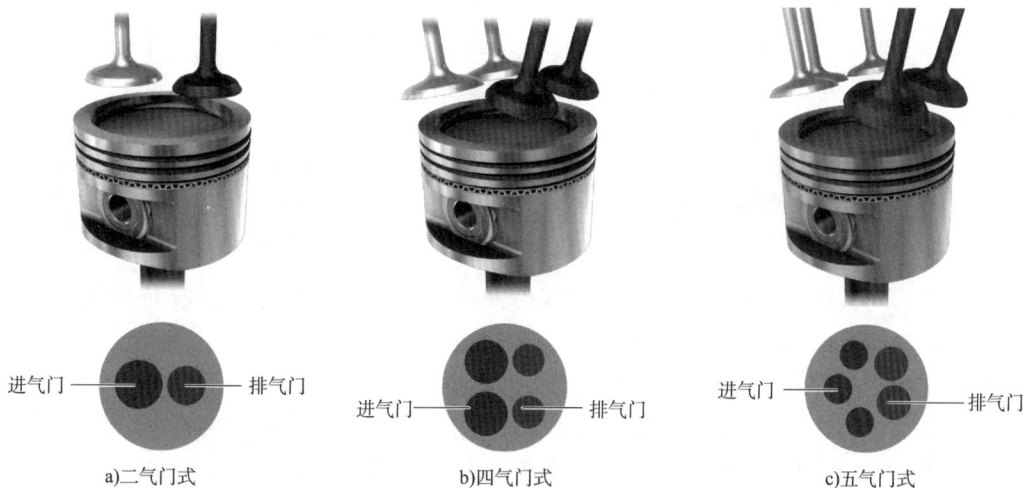

图 5-5 按每缸气门数目不同分类

a)二气门式   b)四气门式   c)五气门式

进气门   排气门

图 5-6 按传动方式不同分类

a)带传动   b)链传动   c)齿轮传动

气门按照作用不同分为进气门和排气门，构造基本相同。气门均由头部与杆部两部分组成，如图 5-7 所示。气门头部的作用是与气门座配合，对汽缸进行密封;杆部则与气门导管配合，为气门的运动起导向作用。

气门头部形状有平顶、凹面顶和球面顶，如图 5-8 所示。平顶结构的气门具有结构简单、制造方便、受热面积小、质量小等特点，多数发动机的进气门和排气门采用这种结构。凹面顶气门有进气阻力小、质量轻、受热面积大等特点，适合作进气门。球面顶气门有排气阻力小、废弃清除效果好、耐高温能力强等特点，适合作排气门。

图5-7　气门的组成

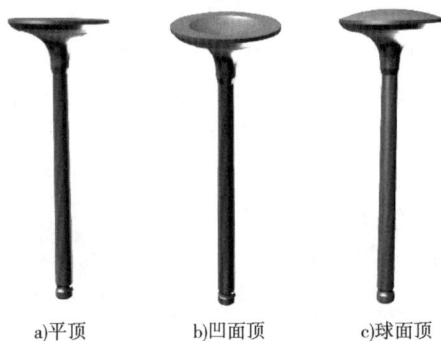

图5-8　气门头部形状

气门头部与气门座接触的工作面称为气门密封锥面。该密封锥面与气门顶平面的夹角称为气门锥角 α，如图5-9所示。气门锥角一般为45°，有些发动机的进气门锥角为30°。进气门与排气门的头部直径一般不等，进气门头部直径较大。

气门杆部为圆柱形，在靠近尾部处加工有环形槽或锁销孔，以便用锁片或锁销固定气门弹簧座，固定方式如图5-10所示。锁片式固定方式的气门杆上有环形槽，外圆为锥形、内孔有环形凸台的锁片分成两半，气门组装配到汽缸盖上后，锁片内孔环形凸台卡在气门杆上的环槽内，在气门弹簧作用下，锁片外圆锥面与气门弹簧座锥形内孔配合，使气门弹簧座固定。锁销式固定方式则是将锁销插入气门杆上的孔内，由于锁销长度大于气门弹簧座孔径，所以可使气门弹簧座固定。

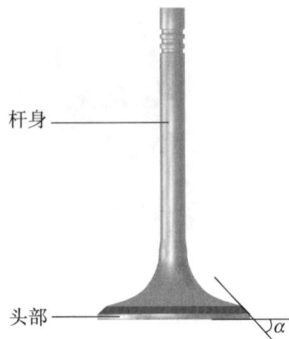

图5-9　气门锥角图
α-气门锥角

图5-10　气门弹簧的固定方式
1-气门杆；2-气门弹簧；3-气门弹簧座；4-锁片；5-锁销

2）气门座

进、排气道口直接与气门密封锥面接触的部位称气门座。气门座与气门配合，使汽缸密封。气门座的形式有两种，一种是在汽缸盖上镗出来，一种是单独制成气门座圈，然后镶嵌在汽缸盖上。

气门座结构

部分发动机的气门座单独制成座圈，然后压装到燃烧室内的进排气道口处，气门座圈与座孔有足够的过盈配合量，以防止发动机工作时气门座脱落。气门座圈一般采用耐热合金钢或者耐热合金铸铁制成。

为保证气门与气门座可靠密封，气门座上加工有与气门相适应的锥面，气门座的锥面包括

三部分,如图 5-11 所示,45°(或 30°)锥面是与气门密封锥面配合的工作面,宽度 b 为 1~3mm,15°锥角和 75°锥角的锥面是用来修正工作面位置和宽度的。有些发动机的气门锥角比气门座锥角小 0.5°~1°,被称为气门密封干涉角,气门密封干涉角有利于走合期的磨合,走合期结束,密封干涉角逐渐消失,恢复全锥面接触。

气门导管功用

3)气门导管

气门导管的功用是给气门的运动导向,并将气门杆所承受的热量传给汽缸盖。气门导管一般单独制成,然后压入缸盖的承孔中,由于润滑较困难,一般用含石墨较多的铸铁或者粉末冶金制成,以提高自润滑性能。

气门导管为一空心管状结构(图 5-12),气门导管压装在汽缸盖上的导管孔中,其外圆柱面与导管孔的配合有一定的过盈量,以保证良好的传热性能和防止松脱。有些发动机为防止气门导管脱落,利用卡环对气门导管定位。气门导管的下端伸入气道,为减少对气流造成的阻力,伸入气道的部分制成锥形。

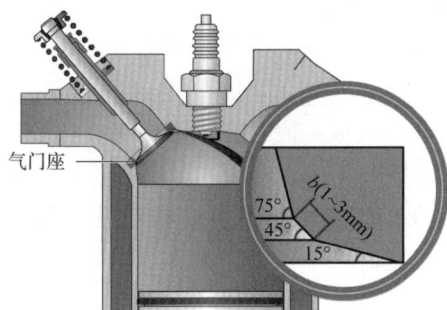

图 5-11 气门座结构

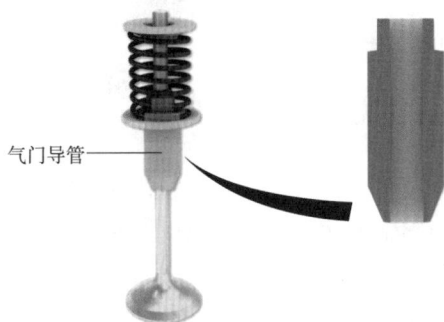

图 5-12 气门导管

气门导管内孔与气门杆之间为间隙配合,为防止润滑油从气门杆与气门导管的间隙中漏入燃烧室,会在气门导管的上端安装气门油封。

4)气门弹簧

气门弹簧功用

气门弹簧的功用使气门迅速复位,保证密封并防止气门在开启关闭过程中,因传动件的惯性而产生彼此脱离的现象。

气门弹簧的形状为圆柱形螺旋弹簧,其材料为高碳锰钢、铬钒钢等拔钢丝,并在表面进行磷化或发蓝处理。为了防止因气门弹簧共振而破坏配气正时,常采用双气门弹簧、变螺距气门弹簧、锥形气门弹簧或气门弹簧振动阻尼器,如图 5-13 所示。

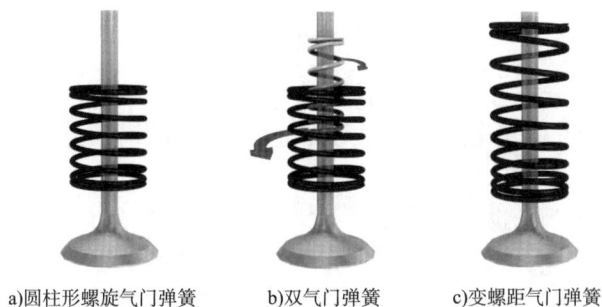

气门弹簧结构形式

a)圆柱形螺旋气门弹簧　　b)双气门弹簧　　c)变螺距气门弹簧

图 5-13 气门弹簧结构形式

2. 气门传动组

1)凸轮轴

凸轮轴是气门传动组的主要零件,其功用主要是利用凸轮控制气门的开启和关闭,使其符合发动机的工作顺序、配气相位和气门开度的变化规律等要求。凸轮轴与气门组的配合,如图5-14所示。

图5-14 凸轮轴的功用

凸轮轴的构造,如图5-15所示。凸轮和轴颈是凸轮轴的基本组成部分,凸轮用来驱动气门开启,并通过其轮廓形状控制气门开启和关闭的规律,轴颈则用来支承凸轮轴。凸轮轴的前端用以安装正时齿轮(正时链轮或正时带轮)。

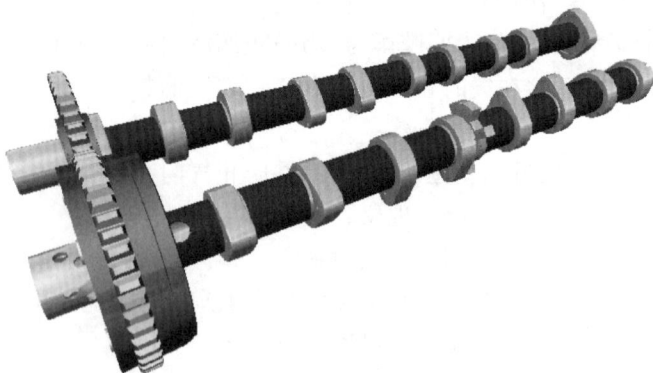

凸轮轴功用

图5-15 凸轮轴的构造

凸轮轮廓如图5-16所示,O 为凸轮轴的轴心,弧长 AE 为凸轮的基圆,AB 和 DE 为凸轮的缓冲段,缓冲段凸轮升程变化速度较慢,BCD 为凸轮的工作段,此段升程较快,C 点为升程最大,它决定气门的最大开度。

凸轮分为驱动进气门的进气凸轮和驱动排气门的排气凸轮。凸轮轴上所有的进气凸轮或排气凸轮称为同名凸轮。以直列发动机为例,从凸轮轴前端看,各缸同名凸轮的相对角位置按各缸做功顺序逆凸轮轴的转动方向排列,夹角为做功间隔角的一半。根据这一规律,可按凸轮轴转动方向和同名凸轮位置判断发动机做功顺序。同一汽缸的进气凸轮和排气凸轮称为异名凸轮。异名凸轮相对角位置与凸轮转动方向及发动机的配气相位有关。

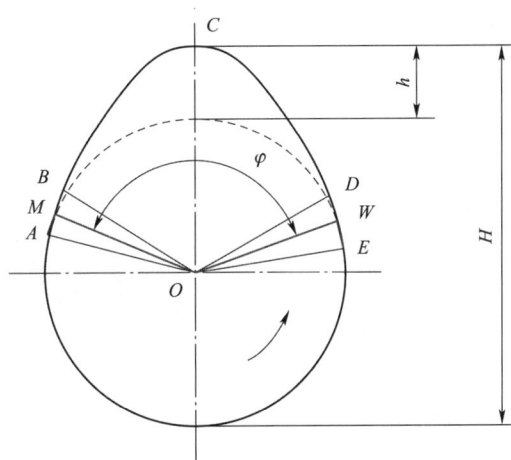

图 5-16　凸轮轮廓

在下置凸轮轴式配气机构和侧置凸轮轴式配气机构中,安装凸轮轴的座孔和压装在座孔内的凸轮轴轴承一般为整体式,为拆装方便,凸轮轴轴颈直径由前至后逐渐减小。在顶置凸轮轴式配气机构中,安装凸轮轴的座孔和凸轮轴轴承一般为剖分式,凸轮轴各轴颈直径相等。有些凸轮轴的轴颈上加工有不同形状的油槽或油孔,如图 5-17 所示,这些油槽或油孔用来储存润滑油或作为润滑油通道。

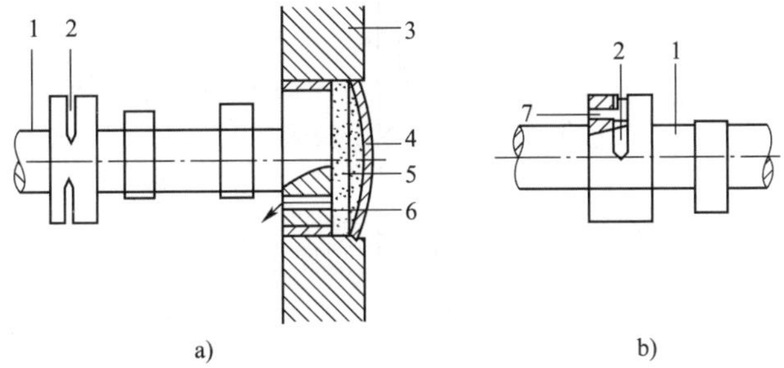

图 5-17　凸轮轴轴颈上的油槽和油孔
1-凸轮轴;2-节油槽;3-汽缸体;4-油堵;5-空腔;6-泄油孔;7-油孔

为防止凸轮轴发生轴向窜动,凸轮轴都设有轴向定位装置。常见的凸轮轴轴向定位装置如图 5-18 所示,在凸轮轴第一道轴颈与正时齿轮之间装有隔圈,推力凸缘松套在隔圈外面并用螺栓固定在汽缸体上,这样当凸轮轴发生轴向窜动时,推力凸缘顶靠住正时齿轮的轮毂或凸轮轴第一道轴颈的端面,即起到了轴向定位的作用。为保证凸轮轴的正常转动,允许凸轮轴有一定的轴向窜动量,所以隔圈的厚度略大于推力凸缘的厚度,两者的差值即为凸轮轴的轴向间隙,此间隙一般为 0.08 ~ 0.20mm。

2)挺柱

挺柱的功用是把凸轮轴运动产生的推力传给气门挺柱或直接传给气门。挺柱分为机械挺柱和液压挺柱两种。

图 5-18　常见的凸轮轴轴向定位装置

1-正时齿轮;2-齿轮轮毂;3-齿轮固定螺母;4-推力凸缘;5-凸缘安装螺栓;6-隔圈

(1)机械挺柱。

机械挺柱根据结构不同功能,分为菌式挺柱、球面挺柱和滚轮式挺柱,如图 5-19 所示。

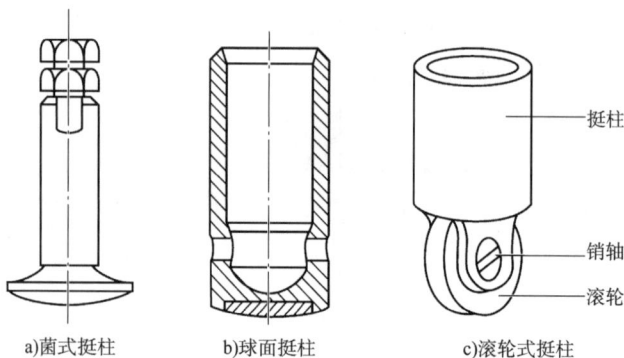

a)菌式挺柱　　　　b)球面挺柱　　　　c)滚轮式挺柱

图 5-19　机械挺柱

菌式挺柱多用于侧置式气门的配气机构,大多数发动机采用球面或滚轮式挺柱,可显著减少摩擦力和侧向力。某些凸轮轴上置的轿车发动机,其挺柱体上部装有调整垫片,用于调整气门间隙。

凸轮在旋转中对挺柱推力的方向是固定不变的,为使挺柱底面与凸轮接触面的磨损均匀,避免挺柱外圆表面与导向孔之间形成单面磨损,在设计上采取了如图 5-19 所示的结构措施。将挺柱底面做成一定的锥度形状,使凸轮与挺柱的接触点偏离挺柱中心轴线,如图 5-19a)所示;或挺柱中心轴线偏离凸轮对称轴线布置,如图 5-19b)所示。这样,挺柱在凸轮的推力作用下,沿导向孔上升的同时,挺柱还绕其中心轴线旋转,使挺柱底面与凸轮表面、挺柱体外圆表面与导向孔内表面磨损均匀。采用滚轮式挺柱,如图 5-19c)所示,则将凸轮与挺柱的滑动摩擦变为滚动摩擦,进一步降低了凸轮、挺柱的摩擦磨损。

（2）液压挺柱。

液压挺柱主要由挺柱体、柱塞、柱塞复位弹簧、推杆等组成，如图5-20所示。

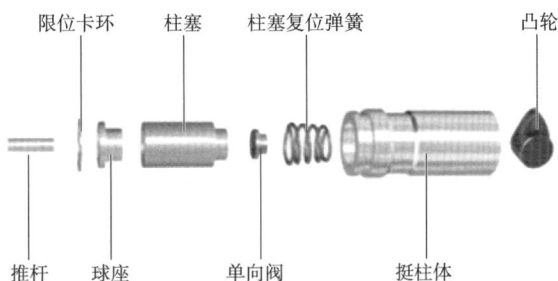

图5-20 液压挺柱结构

液压挺柱能自动补偿杆件的热胀冷缩，保持气门驱动机构中无间隙，减小冲击噪声。

液压挺柱工作原理如图5-21所示。当凸轮不驱动挺柱时，自汽缸盖主油道的压力润滑油通过斜油孔进入汽缸盖挺柱孔，再由挺柱体上的斜进油孔进入油腔，油压增大，这时，止回阀打开，润滑油进入低压油腔。

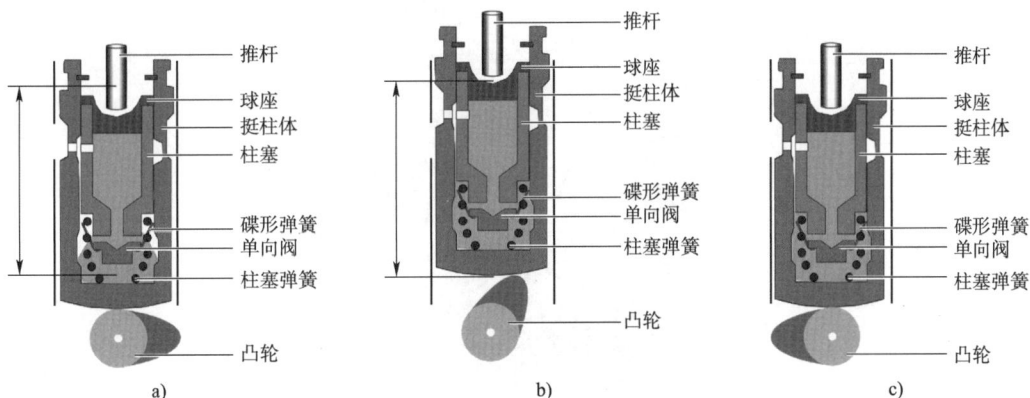

图5-21 液压挺柱工作原理

当凸轮逆时针驱动挺柱时，挺柱运动，低压油腔的少量润滑油流过柱塞和挺柱体之间的油道经进油孔流回，止回阀在压力差的作用下关闭通道，高、低压油腔被分隔开。

当凸轮不驱动挺柱时，自汽缸盖主油道的压力润滑油通过斜油孔进入汽缸盖挺柱孔，再由挺柱体上的斜进油孔进入油腔，油压增大，这时，止回阀打开，润滑油进入低压油腔，润滑油推动柱塞上行，自动补偿气门间隙。

3）正时传动装置

凸轮轴靠曲轴来驱动，传动方式有齿轮传动、链传动和带传动3种。气门的开启和关闭时刻、凸轮轴与曲轴的传动比均靠传动装置来保证。

（1）正时齿轮传动装置。

正时齿轮传动具有传动平稳、可靠、不需调整等优点，下置凸轮轴式配气机构一般都采用此种传动装置。正时齿轮分别安装在曲轴和凸轮轴的前端，用螺栓或螺母固定，齿轮与轴靠键传动。为减小传动噪声，正时齿轮一般采用斜齿轮且用不同的材料制成，通常曲轴上的

图 5-22　正时齿轮传动装置及正时标记

小齿轮用金属材料制造,而凸轮轴上的大齿轮用非金属材料制造。凸轮轴正时齿轮的齿数为曲轴正时齿轮的两倍,传动比为 2∶1。为保证气门的开启和关闭时刻正确,装配时,应对正两个正时齿轮上的正时标记,如图 5-22 所示。

有些侧置凸轮轴式发动机也采用正时齿轮传动装置,但由于凸轮轴离曲轴较远,中间通常加入惰轮传动。装配时,两个正时齿轮与中间惰轮之间的两个正时标记必须同时对正。

（2）正时链传动装置。

侧置凸轮轴式配气机构或顶置凸轮轴式配气机构均可采用正时链传动装置。正时链传动装置的组成如图 5-23 所示,主要由正时链、正时链轮、正时链张紧装置等组成。凸轮轴正时链轮的齿数为曲轴正时链轮的两倍,传动比为 2∶1。为防止正时链抖动,正时链传动装置设有导链板和张紧装置。导链板采用橡胶导向面为链导向,一般应与链一起更换。张紧装配使正时链保持一定的紧度,可分为机械式和液压式两种,应用较多的是液压式正时链张紧装置,当发动机工作时,利用润滑油压力推动液压缸活塞,使张紧链轮压紧正时链。

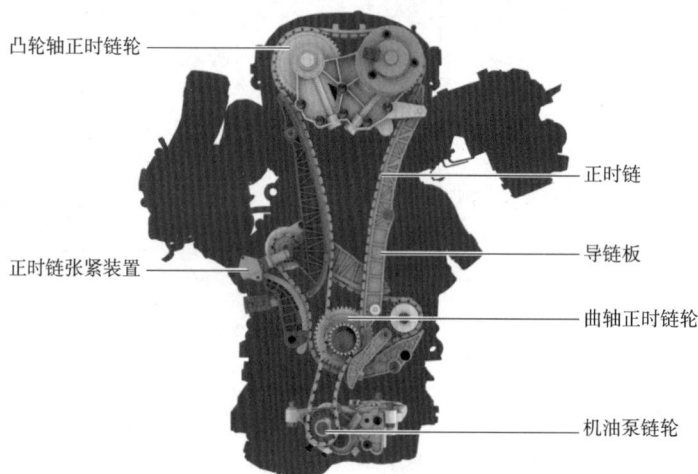

图 5-23　正时链传动装置的组成

采用正时链传动装置的配气机构,正时标记多种多样,装配时应特别注意。常用的正时方法有对正两链轮上的标记、在两链轮标记之间保持一定的链节数、对正链与链轮上的标记、一缸活塞处于压缩上止点时对正凸轮轴链轮与缸盖或缸体上的标记 4 种。

（3）正时带传动装置。

正时带传动装置主要由同步带、同步带轮和张紧轮等组成,如图 5-24 所示。张紧轮靠弹簧压紧同步带,张紧轮也起到对同步带轴向定位的作用。凸轮轴同步带轮的直径等于曲轴同步带轮直径的两倍,传动比为 2∶1。

正时带传动装置与正时链传动装置一样,正时标记多种多样,装配时必须按相关维修手册中的规定对正正时标记。装配时,应对正下列标记:凸轮轴同步带轮与汽缸盖上的标记,曲轴同步带轮与汽缸体前端标记。同步带安装、调整或保护不当时,会造成同步带磨损和损伤。安装时,同步带齿必须与带轮相吻合。

图 5-24　正时带传动装置

1-水泵带;2-水泵带轮;3-曲轴带轮;4-同步带上罩;5-同步带下罩;6-曲轴同步带轮凸缘;7-张紧轮;8-同步带;9-曲轴同步带轮;10-凸轮轴同步带轮

多数发动机上利用弹簧使张紧轮将同步带压紧,安装后完全放松张紧轮即可使同步带张紧,有些发动机的同步带是需要调整的,必须按原厂规定调整同步带松紧度。

总体来说,正时皮带噪声小、传动阻力小、传动惯性也小,能够提高发动机的动力性及加速性能,并且容易更换。但不足之处在于易老化,故障率高,使用成本相对较高。而正时链条的优点则正是使用寿命长、故障率低且不易发生由于正时传动故障导致的汽车抛锚,但链转动噪声大、传动阻力大、传动惯性也大,从一定角度来说增加了油耗,性能也有所降低。虽然两种结构都相互存有一些优势和不足,但就发展趋势来说,通过设计人员对该部分的不断改进,正时链条将会被运用在更多发动机上。

五、气门间隙

气门间隙的功用是补偿气门受热后的膨胀量。发动机冷机状态装配时,在不装用液压挺柱的配气机构中,气门组与气门传动组之间必须留有一定的间隙,这一间隙称为气门间隙。在凸轮轴通过摇臂间接驱动气门开启的配气机构中,气门间隙是指摇臂与气门杆尾部之间的间隙,如图 5-25 所示。

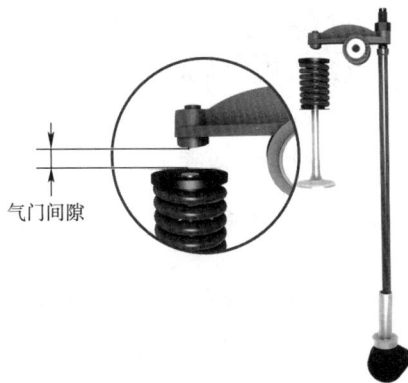

图 5-25　气门间隙

在凸轮轴直接驱动气门开启的配气机构中,气门间隙是指凸轮与挺柱之间的间隙。

在装有液压挺柱的配气机构中,由于液压挺柱能自动"伸长"或"缩短",以补偿气门的热胀冷缩,所以不需留气门间隙。

在发动机的使用过程中,气门间隙的大小会发生变化。如果气门间隙过小或没有气门间隙,就会导致发动机工作时,气门关闭不严而漏气;若气门间隙过大,不仅会造成配气机构产生异响,而且气门开启升程和开启持续角度也会减小,影响发动机的进排气过程。因此,在发动机维修中,经常需要检查调整气门间隙。

气门间隙的检查与调整必须在气门完全关闭的状态下进行。在检查与调整气门间隙之前,必须分析判断各汽缸所处的工作行程,以确定可调气门,其基本原则是:处于压缩上止点的汽缸,进气门和排气门均可调;处于排气行程上止点的汽缸,进气门和排气门均不可调;处于进气行程和压缩行程的汽缸,排气门可调;处于做功行程和排气行程的汽缸,进气门可调。

气门间隙必须在规定的冷机或热机状态下调整到标准值。具体的气门间隙值请查阅相应的维修手册。

操作指引

1. 组织方式

(1)场地设施:举升机一台,装有废气抽排系统和消防设施的场地。

(2)设备设施:配气机构完整的发动机汽缸盖、气门导管、气门油封、凸轮轴、正时齿轮传动发动机、正时链传动发动机、正时带传动发动机、气门间隙可调发动机总成。

(3)工量具:工具主要有气门修磨机、气门座圈铰刀、检测平台、V形铁(与气门相适用)、锤子、铜铳、气门导管铰刀、气门油封安装套筒、梅花扳手、一字螺丝刀等。量具主要有量程为25mm的外径千分尺,带表架的百分表,游标卡尺,塞尺等。

(4)耗材:研磨膏等。

(5)学生组织:教师指导、分组实训、过程评价。

2. 注意事项

(1)进入实训场地必须穿着干净整齐的工作服。

(2)听从实训指导老师的安排,严格遵守场地安全规定,注意用电安全。

(3)在操作过程中,注意拆装、绞削等工具的使用,动作要规范。

(4)在操作过程中,正确使用百分表、外径千分尺、游标卡尺等量具,避免损坏。

项目实施

1. 检验与修理气门与气门座圈

1)检验气门

(1)外观检验。气门有裂纹、破损或严重烧蚀时,应更换气门。

(2)检验气门杆弯曲和气门头部歪斜。气门杆的弯曲变形和气门头部歪斜检验如

图 5-26 所示。

①将气门支承在两个距离为 100mm 的 V 形铁上,用百分表触头测量气门杆中部的弯曲度。气门旋转一周,百分表上最大与最小读数之差的 1/2 为直线度误差。其值大于 0.03mm 时,应予以更换或校正。

②在气门头部,工作锥面用百分表测量。转动气门头部一圈,百分表上最大读数与最小读数之差的 1/2 为倾斜度误差。其值大于 0.02mm 时,应予以更换。

(3)检验气门杆磨损。如图 5-27 所示,气门杆的磨损可用外径千分尺进行测量。气门杆径向磨损量大于规定时,应予以更换。

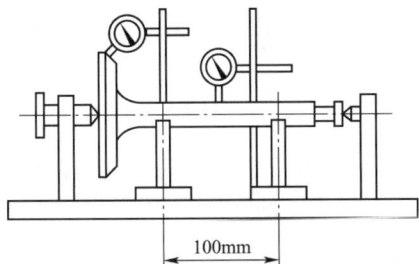

图 5-26 气门杆弯曲变形和气门头部歪斜检验

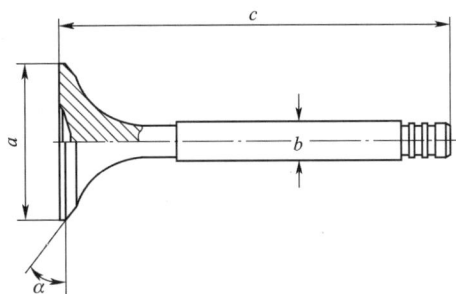

图 5-27 气门杆磨损的测量

(4)检验气门杆端面磨损。用钢直尺在平台上检查气门的长度。轴向磨损量大于规定时,应予以更换。

(5)检验气门工作面磨损。气门头部工作面若有斑点、严重烧蚀等,应予以更换。

2)检验气门座圈

将气门座圈清理干净并检查工作面。气门座圈工作面磨损变宽超过 1.4mm,工作面烧蚀出现斑点、凹陷时,应进行铰削与修磨。

3)铰削气门座圈

(1)如图 5-28 所示,根据气门直径选用合适的气门座铰刀,根据气门导管内径选择合适的铰杠,并插入气门导管内,无明显旷动为宜。

图 5-28 气门座铰刀与铰杠

1~5-铰刀;6-导管铰刀;7、8-铰杠;9-导杆

（2）用砂布垫在铰刀表面，打磨气门座圈工作表面的硬化层。

（3）用与气门工作面锥角相同的铰刀铰削工作锥面，直到将烧蚀、斑点等铰除为止，铰销顺序如图5-29所示。

a)用45°粗刃铰刀粗铰　　　　b)用75°铰刀铰削气门座上平面

c)用15°铰刀扩大气门座孔内径　　　d)用45°细刃铰刀铰削

图5-29　铰削顺序

（4）在新气门或修磨过的气门锥面上，涂一层红丹油，检查接触面的位置，应在气门锥面的中下部，宽度为1.0~1.4mm。

图5-30　用橡皮捻子研磨气门

（5）如果接触面偏上，则应用15°铰刀铰削，使接触面下移；如果接触面偏下，则应用75°铰刀铰削，使接触面上移。

（6）用45°细铰刀，或铰刀下面垫上细砂布铰磨，以降低接触表面粗糙度值。

4）研磨气门

如气门与气门座圈配合不严密，可对气门进行研磨。气门的研磨步骤如下。

（1）清洗气门座、气门及气门导管，并在气门顶部做出标记。

（2）在气门工作面上涂以薄层研磨砂，气门杆上涂以清洁润滑油，插入气门导管内。

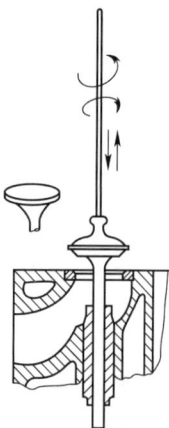

（3）变换气门与座圈的位置，正确研磨，如图5-30所示。粗研后接触环带应整齐、无斑痕、无麻点。

（4）粗研完毕清洗各部位，用细研磨砂研磨，直至工作面出现一条灰色无光的环带为止。

（5）洗净研磨砂,涂以润滑油,继续研磨数分钟。

5）检查气门与气门座圈密封性

（1）画线法。检查前,将气门与气门座圈清洗干净,在气门锥面上用软铅笔沿轴向均匀地画上若干条线,然后与气门座圈接触。略压紧并转动气门90°,取出气门,检查铅笔线是否被切断。若被切断,说明密封性良好,否则,应重新研磨。

（2）渗油法。将汽缸盖倒放在检测平台上,并装上待检测汽缸同一缸的气门和火花塞。向燃烧室注入煤油或汽油,5min内气门与座圈接触处应无渗漏现象。

（3）拍击法。将气门与相配气门座轻轻拍击几次,查看接触带,如有明亮的连续光环,即为合格。

（4）涂红丹。在气门工作面上涂抹上一层轴承蓝或红丹,然后用橡皮捻子吸住气门并在气门座上旋转1/4圈,再将气门提起,若轴承蓝或红丹布满气门座工作面一周而无间断,又十分整齐,即表示密封良好。

6）镶配气门座圈

气门座圈损坏、严重烧蚀、松动或下沉1.5mm(指测量的气门顶部下沉量)以上,应更换气门座圈。若气门座是在汽缸盖上直接加工的,则必须更换汽缸盖。

更换气门座圈时,对铝合金汽缸盖不可用撬动方法拆卸旧气门座圈,用镗削加工方法将旧气门座圈镗削只剩一薄层,可很容易地拆下旧气门座圈;也可将一合适的旧气门焊接到旧气门座圈上,然后敲击气门杆拆下旧气门座圈。安装新座圈前,应对座孔加工,使新气门座圈与座孔的过盈配合量为0.08~0.12mm。安装新座圈时,应将气门座圈放在固体二氧化碳(干冰)或液态氮中冷却使其冷缩,然后再将气门座圈敲入座孔。

操作注意事项:

（1）测量气门杆的弯曲变形时,应使其支撑稳妥,百分表架牢靠、无晃动。

（2）铰削气门座圈时,一定要按照角度顺序的要求铰削,以免气门座圈报废。

（3）气门座圈工作位置低于原平面1.5mm时,应更换气门座圈。

（4）铰销、研磨后,必须彻底清洁,不得有残留的金属屑与研磨材料。

2. 检查与更换气门导管

1）检查气门导管磨损

气门导管的磨损情况可通过测量气门导管与气门杆配合间隙间接检查,配合间隙的测量有两种方法:一种是按如图5-31a)所示,发动机分解清洗后,直接测量气门导管内径和气门杆直径,两者之差即为气门杆与气门导管的配合间隙。另外一种是按如图5-31b)所示,先把气门安装在气门导管内,再将气门提起10~15mm(相对汽缸盖平面),然后用百分表测量气门头部的摆动量。

气门导管与气门杆配合间隙若超过允许极限时,可换用一个新气门重新进行检查,根据测量结果视情况确定更换气门或气门导管,必要时两者一起更换。

2）更换气门导管

选用的新气门导管应有一定的过盈量。新气门导管比旧气门导管直径大0.01~0.02mm,即为合适。镶换气门导管的方法如下。

（1）铣压出旧气门导管。应用冲子和锤子将气门导管按规定方向（一般为汽缸盖上方）拆出旧气门导管，如图 5-32 所示；如果旧气门导管装有限位卡环，拆卸前应将其露出气门导管孔的部分敲掉。对铝合金汽缸盖，拆卸旧气门导管前应加热汽缸盖，以免汽缸盖裂损。

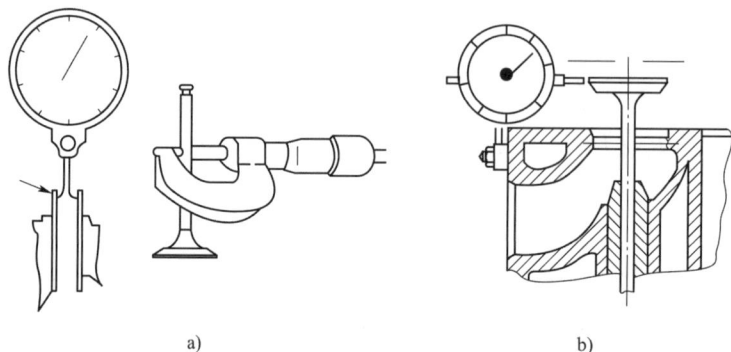

a)   b)

图 5-31 气门导管与气门杆配合间隙的测量   图 5-32 铣出气门导管

（2）拆下旧气门导管后，应根据新气门导管外径适当铰削气门导管孔，使气门导管与气门导管孔有适当的过盈量，一般为 0.015 ~ 0.065mm。

（3）安装新气门导管。将选用的新气门导管外壁上涂一层润滑油，按正确的方向，正直地放在气门导管孔上，用冲头冲入或压入气门导管承孔内。镶入后，气门导管伸出进、排气道的高度应符合规定。气门导管安装好后，应铰削气门导管内孔，使气门导管与气门杆配合间隙符合标准。

铝合金汽缸盖安装气门导管时应先用 60 ~ 80℃ 的热水或喷灯加热汽缸盖。

3）铰配气门杆与气门导管

气门导管镶入后，与气门杆的配合间隙应符合规定。若配合间隙过小，可用气门导管铰刀进行铰削，气门导管铰刀如图 5-33 所示。

图 5-33 气门导管铰刀

气门杆与气门导管配合间隙的检验，除采用百分表检查外，经验的做法是：将气门杆和气门导管内孔擦干净，在气门杆上涂一层润滑油，插入气门导管内，上下拉动几次，如果气门能借自身的质量徐徐下降，则认为配合适当。

4）更换气门油封

润滑油无泄漏而消耗异常，一般是活塞与汽缸配合间隙过大或气门油封漏油所致。更换气门油封时，应使用专用工具安装气门油封，如图 5-34 所示。注意：有些发动机进气门油封与排气门油封是不同的，如广州本田轿车的进气门油封的弹簧为白色，而排气门油封的弹簧为黑色，安装时不能装错。

3.检查凸轮轴

1）检查凸轮轴轴向间隙

凸轮轴轴向间隙的检查如图 5-35 所示，拆下气门传动组其他零件后，用百分表测头抵在凸轮轴端，前后推拉凸轮轴，百分表指针的摆动量即为凸轮轴轴向间隙。

气门油封安装套筒
气门油封

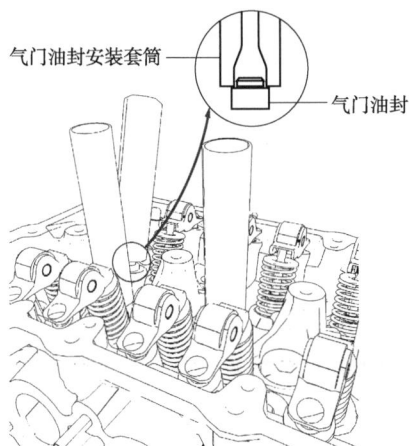

图 5-34 气门油封的安装

VW387
VAS 6079

图 5-35 凸轮轴轴向间隙检查

迈腾轿车轴向间隙的检测流程如下：在已拆下引线框架的情况下进行测量；将待检测的凸轮轴装入引线框架；将千分表 VAS6079 用通用千分表支架 VW387 固定在汽缸盖上；用手将凸轮轴压向千分表；将千分表设为"0"；从千分表中压出凸轮轴并读取数值。轴向间隙为 $0.05 \sim 0.17$ mm。

凸轮轴轴向间隙若超过允许极限，可减小隔圈的厚度或更换止推凸缘。

2）检查凸轮轴弯曲

检查凸轮轴弯曲变形可用其两端轴颈外圈或两端的中心孔作基准，测量中间一道轴颈的径向圆跳动量，如图 5-36 所示。凸轮轴径向圆跳动量一般为 $0.01 \sim 0.03$ mm，允许极限一般为 $0.05 \sim 0.10$ mm。若超过极限值，可对凸轮轴进行冷压校正，必要时应更换。

3）检查凸轮磨损

凸轮的常见故障有表面磨损、擦伤和麻点剥落等，其中以磨损最为常见。凸轮的磨损是不均匀的，一般凸轮的顶尖附近磨损较严重。凸轮磨损后，凸轮高度减小，会使气门的最大升程减小，影响发动机工作时的进排气阻力。因此，凸轮的磨损程度可通过测量凸轮的高度（H）或凸轮升程（h）来检查，凸轮的高度（H）和升程（h）如图 5-37 所示。

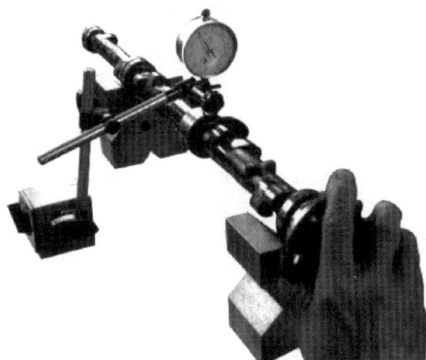

图 5-36 凸轮轴弯曲检查

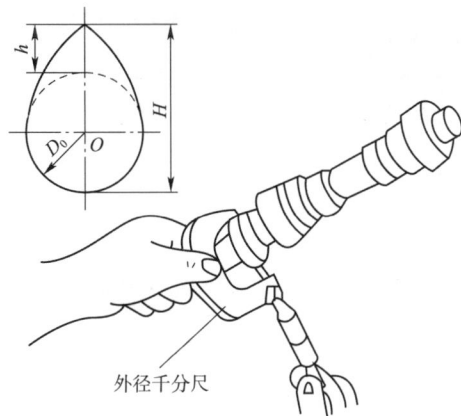

外径千分尺

图 5-37 凸轮磨损检查

D_0-凸轮中基圆直径

凸轮高度可用外径千分尺或游标卡尺测量,凸轮升程为凸轮高度与基圆直径之差。凸轮高度或升程若超过允许极限,应更换凸轮轴。

4）检查凸轮轴轴颈及轴承磨损

凸轮轴轴颈及轴承的磨损情况可通过测量其配合间隙来检查,凸轮轴轴承间隙一般为0.02～0.10mm,允许极限一般为0.10～0.20mm。

有些发动机的凸轮轴轴颈允许修磨,当凸轮轴轴承间隙超过允许极限时,可磨削凸轮轴轴颈,并选配同级修理尺寸的凸轮轴轴承。

多数发动机凸轮轴轴颈和轴承无修理尺寸,当凸轮轴轴承间隙超过其允许极限时,必须更换凸轮轴或凸轮轴轴承,必要时两者一起更换。对无凸轮轴轴承的,若凸轮轴座孔磨损严重,只能更换汽缸体或汽缸盖。

5）操作注意事项

(1)拆顶置凸轮轴正时带时,必须使第一缸处于压缩上止点,并注意装配记号。

(2)拆卸凸轮轴轴承盖时,要按顺序进行,并保持水平,以免引起凸轮轴卡住或损坏。

(3)装配凸轮轴时,要按规定的顺序和力矩均匀地分几次拧紧,以免引起轴承盖或缸盖的开裂。

4. 检查液压挺柱

检测过程:起动发动机并让其运转,直到散热器风扇开启。将转速提高到2500r/min,保持2min。如果液压挺柱噪声仍大,按如下方式确定哪个或哪些挺柱损坏。

(1)拆下汽缸盖罩。

(2)顺时针方向转动曲轴,直到要检查的挺柱的凸轮方向朝上。

(3)确定凸轮与挺柱之间存在的间隙。

(4)如果间隙大于0.2mm,则更换挺柱。如果确定间隙小于0.1mm或者无间隙,则按以下方式继续进行检测。如图5-38所示,用一个大小合适的木制或塑料圆柱形物体略微向下按压挺柱,如果此时可将一个0.2mm厚的塞尺片推入凸轮轴和挺柱之间,则必须更换挺柱。

提示:安装新挺柱后约30min内,不允许起动发动机,液压平衡补偿元件必须到位(否则气门会卡在活塞上)。

注:挺柱只能整个更换(无法单独调整或修理)。起动时有不规则的阀门噪声是正常的。

图5-38　略向下按压挺柱

5. 检查正时传动装置

1）检查正时齿轮传动装置

在检查时,应检查正时齿轮有无裂损及磨损情况。磨损情况可用塞尺或百分表测量其齿隙,如图5-39所示。正时齿轮若有裂损或齿隙超过0.30～0.35mm,应成对更换正时齿轮。通常情况下,正时齿轮不会发生严重磨损,也不易损坏。

a)用塞尺检查　　　　　　　　b)用百分表检查

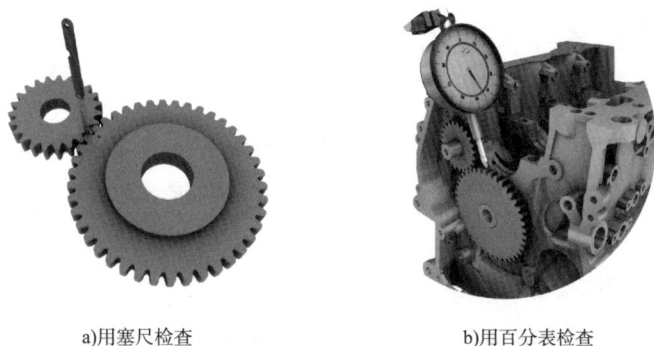

图 5-39　正时齿轮磨损检查

2）检查正时链传动装置

正时链传动装置常见故障是链轮磨损或正时链变长,严重时会产生噪声和改变气门开闭时刻。因此,在发动机维修时,应检查链轮的磨损和正时链伸长情况。

为便于检查链轮磨损情况,可将新正时链扣于链轮上,并环绕其一周拉紧,用游标卡尺测量直径,如图 5-40 所示,若小于极限直径应换用新件。

正时链伸长情况的检查,可测量正时链的全长或规定链节数的长度。测量正时链长度时,为使测量准确,应将正时链拉直后再用游标卡尺测量,如图 5-41 所示。

图 5-40　正时链轮磨损的检查

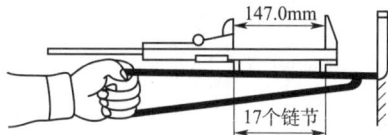

图 5-41　正时链长度的检查

3）检查正时带传动装置

更换同步带时,新、旧同步带必须完全相同。同步带不能过度弯曲(如扭转90°以上或盘起存放等),也不能沾水或油,否则,很容易造成同步带的损坏。

同步带的使用寿命一般厂家推荐为 3.2 万 ~9.6 万 km。检查同步带时,若发现有胶面受伤或磨损、缺齿、裂纹、芯线外露、脱胶等缺陷之一,必须更换同步带。

凸轮轴或曲轴同步带轮的常见故障是磨损,可用游标卡尺测量同步带轮直径检查其磨损情况。若同步带轮直径超过允许极限,应更换同步带轮。

4）操作注意事项

(1)松开正时带张紧轮(顶置凸轮轴发动机)前,应将曲轴转到 1 缸上止点位置。

(2)在取下正时带时,应在正时带上标上其原转动方向,以防安装时装反。否则,会加速正时带的磨损。

项目解决方案

1. 故障原因分析

造成怠速时汽缸盖中部发出"嗒、嗒、嗒"异响,且声音随着速度的增加频率加快故障的主要原因有进排气凸轮轴损坏、气门杆与气门导管配合间隙过大、气门弹簧损坏、气门与气门座配合不好等。

2. 故障诊断与排除过程

(1)起动发动机,用听诊器侦听确认响声由汽缸盖上部发出且2缸位置响声最明显(图5-42),侦听汽缸体及油底壳部位无明显异响。利用断缸的方法逐缸进行断火实验,异响无明显变化。

用听诊器侦听时该部位异响最明显

图5-42 用听诊器倾听异响

(2)经 VAS6150A 查询发动机控制单元无故障记录,发动机无失火现象,发动机加速顺畅、运转平稳。正时调节无异常。

(3)经 VAG1763 测量各缸汽缸压力,各汽缸压力正常。经 VAG1342 测量润滑油压力怠速时润滑油压力正常。

(4)拆卸油底壳检查曲轴主轴承及连杆轴承无异常磨损,曲轴主轴颈及连杆轴颈无异常。

(5)拆卸汽缸盖检查进排气凸轮轴无磨损、窜动等异常。各缸气门滚子摇臂无脱落、变形现象,各缸液压挺柱功能完好。各缸气门弹簧无断裂、位置偏斜等现象。

(6)拆卸各缸气门弹簧检查各进、排气门与气门座圈贴合良好,气门在导管内移动自如无卡滞现象,各进、排气门无弯曲现象。逐个检查各进排气门与气门导管之间的径向间隙发现2缸第1支排气门与气门导管间的径向间隙较其他缸的要大,仔细查看发现该气门导管已呈椭圆状磨损。

(7)检查活塞及汽缸壁配合良好无明显松旷及拉伤。各缸活塞与连杆连接良好、无松旷,活塞环安装正确无断裂现象。

(8)更换发动机第2缸第1支排气门与气门导管后试车,故障排除。

3. 案例小结

发动机内部异响,在不明原因的情况下应根据异响的类型及部位先排除发动机外部因素,结合汽缸压力、润滑油压力等测量手段尽量缩小范围,按由外到内、由简到繁的步骤进行拆检。另外应注意活塞连杆机构与气门传动机构发出的异响频率有细微的区别,活塞连杆机构发出的异响与发动机的转速成1:1的关系,而气门传动机构发出的异响与发动机转速成2:1的关系。

项目小结

(1)配气机构的功用是按照发动机每个汽缸内所进行的工作循环和发火次序的要求,定时开启和关闭汽缸的进、排气门,使新鲜可燃混合气(汽油机)或空气(柴油机)及时进入汽缸,废气及时从汽缸排出。

(2)配气机构的基本组成可分为气门组和气门传动组两个部分。主要包括气门、气门座圈、气门弹簧、凸轮轴、液压挺柱、正时传动装置等。

(3)发动机配气机构形式多种多样,其主要区别在于气门布置形式和数量、凸轮轴布置形式和驱动方式。

(4)配气机构的主要检测项目有气门与气门座圈检修、气门导管磨损检测、凸轮轴检修、液压挺柱检测、正时传动装置检修等。

(5)目前大部分轿车实现了无间隙传动,但有些车型还需进行气门间隙检查与调整。

知识拓展

汽车发动机气门正时的机构和技术

1. 保时捷 Variocam

保时捷911跑车发动机采用可变气门正时技术Variocam,通过气门可以发现它有两个位置,每个进气门分别有2种最大行程。控制气门行程变化的是两组凸轮控制,一组是高速凸轮;另一组是低速凸轮,即高速凸轮之间的凸轮。

当发动机在低转速工况时,气门座顶端的黄色控制活塞落在气门座内。这样高速凸轮只能驱动气门座向下行程而不能带动整个气门动作,整个气门由低速凸轮驱动气门顶向下行程,这样获得的气门开度就较小。反之,当发动机在高转速工况时,控制活塞在液压的驱动下从气门座推入到气门顶中,使气门座和气门刚性连接,高速凸轮驱动气门座时就能带动气门向下行程获得较大的气门开度,如图5-43所示。

图5-43 Variocam机构

2. VTEC 机构

VETC机构是可变配气正时及气门升程电子控制机构,它可以使配气正时和气门升程根据发动机转速的变化做出相应的适时调整,使汽缸充气量同时能满足发动机低转速和高转速下的不同需要,从而提高发动机的动力性和经济性。

VTEC 机构的结构如图 5-44 所示,两个进气门分别是主进气门和辅助进气门。每个进气门都是由单独的凸轮通过摇臂来驱动。驱动主进气门、辅助进气门的凸轮分别是主进气凸轮、辅助进气凸轮。与主进气门接触的摇臂是主进气摇臂,与辅助进气门接触的摇臂是辅助进气摇臂。主进气摇臂和辅助进气摇臂之间有一个中间进气摇臂,它不与任何气门直接接触。三个摇臂并列在一起,都可以在摇臂轴上转动。在主进气摇臂、辅助进气摇臂和中间进气摇臂相对应的凸轮轴上有三个不同升程的凸轮,分别是主进气凸轮、辅助进气凸轮和中间进气凸轮(图 5-45、图 5-46)。中间进气凸轮的升程最大,主进气凸轮升程小于中间进气凸轮,辅助进气凸轮的升程最小,最高处稍微高于基圆,它的作用是在发动机怠速运行时,通过辅助进气摇臂稍微打开辅助进气门,以避免燃油集聚在辅助进气门口。中间进气摇臂的一端和中间进气凸轮接触,另一端在低速时可自由活动。三个摇臂在靠近气门一端均有一个油缸孔。油缸孔中都安置了靠油压控制的活塞。

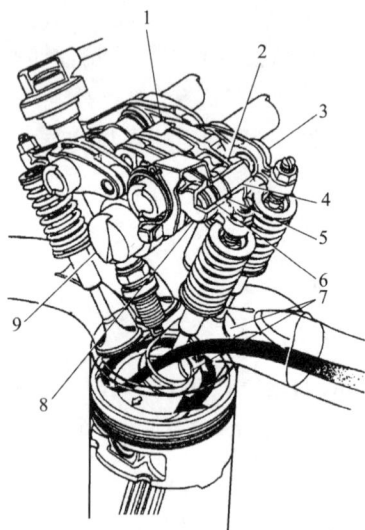

图 5-44　VTEC 机构

1-正时板;2-中间进气摇臂;3-辅助进气摇臂;4-同步活塞 B;5-同步活塞 A;6-正时活塞;7-进气门;8-主进气摇臂;9-凸轮轴

图 5-45　低速状态下 VTEC 机构原理

1-正时活塞;2-主进气摇臂;3-主进气凸轮;4-辅助进气凸轮;5-辅助进气摇臂;6-阻挡活塞;7-同步活塞 B;8-同步活塞 A

VTEC 机构的工作原理是,当发动机在低转速状态时,正时活塞无油压作用(同步活塞的位置如图 5-45 所示),此时主、辅助进气摇臂都没有与中间摇臂相连而独立由各自的凸轮驱动。这时,主进气门按正常的时间和高度开启,而辅助进气门则由于辅助凸轮的高度小而只稍稍打开,以防止燃油阻塞进气口。中间进气摇臂由中间凸轮驱动,但在低速状态下对气门的开启无任何作用。此时的进排气门重叠角和升程都较小,满足了发动机低速工况的需要。

当发动机在高速状态时,ECU 输出控制信号,使 VTEC 电磁阀打开,来自发动润滑油泵的油压作用于正时活塞,使正时活塞、同步活塞克服弹簧的张力而右移(图 5-46),同步活塞将三个摇臂联锁,成为一体。此时,主、辅助进气摇臂均由中间凸轮驱动,从而改变了配气正时,增大了进、排气门的重叠角和进气门的升程,适应了发动机高速工况的需要。

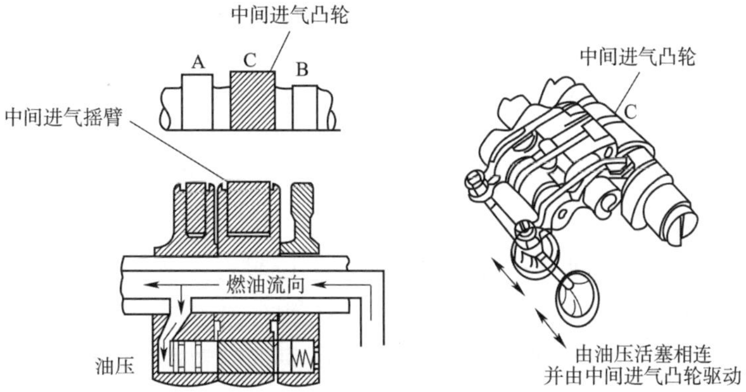

图 5-46   高速状态下 VTEC 机构原理

3. 宝马 Valvetronic

宝马采用电机驱动的方式,电机的转动通过蜗杆传动齿轮,转变为摇臂的控制角度变化,然后在凸轮轴的驱动下由摇臂带动气门运动。通过改变摇臂的角度改变气门的行程。由于采用电机控制,在 ECU 指令下电机能够无级地变化角度,使得气门升程的改变并不影响发动机工作,没有顿挫感,也更能有针对性地对每个转速范围进行细致的配气分析。

4. 雷诺日产 CVTC

CVTC 连续可变气门正时系统的原理与 VTEC 接近,是采用液压作用改变凸轮轴同步齿形带轮与凸轮轴末端的夹角,从而改变配气正时角。

🎓 习题

一、判断题

1. 同一汽缸内的进气门和排气门的头部直径一样大。   （   ）

2. 气门密封锥面与气门顶平面的夹角称为气门锥角。   （   ）

3. 铰削气门座圈时,如果接触面偏上,则应用 15°铰刀铰削,使接触面下移。如果接触面偏下,则应用 75°铰刀铰削,使接触面上移。   （   ）

4. 研磨气门时,粗研完毕后应清洗各部位,再用细研磨砂研磨,直至工作面出现一条灰色无光的环带为止。   （   ）

5. 凸轮的轮廓形状决定着气门的最大升程、气门开启和关闭时的运动规律及持续时间。
                                                    （   ）

二、选择题

1. 直列六缸发动机,只装有一根凸轮轴,每个凸轮只驱动一个气门,每缸采用一进、一排两个气门,所以凸轮轴上有(   )个凸轮。

    A. 6   B. 12
    C. 18   D. 24

2.整体式凸轮轴轴承为拆装方便,凸轮轴轴颈直径(　　　)。

　　A.由前至后逐渐减小　　　　　　　　B.由前至后逐渐增加

　　C.前后一样　　　　　　　　　　　　D.不一定

3.凸轮轴正时齿轮的齿数为曲轴正时齿轮的两倍,传动比为(　　　)。

　　A.1:1　　　　　　B.2:1　　　　　　C.4:1　　　　　　D.1:2

4.凸轮轴正时链轮的齿数为曲轴正时链轮的两倍,传动比为(　　　)。

　　A.1:1　　　　　　B.2:1　　　　　　C.4:1　　　　　　D.1:2

5.处于做功行程末期和排气行程初期时,(　　　)。

　　A.进气门可调　　　　　　　　　　　B.排气门可调

　　C.进气门和排气门均可调　　　　　　D.进气门和排气门均不可调

项目六 冷却系统故障诊断与修复

项目描述

车主李先生反映,购买的迈腾汽车,在行驶了 14.7 万 km 后,出现行驶过程中冷却液温度表指示偏高现象,且风扇运转不停,直到冷却液温度警告灯亮起。此故障可能是由发动机冷却系统工作不良或个别部件损坏造成的发动机温度过高故障。要找出其故障所在并排除故障,就要认识发动机冷却系统各组成的结构、工作原理,掌握各部件的检修方法。

学习目标

知识目标

(1)掌握冷却系统的组成、功用及工作原理;

(2)掌握冷却系统主要零部件的功用、结构及特点;

(3)掌握冷却系统各零部件检修的方法;

(4)掌握冷却系统常见故障的诊断的方法。

技能目标

(1)具备信息查询和维修手册使用的基本能力;

（2）能够按照企业安全生产规范进行操作；

（3）能够利用工具进行冷却系统的拆装；

（4）能够利用量具和相关检测设备进行冷却系统主要零部件的检修；

（5）能够利用检测设备和工具对冷却系统的常见故障进行诊断和修复。

素质目标

（1）培养学生具有爱党报国、敬业奉献和服务人民的思想；

（2）培养学生具有奋斗精神、奉献精神、创造精神、勤俭节约精神、劳动精神、工匠精神；

（3）培养学生良好的职业道德，严谨的工作态度和严格的质量意识、安全意识、环保意识、团队意识。

建议学时：6 学时。

知识准备

发动机工作时，汽缸内的气体温度可高达 1927 ~ 2527℃，若不及时冷却，将造成发动机零部件温度过高，尤其是直接与高温气体接触的零件，会因受热膨胀影响正常的配合间隙，导致运动件运动受阻甚至卡死。此外，高温还会造成发动机零部件的机械强度下降，使机油失去作用等，因此，在发动机中设有冷却系统。

一、冷却系统功用

发动机冷却系统的功用是对在高温条件下工作的发动机零部件进行冷却，保证发动机在适宜的温度下连续工作。

冷却系统功用

冷却系统还为驾驶室或者车厢内的暖风装置提供热源。缸盖出水管上设有橡胶水管，与暖风装置相通。为了提高燃油雾化程度，还可以利用冷却液的热量对进入进气歧管内的混合气进行预热。在某些发动机上，冷却液还承担润滑系统的机油和自动变速器机油的散热任务。

二、冷却系统分类

冷却发动机的方式有两种，即液体冷却（水冷却）和风冷却（空气冷却），如图 6-1 所示。目前汽车发动机大多采用液体冷却，利用冷却液吸收高温机件的热量，再将这些吸收了热量的冷却液送至散热器，气流通过散热器将热量散发到大气中。

三、冷却系统的组成及工作原理

冷却系统分类

1. 发动机冷却系统组成

汽车发动机冷却系统的组成如图 6-2 所示。它主要由强制循环供给装置、冷却强度调节装置和液温指示装置组成。

a)液体冷却　　　　　　　　　　b)风冷却

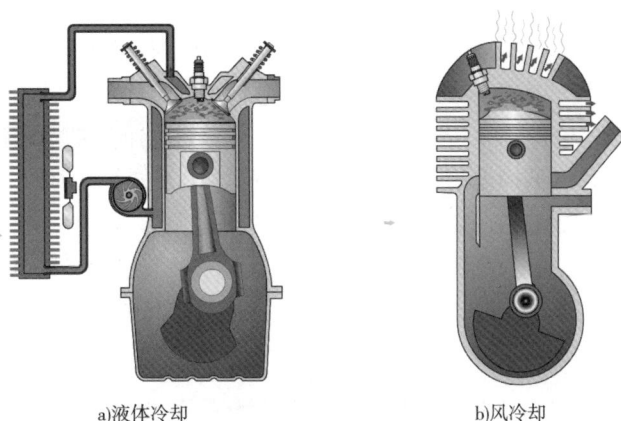

图 6-1　发动机冷却方式

图 6-2　发动机冷却系统组成

冷却系统工作原理

强制循环供给装置主要由水泵、散热器、水套和分水管等组成。冷却强度调节装置主要由可调速电动风扇、节温器、百叶窗等组成。液温指示装置主要由液温表、冷却液温度传感器和液温警告灯等组成。

2. 发动机冷却系统工作原理

汽车发动机冷却系统采用强制循环方式,通过水泵将冷却液在水套和散热器之间进行循环来完成对发动机的冷却。

水泵将冷却液从机外吸入并加压,经分水管流入发动机缸体水套。在此冷却液从汽缸壁吸收热量,液温升高,继而流到汽缸盖的水套,继续吸收热量,受热升温后的冷却液沿出水管流到散热器内。汽车在行驶时,外部气流由前向后高速从散热器中通过,散热器后部有风扇的强力抽吸。因此,受热后的冷却液在自上到下流经散热器的过程中,其热量不断散发到大气中去,从而得到了冷却。冷却液流到散热器的底部后,又在水泵的作用下,再次流向汽缸体、汽缸盖水套。如此不断地往复循环,使发动机在高温条件下工作的零件得到适宜的冷却。在冬季起动时,冷却液流经节气门体,在发动机达到工作温度前有助于维持怠速平稳。

在缸盖或缸体上安装有冷却液温度传感器,它与驾驶室内的冷却液温度表相连,随时指示出缸盖水套内冷却液的温度。若温度过低,电动风扇不工作,使冷却液温度迅速上升;当液温达到85℃时,风扇以低速运转;当液温过高,超过100℃时,则风扇以高速运转,使液温下降。这样,经温控开关或ECU控制的电动风扇的转速调节,可使液温稳定在85～100℃。

四、冷却系统主要零部件结构、工作原理

1. 水泵

水泵的功用是对冷却液加压,加速冷却液的循环流动,保证冷却可靠。车用发动机上多采用离心式水泵。离心式水泵具有结构简单、尺寸小、排水量大和维修方便等优点。

离心式水泵工作原理

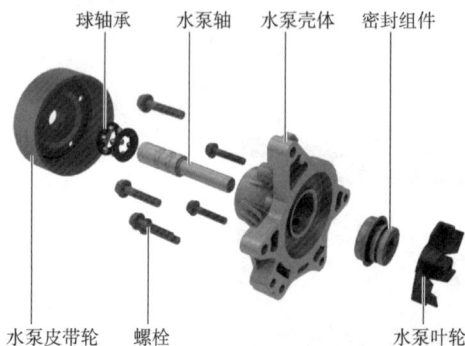

图中标注:球轴承　水泵轴　水泵壳体　密封组件　水泵皮带轮　螺栓　水泵叶轮

图6-3　水泵拆装结构图

水泵主要由泵壳、泵盖、叶轮、水泵轴、轴承和水封等组成,结构如图6-3所示。

发动机工作时,冷却系统内充满冷却液,曲轴通过带传动驱动水泵轴并带动叶轮转动,从而使水泵内腔的冷却液也一起转动,在离心力的作用下,冷却液被甩向叶轮边缘,并经与叶轮成切线方向的出水口泵出。同时,叶轮中心部位形成一定真空,将散热器内的冷却液经进水口吸入泵腔,使整个冷却系统内的冷却液循环流动。

2. 风扇

风扇的功用是提高通过散热器芯的空气流速,增加散热效果,加速冷却液的冷却。

冷却风扇多采用金属钢板冲压成叶片,叶片用螺钉固定在连接板上。风扇一般有4～6片叶片,叶片相对风扇旋转平面有一定的扭转角度(30°～45°),从叶根到叶尖扭转角度逐渐减小,为减小风扇噪声,风扇叶片间夹角不等。

汽车通常采用电动风扇,如图6-4所示。风扇一般由冷却液温度系统和空调系统共同控制。风扇转速取决于冷却液温度高低和空调系统的工作状态。通常情况下,散热器风扇转速分两个挡位运行,在冷却液温度达到93～98℃时,风扇低速旋转,在冷却液温度达到105℃时,风扇高速旋转。

3. 散热器

散热器由上(左)储水室、下(右)储水室进水管、出水管、散热器盖和散热器芯组成。散热器的构造如图6-5所示。上储水室通过散热器进水管与缸盖上的出水管相通,下储水室通过散热器出水管与水泵进水口相通。上储水室上端设有加水口,并用散热器盖密封,下储水室设有放水开关,必要时可将散热器内的冷却液放掉。

散热器由铝制管构成,固定在发动机的左前侧,通过软管与补偿水箱相连接。散热器盖

水泵结构

上有循环阀和排液阀,冷却液通过此间进出补偿水箱。

图 6-4   发动机双扇电动风扇

电动式冷却风扇
结构

a)横流式

b)纵流式

图 6-5   发动机散热器

散热器功用

散热器类型

散热器风扇工作
原理

汽车发动机都采用闭式冷却系统。目前,大多数发动机都采用防冻液作为冷却液。防冻液冰点很低,可避免冬季使用中因结冰而导致散热器、缸体和缸盖破胀裂的现象;防冻液的沸点也要比水高,更有利于发动机的正常工作。为防止防冻液的损失,在冷却系统中设置了补偿水箱,对散热器内的防冻液起到了自动补偿的作用。补偿水箱设置于散热器一侧,如图 6-6 所示。通过橡胶软管与散热器盖加水口处的出气口相连。

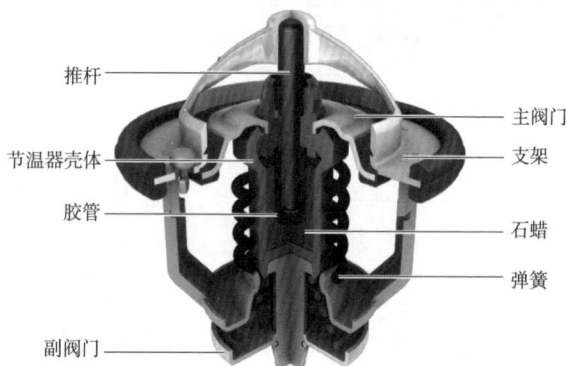

补偿水箱

图6-6　补偿水箱

当冷却液受热膨胀时,多余的防冻液通过橡胶水管进入补偿水箱,并将水汽分离,使冷却液中的气泡消除;当温度降低、散热器内产生真空时,补偿水箱内的防冻液及时返回散热器。补偿水箱上有两条刻线标记,即"GAO"(高)和"DI"(低)。当冷却液温度为50℃时,补偿水箱内的液面高度不得低于"DI";当冷却液温度为室温时,补偿水箱内的液面高度不应超过"GAO"。

4.节温器

节温器的功用是控制冷却液流动路径,能根据发动机冷却液温度的高低,打开或关闭冷却液通向散热器的通道,使冷却液在散热器和水套之间进行大循环或小循环,调节冷却强度,保证发动机在最适宜的温度下工作。

目前汽车发动机装用的节温器基本是蜡式节温器,如图6-7所示。它主要由主阀门、副阀门、推杆、节温器壳体和石蜡等组成。推杆的一端固定在支架上,另一端插入胶管的中心孔内。石蜡装在胶管与节温器壳体之间的腔体内。

推杆　　　　　　　　　　　主阀门
节温器壳体　　　　　　　　支架
胶管　　　　　　　　　　　石蜡
　　　　　　　　　　　　　弹簧
副阀门

图6-7　蜡式节温器结构

蜡式节温器结构

多数发动机的节温器安装在水套出水口处,根据发动机工作温度,自动控制通向散热器和水泵的两个冷却水通路,以调节冷却强度。

温度较低时,石蜡呈固态,主阀门被弹簧推向上方与阀座压紧,处于关闭状态,此时,副阀门开启,冷却液进行小循环,来自发动机水套的冷却液经副阀门、小循环水管直接进入水泵,被泵回到发动机水套内。

温度升高时,石蜡逐渐熔化成液态,体积膨胀,迫使胶管收缩对推杆端部产生向上的推力。由于推杆固定在支架上,故推杆对胶管、节温器壳体产生向下的反推力。当冷却液温度升高到一定值时,反推力克服弹簧的弹力使胶管、节温器壳体向下运动,主阀门开始开启,同时副阀门开始关闭。当冷却液温度进一步升高到一定值时,主阀门完全开启,而副阀门也正好关闭小循环水路,此时来自发动机水套的冷却液全部经过散热器进行大循环,如图6-8所示。

迈腾/速腾轿车4缸1.4L发动机冷却系统,当冷却液温度在86℃以下,节温器主阀门关闭,副阀门打开,冷却液进行小循环。

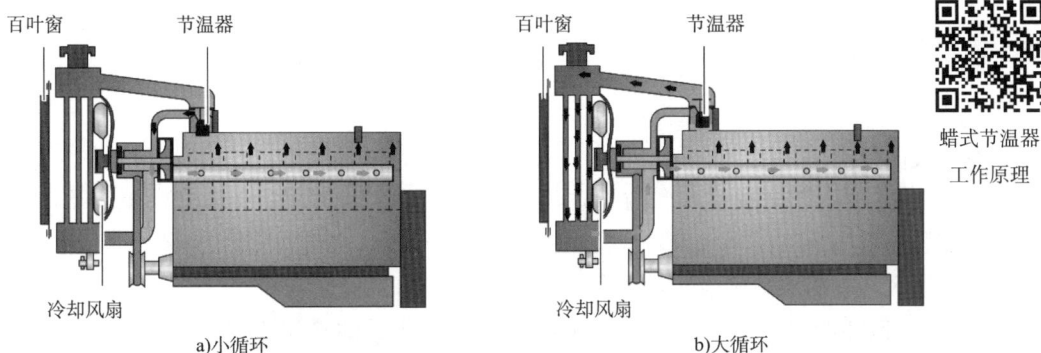

百叶窗　　　节温器　　　　　　　　百叶窗　　　节温器

蜡式节温器
工作原理

冷却风扇　　　　　　　　　　　　　冷却风扇

a)小循环　　　　　　　　　　　　　b)大循环

图6-8　蜡式节温器工作原理示意图

当冷却液温度在100℃以上时,节温器主阀门打开,副阀门关闭,冷却液进行大循环。

冷却液温度在主阀门开始开启温度与完全开启温度之间时,主阀门和副阀门均部分开启,在整个冷却系统内,部分冷却液进行大循环,部分进行小循环。上海别克汽车中还用温度表取代了警告灯,温度开关换成了冷却液温度传感器。同时,还装备了冷却液温度风扇开关,该开关用于调整冷却液风扇继电器的电压。当发动机冷却液温度超过110℃时,起动冷却液冷却风扇。

5.百叶窗

百叶窗可由驾驶人通过驾驶室内的手柄来操纵其开闭,也可用感温器自动控制。控制系统中的感温器安装在散热器的进水管上,用来感受来自发动机的冷却液温度。在发动机冷起动及暖车期间,百叶窗关闭。当发动机达到正常工作温度时,感温器打开空气阀,使制动空气压缩机产生的压缩空气进入空气缸,并推动空气缸内的活塞连同调整杆一起下移,从而带动杠杆使百叶窗开启。

📖 操作指引

1.组织方式

(1)场地设施:举升机一台,装有废气抽排系统和消防设施的场地。

(2)设备设施:发动机台架、整车一辆、必备的专用工具、检测仪和辅助工具、收集盘、弹性卡箍夹钳及扭力扳手、手动泵。

(3)耗材:防冻液等。

(4)学生组织:教师指导、分组实训、过程评价。

2.注意事项

(1)进入场地穿着干净整齐的工作服。

(2)听从实训指导老师安排,严格遵守产地安全规定,注意用电安全。

(3)操作过程中,注意拆装工具的使用,换下的冷却液要放在指定位置。更换冷却液时要注意安全,防止烫伤。

(4)正确使用专用工具、辅助工具和冷却系统压力检测仪等设备。

项目实施

1. 冷却液的管理

1)冷却液的使用

(1)冷却系统全年都要加注水和防冻防腐剂组成的混合冷却液,冷却液能防止发动机冻坏和锈蚀或形成水垢,还可以提高冷却液沸点,因此,冷却系统必须全年加注这种冷却液,特别是在热带地区。冷却液高沸点可保证发动机高负荷时的安全性。

(2)若更换散热器、换热器、汽缸盖或汽缸盖密封垫,用过的冷却液不可再用。

(3)冷却液液面应位于补偿水箱的"DI"与"GAO"两标记之间。

冷却液成分如图6-9所示。

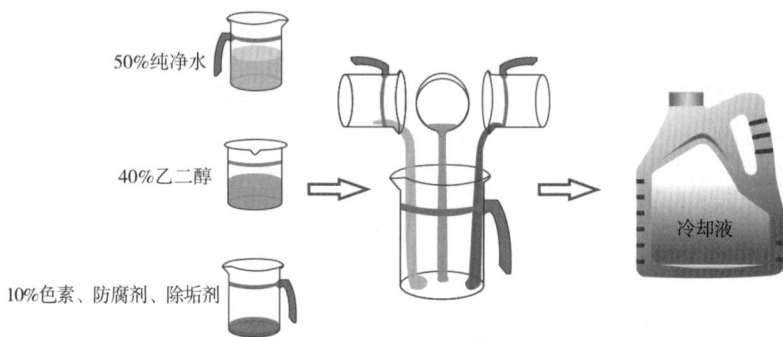

50%纯净水

40%乙二醇

10%色素、防腐剂、除垢剂

冷却液

图6-9 冷却液成分

2)排放冷却液

排放冷却液时必备的专用工具、检测仪和辅助工具有:收集盘、弹性卡箍拆装钳、防冻液密度计及扭力扳手。

排放冷却液时,按以下步骤进行:

(1)打开补偿水箱盖。

(2)通过散热器下软管放出冷却液。

(3)从连接管上拆下冷却液软管。

(4)拧下螺栓,将连接管连同O形密封环和冷却液节温器一起取下。

排放发动机冷却液

3)加注冷却液

加注冷却液时,按以下步骤进行:

(1)慢慢注入冷却液,直到补偿水箱上最大标记处,注入时间约为5min。

(2)盖上补偿水箱盖并拧紧。

(3)起动发动机,直到电扇开启。

冷却液添加与更换

(4)检查冷却液液面高度,如需要,补充冷却液,热机时液面应在最大标记处,冷机时,液面应在最小(DI)和最大(GAO)标记之间。

2. 检查冷却系统压力

以速腾/迈腾轿车1.8T四缸发动机为例,检查冷却系统的密封性和补偿水箱盖的功能应用专用检查仪。

1)检查冷却系统的密封性

将检查仪 V. A. G1274 和 V. A. G1274/3 转接器接在补偿水箱盖上。如图6-155所示,在手动泵(V. A. G1274)上打压,使压力达到 0.1MPa,停止打压。如果压力不能保持在0.1MPa,说明冷却系统有渗漏故障。找出渗漏处,并排除此故障。

冷却系统加压
检漏

2)检查补偿水箱盖限压阀功能

将冷却系统检查仪器 V. A. G1274 和 V. A. 4 转接头连在补偿水箱盖上,用手动泵打压,达到 0.13 ~ 0.15MPa 时,限压阀必须打开,说明补偿水箱盖限压功能正常。

3. 检查节温器

检查节温器功能时,可将节温器置于热水中,观察温度变化与节温器开启距离关系。当冷却液温度为 86℃ 时,节温器应开始打开;当冷却液温度达100℃时,节温器阀门应全部开启,其开启行程应不小于7mm。

节温器的性能
检测

4. 检查散热器风扇及热敏开关

散热器风扇是由冷却液温度控制的热敏开关控制的。风扇 1 挡,接通温度 92 ~ 97℃,断开温度为 84 ~ 91℃;风扇 2 挡,接通温度 99 ~ 105℃,断开温度为 91 ~ 98℃。

当冷却液温度已达到风扇转动而风扇没有转动时,应首先检查熔断丝是否熔断。如果熔断丝良好,应再拔下热敏开关插头,将两插片短路,此时若风扇仍不转动,说明电动风扇损坏,应予以更换。若两插片接通后风扇转动,表明热敏开关损坏,应更换热敏开关(热敏开关拧紧力矩为35N·m)。

5. 水泵的拆装与更换

以速腾/迈腾汽车 1.8T 四缸发动机为例。

1)工具准备

专用工具、检测仪和辅助工具、收集盘、弹性卡箍夹钳及扭力扳手。

注意:更换所有的密封垫和密封环,同步带下护罩可以不拆,同步带仍留在曲轴上同步带轮一侧。为防止冷却液伤人,拆卸冷却液泵之前应用抹布盖住同步带。

2)拆卸步骤

(1)放出冷却液。

(2)拆下多楔带。

(3)拆下防护板。

(4)拆下多楔带的张紧装置。

(5)从水泵的同步带轮上取下同步带。

(6)从水泵上拧下紧固螺栓,并拆卸冷却液泵(图6-10)。

3)安装步骤

(1)用冷却液浸润新 O 形密封环。

(2)装上水泵。安装位置:外壳上的堵塞

螺栓   O形圈

水泵

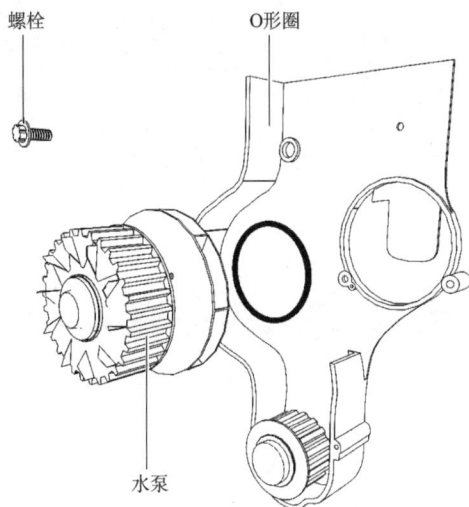

图6-10 水泵拆装图

向上。

（3）将水泵装到汽缸体上并拧紧紧固螺栓,拧紧力矩为15N·m。

（4）安装同步带,调整配气相位。

（5）加注冷却液。

6. 检修散热器和补偿水箱

对于散热器和补偿水箱,主要是检查散热器有无泄漏和补偿水箱盖的开启压力。

散热器的渗漏用检测仪检验。首先将散热器内注满水,盖上散热器盖,将检测仪接至开关,用检查仪手动泵使压力达到120~140kPa。如果压力下降,应找出渗漏部位,做好标记,如渗漏不严重,可用镀锡法修复。

补偿水箱盖的开启压力检验,也是用测试仪进行测试。将补偿水箱盖套上检验仪,用手动泵使压力上升到120~150kPa时,限压阀必须开启,否则,应更换补偿水箱盖。

项目解决方案

1. 故障原因分析

造成发动机冷却液温度高的故障主要原因有冷却液液位不足、风扇运转不正常、散热器过脏、节温器打不开、水泵故障、水循环系统堵塞、汽缸垫损坏等。

2. 故障诊断与排除过程

（1）检查冷却液,液位正常。说明无漏液现象。

（2）排气后检查水循环,正常。说明水泵没问题。

（3）用大众专用SDT929汽油车故障诊断仪读取无故障码,进01-08-130,如图6-11所示,1区110℃,2区80℃风扇开始转,风扇一直转,温度不但不降反而升高。读取正常车数据,如图6-12所示。

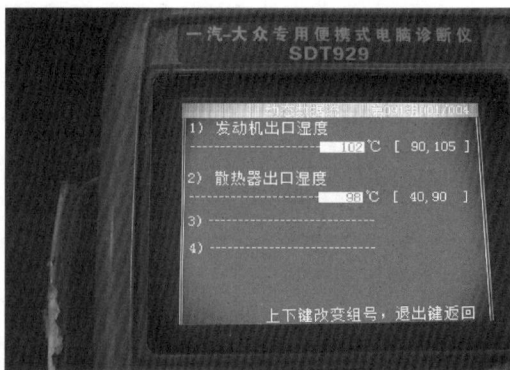

图6-11　故障车读取的数据

图6-12　正常车读取的数据

（4）根据图6-11的1区和2区数据,发现上下温差比图6-12的1区和2区数有所偏差,用手小心地去感觉上下水管的温度,发现上水管处放不住手,下水管能放5s左右。

（5）等到冷却液温度低下来再试,发现上水管温度90℃时下水管温度才20℃。于是怀疑是节温器打不开,因为迈腾没有单独的节温器,于是更换水泵总成。

（6）用冷却液加注器 VAS6096 排气试车，如图 6-13 所示。上水管 102℃、下水管 98℃风扇开始运转，一直转到上水管 96℃、下水管 86℃，故障排除。

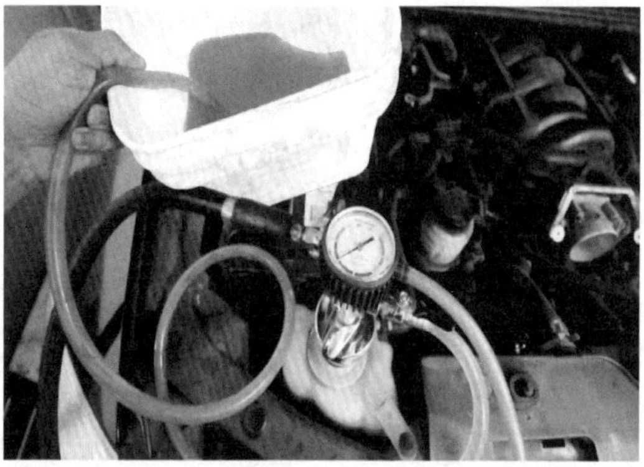

3. 故障小结

本故障案例为节温器打不开，无大循环，导致冷却液温度高，风扇不停运转。因迈腾汽车没有单独的节温器，所以更换水泵总成，故障排除。

图 6-13　冷却液加注器连接方法

🔍 **项目小结**

（1）发动机冷却系统功用是对在高温条件下工作的发动机零部件进行冷却，保证发动机在适宜的温度下连续工作。

（2）发动机冷却方式分为液体冷却（水冷却）和风冷却（空气冷却）。目前汽车发动机大多采用液体冷却。

（3）发动机冷却系统由强制循环供给装置（水泵、散热器、水套和分水管）、冷却强度调节装置（可调速电动风扇、节温器、百叶窗）、液温指示装置（液温表、冷却液温度传感器和液温警告灯）组成。

（4）冷却系统工作原理是冷却液流到散热器的底部后，又在水泵的作用下，再次流向汽缸体、汽缸盖水套。

（5）最常用的防冻剂是乙二醇。冷却液中水与乙二醇的比例不同，其冰点也不同。50%的水与 50%的乙二醇混合而成的冷却液，其冰点约为 − 35.5℃。

（6）水泵由泵壳、泵盖、叶轮、水泵轴、轴承和水封等组成。

（7）风扇的功用是提高通过散热器芯的空气流速，增加散热效果，加速冷却液的冷却。

（8）散热器由上（左）储水室、下（右）储水室进水管、出水管、散热器盖和散热器芯组成。

（9）加注冷却液时，先检查冷却液液面高度，如需要，补充冷却液，热机时液面应在最大标记处，冷机时，液面应在最小（min）和最大（max）标记之间。

（10）冷却系统维护应检查冷却系统的密封性、检查补偿箱盖限压阀功能。

（11）检查节温器性能，可将节温器置于热水中，观察温度变化与节温器开启量的关系。

🎓 **习题**

一、判断题

1. 发动机工作时汽缸内的气体温度过高，如果不能及时冷却将会造成发动机零部件的机械强度下降，进而还会影响润滑油的作用。　　　　　　　　（　　）

2. 多数发动机的节温器安装在水套出水口处，根据发动机工作温度自动控制通向散热器和水泵的两个冷却水通路，以调节冷却强度。　　　　　　　　（　　）

3. 温度较低时，节温器中的石蜡呈固态，冷却液进行大循环。　　　　（　　）

4.正常情况下,冷却液液面应位于补偿水箱的 GAO 与 DI 两标记之间。　　　　　(　　)

5.在水中加入防冻剂可提高冷却液的沸点。　　　　　(　　)

二、选择题

1.排放冷却液时,操作的步骤是(　　　)。

①打开补偿水箱盖　②通过散热器下软管放出冷却液　③从连接管上拆下冷却液软管
④拧下螺栓,将连接管连同 O 形密封环和冷却液节温器一起取下

    A.③②①④　　　　　　B.④③②①　　　　　　C.①②④③　　　　　　D.①②③④

2.水泵的结构组成包括(　　　)。

    A.泵壳、泵盖、叶轮、轴承　　　　　　　B.泵盖、叶轮、水泵轴、轴承、水封

    C.泵壳、泵盖、叶轮、水泵轴、轴承、水封　　D.泵壳、泵盖、叶轮、水泵轴、轴承、节温器

3.防冻液中乙二醇的含量越多,则(　　　)。

    A.沸点越高　　　　　　　　　　　　B.冰点越高

    C.沸点越低　　　　　　　　　　　　D.和冰点、沸点没有关系

4.冷却液的成分是(　　　)。

    A.水　　　　　　　　　　　　　　　B.防冻剂

    C.冷却液与水的混合物　　　　　　　D.防冻剂和水的混合物

5.控制冷却液大小循环的部件是(　　　)。

    A.节温器　　　　　B.百叶窗　　　　　C.冷却风扇　　　　　D.水泵

项目七　润滑系统故障诊断与修复

项目描述

李先生反应,购买的迈腾汽车,行驶5.6万km,在修理厂做完维护后不久,行驶中出现仪表红色润滑油报警灯报警。此故障可能是由于发动机润滑系统工作不良或个别部件损坏造成的发动机机油压力过低故障。要找出其故障所在并排除故障,就要认识发动机润滑系统各组成的结构、工作原理,掌握各部件的检修方法。

学习目标

知识目标

(1)掌握润滑系统的组成、功用及工作原理;

(2)掌握润滑系统主要零部件的功用、结构及特点;

(3)掌握润滑系统各零部件检修的方法;

(4)掌握润滑系统常见故障的诊断的方法。

技能目标

(1)具备信息查询和维修手册使用的基本能力;

(2)能够按照企业安全生产规范进行操作;

(3)能够利用工具进行润滑系统的拆装;

(4)能够利用量具和相关检测设备进行润滑系统主要零部件的检修;

(5)能够利用检测设备和工具对润滑系统的常见故障进行诊断和修复。

素质目标

(1)培养学生具有爱党报国、敬业奉献和服务人民的思想;

(2)培养学生具有奋斗精神、奉献精神、创造精神、勤俭节约精神、劳动精神、工匠精神;

(3)培养学生良好的职业道德,严谨的工作态度和严格的质量意识、安全意识、环保意识、团队意识。

建议学时:6学时。

知识准备

发动机工作时,发动机内活塞、曲轴等零部件处于高速运转的状态,如不能及时润滑,将造成异常磨损,为了延长零部件的使用寿命,因此,在发动机中设有润滑系统。

一、发动机润滑系统功用

润滑系统在发动机工作时连续不断地把数量足够、温度适当的洁净机油输送到全部传动件的摩擦表面,并在摩擦表面之间形成油膜,实现液体摩擦,减小摩擦阻力和磨损,保证发动机正常工作。除此之外,还能清洗摩擦表面,带走磨屑和其他异物,起清洗作用;机油在润滑系统内循环还可带走摩擦产生的热量,起冷却作用;在运动零件之间形成油膜(如活塞与汽缸之间),可以提高它们的密封性,有利于防止漏气或漏油,起密封作用;在零件表面形成油膜,可防止零件腐蚀生锈,对零件表面起保护作用;机油还可用作液压油,如在液压挺柱内起液压作用;在运动零件表面形成油膜,可以吸收冲击并减小振动,起减振缓冲作用,延长机件的使用寿命以达到提高发动机工作可靠性和耐久性的目的。

二、发动机的润滑方式

润滑系统功用

发动机工作时,由于各运动零件的工作条件不同,所要求的润滑强度也不同,因而需要采取不同的润滑方式。现代汽车发动机多采用压力润滑与飞溅润滑相结合的综合润滑方式。

1. 压力润滑

压力润滑是指利用机油泵将一定压力的机油输送到摩擦面间隙中,形成油膜润滑的方式。压力润滑主要用于承受载荷和相对运动速度较高的摩擦面,如主轴承、连杆轴承、凸轮轴承、摇臂轴等处。

润滑方式

2. 飞溅润滑

飞溅润滑是指利用发动机工作时运动零件飞溅起来的油滴或油雾润滑摩擦表面的方式。飞溅润滑主要用于外露表面、载荷较轻的摩擦表面,如汽缸壁、活塞销、凸轮、挺柱等。

3. 润滑脂润滑

润滑脂润滑是通过润滑脂嘴定期加注润滑脂来润滑零件工作表面的润滑方式。主要用于载荷小、摩擦力不大，露于发动机体外的一些附件的润滑面上，如水泵、发电机、起动机等部件轴承的润滑。

三、润滑系统组成及工作原理

1. 润滑系统组成

发动机润滑系统主要由机油泵、机油滤清器、机油散热器、油底壳和集滤器等零部件、温度表和机油管道等组成，如图7-1所示。

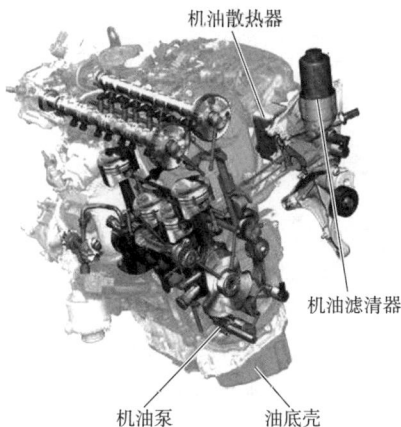

(1)机油泵提供足够高的压力，保证进行压力润滑和机油在润滑系统内能循环流动。

(2)机油滤清器用来滤除机油中的金属磨屑、机械杂质和机油氧化物。它包括机油粗滤器和机油细滤器。

(3)机油散热器用来降低机油的温度。机油在循环过程中会由于吸热而温度升高。

图7-1 发动机润滑系统组成

若机油温度过高，则其黏度下降，不利于在摩擦表面形成油膜；此外，还会加速机油老化变质，缩短机油的使用期。

(4)油底壳是存储机油的容器。

(5)集滤器用来滤除机油中粗大的杂质，防止杂质进入机油泵。

2. 润滑系统工作原理

现代汽车发动机润滑系统的组成及油路布置方案大致相同，由于润滑系统的工作条件和具体结构的不同而稍有差别。如图7-2所示为汽车发动机润滑系示意图。

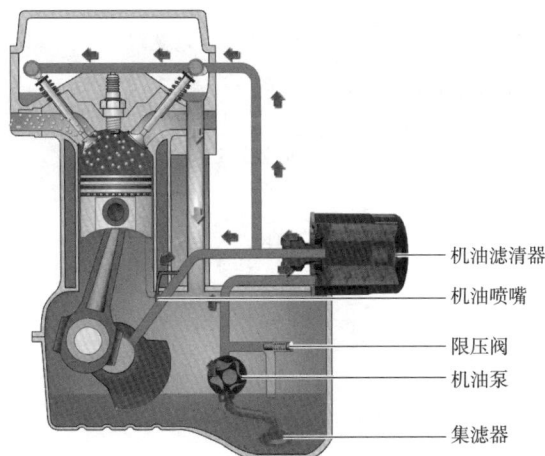

润滑系统组成

润滑系统工作原理

图7-2 发动机润滑油路

发动机曲轴的主轴颈、连杆轴颈、凸轮轴轴颈、摇臂轴等采用压力润滑；活塞、活塞环、活塞销、汽缸壁、气门、挺柱、推杆等采用飞溅润滑。

发动机工作时,机油泵将油底壳中的机油经集滤器过滤后吸入,并形成一定压力后向机油滤清器供油。如果所供机油油压太高或流量过大,则机油经机油泵上的溢流阀返回机油泵入口。压力和流量正常的机油经滤清器滤清之后进入发动机主油道。

机油滤清器盖上设有旁通阀,旁通阀结构如图7-3所示。

若机油滤清器堵塞,油压升高,则机油不经过滤清器,由旁通阀直接进入主油道。主油道的机油通过七条分油道,分别润滑七个曲轴主轴颈。然后,机油经曲轴上的斜油道,从主轴颈流向连杆轴颈润滑曲柄销。主油道的另四条分油道直通凸轮轴轴承,润滑四个凸轮轴轴颈。同时机油从凸轮轴的第一轴颈处,经上油道通入气门摇臂轴的空腔内,然后从摇臂上的油道流出,滴落在配气机构其他零件的工作表面上。

图7-3　旁通阀

另外,在机油滤清器上还装有机油压力开关。机油压力若低于规定值,则机油开关触点闭合,报警灯闪亮,同时蜂鸣器鸣响报警。

四、润滑系统主要零部件结构、工作原理

1. 机油泵

现代汽车发动机润滑系统所使用的机油泵可分为齿轮式和转子式两种。

1)齿轮式机油泵

齿轮式机油泵如图7-4所示。它主要由油泵驱动齿轮、主动齿轮轴、主动齿轮、从动齿轮轴、从动齿轮限压阀、泵体、泵盖等组成。两齿轮外啮合,装在壳体内,齿轮与壳体的径向和端面间隙都很小。

机油泵常见类型

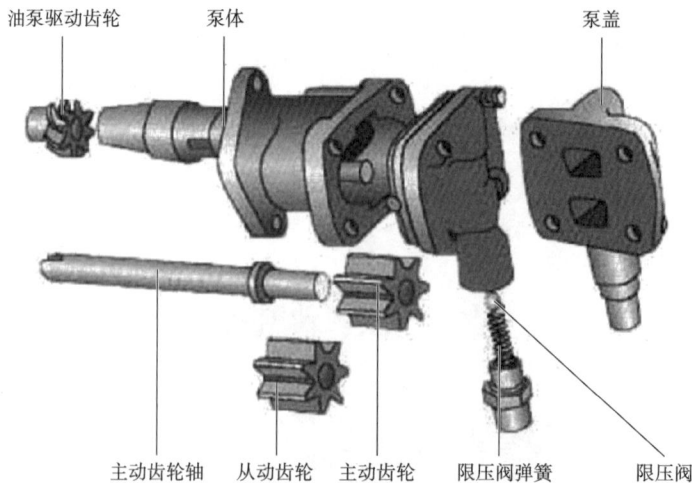

齿轮式机油泵结构

油泵驱动齿轮　　泵体　　泵盖

主动齿轮轴　从动齿轮　主动齿轮　限压阀弹簧　限压阀

图7-4　齿轮式机油泵结构

当油泵工作时,齿轮按图7-5所示方向旋转,进油腔1处由于啮合着的齿轮逐渐脱开,密封工作腔容积逐渐增大,腔内形成一定的真空,油底壳中的机油便被吸入到进油腔来。随后

又被轮齿带到出油腔 3。出油腔的容积由于轮齿逐渐进入啮合而减小,使润滑油压力升高,机油便经出油口被压入发动机机体上的机油道。在发动机工作时,机油泵齿轮不停地旋转,机油便连续不断地流入机油道,经过滤清之后被送到各润滑部位。当轮齿进入啮合时,封闭在轮齿径向间隙内的机油,由于容积减小,压力急剧升高,使齿轮受到很大的推力,并使机油泵轴衬套的磨损加剧和功率消耗增大。为此在泵盖上加工一道卸压槽,使轮齿径向间隙内被挤压的机油通过卸压槽流入出油腔。

图 7-5 齿轮式机油泵示意图

1-进油腔;2-主动齿轮;3-出油腔;4-卸压槽;5-从动齿轮;6-壳体

2)转子式机油泵

转子式机油泵如图 7-6 所示。

转子式机油泵主要由内、外转子,机油泵体及机油泵盖等零件组成。内转子固定在机油泵传动轴上,外转子自由地安装在泵体内,并与内转子啮合转动。内、外转子之间有一定的偏心距。转子式机油泵的优点是结构紧凑,供油量大,供油均匀,噪声小,吸油真空度较高。

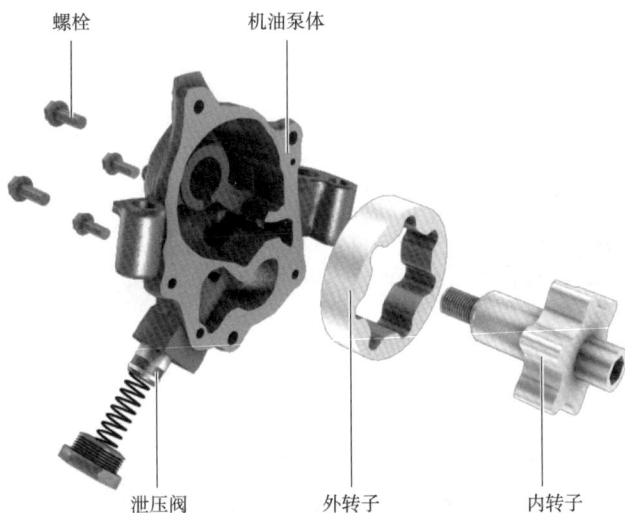

螺栓　机油泵体

泄压阀　外转子　内转子

图 7-6 转子式机油泵

转子式机油泵结构

大众机油滤清器

2. 机油滤清器

在润滑系统中装有几个不同滤清能力的滤清器,有集滤器、粗滤器、细滤器。它们分别串联和并联在主油道中。与主油道串联的滤清器称为全流式滤清器;与主油道并联的滤清器,称为分流式滤清器。

1)集滤器

集滤器采用滤网式结构,安装与机油泵进油管上。大多数汽车都采用固定式集滤器,位于油面下面吸油,这样可防止吸入泡沫,且结构较简单。

2)粗滤器

机油粗滤器如图 7-7 所示。用以滤去机油中粒度较大(直径为 0.1mm 以上)的杂质。

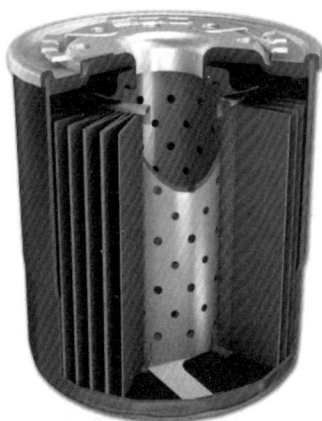

图7-7 机油粗滤器

它对机油的流动阻力较小,通常串联在机油泵与主油道之间,属于全流式滤清器。粗滤器根据滤芯的不同,有各种不同的结构形式。传统的粗滤器多采用金属片缝隙式,由于质量大、结构复杂、制造成本高等缺点,金属片缝隙式粗滤器已基本被淘汰;现代汽车发动机普遍采用纸质式粗滤器。

3)细滤器

机油细滤器有过滤式和离心式两种类型。过滤式滤清器存在着滤清与通过能力之间的矛盾,而离心式滤清器具有滤清能力高、通过能力大且不受沉淀物影响等优点。机油细滤器用以滤去机油中粒度较小(直径为0.001mm以上)的杂质。由于它对机油的流动阻力较大,多做成分流式,与主油道并联。

3. 机油散热器

在高性能大功率的强化发动机上,由于热负荷大,必须装设机油散热器。机油散热器布置在机油路中,其工作原理与发动机散热器相同。发动机机油散热器分为风冷式和水冷式两类,如图7-8所示。

机油散热器

a)风冷式　　　　　　　　b)水冷式

图7-8 发动机散热器

1-散热片;2-机油管;3-芯子管

风冷式机油散热器像一个小型散热器,利用汽车行驶时的迎面风对机油进行冷却。这种机油冷却器散热能力大,多用于赛车及热负荷大的增压汽车上。但是风冷式机油散热器在发动机起动后需要很长的暖机时间才能使机油达到正常的工作温度,所以普通汽车上很少采用。

水冷式机油散热器外形尺寸小,布置方便,且不会使机油冷却过度,机油温度稳定,因而在汽车上应用较广。

风冷式机油散热器一般是管片式,与冷却系统水散热器的结构相似,装在水散热器的前面,利用风扇的风力使机油冷却。为了增加散热面积,管的周围焊有散热片,管和片常用导热性好的黄铜制造。机油从进口流入扁形机油管,利用风扇的风力和散热片的散热作用使机油冷却,降温后的机油从出口流出。水冷式机油散热器将机油散热器装在冷却水路中,当机油温度较高时,靠冷却液降温,而在起动暖车期间机油温度较低时,则从冷却液吸热迅速提高机油温度。

操作指引

1. 组织方式

(1)场地设施:举升机一台,工作台一件。

(2)设备设施:发动机台架、速腾/迈腾汽车整车一辆、机油泵一个。

(3)工量具:常用和专用工具各一套、油压测试套件一套等。

(4)耗材:机油等。

(5)学生组织:教师指导、分组实训、过程评价。

2. 注意事项

(1)进入场地穿着干净整齐的工作服。

(2)听从实训指导老师安排,严格遵守场地安全规定,注意用电安全。

(3)操作过程中,注意拆装工具的使用,换下的机油、滤清器要放在指定位置。

(4)正确使用工量具和油压测试仪等设备。不要将测量仪器连接其他电气设备。

项目实施

更换发动机机油

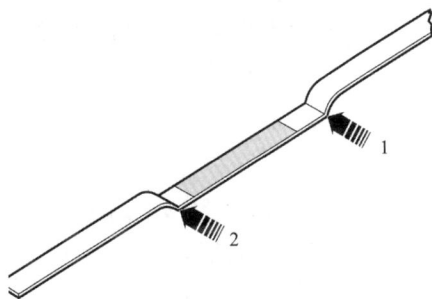

1. 检查与更换机油

1)机油量检查步骤

(1)发动机机油温度至少为60℃。

(2)车辆必须水平放置。

(3)发动机停转后等待几分钟,让机油能流回到油底壳内。

(4)拔出机油尺,用一块干净的抹布擦干净,然后再把机油尺重新插入,直到极限位置。

(5)接着再次拔出机油尺,标出机油油位。

(6)机油尺的标记如图7-9所示。图中1为最高标记;2为最低标记;油位在1~2标记之间的范围。不需要添加发动机机油;油位在2位置一下,可以添加发动机机油。

(7)油位不允许超过最高标记,以免发生三元催化转化器损坏的危险。

图7-9 机油尺标记

2)机油更换步骤

如果在维修发动机时,在机油内发现大量的金属屑以及其他杂质,必须彻底清洗油道,还要更换机油散热器,更换新的机油滤清器。

速腾/迈腾汽车发动机机油,应使用大众汽车公司认证的发动机机油,仅在特殊情况下可使用符合APISF或SG级别的多用机油。

在工厂里用大众汽车公司认证的发动机机油给发动机加注,该发动机机油有较长的维护周期。其更换周期为12月或1.5万km一次。更换后须对维护周期显示器进行相应的编程。

（1）排放发动机机油。打开发动机舱盖，铺设翼子板布；拆下发动机罩，取下机油加注口盖；举升车辆至合适位置，拆下发动机底部护板，将机油回收桶置于发动机放油口下部，拆下放油螺塞，排放机油。待废油排除完毕时，旋入放油螺塞，并按规定力矩拧紧。安装发动机底部护板，降下车辆。

（2）更换机油滤清器。拔开机油滤清器附近管路，使用机油滤清器扳手旋松机油滤清器，用手慢慢取下，将机油放净后，用适量机油涂抹至新机油滤清器密封胶圈，用手将新机油滤清器旋入滤清器安装座内，并用扭力扳手按规定力矩拧紧。

（3）加注发动机机油。按照维修手册说明，将定量的机油加注发动机内。清洁机油加注口，将加注口盖装回发动机。拉出机油尺，用干净的抹布擦净并重新插入，再次拔出机油尺并读出机油油位。

检查新的机油泵

2. 检修转子式机油泵

将泵壳和泵盖分开。

（1）检查内、外转子之间的径向间隙。标准值为 0.02 ~ 0.16mm，维修极限为 0.20mm。如果此间隙超过使用极限，则应更换内、外转子。

（2）检查泵壳与转子之间的轴向间隙，标准为 0.02 ~ 0.07mm；维修使用极限为 0.12mm。如果此间隙超过使用极限，则应更换外转子组或泵壳。

（3）检查泵壳与外转子之间的间隙，标准为 0.10 ~ 0.19mm；维修极限为 0.21mm。如果此间隙超过使用极限，则应更换内、外转子组或泵壳。

（4）检查转子与泵壳有无烧灼或损坏，并视情况进行更换。

（5）从机油泵上拆下旧的油封，换上新的油封。在装用新的油封时，应用专用工具轻轻敲打，直到油封到达油泵的底部。

（6）机油泵装复后，应检查其转动情况，应无卡滞，且转动自如。如无问题，则可在机油泵上安装定位销和新 O 形圈，涂上液态密封胶，即可往发动机缸体上安装。

3. 检查机油压力和油压开关

1）检测条件

发动机油位正常；机油温度至少 80℃（冷却器风扇必须运行过一次）；点火开关打开后，机油压力指示灯应该点亮；装有自动检查系统的车辆上，显示屏应该显示"正常"。

检查机油压力和油压开关

2）检测过程

（1）安装机油压力开关检测仪。

用手轻轻拔下机油压力开关插头，使用 24mm 长套筒拆下机油压力开关。将机油压力开关旋入机油压力检测仪，使用 24mm 长套筒将机油压力开关紧固，将电动机线束插入机油压力开关，连接专用工具 1527，将专用工具安装到机油压力开关安装孔内，并连接检测仪，使用 13mm 开口扳手将检测仪接头拧紧。

（2）检测机油压力与开关。

取下蓄电池保护盖，将两根表笔分别接到蓄电池的正负极上。黑色表笔指示灯应不亮。

如果黑色表笔亮起，则必须更换 0.14MPa 机油压力开关。

如果发光二极管不亮,则起动发动机并慢慢提高转速。在 1.2 ~ 1.6MPa 过压时,黑色表笔必须亮起,否则,更新油压开关。

继续提高转速,在转速为 2000r/min 且油温为 80℃时,机油压力应在 0.27 ~ 0.45MPa。转速更高时压力不允许超过 0.7MPa。

如果小于标准值,检查进油管的滤网是否有污物。

提示:机械性的损坏,例如轴承损坏也可能造成润滑油压力过低。

如果没发现故障,应更换新的机油泵。

如果超过标准值,检查油道,必要时更新机油滤清器支架与安全阀。

(3)拆卸机油压力开关检测仪。

关闭发动机取下表笔,拆下检测仪。将机油压力开关装回发动机安装孔内,并将机油压力开关连接器插入机油压力开关。

项目解决方案

1. 故障原因分析

造成发动机机油压力低的故障原因有:

(1)发动机机油存储量过少,造成润滑系统无油或少油,从而造成机油压力低。

(2)机油脏或黏稠导致机油泵不能将机油有效吸入、泵出,造成机油压力低或无压力。

(3)机油稀或因发动机温度高造成机油变稀,会从发动机的各摩擦副间隙中泄漏,造成机油压力低。

(4)机油油管漏油,机油泵损坏或其零部件磨损超标都会导致机油的吸入、泵出量减少,或根本无量,从而导致机油压力低或无压力。

(5)曲轴与大小瓦之间的间隙超标导致机油泄漏,造成机油压力低;限压阀或泄压阀弹簧过软、发卡或钢珠损伤造成阀的功能消失或减弱导致机油压力降低。

(6)机油感应塞、压力表或电路故障导致机油压力低。

2. 故障诊断与排除过程

(1)使用 VAS5052A 对车辆进行检测无故障记忆,检查机油油位正常位于中心位置。对车辆进行路试 4km 后仪表上红色机油报警灯报警。

(2)回站后使用专用工具 VAG1342 对机油压力和机油压力开关 F1 进行检测。

检测前提条件:机油油位正常;打开点火装置时,油压指示灯应该亮起 3s;机油温度至少为 80℃(风扇至少转 1 次)。

(3)起动发动机怠速时机油压力为 0.14MPa,二极管指示灯亮起。2000r/min 时机油压力为 0.25MPa,而正常值 2000r/min 时机油过压应在 0.27 ~ 0.45MPa 之间。

(4)通过以上检查可以初步判定机油压力开关 F1 正常,机油压力高速运转时偏低。由于故障的出现是在修理厂做完维护后出现的,根据客户提示,首先检查了机油滤清器滤芯,结果发现其做工十分粗糙,本着先易后难的原则更换了机油滤芯。

(5)更换滤芯后再次对油压进行检测,怠速压力 0.18MPa,2000r/min 时压力为

0.31MPa,压力趋于正常范围,对车辆进行路试,故障排除。

3. 故障小结

本案例是因为机油滤清器滤芯做工粗糙,内部阻塞导致润滑油压力下降。更换原厂生产的机油滤清器滤芯,故障排除。

项目小结

(1)发动机润滑系统功用是减摩、冷却、清洁、密封、缓冲、防锈。

(2)发动机润滑方式有压力润滑、飞溅润滑、润滑脂润滑三种方式。

(3)发动机润滑系统由润滑油泵、机油滤清器、机油散热器、油底壳和集滤器等零部件、温度表和机油管道等组成。

(4)机油泵包括齿轮式机油泵、内齿轮式机油泵和转子式机油泵。

(5)机油滤清器包括集滤器、粗滤器、细滤器三种。

(6)机油油位应该在上下限之间,不允许超过最高标记,以免发生三元催化转化器损坏的危险。

(7)机油泵检修包括各项间隙检查,机油泵装复后,应检查其转动情况。

(8)检查机油压力和油压开关应注意检查条件、测量工具套件连接和检查方法。

习题

一、判断题

1. 发动机工作时汽缸内的气体温度过高,若不及时冷却将会造成发动机零部件的机械强度下降,但不影响润滑油的作用。   （   ）

2. 发动机主要润滑方式是自润滑。   （   ）

3. 压力润滑是通过润滑脂嘴定期加注润滑脂来润滑零件工作表面的润滑方式。（   ）

4. 润滑脂润滑主要用于载荷大、摩擦力大,露于发动机体外的一些附件的润滑面上,如水泵、发电机、起动机等部件轴承的润滑。   （   ）

5. 发动机润滑油(机油)按照用途分为汽油发动机润滑油和柴油发动机润滑油。 （   ）

二、选择题

1. 采用飞溅润滑的部件是(   )。

    A. 主轴颈　　　　B. 连杆轴颈　　　　C. 活塞环　　　　D. 凸轮轴轴颈

2. 采用压力润滑的部件是(   )。

    A. 活塞　　　　　B. 活塞环　　　　　C. 汽缸壁　　　　D. 连杆轴颈

3. 下列哪个部件不属于发动机润滑系统(   )。

    A. 润滑油泵　　　B. 机油滤清器　　　C. 水泵　　　　　D. 机油散热器

4. 活塞与汽缸壁之间的润滑方式为(   )。

    A. 飞溅润滑　　　B. 压力润滑　　　　C. 润滑脂润滑　　D. 不定期润滑

5. 若机油滤清器堵塞,油压升高,机油不经过滤清器,通过(   )直接进入主油道。

    A. 压力开关　　　B. 旁通阀　　　　　C. 机油压力传感器　D. 润滑油泵

项目八　发动机机械系统拆装

项目描述

李先生反映,购买的一辆迈腾汽车,行驶约 5 万 km 时,该车发动机在加速时发出"咯、咯"的异响,刚起动车时声音小,热车时声音大。引起机械系统异响的主要原因是自然磨损、非正常磨损、使用不当和维修不当等。需对发动机拆卸检查,确定故障所在。

学习目标

知识目标

(1)掌握发动机拆装要求(包括场地要求、待装零部件要求和作业要求等);

(2)掌握发动机零件和清洗和摆放的要求;

(3)掌握发动机拆装的注意事项;

(4)掌握利用维修手册进行发动机拆装的方法。

技能目标

(1)具备信息查询和维修手册使用的基本能力;

(2)能够按照企业安全生产规范进行操作;

(3)能够利用工具进行发动机拆装;

(4)能够利用量具和相关检测设备进行发动机主要零部件的检修;

(5)能够利用检测设备和工具对发动机的常见故障进行诊断和修复。

素质目标

(1)培养学生具有爱党报国、敬业奉献和服务人民的思想;

(2)培养学生具有奋斗精神、奉献精神、创造精神、勤俭节约精神、劳动精神、工匠精神;

(3)培养学生良好的职业道德,严谨的工作态度和严格的质量意识、安全意识、环保意识、团队意识。

建议学时:8 学时。

知识准备

汽车发动机的装配是在发动机各零件符合使用要求的前提下，按一定程序和技术要求装配成完整的、技术性能良好的发动机总成的过程。发动机装配质量将直接影响发动机能否正常运行和发动机性能能否完全恢复。发动机装配工艺必须根据发动机本身的结构、特点、工具设备、技术条件和劳动组合来安排。

一、发动机拆装要求

1. 场地要求

发动机拆装应在专用车间或清洁场地进行，装配过程中应做好防尘工作和保持较为稳定的室内温度，要做到工件不落地、工量具不落地和油渍不落地，并保持工作台、工件盘和工量具的清洁。

2. 待装零部件要求

（1）拆卸的零部件及总成都要经过检验与试验，必须保证质量合格后方可继续使用。

（2）易损零件、紧固锁止件应全部更换，如汽缸垫及其他衬垫、开口销、自锁螺母、弹簧垫圈等。

（3）严格保持零件、润滑油道清洁。

（4）不许互换的零件（如气门等）应做好装配标记，以防错装。全部零件清洗、清点后应分类摆放整齐，如图8-1所示。

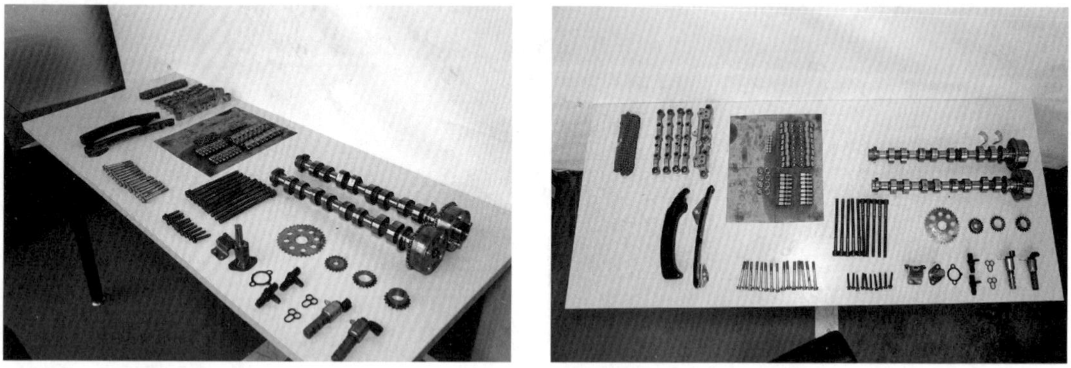

图8-1 发动机待装配零件摆放置

（5）装配时，应在零件的配合表面（过盈配合、过渡配合、间隙配合表面）和摩擦表面（如凸轮、齿轮、摇臂头部、螺纹等）上涂抹发动机润滑油，做好预润滑。

3. 作业要求

（1）拆装中所用的工量具应齐全、合格，尽量使用专用器具拆装。

（2）拆装过程中不得直接用手锤击打零件，必要时应垫上铜棒等。

（3）确保各密封部位的密封，防止漏水、漏油、漏气、漏电，重要密封部位应涂密封胶。安装橡胶自紧油封时应在唇口和外圆涂抹润滑油后，再用压具压入承孔中。

（4）各部紧固螺栓、螺母应按维修手册规定紧固力矩、拧紧顺序和方法拧紧。对于主轴承盖螺栓、连杆螺栓、飞轮固定螺栓等发动机上的重要螺栓(或螺母)，必须使用扭力扳手，按规定顺序、分次、均匀地将螺栓拧到规定力矩。

（5）重要部位的间隙必须符合标准规定。

二、发动机零件的清洗及摆放

1.清洗发动机零件

零件装配前都要进行仔细的清洗，防止油污、尘粒、金属屑等进入相对运动零件之间，以免破坏配合关系加速磨损。除指定清洗剂外，一般使用干净的柴油或汽油进行清洗，然后用压缩空气吹干。

对于经过修理和更换的所有零件，在装配前都要进行认真的质量检查，以防止不合格的零件进入装配过程。

2.摆放发动机零件

正确将零件摆放，一般遵守以下规律。

（1）总成尽量放在一起并做记号。

（2）进排气门摇臂与摇臂轴应串在一起存放，清洗时应做好记号。

（3）每缸的进气门和排气门要区分好，做好记号，不能错乱，如图 8-2 所示。

（4）凸轮轴瓦与凸轮轴属于精密磨合部件，要做记号分类摆放，如图 8-3、图 8-4 所示。

图 8-2　气门零件归类摆放

图 8-3　凸轮轴瓦摆放图

图 8-4　凸轮轴零件归类摆放

(5)所有气门锁片、气门弹簧、气门垫片可集中存放,如图 8-5 所示。

图 8-5　零碎零件的集中摆放

(6)发动机拆下的螺栓要分类摆放。发动机螺栓种类繁多,而且有很多是专用螺栓,不能用普通螺栓代替。如缸盖螺栓、连杆轴承螺栓、曲轴轴承螺栓、凸轮轴轴承螺栓、飞轮固定螺栓等都属于专用螺栓,不能混用,也不能用其他螺栓代替。

三、发动机拆装注意事项

1. 发动机拆卸注意事项

(1)拆卸前,应熟悉所拆卸机型的布置,认识发动机前后、左右、上中下的位置。对照发动机解剖模型,熟悉各系统的组成、结构与工作原理。

(2)了解拆卸顺序,按照先外后里、先两边后中间的原则拆卸。

(3)各部件总成卸下后,不要解体。

(4)做好配气定时记录,拆卸的螺栓要做好记录。

(5)活塞连杆组、主轴承要按缸号顺序摆放,不要搞乱。

(6)做好各系统位置记录,为装配打好基础。

2. 发动机装配注意事项

(1)按照与拆卸相反的顺序装配,装配前做好各部件的清洁,运动部件要淋上润滑油再装配。

(2)主轴承、连杆活塞组要按缸号装配,对号入座,不能搞乱,装好后应能转动自如。

(3)油底壳在装好正时带后,最后装配。

(4)螺栓、螺母要按记录的位置装配,不要装错。

操作指引

1. 组织方式

(1)场地设施:发动机拆装专用场地。

(2)设备设施:发动机台架、工作台、工具车、1.8L 或 2.0L 发动机总成。

（3）工量具：发动机拆装专用、常用工具，常用、专用量具等。

（4）耗材：发动机各种密封垫、润滑油、密封胶等。

（5）学生组织：教师指导、分组实训、过程评价。

2. 注意事项

（1）进入场地穿着干净整齐的工作服。

（2）听从实训指导老师安排，严格遵守场地安全规定，注意用电安全。

（3）操作过程中，注意场地整洁，零部件要摆放有序，确保人身和工件安全。

（4）正确使用专用工具、量具，保持工、量具及装配工件的清洁。

项目实施

1. 拆卸发动机

以速腾/迈腾汽车发动机为例。

1）拆卸发动机附件

（1）使用 12mm 套筒松开并拧下燃油轨道的两个固定螺母，取下燃油轨道。

（2）使用 T30 套筒松开并取下排气歧管上部的 5 个固定螺栓和下部的 2 个固定螺栓，取下进气歧管。

（3）用 12mm 套筒松开排气歧管固定板上的 4 个固定螺母和排气歧管 5 个固定螺母，拆下排气歧管总成，取下密封垫和固定板。

（4）拔下点火线圈。

（5）使用 T30 套筒松开油水分离器螺栓，取下油水分离器总成。

（6）使用 T30 套筒，按照由外向内的顺序，松开并拧下汽缸盖罩螺栓，取下汽缸盖罩。

（7）拆卸齿形带。拆下齿形带上面的防护罩，将固定螺栓垂直放置，如图 8-6 所示。用小螺丝刀将固定凸耳向上按压（箭头），然后取下齿形带。

（8）拆卸多楔带。拆下隔音板，按如图 8-7 所示标出的多楔带转动方向松开多楔带。松开多楔带时应沿箭头方向摇动张紧元件。用定位芯棒 T10060A 锁住张紧元件，取下多楔带。

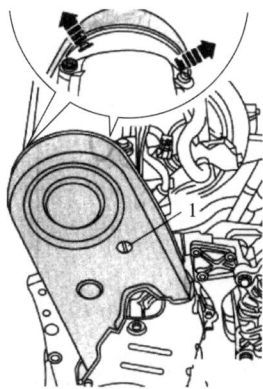

图 8-6　拆卸齿形带上部护罩固定螺栓　　　　图 8-7　拆卸多楔带

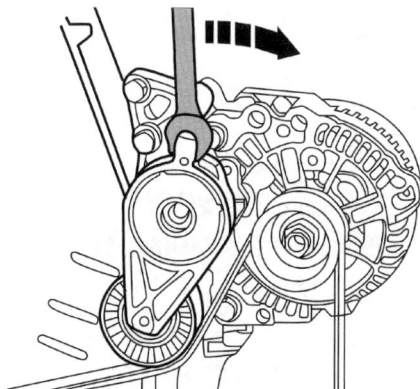

2)拆卸凸轮轴

(1)旋转曲轴,并将凸轮轴正时齿轮置于1缸上止点,凸轮轴正时齿轮上的标记必须与汽缸盖罩上的标记相互重合,如图8-8所示。

(2)将曲轴略向反方向旋转。

(3)拆下凸轮轴正时齿轮,松开螺栓时用把持工具锁定凸轮轴正时齿轮。

(4)拆下汽缸盖罩。

(5)拆下霍尔传感器壳体及垫圈和饰板。

(6)将插头从凸轮轴调节电磁阀上拔下,如图8-9所示。

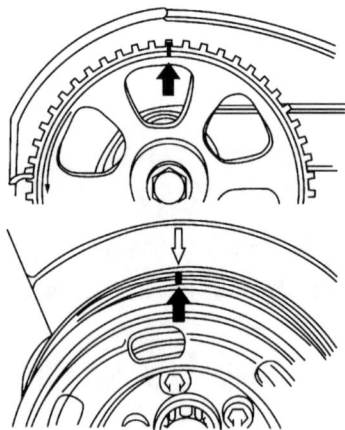

图8-8　上止点位置　　　　　　　　　　图8-9　拔下插头

(7)清洁轴承盖上两个箭头相对的凸轮轴传动链及链轮,并用色标标记安装位置。

(8)用固定支架锁定链轮张紧器。

(9)拆下进气凸轮轴和排气凸轮轴的轴承盖,拆下双轴承盖。

(10)从进气和排气凸轮轴的链轮上拆下两个轴承盖,旋出链条张紧器两个螺栓。

(11)沿对角线松开并拆下进气和排气凸轮轴的轴承盖。拆下进气和排气凸轮轴、链条张紧器和固定支架。

3)拆卸汽缸盖

(1)拆下同步带护罩上部。

(2)拆下主正时同步带。

(3)拆下正时同步带。

(4)拆下点火线圈导向板。

(5)拆下止回阀,拔下连接软管。

(6)拆下凸轮轴壳体,去除旧的密封垫,小心地清洁密封面,密封面必须保持无油脂。

(7)卸下摇臂支撑件后,卸下汽缸盖螺栓,取下汽缸盖。

4)拆卸气门组件

用专用工具将气门弹簧座压下,取下气门锁片,拆除气门弹簧压具,取下气门弹簧座、气门弹簧和气门,从气门导管上取下气门油封。

5)拆卸油底壳

(1)拆卸隔音垫,排放发动机润滑油。

(2)拔下润滑油油位和润滑油温度传感器芯插头。

(3)旋出变速器/油底壳固定螺栓。

(4)用连杆扳手 SW10-3185 旋松飞轮侧的油底壳螺栓并用插接套件 T10058 旋出。

(5)旋出剩余的螺栓并拆下油底壳。如有必要,必须用橡胶锤轻轻敲打来松开油底壳。

6)拆卸活塞连杆组

(1)检查并确认连杆和连杆轴承盖上的装配标记。若无标记,应在连杆轴承盖上做好标记。

(2)正确选择工具,多次交替旋松连杆轴承盖上的紧固螺栓。

(3)用手松开两个螺栓,但不要取下,用手握住两个螺栓头部,摇动连杆轴承盖,可拆下连杆轴承盖。

(4)用橡胶锤手柄轻轻敲击连杆大端,推出连杆组,并用手取下。

(5)用活塞坏拆卸钳,拆下活塞压缩环。用手拆下油环刮片和油环衬簧。

7)拆卸曲轴飞轮组

在拆卸作业时,不允许拆卸曲轴并松开曲轴轴承盖螺栓,否则,会导致汽缸轴承座变形,由于变形会使轴承间隙变小,即使不更换新轴承,也会因为轴承间隙的变化而引起轴承损坏,如果松开轴承盖螺栓,则必须将汽缸体连同曲轴整个更新。

拆卸飞轮时,采用专用夹具固定飞轮。拆下飞轮紧固螺钉,卸下飞轮。

飞轮侧的曲轴油封密封凸缘,用 3 个 M6 × 35 的螺栓将油封密封凸缘和脉冲信号转子一起从曲轴上压出。密封凸缘一旦拆卸下来,就应连同油封及脉冲信号转子整个换用新件。

曲轴前端油封拆卸,用起拔器 3240 从曲轴上拉出。

2. 装配发动机

1)发动机装配前的检查

(1)检查缸体总成有无缺陷。用压缩空气清洁缸体上的螺栓孔;用铲子清除缸体和油底壳接合面的多余密封胶。

(2)测量缸体、缸盖平面度。用刀口尺和塞尺测量汽缸、汽缸盖与垫片接触面的翘曲度,最大翘曲值均不能超过 0.05mm。

(3)测量缸筒内径。用量缸表测量止推方向和轴向的缸孔直径,分别测量缸筒的上中下三个部位,与标准尺寸的偏差最大 0.08mm。汽缸孔径为 82.51mm。当汽缸体固定在发动机和变速器支架上时,不允许进行测量。

(4)测量曲轴。用百分表测量曲轴安装孔径,用千分尺测量曲轴主轴颈直径,1.8L TSI 发动机标准为 53.983 ~ 54.037mm。用千分尺测量连杆轴颈直径,标准为 47.778 ~ 47.842mm。2.0L TSI 发动机标准为 58.993 ~ 58.037mm。用千分尺测量连杆轴颈直径,标准为 47.778 ~ 47.842mm。

(5)组装活塞连杆组。用压力机安装活塞销。

(6)测量活塞。从距下边缘约 10mm 且与活塞销的轴线错开 90°处用千分尺测量活塞裙外径,与标准尺寸的偏差最大为 0.04mm。活塞直径为 82.465mm。

(7)测量连杆大头直径。安装连杆瓦盖,将连杆轴瓦盖螺栓拧至30N·m(M8)或45N·m(M9),再将连杆轴瓦盖螺栓拧紧90°,用百分表测量连杆大头直径。

(8)测量活塞环端隙。将活塞环垂直地从上推进下面的汽缸,离汽缸边缘15mm。测量活塞环的开口间隙。

①气环为0.20~0.40mm,磨损极限为0.8mm。

②油环为0.25~0.50mm,磨损极限为1.00mm。

(9)测量活塞环侧隙。

①第一道气环为0.04~0.08mm,磨损极限为0.15mm。

②第二道气环为0.02~0.06mm,磨损极限为0.15mm。

③刮油环无法测量。

活塞连杆组装配

2)装配曲轴

(1)安装主轴瓦。

用干净无纺布将缸体主轴承表面和主轴瓦背面擦拭干净,按照缸体上的配瓦标记,并根据表格找出字母表示的颜色。将选好的上轴瓦依次安装到缸体主轴承座上,并使轴瓦定位唇对准上缸体定位槽。

出厂时已匹配轴瓦与厚度正确的汽缸体。彩色点表示轴瓦厚度。

在下部密封面或汽缸体正面上,用字母标记了汽缸体(上部轴瓦)上各轴瓦的安装位置,如图8-10所示。

(2)安装止推片及曲轴。

在止推片表面涂抹机油,将止推片有油槽的一面贴向曲轴,平整的一面贴向缸体,安装止推片到位。用油壶在安装好的主轴瓦表面涂发动机机油,用干净的无纺布擦拭曲轴轴颈,将曲轴轻轻放入汽缸体中。

(3)安装轴承盖。

按照曲轴上的配瓦标记,并根据字母表示的颜色。将选好的下轴瓦依次安装到相应位置的轴承盖上,并

图8-10 曲轴上部轴承的标记位置

使轴瓦定位唇对准上缸体定位槽。将轴承盖安装到相应的轴承座上。

(4)按顺序拧紧曲轴轴承盖的固定螺栓。

①用力拧紧1~10号和两侧螺栓。

②以60N·m的力矩预拧紧螺栓1~10号。

③用刚性扳手继续旋转1~10号螺栓90°。

④以20N·m的力矩拧紧两侧螺栓。

⑤再用刚性扳手继续旋转两侧螺栓90°。

曲轴的安装

(5)用百分表测量曲轴的轴向间隙。

①将带磁力表座的百分表固定在汽缸体上并与曲柄臂相应的位置。

②用手将曲轴压向百分表并将百分表校表归"0"。

③将曲轴反向压紧读取显示值。

④轴向间隙:新的为0.07～0.23mm,磨损极限为0.30mm。

(6)用塑料间隙规测量曲轴径向间隙。

①拆下主轴承盖并清洁轴承盖和轴颈。

②将塑料间隙规根据轴承的宽度放置在轴颈上和轴瓦内(必须位于轴瓦中央)。

③装上轴承盖并用60N·m的力矩拧紧,同时不要转动曲轴。

④重新拆下主轴承盖,比较塑料间隙规的宽度与测量刻度。

⑤径向间隙:0.017～0.037mm。磨损极限:0.15mm。

活塞连杆组安装

3)安装活塞连杆组件

(1)在汽缸筒涂抹干净的机油;用无纺布将连杆轴瓦擦拭干净,将连杆轴瓦对准安装槽口安装到连杆上。

(2)在活塞环上涂抹干净的机油,转动活塞环,将活塞环开口方向避开活塞销中心线30°。

(3)在活塞销上、连杆轴瓦上、活塞安装导向套内表面涂抹干净的发动机机油,将活塞安装导向套安装到带有活塞环的活塞连杆组件上,对准缸套,用橡胶锤柄缓慢敲击活塞顶部将活塞安装到汽缸中,并安装到位,如图8-11所示。

(4)安装带轴瓦的连杆盖,按照标记配对安装,并检查是否安装到位。

连杆螺栓拧紧力矩:M8为30N·m+90°;M9为5N·m+90°。

(5)检查连杆大头的轴向间隙和径向间隙。

新轴向间隙:0.10～0.35mm;磨损极限:0.40mm。

图8-11 安装活塞连杆组

新径向间隙:0.02～0.06mm;磨损极限:0.09mm。

(6)安装完成后,检查所有活塞箭头是否指向前端。

安装机油泵总成

4)安装机油泵、油底壳

(1)安装机油泵。

安装机油泵前先检查进油管的滤网和油底壳上部件的油道是否脏污。然后检查是否有两个定心机油泵的定位套。

①将2个定位销装到机油泵上。

②将机油泵安装到泵座上。拧上3个螺栓,拧紧力矩为21N·m。

③将链轮安装到泵轴上(油泵轴/链轮的安装智能在一个位置插上),安装机油泵固定螺栓。

④安装挡油板,拧紧固定螺栓,拧紧力矩为9N·m。

(2)安装油底壳。

油底壳必须在涂抹密封剂后5min内安装。

①将密封剂导向管在标记处剪开(导出口直径3mm)。

②将密封剂涂到油底壳干净的密封面上。密封胶必须为 2~3mm 粗并沿着螺栓孔区域的内侧。密封剂带不允许过厚,否则,多余的密封剂会进入油底壳并且堵塞润滑油泵吸管中的滤网。

油底壳在飞轮侧要与汽缸体平齐封闭。装配油底壳后必须让密封剂干燥约 30min 才能加注发动机润滑油。

③立即安装油底壳并按如下方式拧紧螺栓。沿对角略微拧紧所有油底壳螺栓后再沿对角以 15N·m 的力矩拧紧所有油底壳螺栓。

④其余组装工作大体与拆卸顺序相反。

油底壳安装　进、排气门安装

5）安装进、排气门组

（1）用安装套筒安装气门油封。

（2）在气门杆端部涂抹适量的发动机机油,将研磨好气门插入气门导管并推到底(严禁气门调换位置)。

（3）安装气门弹簧及气门弹簧座。

（4）用气门弹簧压缩工具压缩气门弹簧,如图 8-12 所示,用工具将气门锁块安装到位,逐渐松开工具并取下。用橡胶锤轻轻敲击气门顶部,确认气门锁止可靠。

6）安装汽缸盖

（1）清洁汽缸体螺栓孔、汽缸、汽缸体与汽缸盖的密封面。

（2）将曲轴置于 1 缸上止点位置,然后将曲轴略微向反方向旋转。

汽缸盖安装

（3）将废气涡轮增压器上的两个螺栓松开约两圈,避免安装汽缸盖时产生应力。

（4）从包装中取出新的汽缸盖密封垫放在缸体上,标记(配件号)必须可见,注意缸体中的定位销,装上汽缸盖。

（5）按照汽缸盖螺栓的拧紧顺序 10~1 拧紧缸盖螺栓,如图 8-13 所示。

图 8-12　压缩气门弹簧

图 8-13　缸盖螺栓拧紧顺序

缸盖螺栓拧紧力矩:40N·m +90° +90°。

7）安装汽缸盖附件

（1）安装火花塞。

将火花塞安装到火花塞套筒内,将其放入缸盖安装孔中并拧到底,用扭力扳手拧紧火花塞。拧紧力矩为 30N·m。

汽缸盖附件安装

（2）安装液压挺柱。

在液压挺柱上涂抹适量的机油,按照拆卸时做的标记,将液压挺柱放于挺柱孔内。

液压挺柱只能整个更换,无法单独调整修理。起动时有不规则的阀门响声是正常的。安装新挺柱 30min 内不许起动发动机。

(3)安装凸轮轴。

给凸轮轴的摩擦表面涂上机油。在安装凸轮轴时 1 缸的凸轮必须朝上。安装轴承盖时,注意轴承盖上的标记必须能够从汽缸盖进气侧看到。如果要重新使用已过时的正时链,必须根据色标将正时链挂到两根凸轮轴上。

①更换链条张紧器的橡胶金属密封件,在相应的位置略涂密封胶。

②把传动链置于凸轮轴链轮上。凸轮轴上的切口 A 和 B 之间的距离必须等于传动链的 16 个滚子。

③将链条张紧器推入传动链之间。

④给凸轮轴的摩擦面上油。将凸轮轴与正时链和链条张紧器一起安装到汽缸盖中。将链条张紧器以 10N·m 的力矩拧紧。

⑤将进气和排气凸轮轴的轴承盖沿对角线以 10N·m 的力矩拧紧。安装进气和排气凸轮轴的链条上的两个轴承盖,检查凸轮轴的调整是否正确并将轴承盖以 10N·m 的力矩拧紧。取下固定支架。

⑥在双轴承盖相应位置涂上密封胶,安装其余轴承盖,同样以 10N·m 的力矩拧紧。

⑦安装凸轮轴齿轮。凸轮轴正时齿轮的窄棱边指向外侧且可以前面看到 1 缸的上止点标记。为拧紧螺栓应使用把持工具固定住正时齿轮,拧紧力矩为 100N·m。检查凸轮轴彼此之间的位置。

⑧检查凸轮轴轴向间隙。在已拆下线框的情况下进行测量。

a. 将待测的凸轮轴装入引线框架。

b. 将百分表用通用百分表支架固定在汽缸盖上。

c. 用手将凸轮轴压向百分表,将百分表设为"0"。

d. 从百分表中压出凸轮轴并读取数值。轴向间隙:0.05~0.17mm。

安装正时链条

8)安装正时链

(1)安装链条振动阻尼器,并按要求力矩拧紧。

(2)安装曲轴正时齿轮。曲轴正时齿轮上的键槽要对准曲轴上的正时齿轮键,并确保安装可靠。

(3)安装正时链条。将正时链条穿过振动阻尼器,将正时链条上的橙色标记板和正式标记对准并安装链条,如图 8-14 所示。正时链有颜色的链节必须定位在链轮标记上,并处于发动机前侧,且保证正时链条和链条振动阻尼器接合正确,用扳手固定住进气凸轮轴的六角头部,逆时针转动凸轮轴正时齿轮,使橙色标记板和正时标记对准。用扳手固定住排气凸轮轴的六角头部,顺时针转动凸轮轴正时齿轮以张紧链条,缓慢地顺时针旋转凸轮轴正时齿轮防止链条错位。将链条黄色标记板和曲轴正时齿轮对齐,并将

图 8-14　正时链轮标记

链条安装至曲轴正时齿轮。

在1缸压缩上止点时,重新检查每个正时标记。

(4)安装链条张紧器导板。

(5)安装正时链条盖。

(6)安装汽缸盖罩。

安装油雾分离器,用对角的方式拧紧油雾分离器螺栓,拧紧力矩为11N·m。

将硅胶密封剂涂敷到汽缸盖罩的干净密封面上,密封剂条的厚度为2~3mm,5min内安装。汽缸盖罩螺栓按顺序以8N·m+90°拧紧。

其余的组装工作,大体与拆卸顺序相反。

9)安装节温器、水泵及齿形带

原则上按拆卸时的相反顺序进行。

节温器、水泵
与齿形带安装

(1)安装节温器。

①清洁O形密封圈表面,用冷却液浸润新的O形密封圈。

②将节温器安装在水泵壳体内。再安装节温器壳体,并用工具紧固两个固定螺栓,拧紧力矩为9N·m。

③小心安装连接管,同时将定位销导入到导向件中。

(2)安装水泵及齿形带。

①首先装入用冷却液浸润新的O形密封圈。再将水泵总成装到汽缸体上。用螺栓固定水泵总成并预紧,并用9N·m的力矩按如图8-15所示的顺序拧紧5个固定螺栓。

图8-15 水泵螺栓拧紧顺序

②安装水泵齿形带。

10)安装多楔带

安装多楔带

(1)安装多楔带前,必须安装发电机和空调压缩机。

(2)安装带减振器的多楔带轮,注意多楔带轮的花键与曲轴链轮的花键正确啮合。

辅助机组支承螺栓拧紧力矩为20N·m+90°。

（3）将多楔带放置在曲轴、空调压缩机和发电机的皮带轮上,使用环形扳手固定住张紧装置并将定心棒拉出,松开张紧装置,检查多楔带是否被正确地挂上,并转动曲轴检查多楔带是否正确运转。

发动机附件安装

11）安装发动机附件

按照拆卸时的相反顺序安装。

（1）将点火线圈安装到汽缸盖上,用套筒扭力扳手安装点火线圈固定螺栓,拧紧力矩符合维修手册要求。

（2）安装 PVC 阀。在 O 形密封圈上涂抹少量机油,将 PVC 阀安装到汽缸盖总成上。拧紧力矩符合维修手册要求。

（3）安装 VVT 控制阀。在 O 形密封圈上涂抹少量机油,将 VVT 控制阀总成安装到汽缸盖上。拧紧力矩符合维修手册要求。

（4）安装凸轮轴位置传感器。在 O 形密封圈和传感器上涂抹少量机油,将凸轮轴位置传感器控制阀总成安装到汽缸盖上。用套筒扭力扳手固定螺栓,拧紧力矩符合维修手册要求。

（5）安装爆震传感器。将爆震传感器和固定螺栓安装到汽缸体上,拧紧固定螺栓,拧紧力矩符合维修手册要求。

（6）安装机油压力传感器。在传感器螺纹部分涂抹螺纹锁固胶,换用新的铜垫圈,安装机油压力传感器,用扳手拧紧传感器,拧紧力矩符合维修手册要求。

（7）连接水管接头。

（8）安装冷却液温度传感器。在传感器螺纹部分涂抹螺纹锁固胶,安装冷却液温度传感器到缸盖出水口处,拧紧力矩符合维修手册要求。

（9）安装进、排气歧管。更换新的歧管密封垫。按顺序紧固进气歧管固定螺钉,拧紧力矩符合维修手册要求。

（10）安装燃油分配管。在喷油器密封圈上涂抹少量发动机机油,均匀用力,将燃油分配管推入安装孔中。用套筒安装螺栓,拧紧力矩符合维修手册要求。

（11）安装进气压力温度传感器。用套筒拧紧固定螺栓。

（12）安装线束固定支架。

（13）安装机油尺。安装机油尺管固定螺栓并拧紧,将机油尺插入其中。

（14）安装氧传感器。

（15）安装机油滤清器。

（16）安装曲轴后油封。在油封密封唇上涂抹发动机机油,将油封安装到专用工具上,将曲轴后油封对准安装孔,用橡胶锤轻轻敲击安装到位。

（17）安装飞轮总成。安装飞轮固定螺栓,用专用工具止动飞轮,按对角线顺序交叉拧紧固定螺栓,拧紧力矩符合维修手册要求。

项目解决方案

1. 故障原因分析

将机油加油口盖打开,用耳倾听响声比较清晰,可判断为此曲轴瓦响故障;严重时在车旁也能听到。曲轴瓦响的主要原因有：

(1)曲轴颈与轴瓦配合间隙过大。

(2)曲轴瓦合金层烧蚀或剥落。

(3)轴瓦盖的固定螺栓松动、油道阻塞。

(4)轴颈与瓦间机油供给不足或过稀而摩擦导致过热。

(5)磨损超出极限范围等。

2. 发故障诊断与排除过程

(1)做断缸试验，来判断异响来源于缸体还是缸盖。

①拔下1、2、3缸的喷油器插线，响声没有变化。

②拔下4缸喷油器插线时，异响消失，说明异响来自4缸缸体。

(2)根据爆震传感器的数据流，来分析是否有敲缸现象。

①读取发动机系统没有故障码。

②检查爆震传感器，传感器数据正常，说明没有敲缸现象。

(3)检查发动机汽缸压力，正常，4个缸压均在正常范围。

(4)检查机油压力，在发动机转速怠速时，压力比正常值偏低。

(5)从上述结果分析，初步判断异响来源缸体，于是分解缸体检查。

(6)检查缸径是否正常，结果发现缸径都在标准范围内。

(7)检查主轴瓦间隙，用塑料塞尺测量结果发现第5道主轴瓦间隙大于0.76mm，故断定问题可能出在第5道曲柄或第5道主轴瓦。

(8)更换一标准主轴承瓦，用塑料塞尺测量第5道主轴瓦，结果发现间隙小于0.15mm，在标准范围内，说明问题出在第5道主轴承瓦，第5道主轴承导致曲轴间隙过大。更换第5道主轴瓦，异响排除。

3. 故障小结

曲轴瓦异响是一种沉重发闷的敲击声，较连杆轴瓦响声沉闷。发动机转速越高声音越大。当提高发动机转速和突然降低发动机转速时，即连续发出响声；突然加大节气门时，声音更为突出，发动机有负荷或起步时，其响声明显。一般情况下曲轴瓦响，断缸试验时响声可以减轻。通常可凭经验根据声音的位置来判断是哪道曲轴瓦异响。

本案例是由于第5道主轴瓦薄导致间隙大，从而发生异响。更换第5道主轴瓦，异响排除。

项目小结

(1)发动机拆装场地要求、作业要求。

(2)发动机拆卸基本步骤和工艺过程。

(3)装配前对零件进行检查、清洗和选配。

(4)发动机装配前检查缸体总成有无缺陷，测量缸体、缸盖平面度和缸筒内径，测量曲轴损伤，测量活塞并组装活塞连杆组。

（5）安装曲轴主轴瓦、安装曲轴与止推垫片、安装轴承盖、测量曲轴的轴线间隙、测量曲轴的径向间隙。

（6）调整活塞环开口方向，连杆盖标记配对安装，检查连杆大头的轴向间隙和径向间隙。

（7）安装机油泵和油底壳，油底壳密封胶必须为 2～3mm，5min 内安装油底壳，对角安装螺栓。

（8）安装进、排气门组件，严禁气门调换位置，确认气门锁止可靠。

（9）安装汽缸盖，按顺序和规定力矩拧紧缸盖螺栓。

（10）安装火花塞、液压挺柱、凸轮轴，检查凸轮轴径向间隙。

（11）安装正时链，驱动链/链轮的标记（箭头）必须吻合。

（12）安装节温器、水泵及齿形带，清洁 O 形密封圈表面，用冷却液浸润新的 O 形密封圈，安装定位销。

（13）安装多楔带前，必须安装发电机和空调压缩机。

习题

一、判断题

1. 凸轮轴瓦与凸轮轴属于精密磨合部件，要做记号分类摆放。（　）

2. 发动机拆装应在专用车间或清洁场地进行，装配过程中应防尘和保持较为稳定的室内温度，要做到工件不落地，工量具不落地和油渍不落地，并保持工作台、工件盘和工量具的清洁。（　）

3. 对于主轴承盖螺栓、连杆螺栓、飞轮固定螺栓等发动机上的重要螺栓（或螺母），必须使用扭力扳手，按规定顺序、分次、均匀地将螺栓拧到规定力矩。（　）

4. 零件装配前都要进行仔细的清洗，防止油污、尘粒、金属屑等进入相对运动零件之间，以免破坏配合关系，加速磨损。（　）

5. 对于经过修理和更换的所有零件，在装配前都要进行认真的质量检查，以防止不合格的零件进入装配过程。（　）

二、选择题

1. 测量曲轴的轴向间隙，使用的量具是（　　）。
　　A. 刀口尺　　　　　B. 游标卡尺　　　　C. 百分表　　　　　D. 外径千分尺

2. 测量曲轴的径向间隙，使用的量具是（　　）。
　　A. 塑料间隙规　　　B. 游标卡尺　　　　C. 百分表　　　　　D. 外径千分尺

3. 在进行发动机装配时，一般要求 1 缸活塞处于（　　）。
　　A. 下止点　　　　　B. 上止点　　　　　C. 中间位置　　　　D. 任意位置

4. 迈腾汽车安装油底壳螺栓时要求先对角略微拧紧所有螺栓，然后再沿对角以（　　）拧紧所有油底壳螺栓。
　　A. 20N·m　　　　　B. 5N·m　　　　　C. 10N·m　　　　　D. 15N·m

5. 迈腾汽车在安装新挺柱时，要求（　　）内不许起动发动机。
　　A. 20min　　　　　B. 30min　　　　　C. 60min　　　　　D. 45min

项目九　发动机传感器故障诊断与修复

发动机电控系统包括传感器、发动机电子控制单元(ECU)和执行器。发动机ECU不断接收来自各类传感器的信息,经过内部程序运算、判断和处理后,控制相应的执行器完成不同的控制功能,以获得良好的动力性、经济性和环保性。当发动机ECU收不到传感器信号时,可能会导致发动机无法起动、怠速不稳、加速无力、排放超标等故障现象,需进行传感器故障检修。

主要学习任务

1. 空气流量传感器故障诊断与修复
2. 进气压力传感器故障诊断与修复
3. 节气门位置传感器故障诊断与修复
4. 曲轴位置、凸轮轴位置传感器故障诊断与修复
5. 冷却液温度传感器、进气温度传感器故障诊断与修复
6. 氧传感器故障诊断与修复
7. 爆震传感器故障诊断与修复

学习任务1　空气流量传感器故障诊断与修复

任务描述

一辆装备 EA888 发动机的迈腾汽车,行驶里程 6.9 万 km。客户李先生反映该车在行驶

中发动机突然熄火,熄火后多次尝试起动发动机都无法着车,此前并未维修过。

发动机机械系统正常的情况下,发动机无法着车,一般故障出现在发动机电控系统的传感器、ECU或执行器。当空气流量传感器出现故障时,可能会出现发动机无法起动、怠速不稳、点火推迟、尾气排放恶劣等故障现象。若判断故障在空气流量传感器,则需要对空气流量传感器进行检修。

学习目标

知识目标

(1)掌握空气流量传感器的功用;

(2)掌握空气流量传感器的类型;

(3)掌握热膜式空气流量传感器的结构组成、工作原理及信号特性;

(4)掌握空气流量传感器的故障检测诊断方法。

技能目标

(1)具备信息查询和维修手册使用的基本能力;

(2)能够按照企业安全生产规范进行操作;

(3)能运用检测和诊断设备完成空气流量传感器的检测与诊断;

(4)能参阅维修手册完成空气流量传感器的更换。

素质目标

(1)培养学生具有爱党报国、敬业奉献和服务人民的思想;

(2)培养学生具有奋斗精神、奉献精神、创造精神、勤俭节约精神、劳动精神、工匠精神;

(3)培养学生良好的职业道德,严谨的工作态度和严格的质量意识、安全意识、环保意识、团队意识。

建议学时:4学时。

知识准备

在汽车发动机电子控制系统中,空气流量传感器是一个主要的传感器,简称空气流量计,其功用是检测发动机进气量的大小,并将空气流量信号转换成电信号输入电控单元(ECU),以供ECU计算确定喷油时间和点火时间。进气量信号是发动机电控单元(ECU)计算喷油时间和点火时间的主要依据。

一、空气流量传感器分类

按检测进气量的方式不同,空气流量传感器分为"D"型(即压力型)和"L"型(即流量型)两种类型。"D"型流量传感器是利用压力传感器检测进气歧管内绝对压力的传感器。测量进气量的方法属于间接测量方法。装备"D"型流量传感器的喷射系统称为"D"型燃油喷射系统。"L"型流量传感器是利用流量传感器直接测量吸入进气管空气流量的传感器。"L"型流量传感器安装在空气滤清器至节气门之间的进气通道上。因为采用直接测量方法,所以进气量的测量精度较高,控制效果优于"D"型燃油喷射系统。

按结构和检测原理不同,空气流量传感器有翼片式、卡门涡流式、热线式、热膜式四种。其中,翼片式、卡门涡流式空气流量传感器测量空气的体积量,为体积流量型;热线式、热膜式空气流量传感器对空气的质量进行检测,是质量流量型。目前应用广泛的空气流量传感器主要是热线式空气流量传感器和热膜式空气流量传感器两种结构,如图9-1所示。由于热膜式空气流量传感器内没有运动部件,因此没有流动阻力,而且使用寿命远远高于热线式流量传感器。

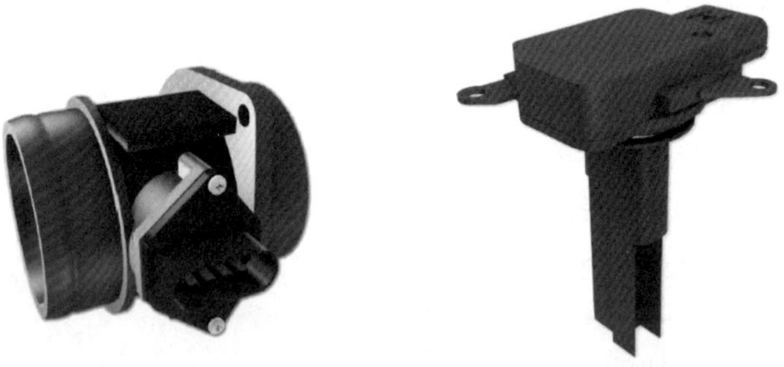

a)热线式空气流量传感器 b)热膜式空气流量传感器 热线式空气流量

图9-1 空气流量传感器   传感器工作原理

按信号输出类型分为模拟型和数字型。空气流量传感器的输出信号有的是模拟信号,有的是数字信号。数字型空气流量传感器的抗干扰性要比模拟型空气流量传感器强,但成本相对较高。

二、空气流量传感器结构组成与工作原理

1. 空气流量传感器结构

热膜式空气流量传感器安装在空气滤清器壳体与进气软管之间,经过过滤的空气首先经过空气流量传感器,如图9-2所示。

图9-2 空气流量传感器的安装位置

热线式与热模式空气流量传感器主要由发热元件(热丝或热膜)、温度补偿电阻(冷丝或冷膜)、信号取样电阻和控制电路等组成。热膜式空气流量传感器是热线式传感器的改进产品,是将热丝电阻制成金属膜,并与其他桥式电阻一起集成在陶瓷底板上。热膜式空气流量传感器内部的进气通道上设有一个矩形护套,相当于取样管,热膜电阻设在护套中。为了防止污物沉积到热膜电阻上而影响测量精度,在护套的空气入口一侧设有空气过滤层,用以过滤空气中的污物。为了防止进气温度变化使测量精度受到影响,在护套内还设有一个铂膜式温度补偿电阻,温度补偿电阻设置在热膜电阻前面靠近空气入口一侧。温度补偿电阻和热膜电阻与传感器内部控制电路连接,控制电路与线束连接器插座连接,线束插座设在传感器壳体中部,如图9-3所示。大众直喷发动机使用的是第六代热膜式空气流量传感器(HFM6),用以测量

发动机的进气量,如图9-4所示。其特点是带有回流识别的微型传感元件,具有温度补偿的信号处理功能,测量精度高,传感器稳定性好。

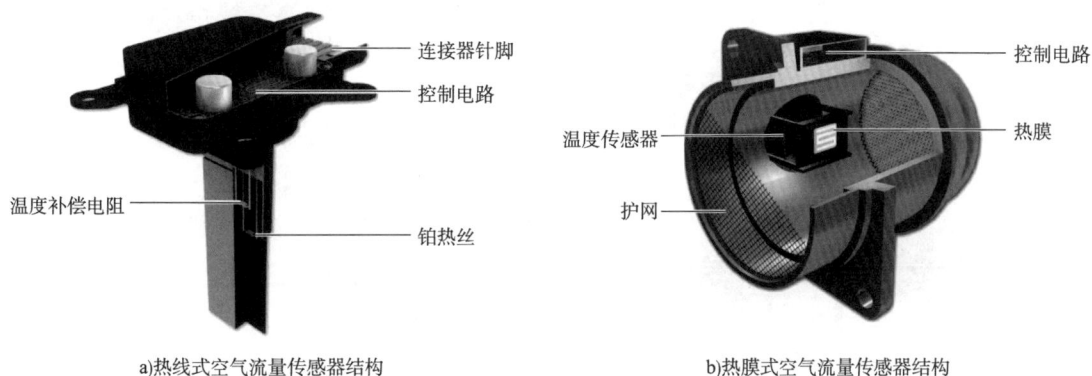

a)热线式空气流量传感器结构

b)热膜式空气流量传感器结构

图9-3 空气流量传感器结构

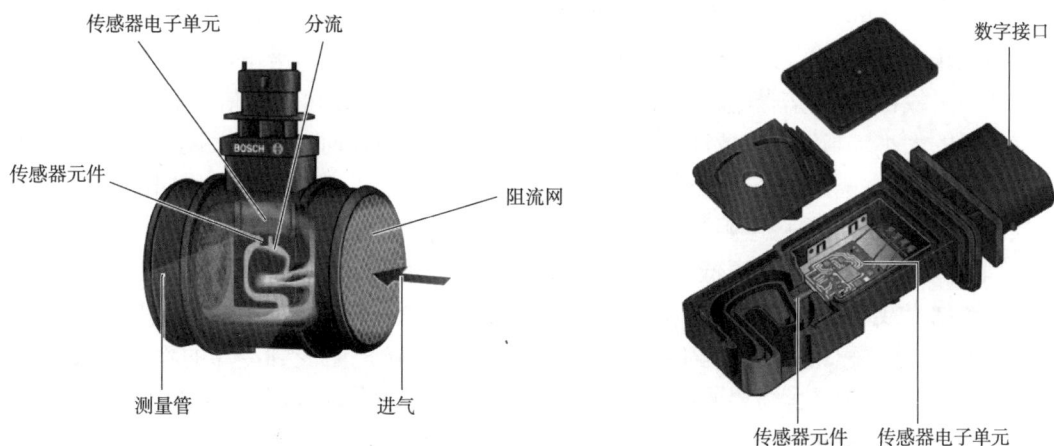

图9-4 第六代热膜式空气流量传感器(HFM6)结构

2. 工作原理

热膜式空气流量传感器采用热平衡原理来检测空气流量。根据热平衡原理:当热膜表面温度与空气温度差值恒定时,空气的质量流量 Q 与热膜电流大小成单值关系,因此,能测出热膜电流的大小,便可以计算出空气流量。当空气流量变化时,控制电路通过惠斯通电桥平衡原理,控制热膜电流大小来保持上述恒定温差。

热膜式空气流量传感器工作原理

空气流量传感器内部电路连接成惠斯通电桥电路,如图9-5所示。发热元件电阻 R_h 和温度补偿电阻 R_t 分别连接到电桥的一个臂上,电桥各个臂的电流由控制电路 A 控制。电桥电压平衡时,控制电路供给热膜电阻的电流 I_h($I_h = 50 \sim 120mA$)使其温度 T_h 保持恒定。($T_h = 120℃$左右),供给温度补偿电阻的电流使热膜电阻的温度与温度补偿电阻的温度 T_r 之差保持恒定($\Delta T = T_h - T_r = 100℃$左右,一般 $100 \sim 120℃$)。当空气流经温度补偿电阻和热膜电阻时,热膜电阻和温度补偿电阻受到冷却,温度降低,阻值减小。当热膜电阻的阻值减小时,电桥电压就会失去平衡,控制电路将增大供给热膜电阻的电流,使其温度保持恒定(120℃)。

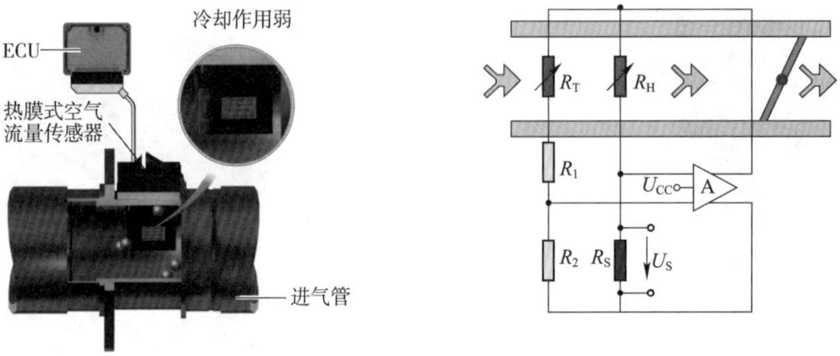

图9-5 热线式与热模式流量传感器 AFS 原理电路

电流增加值的大小,取决于热膜电阻受到冷却的程度,即取决于流过空气流量传感器的空气量。当电桥电流增大时,取样电阻 R_s 上的电压就会升高,从而将空气流量的变化转换为信号电压 U_s 的变化。由于电阻为线性元件,因此取样电阻上信号电压 U_s 将随空气流量的变化而呈线性变化,信号电压输入电控单元(ECU)后,ECU 便可根据信号电压的高低计算空气流量的大小。当发动机怠速或空气为热空气时,因为怠速时节气门关闭或接近全闭,所以空气流速低,空气量少,又因空气温度越高,空气密度越小,所以在体积相同的情况下,热空气的质量小,因此,热膜电阻受到冷却的程度小,电阻值减小少,保持电桥平衡需要的电流小,故取样电阻上的信号电压低。电控单元(ECU)根据信号电压即可计算出空气量。当发动机负荷增大或空气为冷空气时,因为节气门开度增大空气流速加快使空气流量增大;而冷空气密度大,在体积相同的情况下冷空气质量大,所以热膜电阻受到冷却的程度增大,电阻值减小多,保持电桥平衡需要的电流增大,因此,当发动机负荷增大时,信号电压升高。

3.温度补偿原理

当进气温度变化时,热膜电阻的温度就会发生变化,测量进气量的精度就会受到影响。设置温度补偿电阻后,从电桥电路上可以看出,当进气温度降低使热膜电阻上的电流增大时,为了保持电桥平衡,温度补偿电阻上的电流相应增大,以保证热膜电阻的温度与温度补偿电阻的温度之差保持恒定,使传感器测量精度不受进气温度变化的影响。热膜式与热线式空气流量传感器的响应速度很快,能在几毫秒时间内反映出空气流量的变化,因此,其测量精度不会受到进气气流脉动的影响(气流脉动在发动机大负荷、低转速运转时最为明显),此外还具有进气阻力小、无磨损部件等优点。热膜式空气流量传感器的热膜面积远比热线大,并与热电阻制作在一起,因此不会因沾染污物而影响测量精度。

三、空气流量传感器信号特性

迈腾轿车空气流量传感器是输出数字信号传递给发动机控制单元,以前发动机控制单元接收到的是一个模拟信号,模拟型信号以电压值的大小来表征进气量的大小。随着元器件的老化,热膜电阻会使信号失真。图9-6所示为空气流量传感器信号特性。

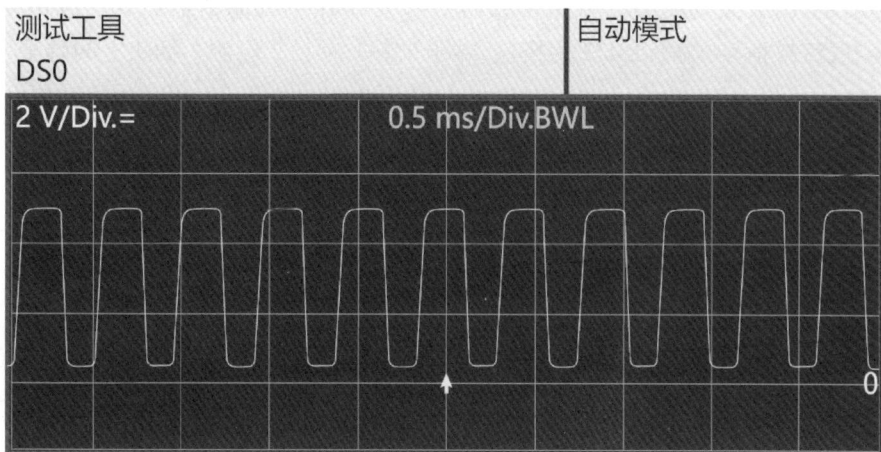

图 9-6 空气流量传感器信号特性

空气流量传感器向发动机控制单元传递一个包含被测空气质量的数字信号(频率)。发动机控制单元通过周期长度(频率)来识别测得的空气质量。其优点是:数字信号相对于模拟信号对干扰不敏感。

操作指引

空气流量传感器检测

1. 组织方式

(1)场地设施:举升机一台,装有废气抽排系统和消防设施的场地。

(2)设备设施:整车或发动机台架

(3)工量具:常用工具(一套)、车辆故障诊断仪、示波器、万用表等。

(4)耗材:熔断丝、线束、空气流量传感器等。

(5)学生组织:教师指导、分组实训、过程评价。

2. 注意事项

(1)穿着干净整齐的工作服。

(2)遵守场地安全规定,注意用电安全。

(3)插拔诊断仪时一定要关闭点火开关。

(4)正确使用万用表、示波器等工量具。

(5)在检测空气流量传感器时,严禁用力拉扯线束。

任务实施

现在的发动机电控系统均具有故障自诊断功能,发动机 ECU 可以监控各个传感器和部分执行器的状态,例如当传感器的信号出现异常或丢失时,ECU 会存储相应的故障码。因此,当发动机电控系统出现故障时,为了快速缩小故障范围,方便、快捷地进行故障诊断,可以先使用汽车故障诊断仪读取故障码。下面以大众迈腾 1.8T 发动机为例,介绍空气流量传感器故障的检测方法。

迈腾 1.8T CEA 发动机空气流量传感器 G70 安装在空气滤清器后方。该传感器端子 T5f/1 为空气流量信号,端子 T5f/2 为搭铁,端子 T5f/3 为 12V 电源。插头上的端子 4、端子 5 为空引脚。

1. 读取空气流量传感器数据流

将故障诊断仪连接到诊断座 DLC3,打开点火开关并起动发动机,打开诊断仪,测量数据流,发动机转速在 700 ~ 860r/min 时的进气量应在 2.0 ~ 4.5g/s,见表 9-1。

迈腾 1.8T 空气流量传感器数据流　　　　　　　　　　　表 9-1

地址列	ID	测量值	单位	数值
01	1.1	发动机转速	r/min	760
01	1.2	冷却液温度	℃	36.0
01	2.2	相对气体加注	%	25.6
01	3.2	空气质量	g/s	3.9
01	6.3	进气温度	℃	30.0
01	139.3	规定的空气质量总和	kg	7.8

2. 检测空气流量传感器线路

1) 检测电源电压

关闭点火开关,断开空气流量传感器插接器,将点火开关置于 ON 位置,将万用表旋转开关置于直流电压挡,用万用表检测空气流量传感器插头端子 T5f/3 与搭铁之间电压,检测电源线的电压应为电源电压,见表 9-2。

空气流量传感器电源电压　　　　　　　　　　　表 9-2

检测内容	检测条件	规定状态
电源端子与车身搭铁	点火开关 ON	9 ~ 14V

2) 检测空气流量传感器输出信号

关闭点火开关,重新连接空气流量传感器插接器。起动发动机,检测空气流量传感器信号端子 T5f/1 与搭铁之间电压,电压应在 0 ~ 5V。

3) 检测空气流量传感器搭铁

关闭点火开关,断开空气流量传感器插接器,检测空气流量传感器插头端子 T5f/2 与搭铁之间电阻,电阻值应小于 1Ω。

4) 检测空气流量传感器线路电阻

关闭点火开关,断开空气流量传感器插接器,检测空气流量传感器与发动机 ECU 对应端子的电阻应小于 0.5Ω。

3. 检测空气流量传感器波形

关闭点火开关,将无损探针插入空气流量传感器端子 T5f/1 上,起动发动机,用示波器观察空气流量传感器信号波形。大众迈腾 1.8T 发动机空气流量传感器信号波形如图 9-7 所示,加速时频率应随之增加。

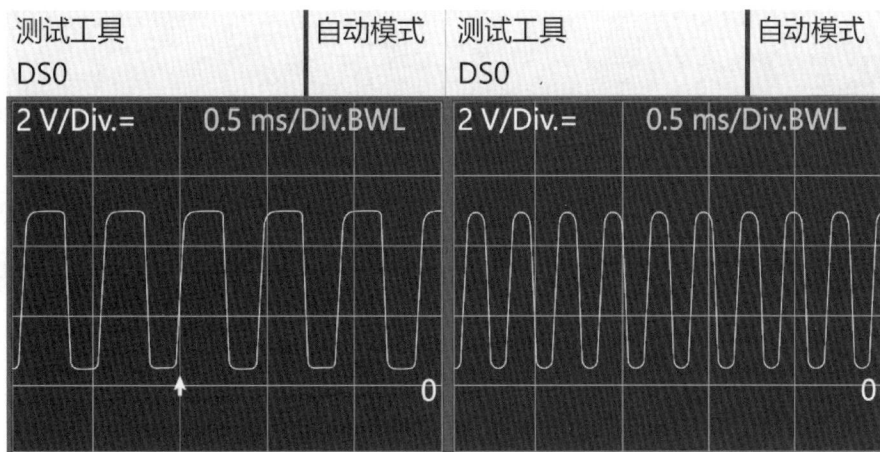

图 9-7　大众迈腾 1.8T 发动机空气流量传感器信号波形

任务解决方案

1. 故障原因分析

客户李先生反映一辆装备 EA888 发动机的迈腾汽车,在行驶中出现发动机突然熄火,熄火后多次尝试起动发动机都无法着车。能引起此故障的因素有多个,可能是进气系统故障、燃油供给系统故障、点火系统故障或者是发动机电控系统故障。现在需要使用诊断仪器、设备和工具做进一步检测。

2. 故障诊断与排除过程

1)读取故障码

用诊断仪 VAS6150 读取故障码,诊断仪显示两个故障码,如图 9-8 所示。

图 9-8　读取故障码

2)读取数据流

用诊断仪 VAS6150 读取数据流,着车后发动机运转不稳,数据流如图9-9 所示。

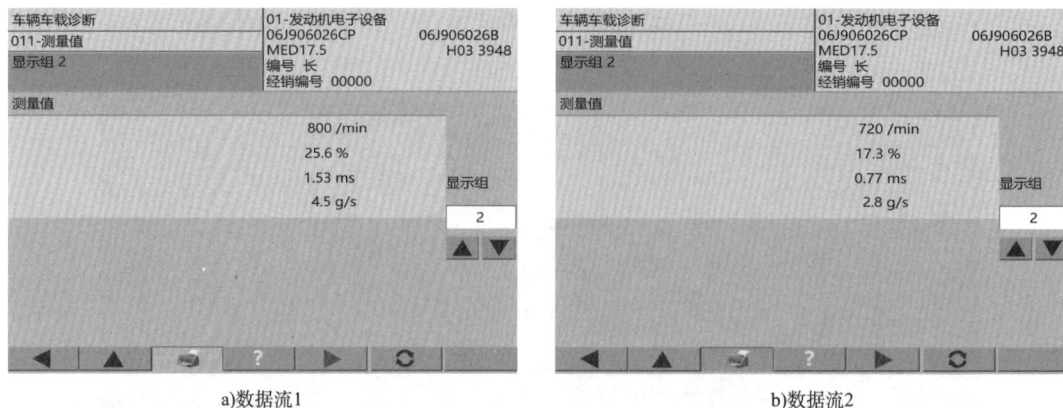

a)数据流1

b)数据流2

图9-9 读取数据流

3)检查空气流量传感器插头

检查空气流量传感器插头,插头无松动和氧化现象。

4)检查空气流量传感器线路

查找电路图,检查空气流量传感器线束,该线束无短路或断路现象。

由此可以确定空气流量传感器损坏。按照维修手册要求,更换空气流量传感器,清除故障码,重新起动发动机,车辆起动和加速正常,故障消失。

3. 故障小结

空气流量传感器损坏导致车辆行驶中熄火。进行故障检测和诊断时,不要盲目更换零部件,要学会使用诊断仪,并通过故障原因分析和检测,最终确定故障点,并按照维修手册要求,修复故障。

任务小结

(1)空气流量传感器输出的信号有的是模拟信号,有的是数字频率信号。模拟型信号以电压值的大小来表征进气量的大小,频率型信号以信号频率高低来识别测得的空气质量大小。

(2)空气流量传感器一旦出现故障,ECU 不能正确控制基本喷油量和点火提前角,发动机可能出现怠速发抖、喘振、加速无力、加速回火、熄火、排放超标等故障现象。

(3)空气流量传感器检修项目包括检查空气流量传感器电源电压、检查空气流量传感器输出信号、检查空气流量传感器线束和连接器、检查空气流量传感器搭铁线路及检查空气流量传感器元件等。

习题

一、判断题

1.空气流量传感器的作用是检测发动机进气量的大小,并将空气流量信号转换成电信

号输入电控单元 ECU。 （　　）

2. "D"型流量传感器是利用流量传感器直接测量吸入进气管空气流量的传感器。（　　）

3. 空气流量传感器的输出信号有的是模拟信号,有的是数字信号。 （　　）

4. 热膜式空气流量计安装在散热器与进气软管之间,经过过滤的空气首先经过空气流量计。 （　　）

5. 热膜式与热线式空气流量传感器的响应速度很快,能在几毫秒时间内反映出空气流量的变化。 （　　）

二、选择题

1. （　　）信号是发动机电控单元 ECU 计算喷油时间和点火时间的主要依据。

　　A. 进气量　　　　　B. 喷油量　　　　　C. 温度　　　　　D. 制动

2. 热膜式空气流量传感器采用（　　）原理来检测空气流量。

　　A. 热胀冷缩　　　　B. 热敏电阻　　　　C. 热平衡　　　　D. 霍尔效应

3. 输出数字信号的空气流量传感器,发动机控制单元通过（　　）来识别测得的空气质量。

　　A. 电压　　　　　　B. 电流　　　　　　C. 频率　　　　　D. 压力

4. 热膜电阻受到冷却的程度小时,取样电阻上的信号电压（　　）。

　　A. 高　　　　　　　B. 低　　　　　　　C. 不确定　　　　D. 不变化

5. 当空气流经温度补偿电阻和热膜电阻时,阻值（　　）。

　　A. 变大　　　　　　B. 不变　　　　　　C. 不确定　　　　D. 变小

学习任务 2　进气压力传感器故障诊断与修复

任务描述

一辆速腾汽车,装备 CLR 发动机,客户李先生反映该车出现发动机无法起动的现象,但蓄电池电压正常,起动机能够正常运转。

发动机机械系统正常的情况下,发动机无法着车,一般故障出现在发动机电控系统的传感器、ECU 或执行器。当进气压力传感器出现故障时可能会出现不易着车或不能着车的故障现象,从而影响到车辆的正常行驶。若判断故障在进气压力传感器,则需要对进气压力传感器进行检修。

学习目标

知识目标

(1)掌握进气压力传感器的功用;

(2)掌握进气压力传感器的类型;

(3)掌握进气压力传感器的结构组成、工作原理及信号特性;

(4)掌握进气压力传感器的故障检测诊断方法。

技能目标

(1)具备信息查询和维修手册使用的基本能力;

(2)能够按照企业安全生产规范进行操作;

(3)能运用检测和诊断设备完成进气压力传感器的检测与诊断;

(4)能参阅维修手册完成进气压力传感器的更换。

素质目标

(1)培养学生具有爱党报国、敬业奉献和服务人民的思想;

(2)培养学生具有奋斗精神、奉献精神、创造精神、勤俭节约精神、劳动精神、工匠精神;

(3)培养学生良好的职业道德,严谨的工作态度和严格的质量意识、安全意识、环保意识、团队意识。

建议学时:2 学时。

知识准备

进气压力传感器结构

进气压力传感器(Manifold Absolute Pressure Sensor, MAP)是 D 型燃油喷射系统中最重要的传感器之一。由于其体积小、工作可靠等优点,在丰田、本田、大众、通用等车上都得到了广泛的应用。进气压力传感器检测进气系统的进气量给发动机(ECU)信号,进气量信号是发动机电控单元 ECU 计算喷油时间和点火时间的主要依据。

一、进气压力传感器结构组成

进气压力传感器种类较多,如图 9-10 所示为常用的压敏电阻式进气压力传感器,主要由硅膜片、真空室、集成电路、线束插接器等组成。

传感器壳体被硅膜片分割成两个互不相通的腔室。一腔室预置真空,另一腔室导入进气压力。

硅膜片是压力转换元件,用单晶硅制成。硅膜片的长和宽约为 3mm、厚度约为 160μm,在硅膜片的中央中部位采用腐蚀方法制作有一个直径为 2mm、厚度约为 50μm 的薄膜片;在薄硅膜片的表面上,采用集成电路加工技术与台面扩散技术制作 4 个梳状阻值相等的半导体压敏电阻,通常称为固态压阻器件或固态电阻,如图9-11a)所示,并利用低阻扩散层(P型扩散层)将4个电阻连接成惠斯通电桥电路,如图9-11b)所示,然后再与传感器内部的信号放大电路和温度补偿电路等混合集成电路连接。

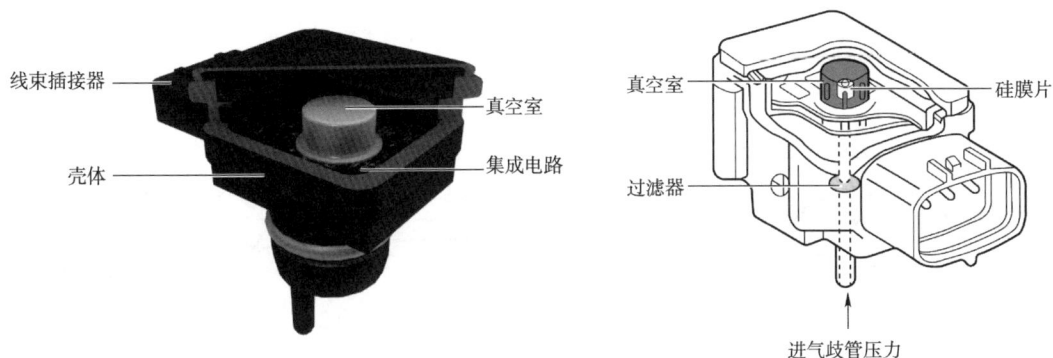

图9-10 压敏电阻式进气压力传感器

a)硅膜片结构   b)等效电路图

图9-11 硅膜片及应变电阻

在硅膜片上,根据压敏电阻扩散制作的方向不同分为径向电阻和切向电阻,扩散电阻的长边与膜片半径垂直的电阻称为切向电阻 R_t(图中电阻 R_4、R_2 所示),扩散电阻的长边与膜片半径平行的电阻为径向电阻 R_r(图中电阻 R_1、R_3 所示)。

硅杯一般用线性膨胀系数接近于单晶硅(线性膨胀系数为 $32 \times 10^{-7}/℃$)的铁镍锆合金(线性膨胀系数为 $47 \times 10^{-7}/℃$)制成,设置在硅膜片与传感器底座之间,用于吸收底座材质与硅膜片热膨胀系数不同而加到硅膜片上的热应力,从而提高传感器的测量精度。硅杯与壳体以及底座之间形成的腔室制作成为真空室。壳体底部设有排气孔,利用排气孔将该腔室抽真空后,再用锡焊密封,从而形成真空室。真空室为基准压力室,基准压力室一般为零。在导压管入口设有滤清器,用于过滤导入空气中的尘埃或杂质,以免硅膜片受到腐蚀和脏污而导致传感器失效。

在发动机燃油喷射系统中,如果安装了进气压力传感器,就可以不安装空气流量传感器;反之,如果安装了空气流量传感器,那么也可以不安装进气压力传感器。但部分车辆既安装了空气流量传感器,同时也安装了进气压力传感器,这也是允许的。

二、压敏电阻式进气压力传感器的工作原理

压敏电阻式压力传感器原理如图9-12a)所示,硅膜片一面通真空室,另一面导入进气歧

管压力。在进气歧管压力的功用下,硅膜片就会产生应力,在应力的功用下,半导体压敏电阻的电阻率就会发生变化而引起阻值变化,惠斯通电桥上电阻值的平衡就被打破。当电桥输入端输入一定的电压或电流时,在电桥的输出端就可得到变化的信号电压或信号电流。根据信号电压或信号电流的大小,就可检测出进气歧管压力的高低。

传感器的原理电路如图9-12b)所示。

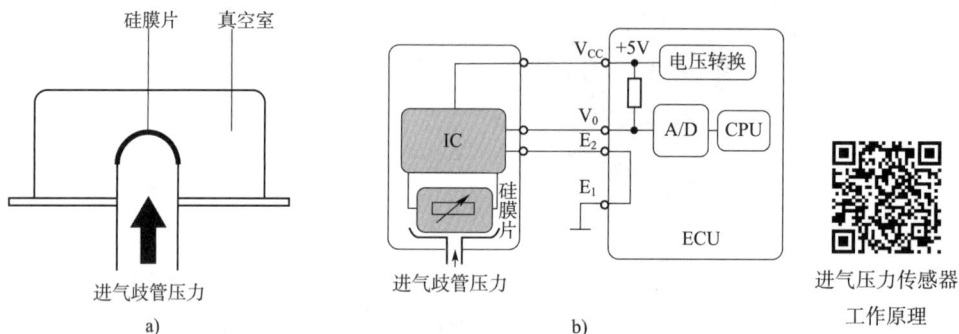

图9-12　压敏电阻式进气压力传感器的工作原理

三、压敏电阻式进气压力传感器信号特性

当发动机工作时,进气歧管压力随进气流量的变化而变化。当节气门开度增大(即进气流量增大)时,空气流通截面增大,气流速度降低,进气歧管压力升高,硅膜片应力增大,压敏电阻的阻值变化量增大,电桥输出的电压升高,经混合集成电路放大和处理后,传感器输入电控单元(ECU)的信号电压升高。反之,当节气门开度由大变小(即进气流量减少)时,进气流通截面减小,气流速度升高,进气歧管压力降低,硅膜片应力减小,压敏电阻的阻值变化量减小,电桥输出电压降低,输入ECU的信号电压降低。

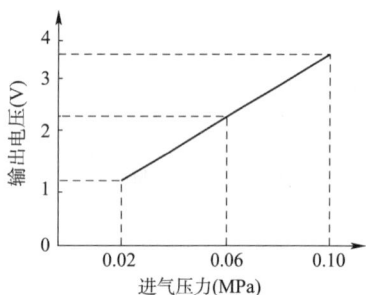

图9-13　进气压力与输出信号电压之间的关系

进气压力传感器的压力变化与输出电压的关系如图9-13所示。

📖 **操作指引**

1.组织方式

(1)场地设施:举升机一台,装有废气抽排系统和消防设施的场地。

(2)设备设施:迈腾汽车一辆。

(3)工量具:常用工具一套、车辆故障诊断仪、示波器、万用表等。

(4)耗材:熔断丝、线束、进气压力传感器等。

(5)学生组织:教师指导、分组实训、过程评价。

2.注意事项

(1)穿着干净整齐的工作服。

(2)遵守场地安全规定,注意用电安全。

（3）插拔诊断仪时一定要关闭点火开关。

（4）正确使用万用表、示波器等工量具。

（5）在检测进气压力传感器时，严禁用力拉扯线束。

进气压力传感器检测

任务实施

下面以大众迈腾 1.4T CFB 发动机为例，介绍进气压力传感器故障的检测方法。

迈腾 1.4T 发动机进气压力传感器 G71 安装在进气管上，安装位置如图 9-14 所示。该进气压力传感器和进气温度传感器 G42 集成在一起。传感器电路图如图 9-15 所示。该传感器有 4 个端子，端子 T4bl/1 为搭铁端子，端子 T4bl/2 为进气温度信号端子，端子 T4bl/3 为 5V 电源，端子 T4bl/4 为进气压力信号端子。

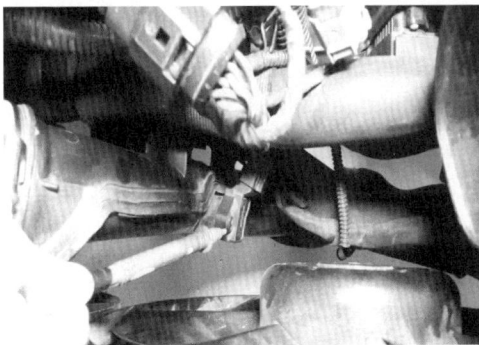

图 9-14　进气压力传感器 G71 位置图

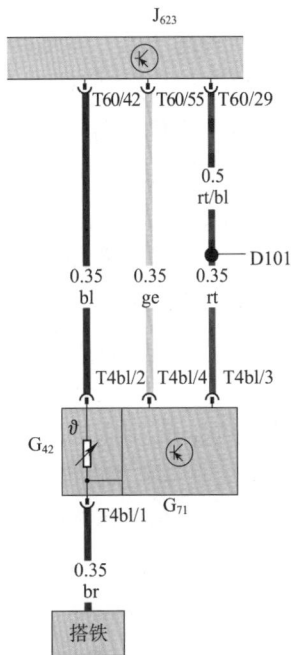

图 9-15　进气压力传感器电路图

1. 读取进气压力传感器的数据流

将故障诊断仪连接到诊断座 DLC3，打开点火开关并起动发动机，打开诊断仪，测量数据流，发动机转速在 700~860r/min，读取进气压力传感器的怠速时数据流，见表 9-3。

发动机怠速时进气压力传感器的数据流　　　　　　　　表 9-3

地址列	ID	测量值	单位	数值
01	0.1	发动机转速	r/min	760
	1.2	冷却液温度	℃	86.0
	4.4	进气温度	℃	41.0
	114.1	可以达到的最大空气加注、增压压力调节	%	124.8

地址列	ID	测量值	单位	数值
01	114.2	最大可达到的涡轮增压空气加注	%	124.8
	114.4	增压压力阀占空比	%	2.0
	115.3	增压空气压力规定值	100Pa	320
	115.4	增压空气压力当前值	100Pa	1010
	117.4	增压空气压力规定值	100Pa	320
	118.4	增压压力实际值	100Pa	1010
	119.2	当前增压空气压力调节匹配值	100Pa	0

2. 检测进气压力传感器线路

首先仔细检查进气压力传感器的连接情况,如连接不良或漏气,就会影响传感器性能并直接影响发动机工作,可按照标准力矩将进气压力传感器安装好。

1)检测进气压力传感器电源电压

当点火开关接通时,检测传感器端子 3 上的电压应为 4.5~5.5V。如电压为零,再检测 ECU 线束插头端子 29 上的电压,如电压为 4.5~5.5V,说明传感器电源线断路或插头松动。

2)检测进气压力传感器输出信号

传感器输出的信号电压可用高阻抗数字式万用表直流电压挡进行检测。当点火开关接通,发动机未起动时,检测输出端子 4 上的电压应为 4~5V;当发动机热机怠速运转时,端子 4 电压应下降到 1.5~2.1V;当节气门开度增大时,端子 4 电压应逐渐升高。检测 ECU 线束插头 55 端子上的电压,则应与端子 4 电压相同。如检测结果不符合规定,说明传感器信号线断路、插头松动或传感器内部有故障。

3)检测进气压力传感器搭铁

用万用表电阻挡检测传感器 1 端子与发动机缸体之间的电阻值应当小于1Ω,如阻值过大,说明传感器负极导线断路或 ECU 插头连接不良。

3. 检测进气压力传感器波形

关闭点火开关,将无损探针插入进气压力传感器端子 4 上,起动发动机,用示波器观察进气传感器信号波形,波形如图 9-16 所示,怠速时信号保持稳定,加速时节气门开度增大,进气量增多,进气压力增加,信号值增加。

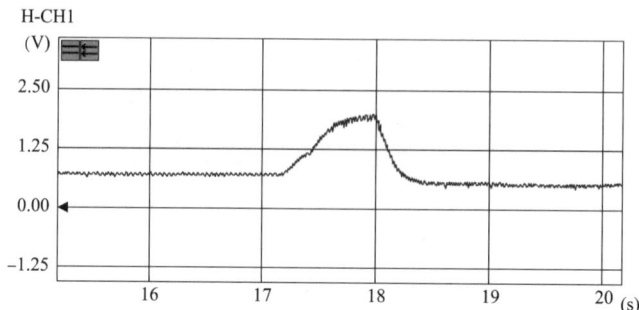

图9-16 进气压力压力传感器信号波形

任务解决方案

1. 故障原因分析

客户李先生反映一辆装备 CLR 发动机的速腾汽车出现发动机无法起动的现象,但起动机能够正常运转。能引起此故障的因素有多个,可能是进气系统故障、燃油供给系统故障、点火系统故障或者是发动机电控系统故障。现在需要使用诊断仪器、设备和工具做进一步检测。

2. 故障诊断与排除过程

1)读取故障码

用诊断仪 VAS6150 读取故障码,发动机控制单元中存储有两个故障码:08487 节气门/踏板位置传感器 2　信号太小　静态,04438 进气管绝对压力(MAP)传感器 – G71 电路　断路/对地短路　静态,故障码不能清除,如图 9-17 所示。

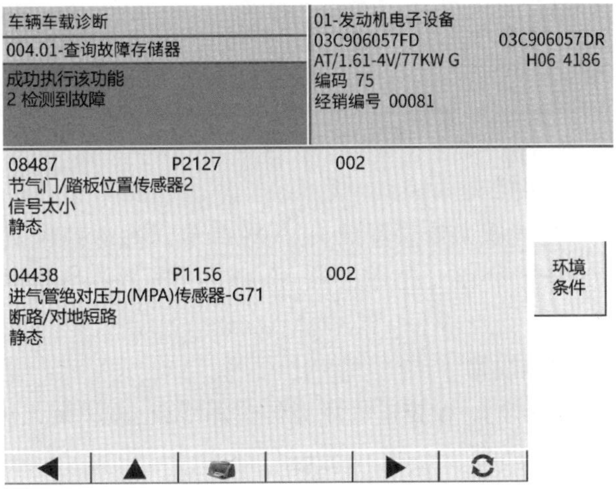

图 9-17　读取故障码

2)读取数据流

用诊断仪 VAS6150 读取数据流,数据流如图 9-18 所示。数据流显示加速踏板位置传感器 2 的数据结果是 0% (规定值是 5% ~ 15%)。

根据故障码及数据流分析,可将故障范围锁定在:

(1)节气门/踏板位置传感器故障。

(2)节气门/踏板位置传感器到发动机控制单元之间的线路故障。

(3)进气管绝对压力传感器 G71 故障。

(4)进气管绝对压力传感器 G71 到发动机控制单元之间的线路故障。

(5)发动机控制单元故障。

经检查,故障码"08487 节气门/踏板位置传感器 2 信号太小静态"是由节气门位置传感器接插器接触不良引起,将插接器重新装复后,做清除故障码试验,"08487 节气门/踏板位置传感器 2 信号太小静态"故障已经清除,但发动机仍然不能起动,故障码"04438 进气管绝对压力(MAP)传感器－G71电路/对地短路静态"依然存在,下面需继续检测进气压力传感器及相关电路。

I...	测量值	结果	规定值
	引导性功能	FAW_VM	V19.13.00 14/12/2013
	功能检查	16 - NCS 2012>	
	读取发动机测量值	2013(D)	
		Sedan	
		CLRA 1.6L Motronic/77kw	
	读取测量值		读取
061/3	激活节气门位置(TP)执行元件	8.2%	−40%~40%
062/1	节气门驱动角度传感器1	16%	5%~20%
062/2	节气门驱动角度传感器2	83%	80%~100%
062/3	节气门位置(TP)传感器	14%	10%~20%
062/4	加速踏板位置传感器2	0%	5%~15%
063/1	节气门位置(TP)传感器	14%	
063/2	传感器1已匹配强制降挡	88%	
063/3	强制降挡开关		
064/1	电位计1低匹配	0.540 V	0.244~0.81V
064/2	电位计2低匹配	4.580 V	4.195~4.761V
064/3	紧急气隙电位计1	0.840 V	0.235~1.367V
064/4	紧急气隙电位计2	4.260 V	3.653~4785V

图9-18 读取数据流

3)检查进气压力传感器插头

关闭点火开关,拔下进气压力传感器插头,用控制单元内的替代值代替进气压力,起动发动机,发动机能够顺利起动。ECU工作正常,检查进气压力传感器插头,插头无松动和氧化现象。

4)检查进气压力传感器线路

查找电路图,如图9-19所示,检查进气压力传感器线束,该线束无短路或断路现象。

由此可以确定进气压力传感器损坏,导致进气压力信号失真,出现发动机无法起动的现象。按照维修手册要求,更换进气压力传感器,清除故障码,重新起动发动机,车辆起动和加速正常,故障消失。进气压力传感器G71与进气温度传感器G42集成一体,如图9-20所示。

3. 故障小结

发动机起动时,发动机控制单元识别到发动机转速信号、进气流量信号(或进气压力信号)、节气门开度信号、冷却液温度等信号,计算出相应的喷油量及喷油时刻,从而使发动机能够正常起动。

进气压力传感器的功用是检测节气门之后的进气歧管真空度,来间接测量进气量,将进气歧管的绝对压力信号转变成电信号,并传输给发动机控制单元作为计算喷油量的一个主要信号;如果该信号完全失效后,发动机控制单元会启用代替值,来保证发动机正常起动,并点亮故障灯;如果该信号失真,会导致发动机喷油量不正确,发动机不能起动或转不稳定等故障。

进行故障检测和诊断时,不要盲目更换零部件,要学会使用诊断仪,并通过故障原因分析和检测,最终确定故障点,并按照维修手册要求,修复故障。

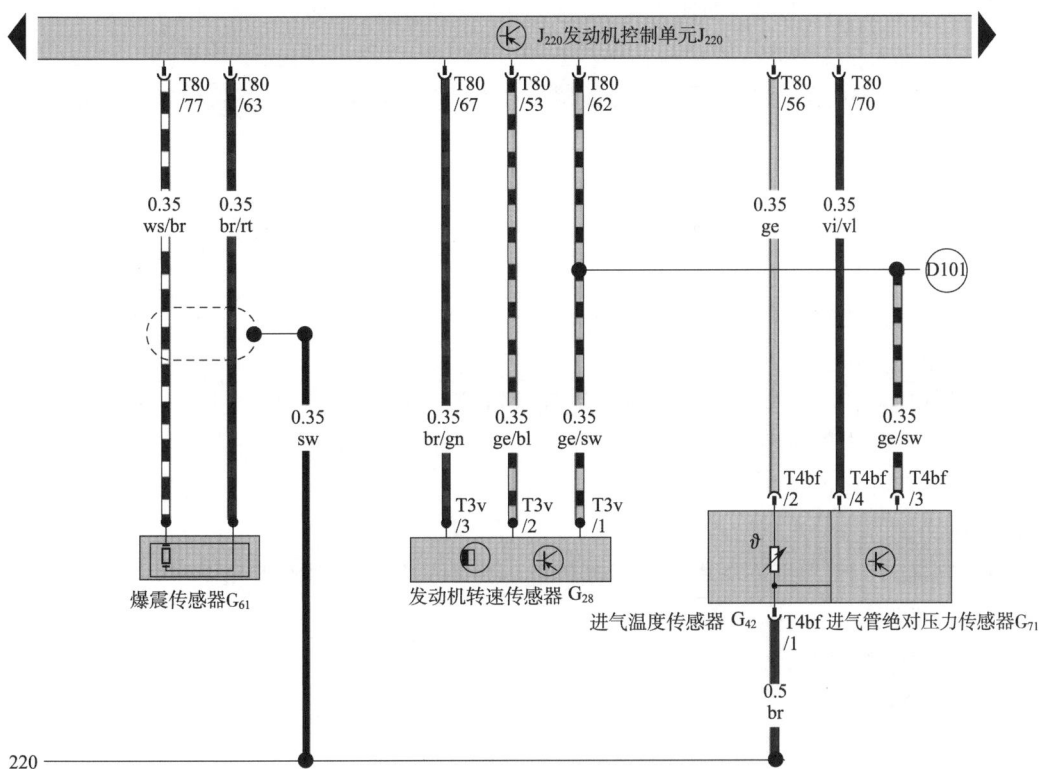

图 9-19 进气压力传感器电路图

图 9-20 进气压力传感器(集成进气温度传感器)

📖🔍 **任务小结**

(1)进气压力传感器安装在进气道节气门体之后的进气总管上,进气压力传感器检测进气系统的进气量给发动机 ECU 信号,进气量信号是发动机电控单元(ECU)计算喷油时间和点火时间的主要依据。

(2)进气压力传感器一旦出现故障,ECU 不能正确控制基本喷油量和点火提前角,发动机可能出现怠速发抖、喘振、加速无力、加速回火、熄火、排放超标等故障现象。

（3）进气压力传感器检修项目包括检查进气压力传感器电源电压、检查进气压力传感器输出电压、检查进气压力传感器线束和插接器、检查进气压力传感器搭铁线路及检查进气压力传感器元件等。

习题

一、判断题

1. 进气压力传感器（Manifold Absolute Pressure Sensor，简称 MAP）是 L 型 EFI 系统中最重要的传感器之一。　　　　　　　　　　　　　　　　　　　　　　　　　（　　）

2. 进气压力传感器检测进气系统的进气量给发动机电脑信号。　　　　　　（　　）

3. 当进气压力传感器出现故障时可能出现不易着车或不能着车的故障现象。（　　）

4. 传感器壳体被硅膜片分割成两个互不相通的腔室，一腔室与大气压相同，另一腔室导入进气压力。　　　　　　　　　　　　　　　　　　　　　　　　　　　（　　）

5. 在硅膜片上，根据压敏电阻扩散制作的方向不同分为径向电阻和切向电阻。（　　）

二、选择题

1. 当节气门开度增大时，进气歧管压力（　　　）。
   A. 升高　　　　　　　B. 降低　　　　　　　C. 不变　　　　　　　D. 不确定

2. 当节气门开度减小时，进气歧管压力（　　　）。
   A. 升高　　　　　　　B. 降低　　　　　　　C. 不变　　　　　　　D. 不确定

3. 观测进气压力传感器波形时，进气压力增加，信号值（　　　）。
   A. 升高　　　　　　　B. 降低　　　　　　　C. 不变　　　　　　　D. 不确定

4. 大众车辆，拔下进气压力传感器后，发动机能否起动（　　　）。
   A. 可以　　　　　　　B. 起动困难　　　　　C. 不能起动　　　　　D. 不确定

5. 进气压力传感器的作用是检测节气门（　　　）的进气歧管真空度，来间接测量进气量。
   A. 之前　　　　　　　B. 之后　　　　　　　C. 不确定

学习任务3　节气门位置传感器故障诊断与修复

任务描述

一辆装备的 EA888 发动机的迈腾汽车,行驶里程 15.1 万 km。客户李先生反映该车在下雨天涉过深水以后,就出现加速无力,偶尔 EPC 报警,过了一段时间又出现踩加速踏板没有反应的情况,EPC 灯点亮,怠速不稳,车辆无法正常行驶。

发动机机械系统正常的情况下,发动机怠速不稳,一般故障出现在发动机电控系统的传感器、ECU 或执行器。当节气门位置传感器出现故障时,可能会出现发动机怠速不稳、排放超标等故障现象。若判断故障在节气门位置传感器,则需要对节气门位置传感器进行检修。

学习目标

知识目标

(1)掌握节气门位置传感器的功用;

(2)掌握节气门位置传感器的类型;

(3)掌握节气门位置传感器的结构组成、工作原理及信号特性;

(4)掌握节气门位置传感器的故障检测诊断方法。

技能目标

(1)具备信息查询和维修手册使用的基本能力;

(2)能够按照企业安全生产规范进行操作;

(3)能运用检测和诊断设备完成节气门位置传感器的检测与诊断;

(4)能参阅维修手册完成节气门体的更换及基本设定。

素质目标

(1)培养学生具有爱党报国、敬业奉献和服务人民的思想;

(2)培养学生具有奋斗精神、奉献精神、创造精神、勤俭节约精神、劳动精神、工匠精神;

(3)培养学生良好的职业道德,严谨的工作态度和严格的质量意识、安全意识、环保意识、团队意识。

建议学时:2 学时。

知识准备

节气门位置传感器(Throttle Position Sensor,TPS),安装在节气门体轴上,传统方式是由驾驶人操纵加速踏板上的拉索来控制进气量。当加速踏板踩下时,节气门开度增大,进气量也随之增大。与此同时,空气流量传感器检测的空气量也随之增大,喷油量也相应增多,混合气总量变大。

节气门位置传感器一方面用来确定节气门的开度位置,反映发动机所处工况;另一方面反映节气门开闭的速度,在急加速或急减速时,空气流量传感器由于惯性或灵敏度影响使其反映没有那么快,这样会影响汽车的动力性能和燃油经济性能。空气流量传感器这个缺陷可由节气门位置传感器弥补,故节气门位置传感器也是喷油量控制的一个重要信号。在自动变速器车上,节气门位置传感器信号同时输入给变速器 ECU,来控制变速器换挡时机和变矩器锁止时机。

一、节气门位置传感器分类

节气门位置传感器根据其输出信号的特点,节气门位置传感器有开关量输出型(触点式)、线性输出型和综合型三类,多数车型使用线性输出型节气门位置传感器。

按内部结构原理的不同,节气门位置传感器分为电位计型和霍尔元件型,结构原理示意图如图9-21所示。电位计型节气门位置传感器属于接触式传感器,利用可变电阻原理。霍尔元件型属于非接触式传感器,利用霍尔效应原理,无接触磨损,工作可靠。

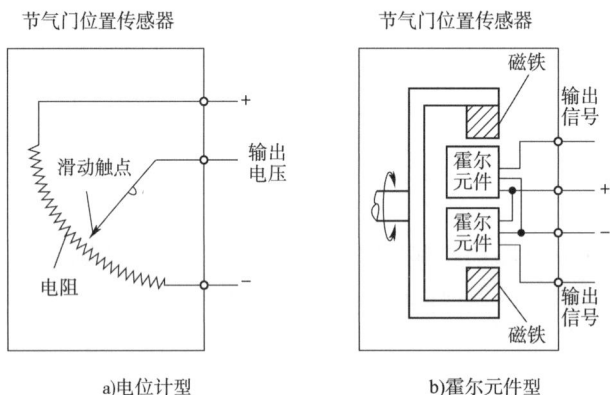

a)电位计型 b)霍尔元件型

图9-21 节气门位置传感器结构原理示意图

按输出节气门位置的信号个数来分,节气门位置传感器可分为单信号型和双信号型,如图9-22所示。双信号输出型工作可靠、稳定。

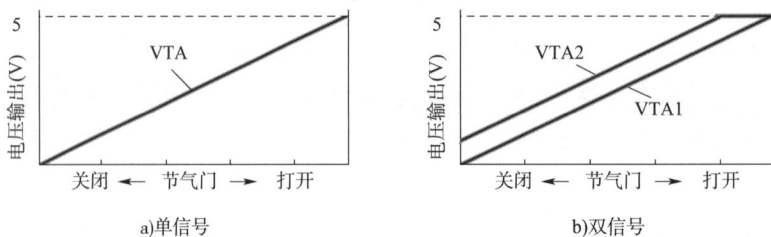

a)单信号 b)双信号

图9-22 节气门位置传感器输出信号类型

二、节气门位置传感器结构组成与工作原理

下面以线性输出型节气门位置传感器和霍尔式节气门位置传感器为例,介绍节气门位置传感器的结构组成与工作原理。

1. 线性输出型节气门位置传感器

1)结构组成

线性输出型节气门位置传感器是线性可变电阻结构,按内部结构原理可以称为"电位计型节气门位置传感器",其滑动端子由节气门轴带动,传感器内部一般有一个电阻器,一个滑动触点,如图9-21a)所示。为提高系统可靠性,从冗余设计或失效保护的角度考虑,目前的电位计型节气门位置传感器一般设计有两个电阻,两个滑动触点,两路信号输出,如图9-23所示为科鲁兹LDE发动机双信号线性输出型节气门位置传感器。

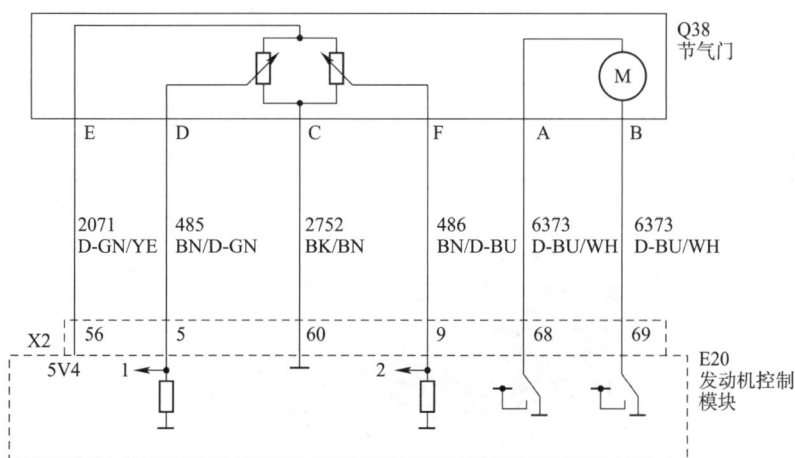

图 9-23　线性输出型节气门位置传感器

该线性输出型节气门位置传感器与节气门控制电动机线束集成在一个插头上,该节气门位置传感器共四根线,由 ECU 提供 5V 电源和搭铁,两个电阻器共电源共地,两个滑动触点分别连至 ECU 作为两路独立的电位计信号,检测节气门开度。

2)工作原理

在传感器内,信号线与滑动触点相连,滑动触点可在电源和搭铁的两个端子之间滑动。当节气门开度变化时,滑动触点沿电阻器移动,根据"串联分压"的电学原理,ECU 利用内部的电阻 R,使传感器输出的信号电压也随之变化。滑动电阻上任何一点的电压值都与节气门开启的角度成一定比例,该电压就是节气门位置传感器的输出信号。

2.霍尔式节气门位置传感器

1)霍尔效应

霍尔博士于 1879 年发现:把一个通有电流 I 的长方形白金导体垂直于磁力线放入磁感应强度为 B 的磁场中时,如图 9-24 所示,在白金导体的两个横向侧面上就会产生一个垂直于电流方向和磁场方向的电压 U_H,当取消磁场时电压也会立即消失。该电压被称为霍尔电压,U_H 与通过白金导体的电流 I 和磁感应强度 B 成正比,即:

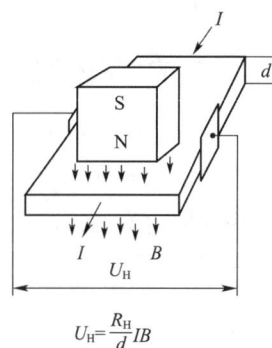

$$U_H = \frac{R_H}{d}IB$$

图 9-24　霍尔效应原理图

$$U_H = \frac{R_H}{d}IB \qquad (9-1)$$

式中:R_H——霍尔系数;

　　　d——白金导体的厚度。

利用霍尔效应制成的元件称为霍尔元件,利用霍尔元件制成的传感器称为霍尔效应式传感器,简称霍尔式传感器或霍尔传感器。

利用霍尔效应不仅可以通过接通和切断磁场来检测电压,而且可以检测导线中流过的电流,因为导线周围的磁场强度与流过导线的电流成正比关系。20 世纪 80 年代以来,汽车上应用的霍尔式传感器与日俱增,主要原因在于霍尔式传感器有两个突出优点:一是输出电压信号近似于方波信号;二是输出电压高低与被测物体的转速无关。

2）结构组成

霍尔式节气门位置传感器由霍尔IC元件和可绕其转动的磁铁构成,如图9-25所示。霍尔IC元件固定不动,磁铁随节气门轴的转动而转动。

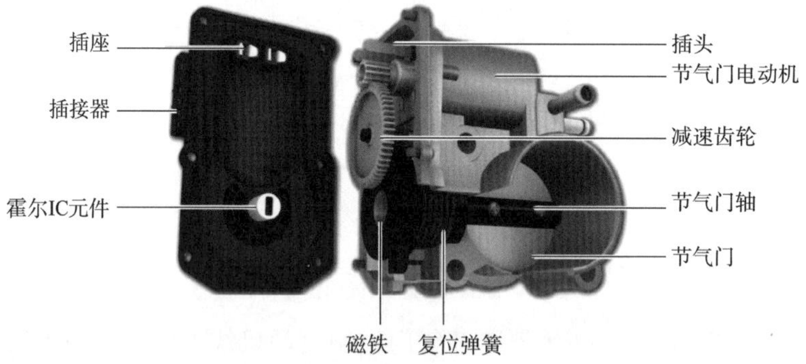

图9-25 霍尔式节气门位置传感器

3）工作原理

磁铁与节气门同轴,当节气门打开时,节气门轴转动,磁铁随之转动,磁铁与霍尔IC之间相对位置的变化引起通过霍尔IC磁通的变化,因此,霍尔IC便产生相应的霍尔电压。节气门位置传感器有四根导线,ECU通过VC端子给节气门位置传感器提供5V电源,传感器经过E端子通过ECU搭铁,该传感器有两路信号输出信号VTA1和VTA2。VTA1用于检测节气门开度,VTA2用于检测VTA1的故障。传感器信号电压与节气门开度成比例,在0V和5V之间变化,此信号被送至发动机ECU作为节气门开度信号。

三、节气门位置传感器信号特性

节气门位置传感器信号的大小可以随着节气门开度的增加而增大,也可以随着节气门开度的增加而减小。对于双信号输出的节气门位置传感器,两路信号可以随着节气门开度的变化同向增加或减小,也可以采用一路信号增加、另一路信号减小的差动方式输出,如图9-26所示。

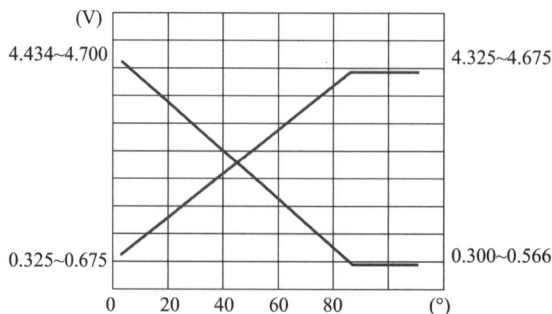

图9-26 双信号输出的节气门位置传感器信号波形

操作指引

1. 组织方式

(1)场地设施:举升机一台,装有废气抽排系统和消防设施的场地。

(2)设备设施:迈腾 1.8T 轿车一辆。

(3)工量具:常用工具一套、车辆故障诊断仪、示波器、万用表等。

(4)耗材:熔断丝、线束、节气门位置传感器等。

(5)学生组织:教师指导、分组实训、过程评价。

2. 注意事项

(1)穿着干净整齐的工作服。

(2)遵守场地安全规定,注意用电安全。

(3)插拔诊断仪时一定要关闭点火开关。

(4)正确使用万用表、示波器等工量具。

(5)在检测节气门位置传感器时,严禁用力拉扯线束。

任务实施

下面以大众迈腾 1.8T EA888 发动机为例,介绍节气门位置传感器的检测方法。

迈腾 1.8T EA888 发动机的节气门位置传感器 1(G187)、节气门位置传感器 2(G188)安装在节气门体上。节气门位置传感器电路图如图 9-27 所示。节气门控制单元插座上共有 6 个端子,其中,端子 T6as/3 和端子 T6as/5 为节气门执行电动机的控制线,传感器端子 T6as/1 为节气门位置传感器 G187 的信号端子,端子 T6as/2 为传感器 G187、G188 共用的 5V 电源,端子 T6as/4 为节气门位置传感器 G188 的信号端子,端子 T6as/6 为传感器 G187、G188 共用的搭铁。

1. 读取节气门位置传感器数据流

将故障诊断仪连接到诊断座 DLC3,打开点火开关并起动发动机,打开诊断仪,测量数据流,发动机转速在怠速时的数据流(迈腾 1.8T),见表 9-4。电位计型节气门位置传感器 1 显示 13%,电位计型节气门位置传感器 2 显示 85%。节气门开度增大时,电位计型节气门位置传感器 1 显示数据随之增大,电位计型节气门位置传感器 2 显示数据随之减小,二者成反比例关系。

2. 检测节气门位置传感器线路

1)检测两个传感器的供电电压

关闭点火开关,拔下节气门位置传感器插头,将点火开关置于 ON 位置。将万用表旋转开关置于直流电压挡,根据电路图,检测节气门位置传感器插头端子 2 号脚与搭铁之间的电压应为 5V 左右。

2)检测两个传感器的共用搭铁端子

关闭点火开关,拔下节气门位置传感器插头,用万用表检测节气门位置传感器插头端子 6 号脚与搭铁之间电阻,电阻值应小于 1Ω。

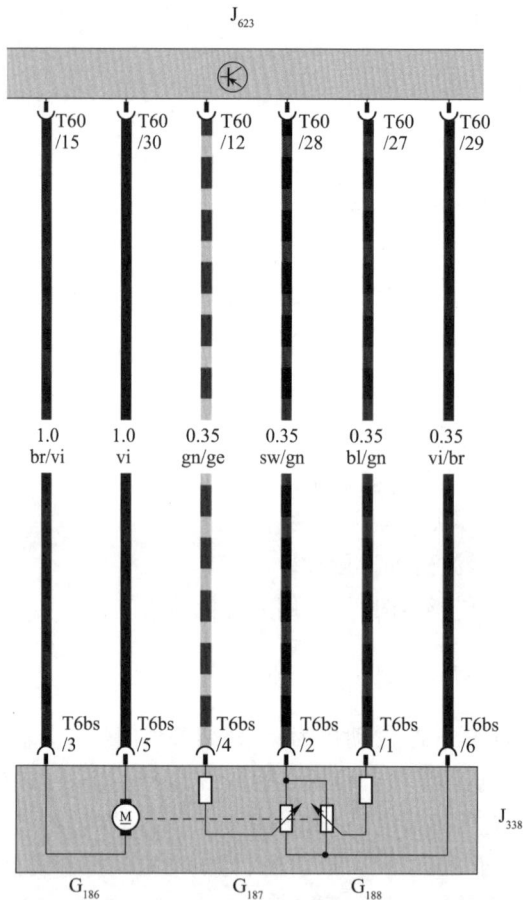

图 9-27　迈腾 1.8T 发动机节气门位置传感器电路图

节气门位置传感器检测

节气门位置传感器的数据流

表 9-4

目标值	ID	测量值	单位	数值
01	1.1	发动机转速	r/min	920
	1.2	冷却液温度	℃	45.0
	3.3	节气门角度(电位计)	%	4.7
	23.2	发动机负载	%	22.6
	54.3	节气门位置(TP)传感器 1	%	0.0
	54.4	电位计型节气门位置传感器的节气门角度	%	4.7
	60.1	电位计型节气门位置传感器 1 的节气门角度	%	13
	60.2	电位计型节气门位置传感器 2 的节气门角度	%	85
	60.3	节气门控制匹配状态(匹配状态计算器)		4
	60.4	节气门匹配状态		ADP OK
	61.2	供电	V	13.818
	62.1	节气门驱动的角度传感器 1	%	13

续上表

目标值	ID	测量值	单位	数值
01	62.2	节气门驱动的角度传感器2	%	85
	62.3	节气门位置(TP)传感器	%	14
	63.1	节气门位置(TP)传感器	%	14

3)检测节气门位置传感器输出信号

关闭点火开关,将无损探针分别插入节气门位置传感器端子1与端子4上,起动发动机,用万用表分别检测节气门位置传感器G187与G188信号电压。怠速时,节气门位置传感器G187信号电压约为4.17V,G188信号电压约为0.84V。

4)检测节气门位置传感器线路

拔下节气门位置传感器插头,检测节气门位置传感器插头与发动机ECU对应端子的电阻应小于0.5Ω。

3.检测节气门位置传感器波形

用示波器观察节气门位置传感器两路信号波形,正常波形,如图9-28所示。通道1(CH-1)为G187信号,通道2(CH-2)为G188信号,两路输出信号电压互补,并成反比例。

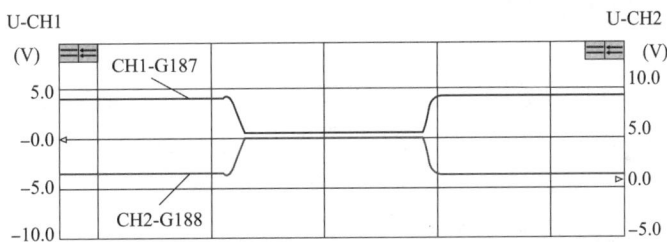

图9-28 迈腾1.8T发动机节气门位置传感器信号波形

4.更换节气门控制组件

如确认节气门位置传感器故障,需按维修手册要求更换节气门控制组件。

任务解决方案

1.故障原因分析

客户李先生反映一辆装备EA888发动机的迈腾汽车,在下雨天涉水后出现加速无力、EPC灯点亮、怠速不稳的故障现象。能引起此故障的因素有多个,可能是节气门体、加速踏板、冷却液温度传感器、制动灯信号开关、爆震传感器、氧传感器、空气流量传感器、发动机控制单元等部件的故障,现在需要使用诊断仪器、设备和工具做进一步检测。

2.故障诊断与排除过程

1)读取故障码

用诊断仪VAS6150读取故障码,故障码为:00545 P0221节气门驱动装置角度传感器2-G188不可信信号 静态,故障码不能清除,如图9-29所示。

车辆车载诊断	01-发动机电子设备	
004.01-查询故障存储器	06J906026CA	06J906026B
	MED17.5	H03 7218
成功执行该功能	编码 长	
1 检测到故障	经销编号 11890	

00545   P0221   000
节气门驱动装置角度传感器2 -G188
不可信信号
静态

环境
条件

图9-29 读取故障码

根据故障显示,初步诊断,造成节气门此故障可能原因有:

(1)节气门位置传感器存在故障。

(2)节气门到 ECU 的线路、插头存在故障。

(3)发动机 ECU 本身有故障。

2)读取数据流

用诊断仪 VAS6150 读取数据流,读取发动机控制单元 62 组数据流如图 9-30 所示。踩加速踏板对此组数据变化进行分析时,有一组数据没有变化,说明节气门角度传感器 2 确实存在故障。

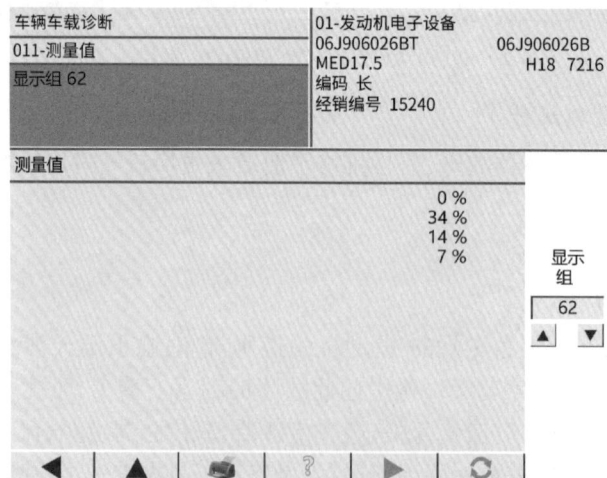

车辆车载诊断	01-发动机电子设备	
011-测量值	06J906026BT	06J906026B
	MED17.5	H18 7216
显示组 62	编码 长	
	经销编号 15240	

测量值

            0 %
            34 %
            14 %
            7 %

显示
组

62

图9-30 读取数据流

为了能准确地判断故障,用万用表对发动机 ECU 到节气门的插头及线束进行检查。

3)检查节气门位置传感器插头及线束

关闭点火开关,检查节气门位置传感器插头,插头插接正常,无松动和氧化现象。

查找电路图,如图 9-31 所示,检查节气门位置传感器线束,该线束无短路或断路现象。

经检查,发动机 ECU 工作正常,踩下加速踏板时节气门可以动作,由此可以确定节气门位置传感器损坏,导致发动机 EPC 灯点亮,怠速不稳,车辆无法正常行驶。

按照维修手册要求,换用新的节气门体并进行基本设定,清除故障码,再次读取故障码和 62 组数据流,故障码不再重现,数据流正常。

3. 故障小结

EPC 是电子功率控制系统,通过精确计算后来调整节气门开度等,控制发动机转矩输出。导致 EPC 报警可能是电控系统(如节气门体、加速踏板、冷却液温度传感器、制动灯信号开关、爆震传感器、氧传感器、空气流量传感器、发动机控制单元等部件)的故障。进行故障检测和诊断时,不要盲目更换零部件,要学会使用诊断仪,并通过故障原因分析和检测,最终确定故障点,并按照维修手册要求,修复故障。

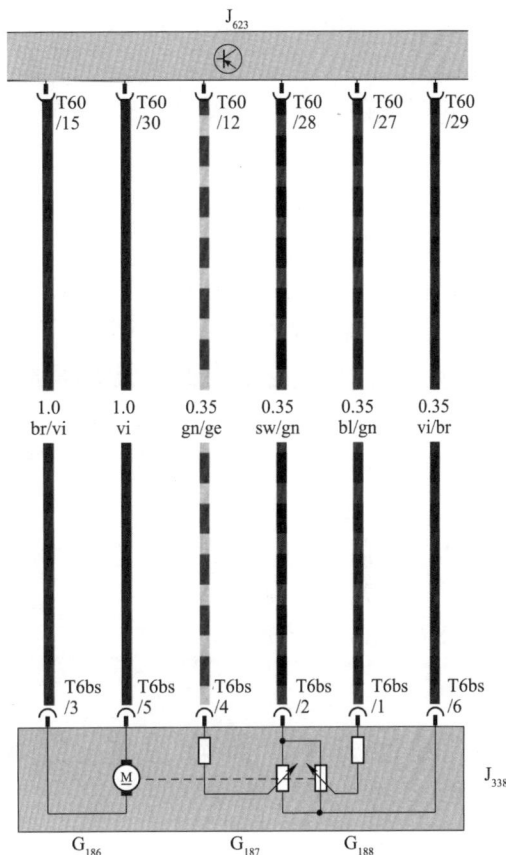

图 9-31　检查节气门位置传感器电路

任务小结

(1)节气门位置传感器安装在空气滤清器之后的进气总管上,其功用是检测节气门的开度和开启速率,并将信号转换成电信号输入 ECU,ECU 据此计算喷油量和点火提前角。

(2)如果节气门控制单元出现问题,会造成发动机提速较慢,同时发动机转速会被限制,电控单元对系统起到保护功用,汽车排放超标,当换用新的节气门控制组件后需要用诊断仪进行匹配学习。

(3)节气门控制组件检修项目包括读取节气门控制组件的数据流、检测节气门控制组件的线路、检测节气门控制组件的波形及更换节气门控制组件等。

习题

一、判断题

1. 节气门位置传感器(Throttle Position Sensor,TPS),安装在节气门体轴上。　　　(　　)

2. 节气门位置传感器信号可同时输入给变速器电脑,来控制变速器换挡时机和变矩器锁止时机。　　　(　　)

3. 电位计型节气门位置传感器属于非接触式传感器,无接触磨损,工作可靠。　(　　)

4.目前的电位计型节气门位置传感器一般设计有两个电阻器,两个滑动触点,两路信号输出。   （   ）

5.节气门位置传感器信号电压与节气门开度成比例,在0V 和5V 之间变化。   （   ）

二、选择题

1.目前节气门位置传感器有(   )导线。

　　A.1 根　　　　　　　　B.2 根　　　　　　　　C.3 根　　　　　　　　D.4 根

2.目前节气门位置传感器的两个信号成(   )关系。

　　A.同增同减　　　　　　B.一增一减　　　　　　C.不确定

3.节气门位置传感器的电源电压一般为(   )。

　　A.3.3V　　　　　　　　B.5V　　　　　　　　　C.12V

4.节气门位置传感器正常状态下的信号电压错误的是(   )。

　　A.0.8V　　　　　　　　B.2V　　　　　　　　　C.3V　　　　　　　　　D.5V

5.节气门位置传感器故障时,德系车辆一般会亮的故障灯是(   )。

　　A.发动机故障灯　　　　　　　　　　　B.EPC 故障灯

　　C.ABS 故障灯　　　　　　　　　　　　D.润滑油压力过低指示灯

学习任务4　曲轴位置、凸轮轴位置传感器故障诊断与修复

任务描述

　　一辆装备 EA888 发动机的迈腾汽车,行驶里程490km,客户李先生反映该车发动机故障灯常亮,加速无力。熄火再起动,故障灯还是常亮。

　　发动机机械系统正常的情况下,发动机加速无力,一般故障出现在发动机电控系统的传感器、ECU 或执行器。当曲轴位置传感器或凸轮轴位置传感器出现故障时,可能会出现发动机无法起动、怠速不稳、加速无力、排放超标等故障现象。若判断故障在曲轴位置传感器或凸轮轴位置传感器,则需要对曲轴位置传感器或凸轮轴位置传感器进行检修。

学习目标

知识目标

(1)掌握曲轴位置传感器、凸轮轴位置传感器的功用;

(2)掌握曲轴位置传感器、凸轮轴位置传感器的类型;

(3)掌握曲轴位置传感器、凸轮轴位置传感器的结构组成、工作原理及信号特性;

(4)掌握曲轴位置传感器、凸轮轴位置传感器的故障检测诊断方法。

技能目标

(1)具备信息查询和维修手册使用的基本能力;

(2)能够按照企业安全生产规范进行操作;

(3)能运用检测和诊断设备完成曲轴位置传感器、凸轮轴位置传感器的检测与诊断;

(4)能参阅维修手册完成曲轴位置传感器、凸轮轴位置传感器的更换。

素质目标

(1)培养学生具有爱党报国、敬业奉献和服务人民的思想;

(2)培养学生具有奋斗精神、奉献精神、创造精神、勤俭节约精神、劳动精神、工匠精神;

(3)培养学生良好的职业道德,严谨的工作态度和严格的质量意识、安全意识、环保意识、团队意识。

建议学时:4 学时。

知识准备

在发动机电控单元(ECU)控制喷油器喷油和控制火花塞跳火时,首先需要知道究竟是哪一个汽缸的活塞即将到达排气行程上止点和压缩行程上止点,然后才能根据曲轴转角信号控制喷油提前角与点火提前角。

一、曲轴位置传感器、凸轮轴位置传感器的功用

曲轴位置传感器(Crankshaft Position Sensor,CKPS)也称为发动机转速传感器,用来检测曲轴转角和发动机转速信号,输送给 ECU,以便确定燃油喷射时刻和点火控制时刻。曲轴位置传感器是发动机控制系统中最主要的传感器之一,是确认曲轴转角位置和发动机转速不可缺少的信号之一,发动机 ECU 用此信号控制燃油喷射量、喷油正时、点火时刻、点火线圈充电闭合角、怠速转速和电动汽油泵的运行。

凸轮轴位置传感器(Camshaft Position Sensor,CMPS),用来检测凸轮轴位置信号,输送给 ECU,以便 ECU 确定第 1 缸压缩上止点,从而进行顺序喷油控制和点火时刻控制;同时,还用于发动机起动时识别第一次点火时刻;因此也称为判缸传感器。

二、曲轴位置传感器、凸轮轴位置传感器分类

不同类型的车辆,曲轴位置和凸轮轴位置传感器的安装位置也不尽相同。常见的安装形式有综合式和独立式两种。曲轴位置和凸轮轴位置传感器集中安装在一个部件内(如分

电器内）称为"综合式"；曲轴位置和凸轮轴位置传感器独立安装在两个不同的位置称为"独立式"。根据结构和工作原理不同，曲轴与凸轮轴位置传感器可分为电磁式、霍尔式和光电式三种类型，如图9-32所示。

a)电磁式　　　　　　　　　b)霍尔式　　　　　　　　　c)光电式

图9-32　曲轴位置与凸轮轴位置传感器分类

三、曲轴位置传感器、凸轮轴位置传感器结构组成与工作原理

电磁式曲轴位置
传感器结构

1.电磁式曲轴位置传感器

1）传感器结构组成

威驰轿车丰田5A发动机曲轴位置传感器、桑塔纳轿车AJR发动机所应用的曲轴位置传感器采用的都是这种类型的，如图9-33所示。

电磁式曲轴位置传感器主要由信号转子、传感线圈、永久磁铁和导磁磁轭组成，如图9-34所示。

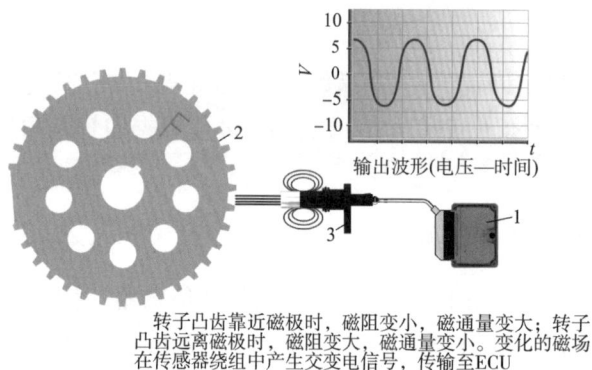

输出波形(电压—时间)

转子凸齿靠近磁极时，磁阻变小，磁通量变大；转子凸齿远离磁极时，磁阻变大，磁通量变小。变化的磁场在传感器绕组中产生交变电信号，传输至ECU

图9-33　电磁式曲轴位置传感器

1-ECU；2-信号转子；3-曲轴位置传感器

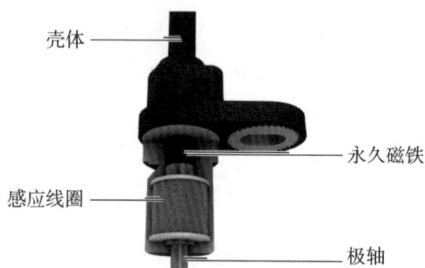

壳体
永久磁铁
感应线圈
极轴

图9-34　电磁式曲轴位置传感器结构组成

2）电磁式曲轴位置传感器工作原理

如图9-35所示，永久磁铁的磁力线经转子、线圈、托架构成封闭回路，转子旋转时，由于转子凸起与托架间的磁隙不断发生变化，通过线圈的磁通也不断变化，线圈中便产生感应电压，并以交流形式输出。

磁力线穿过的路径为：永久磁铁N极→定子与转子间的气隙→转子凸齿→信号转子→转子凸齿与定子磁头间的气隙→磁头→导磁板（磁轭）→永久磁铁S极。当信号转子旋转时，磁路中的气隙就会周期性的发生变化，磁路的磁阻和穿过信号线圈磁头的磁通量随之发生周期性的变化。根据电磁感应原理，传感线圈中就会感应产生交变电动势。

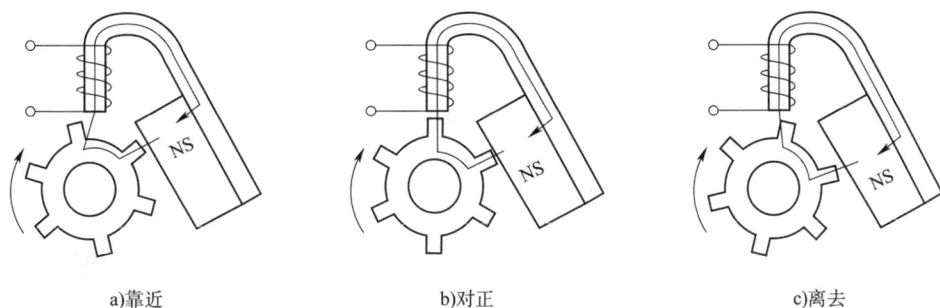

a)靠近　　　　　　　　　　　b)对正　　　　　　　　　　　c)离去

图 9-35　电磁式曲轴位置传感器工作原理

当信号转子按顺时针方向旋转、转子凸齿接近磁头时，如图 9-35a) 所示，凸齿与磁头间的气隙减小，磁路磁阻减小，磁通量 Φ 增多，磁通变化率增大，感应电动势 E 为正，如图 9-36 中曲线 abc 所示。当转子凸齿接近磁头边缘时，磁通量 Φ 急剧增多，磁通变化率最大，感应电动势 E 最高，如图 9-36 中曲线 b 点所示。转子转过 b 点位置后，虽然磁通量 Φ 仍在增多，但磁通变化率减小，因此，感应电动势 E 降低。

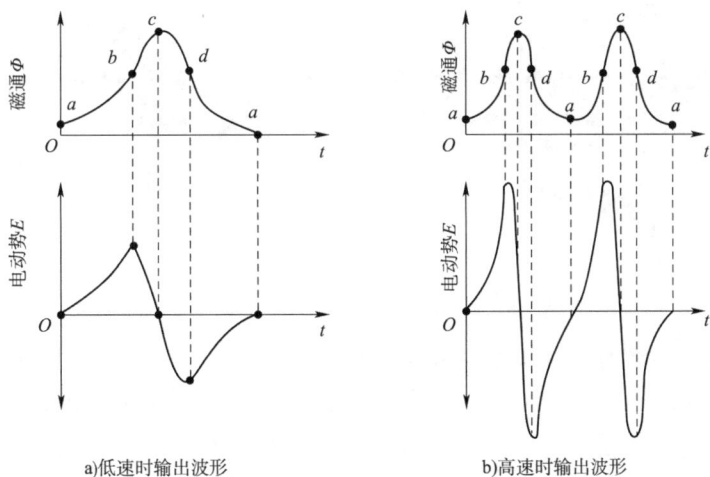

a)低速时输出波形　　　　　　　　　　　b)高速时输出波形

图 9-36　传感线圈中的磁通 Φ 和电动势 E 波形

当转子旋转到凸齿的中心线与磁头的中心线对齐时，如图 9-35b) 所示，虽然转子凸齿与磁头间的气隙最小，磁路的磁阻最小，磁通量 Φ 最大。但是，由于磁通量不可能继续增加，磁通变化率为零，因此，感应电动势 E 为零，如图 9-36 中曲线 c 点所示。

当转子沿顺时针方向继续旋转，凸齿离开磁头时，如图 9-35c) 所示，凸齿与磁头间的气隙增大，磁路磁阻增大，磁通量 Φ 减少，所以感应电动势 E 为负值，如图 9-36 中曲线 cda 所示。当凸齿转到将要离开磁头边缘时，磁通量 Φ 急剧较少，磁通变化率达到负向最大值，感应电动势 E 也达到负向最大值，如图 9-36 中曲线上的 d 点所示。

由此可见，信号转子每转过一个凸齿，传感线圈中就会产生一个周期的交变电动势，即电动势出现一次最大值和一次最小值，传感线圈也就相应地输出一个交变电压信号。

磁感应式传感器的突出优点是不需要外加电源，永久磁铁起着将机械能变换为电能的功用，其磁能不会损失。当发动机转速变化时，转子凸齿转动的速度将发生变化，铁芯中的磁通变化率也将随之发生变化。转速越高,磁通变化率就越大,传感线圈中的感应电动势也就越高。转速不同时,磁通和感应电动势的变化情况如图9-36所示。

由于转子凸齿与磁头间的气隙直接影响磁路的磁阻和传感线圈输出电压的高低,因此,转子凸齿与磁头间的气隙在使用中不能随意变动。气隙如有变化,必须按规定进行调整,气隙大小一般设计为$0.2 \sim 0.4$mm。

2. 霍尔式曲轴位置传感器、凸轮轴位置传感器

1)霍尔式曲轴位置与凸轮轴位置传感器结构组成

霍尔效应式传感器与磁感应式传感器不同的是需外加电源。霍尔式传感器的基本结构如图9-37所示,主要由转子、永久磁铁、霍尔晶体管和放大器等组成。转子安装在转子轴上。霍尔集成电路由霍尔元件、放大电路、稳压电路、温度补偿电路、信号变换电路和输出电路等组成。

霍尔式凸轮轴位置传感器工作原理

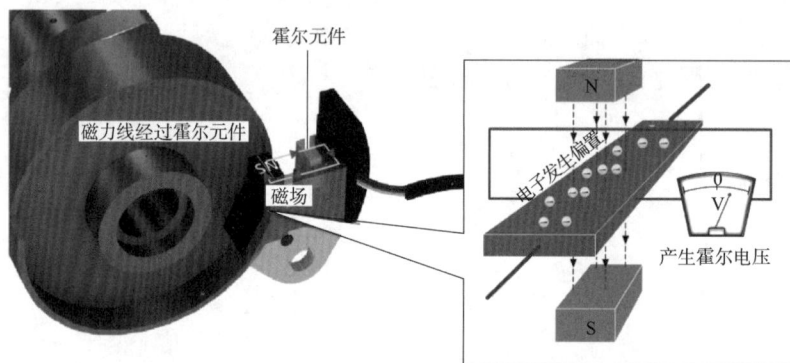

图9-37 霍尔式曲轴位置与凸轮轴位置传感器结构组成

2)霍尔式曲轴位置与凸轮轴位置传感器工作原理

当转子随转子轴一同转动时,转子上的叶片便在霍尔集成电路与永久磁铁之间转动,霍尔式集成电路中的磁场就会发生变化,霍尔元件中就会产生霍尔电压,经过信号处理电路处理后,就可输出方波信号。

当传感器轴转动时,转子上的叶片便从霍尔集成电路与永久磁铁之间的气隙中转过。当叶片进入气隙时,霍尔集成电路中的磁场被叶片旁路,霍尔电压 U_H 为零,集成电路输出级的三极管截止,传感器输出的信号电压 U_0 为高电平。(实测表明:当电源电压 $U_{cc} = 14.4$V时,信号电压 $U_0 = 9.8$V;当电源电压 $U_{cc} = 5$V时,信号电压 $U_0 = 4.8$V)。

当叶片离开气隙时,永久磁铁的磁通便经霍尔集成电路和导磁钢片构成回路,此时霍尔元件产生电压($U_H = 1.9 \sim 2.0$V),霍尔集成电路输出级的三极管导通,传感器输出的信号电压 U_0 为低电平。(实测表明:当电源电压 $U_{cc} = 14.4$V或 $U_{cc} = 5$V时,信号电压 $U_0 = 0.1 \sim 0.3$V)。

3. 光电式曲轴位置与凸轮轴位置传感器

1)传感器结构组成

日产公司生产的光电式曲轴与凸轮轴位置传感器是由分电器改进而成,结构如图9-38所示,主要由信号发生器、信号盘(即信号转子)、配电器、传感器壳体等组成。

信号盘是传感器的信号转子,压装在传感器轴上,在靠近信号盘的边缘位置制作有间隔弧度均匀的内、外两圈透光孔。其中,外圈制作有 360 个长方形透光孔,(缝隙),间隔弧度为 1°(透光孔占 0.5°,遮光部分占 0.5°),用于产生曲轴转角与转速信号;内圈制作有 6 个透光孔(长方形孔),间隔弧度为 60°,用于产生各个汽缸的上止点位置信号,其中有 1 个长方形宽边稍长的透光孔,用于产生第一缸上止点位置信号。

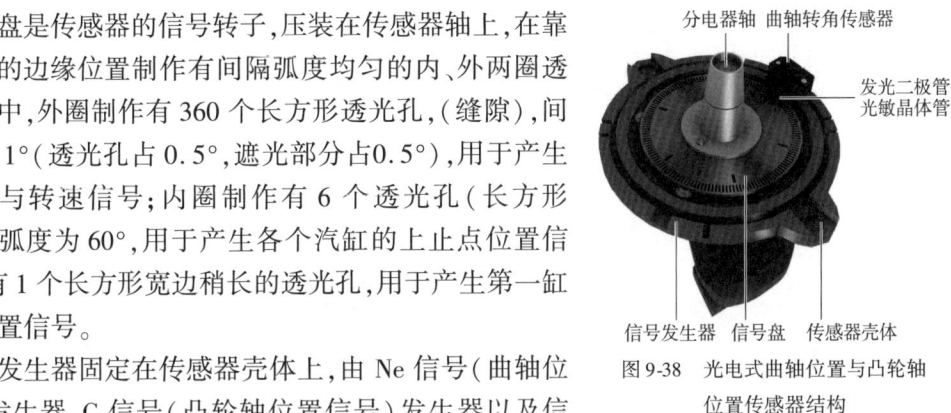

图 9-38 光电式曲轴位置与凸轮轴位置传感器结构

信号发生器固定在传感器壳体上,由 Ne 信号(曲轴位置信号)发生器、G 信号(凸轮轴位置信号)发生器以及信号处理电路组成,Ne 信号与 G 信号发生器均由一只发光二极管和一只光敏晶体管(三极管)组成,两只 LED 分别对着两只光敏晶体管。

2)曲轴转速、转角信号和汽缸识别信号的产生原理

光电式传感器的工作原理如图 9-39 所示,因为传感器轴上的斜齿轮与发动机配气机构凸轮轴上的斜齿轮啮合,所以当发动机带动传感器轴转动时,信号盘上的透光孔便从信号发生器的发光二极管 LED 与光敏晶体管之间转过。

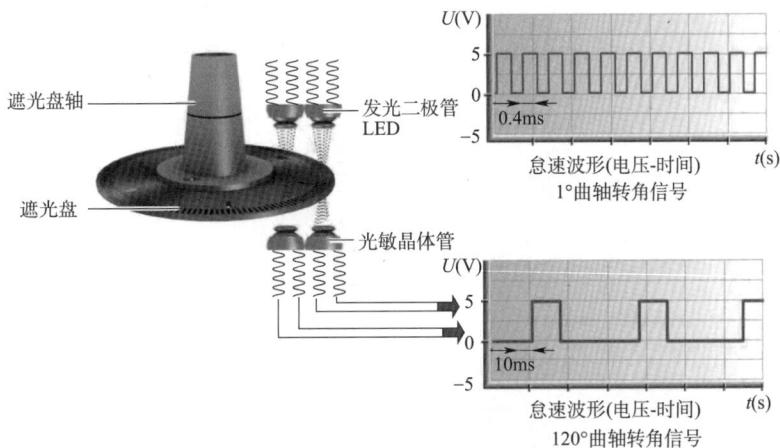

图 9-39 光电式传感器工作原理

当信号盘上的透光孔旋转到 LED 与光敏晶体管之间时,LED 发出的光线就会照射到光敏晶体管上,此时光敏晶体管导通,其集电极输出低电平(0.1~0.3V);当信号盘上的遮光部分旋转到 LED 与光敏晶体管之间时,LED 发出的光线就不能照射到光敏晶体管上,此时光敏晶体管截止,其集电极输出高电平(4.8~5.2V)。如果信号盘连续旋转,透光孔和遮光部分就会交替地输出高电平和低电平。

当传感器轴随曲轴和凸轮轴转动时,信号盘上的透光孔和遮光部分便从 LED 与光敏晶体管之间转过,LED 发出的光线受信号盘透光和遮光功用就会交替照射到信号发生器的光敏晶体管上,信号传感器中就会产生与曲轴位置和凸轮轴位置对应的脉冲信号。日产公司采用的光电式曲轴与凸轮轴位置传感器输出信号的关系如图 9-40 所示。

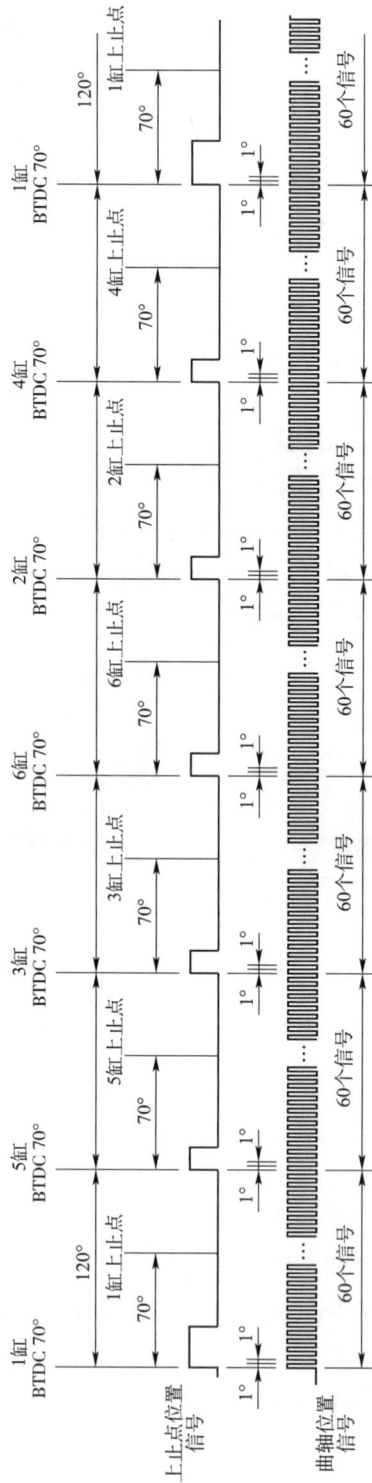

图9-40　光电式曲轴位置与凸轮轴位置传感器输出波形

　　由于曲轴旋转两转,传感器轴带动信号盘旋转一圈,因此,G 信号传感器将产生 6 个脉冲信号,Ne 信号传感器将产生 360 个脉冲信号,因为 G 信号透光孔间隔弧度为 60℃,曲轴每旋转 120℃ 就会产生一个脉冲信号,所以通常 G 信号被称为 120℃ 信号。设计安装保证 120℃ 信号在上止点前 70°(BTDC70°)时产生,且长方形宽边稍长的透光孔产生的信号对应于发动机第一缸活塞上止点前 70°,以便 ECU 控制喷油提前角与点火提前角。因为 Ne 信号透光孔间隔弧度为 1°(透光孔占 0.5°,遮光部分占 0.5°),所以在每一个脉冲周期中,高、低电平各占 1° 曲轴转角,360 个信号表示曲轴旋转 720°。

　　由图 9-40 可见,当发动机 ECU 接收到 G 信号发生器输入的宽脉冲信号时,便可确定第一缸活塞处于压缩上止点前 70° 位置;ECU 接收到下一个 G 信号时,则判定第五缸活塞处于压缩上止点前 70° 位置。ECU 接收到每一个上止点位置信号(G 信号)后,再根据曲轴转角信号(Ne 信号)便可将喷油提前角和点火提前角的控制精度控制在 1°(曲轴转角)范围内。

四、曲轴位置传感器、凸轮轴位置传感器信号特性

　　电磁式曲轴位置传感器输出的正弦模拟信号,光电式、霍尔式曲轴位置与凸轮轴位置传感器输出数字方波信号,如图 9-41 所示。

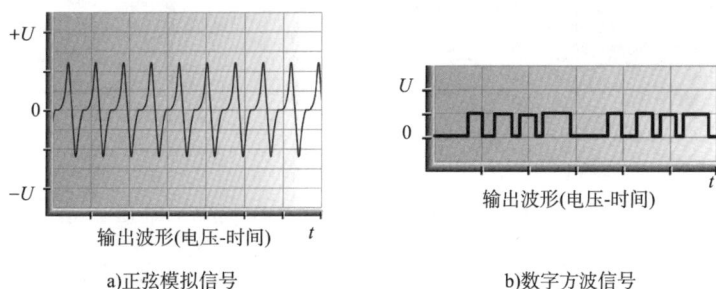

a)正弦模拟信号　　　　b)数字方波信号

图 9-41　曲轴位置传感器、凸轮轴位置传感器信号波形

操作指引

1.组织方式

(1)场地设施:举升机一台,装有废气抽排系统和消防设施的场地。

(2)设备设施:迈腾汽车。

(3)工量具:常用工具一套、车辆故障诊断仪、示波器、万用表等。

(4)耗材:熔断丝、线束、曲轴位置传感器、凸轮轴位置传感器等。

(5)学生组织:教师指导、分组实训、过程评价。

2.注意事项

(1)穿着干净整齐的工作服。

(2)遵守场地安全规定,注意用电安全。

(3)插拔诊断仪时一定要关闭点火开关。

(4)正确使用万用表、示波器等工量具。

（5）在检测曲轴位置传感器、凸轮轴位置传感器时，严禁用力拉扯线束。

任务实施

迈腾 1.8TSI EA888 发动机曲轴位置传感器 G28 安装在曲轴后面的飞轮附近，安装如图 9-42 所示。曲轴位置传感器电路图如图 9-43 所示，该传感器有两个端子 T2jp/1、T2jp/2。

图 9-42　迈腾 1.8T 曲轴位置传感器安装位置

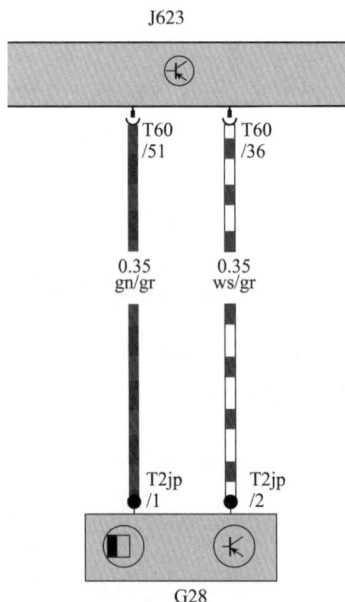

图 9-43　迈腾 1.8T 曲轴位置传感器电路图

迈腾 1.8TSI EA888 发动机霍尔式凸轮轴位置传感器 G40 安装在汽缸盖罩上方，安装如图 9-44 所示。凸轮轴位置传感器电路图如图 9-45 所示。该传感器端子 T3bj/1 为传感器 5V 电源，端子 T3bj/2 为传感器信号，端子 T3bj/3 为传感器搭铁。

图 9-44　迈腾 1.8T 凸轮轴位置传感器安装位置

J623

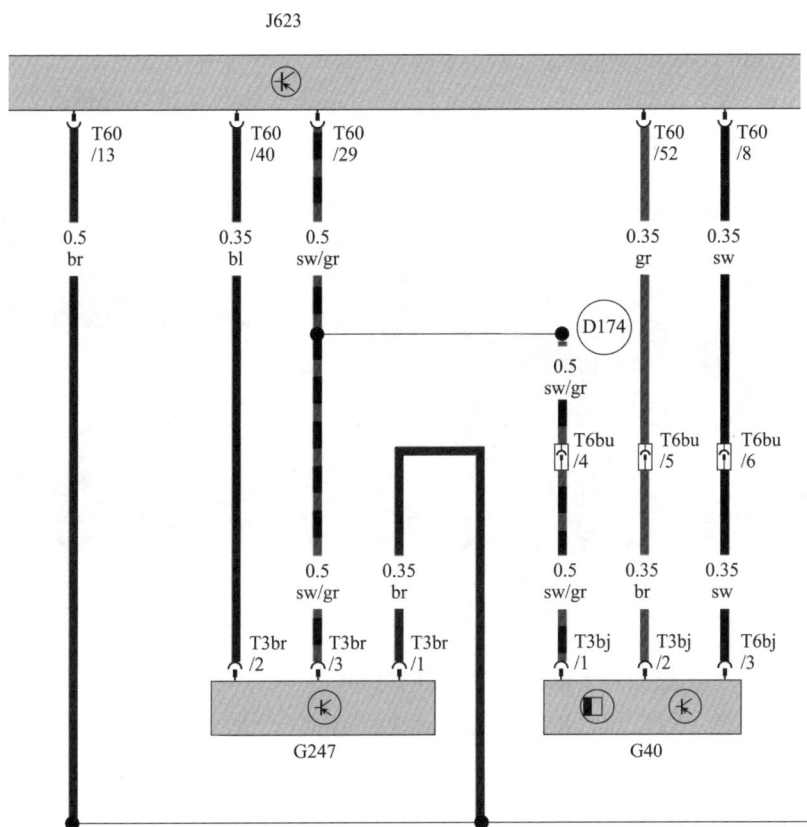

图9-45 迈腾1.8T凸轮轴位置传感器电路图

曲轴位置
传感器检测

1. 读取曲轴位置传感器、凸轮轴位置传感器的数据流

将故障诊断仪连接到诊断座DLC3,打开点火开关并起动发动机,打开诊断仪,测量数据流,可读取曲轴位置传感器的数据流和凸轮轴位置传感器的数据流,见表9-5。

发动机怠速时曲轴及凸轮轴位置传感器数据流 表9-5

目标值	ID	测量值	单位	数值
01	1.1	发动机转速	r/min	720
	1.2	冷却液温度	℃	66.0
	3.4	正时角度(当前值)	(°)	0.8
	4.2	蓄电池电压	V	13.818
	94.2	当前凸轮轴调整	(°)	37.50

2. 检测曲轴位置传感器、凸轮轴位置传感器线路

1)检测凸轮轴位置电源电压

关闭点火开关,拔下凸轮轴位置传感器插头,将点火开关置于ON位置。将万用表旋转开关置于直流电压挡,检测传感器插头1号端子与搭铁之间的电压应为5V左右,如图9-46

所示。

2)检测凸轮轴位置传感器搭铁

关闭点火开关,拔下凸轮轴位置传感器插头,用万用表检测凸轮轴位置传感器插头 3 号端子与搭铁之间电阻,电阻值应小于 1Ω,如图 9-47 所示。

图 9-46 凸轮轴位置传感器电源电压的检测

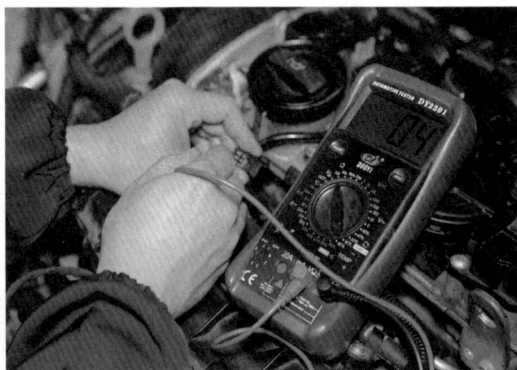

图 9-47 凸轮轴位置传感器搭铁检测

3)检测凸轮轴位置传感器信号

起动发动机,用万用表检测凸轮轴位置传感器信号电压,信号值在 0～5V 之间变化。

4)检测曲轴位置传感器、凸轮轴位置传感器线路电阻

点火开关断开,断开曲轴位置传感器、凸轮轴位置传感器插接器,检测两个传感器插头端与发动机 ECU 对应端子的电阻,应小于 1Ω。

凸轮轴位置
传感器检测

3. 检测曲轴位置传感器、凸轮轴位置传感器波形

检测曲轴位置传感器"怠速时"和发动机转速为"2000r/min 时"的波形如图 9-48、图 9-49 所示。

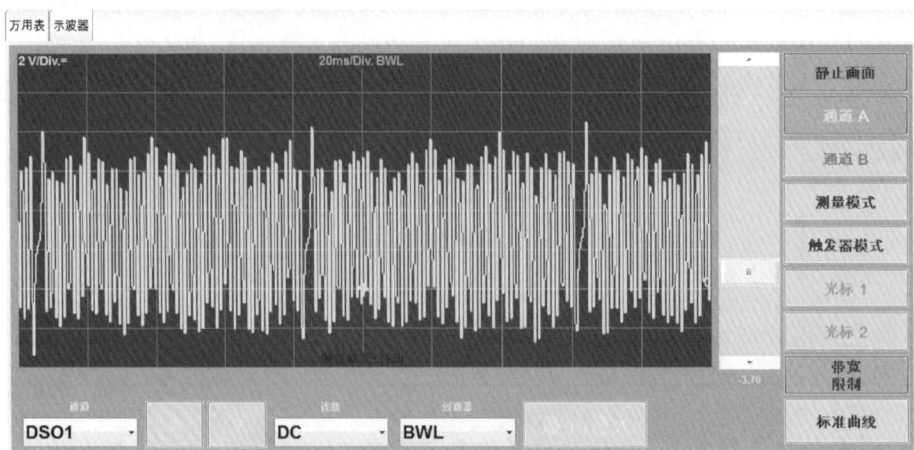

图 9-48 发动机"怠速时"的曲轴位置传感器波形

从曲轴位置传感器波形图中可看出,曲轴位置传感器输出的信号电压和频率随着转速的信号增大而增大。

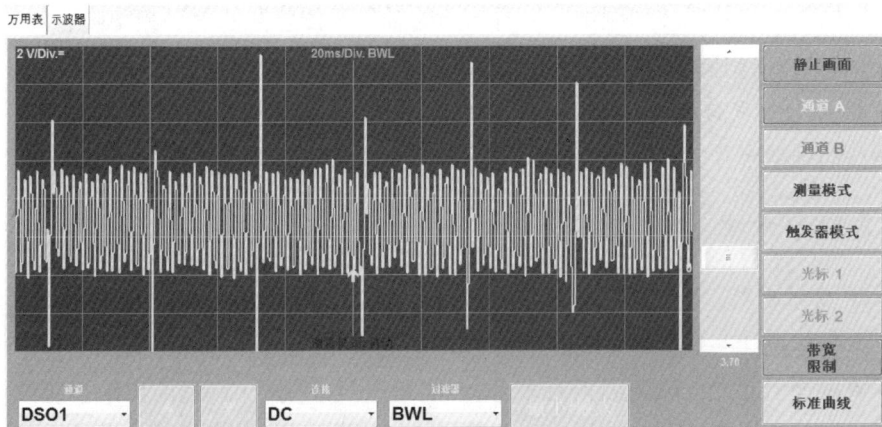

图 9-49 发动机转速为"2000r/min 时"的曲轴位置传感器波形

检测凸轮轴位置传感器"怠速时"和发动机转速为"2000r/min"时的波形如图 9-50、图 9-51 所示。

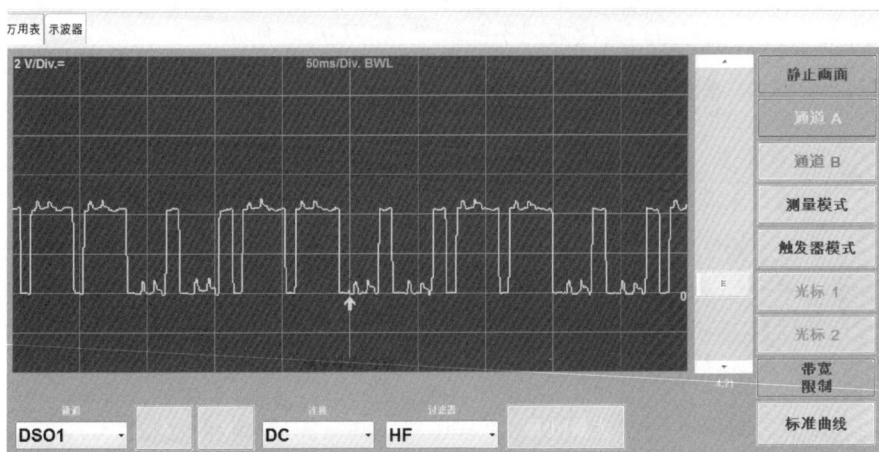

图 9-50 发动机"怠速时"的凸轮轴位置传感器波形

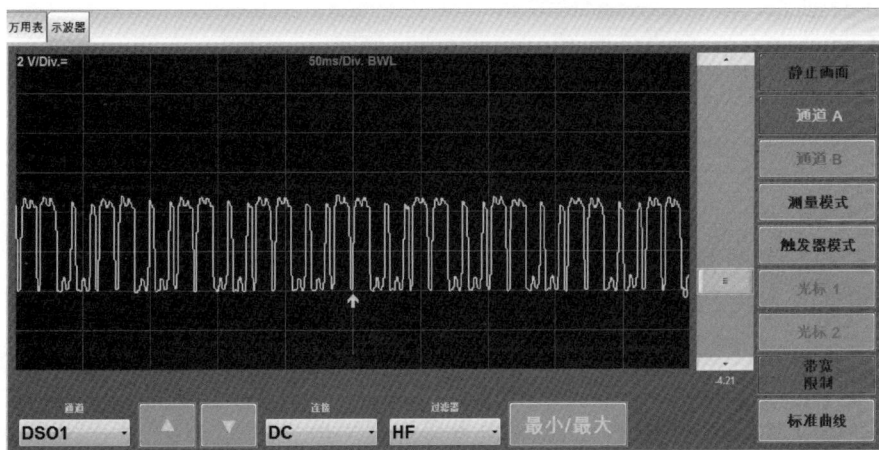

图 9-51 发动机转速为"2000r/min"的凸轮轴位置传感器波形

从凸轮轴位置传感器波形图中可以看出凸轮轴位置传感器的信号频率随着转速的升高而升高,但是电压值不会发生变化。

4. 更换曲轴位置传感器、凸轮轴位置传感器

如确认曲轴位置、凸轮轴位置传感器故障,需按维修手册要求更换相应传感器。

任务解决方案

1. 故障原因分析

客户李先生反映一辆装备 EA888 发动机的迈腾汽车,出现发动机故障灯常亮、加速无力的故障现象。能引起此故障的因素有多个,可能是进气系统故障、燃油供给系统故障、点火系统故障或者发动机电控系统故障。现在需要使用诊断仪器、设备和工具做进一步检测。

2. 故障诊断与排除过程

1）读取故障码

用诊断仪 VAS6150 读取故障码,01 发动机显示有故障,故障码为:00835 P0343 凸轮轴位置传感器 G40 过大信号 静态,故障码不能清除,如图 9-52 所示。

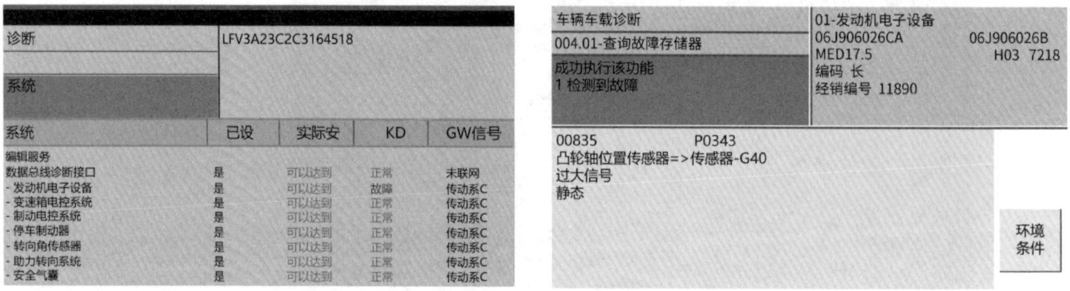

图 9-52　读取故障码

2）读取数据流

用诊断仪 VAS6150 读取数据流,读取 91 组数据,第三区和第四区固定 38°kW,加油不变化,如图 9-53 所示。

根据故障码和数据流显示,初步诊断,造成此故障可能原因有:

（1）凸轮轴位置传感器存在故障。

（2）凸轮轴位置传感器到 ECU 的线路、插头存在故障。

（3）发动机 ECU 本身有故障。

3）检查凸轮轴位置传感器插头及线束

关闭点火开关,检查凸轮轴位置传感器插头,插头插接正常,无松动和氧化现象。

查找电路图,检查凸轮轴位置传感器线束,该线束无短路或断路现象。

经检查,发动机 ECU 工作正常,由此可以确定凸轮轴位置传感器 G40 损坏,导致发动机故障灯常亮,加速无力。

按照维修手册要求,更换新的凸轮轴位置传感器 G40,清除故障码,再次读取故障码和数据流,故障码不再重现,发动机工作正常。

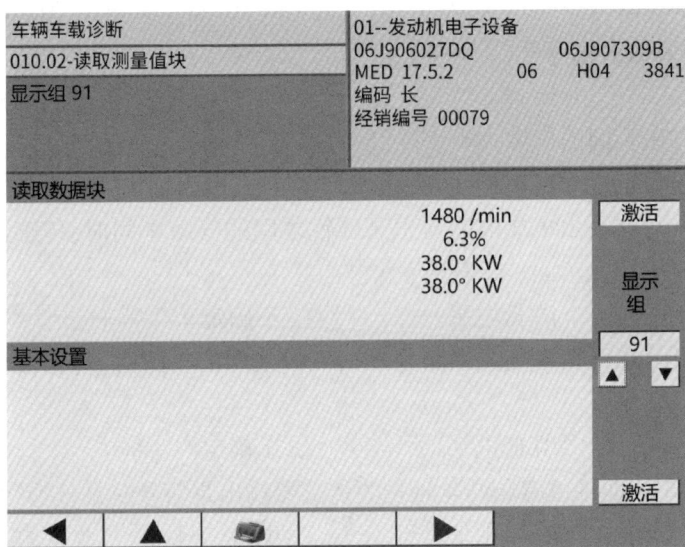

图 9-53　读取数据流

3. 故障小结

霍尔传感器产生的方波信号是由发动机 ECU 提供的正电位被霍尔传感器下拉形成的。产生过大信号的原因:发动机 ECU 损坏、发动机 ECU 到 G40 线路问题、信号线断路、G40 本身损坏。进行故障检测和诊断时,不要盲目更换零部件,要学会使用诊断仪,并通过故障原因分析和检测,最终确定故障点,并按照维修手册要求,修复故障。

任务小结

(1)凸轮轴位置传感器用来检测凸轮轴位置信号,输送给 ECU,以便 ECU 确定第 1 缸压缩上止点,从而进行顺序喷油控制和点火时刻控制。

(2)如果凸轮轴位置传感器或者曲轴位置传感器损坏,可能会造成发动机起动困难或不能起动。

(3)曲轴位置传感器、凸轮轴位置传感器检修项目包括读取该传感器的数据流、检测该传感器的线路、检测该传感器的波形及更换该传感器等。

习题

一、判断题

1. 曲轴位置传感器(Crankshaft Position Sensor,CKPS)用来检测曲轴转角和发动机转速信号。　　　　　　　　　　　　　　　　　　　　　　　　　　　　　( )

2. ECU 根据曲轴位置传感器信号确定第 1 缸压缩上止点。　　　　　　( )

3. 曲轴位置和凸轮轴位置传感器独立安装在两个不同的位置称为"独立式"。( )

4. 转子凸极靠近磁极时,磁阻变大。　　　　　　　　　　　　　　　　( )

5. 磁通量最大时,磁通变化率也最大。　　　　　　　　　　　　　　　( )

二、选择题

1.转速越高,磁通变化率就(   )。

   A. 越大　　　　　　B. 越小　　　　　　C. 不变　　　　　　D. 不确定

2.转子凸齿与磁头间的气隙大小一般设计为(   )。

   A.0.8～1.0mm　　　B.0.5～0.8mm　　　C.1.2～1.4mm　　　D.0.2～0.4mm

3.转子上的叶片在霍尔集成电路与永久磁铁之间的气隙中间时,传感器输出的信号电压为(   )。

   A. 高电平　　　　　B. 低电平　　　　　C. 不确定

4.转子上的叶片离开霍尔集成电路与永久磁铁之间的气隙时,传感器输出的信号电压为(   )。

   A. 高电平　　　　　B. 低电平　　　　　C. 不确定

5.光电式、霍尔式曲轴位置与凸轮轴位置传感器输出是信号时是(   )。

   A. 数字方波信号　　B. 模拟信号　　　　C. 电流信号　　　　D. 频率信号

学习任务5　冷却液温度传感器、进气温度传感器故障诊断与修复

任务描述

一辆装备 EA888 发动机的迈腾汽车,行驶里程 2 万 km,客户李先生反映该车发动机起动后散热器风扇常转,此车正常维护,还没出过故障。

发动机冷却风扇常转,一般故障出现在发动机电控系统或冷却系统。当冷却液温度传感器或进气温度传感器出现故障时,可能会导致发动机冷却风扇常转的故障现象。若判断故障在冷却液温度传感器或进气温度传感器,则需要对冷却液温度传感器或进气温度传感器进行检修。

学习目标

知识目标
(1)掌握冷却液温度传感器、进气温度传感器的功用;
(2)掌握冷却液温度传感器、进气温度传感器的类型;
(3)掌握冷却液温度传感器、进气温度传感器的结构组成、工作原理及信号特性;
(4)掌握冷却液温度传感器、进气温度传感器的故障检测诊断方法。

技能目标
(1)具备信息查询和维修手册使用的基本能力;
(2)能够按照企业安全生产规范进行操作;
(3)能运用检测和诊断设备完成冷却液温度传感器、进气温度传感器的检测与诊断;
(4)能参阅维修手册完成冷却液温度传感器、进气温度传感器的更换。

素质目标
(1)培养学生具有爱党报国、敬业奉献和服务人民的思想;
(2)培养学生具有奋斗精神、奉献精神、创造精神、勤俭节约精神、劳动精神、工匠精神;
(3)培养学生良好的职业道德,严谨的工作态度和严格的质量意识、安全意识、环保意识、团队意识。
建议学时:4 学时。

知识准备

车辆上安装的众多传感器中,与发动机电控系统相关的温度传感器最多。如冷却液温度传感器、进气温度传感器、润滑油温度传感器与排气温度传感器等。各个温度传感器把信号送给 ECU,ECU 使发动机工作在最佳状态。下面以冷却液温度传感器、进气温度传感器为例,介绍温度传感器的功用、结构组成和工作原理。

一、温度传感器功用

冷却液温度传感器(Coolant Temperature Sensor,CTS)通常又称为水温传感器,属于负温度系数型热敏电阻式温度传感器,安装在发动机冷却液出水管上,其功能是检测发动机冷却液的温度,并将温度信号转换为电信号传送给发动机电控单元,电控单元根据该信号修正喷油时间和点火时间,使发动机工况处于最佳运行状态。

冷却液温度传感器信号是许多控制功能的修正信号,如喷油量修正、点火提前角修正、活性炭罐电磁阀控制等。冷却液温度信号也是汽车上其他电控系统的重要参考信号,如电控自动变速器系统、自动空调系统等。在一些车型的电控自动变速器系统中,若检测到发动机冷却液温度低于60℃,为保护行驶装置,自动变速器控制单元将进入"安全运行模式",不会允许车辆升入超速挡,汽车只能在90km/h以下速度行驶。如果冷却液温度传感器故障或信号中断,发动机电控单元将启动备用模式,把冷却液温度值设定在80℃左右,同时记录故障码。此时车辆虽然能够正常行驶,但发动机冷、热车均起动困难、油耗增加、怠速稳定性降低、废气排放量升高等。

进气温度传感器(Intake Air Temperature Sensor,IATS)的功能是检测进气温度,并将温度信号转换为电信号输入发动机电控单元,如图9-54所示。进气温度信号是多种控制功能的修正信号,包括燃油脉宽、点火正时、怠速控制和尾气排放等,若进气温度传感器信号中断,将导致发动机热起动困难,燃油脉宽增加,尾气排放恶化。

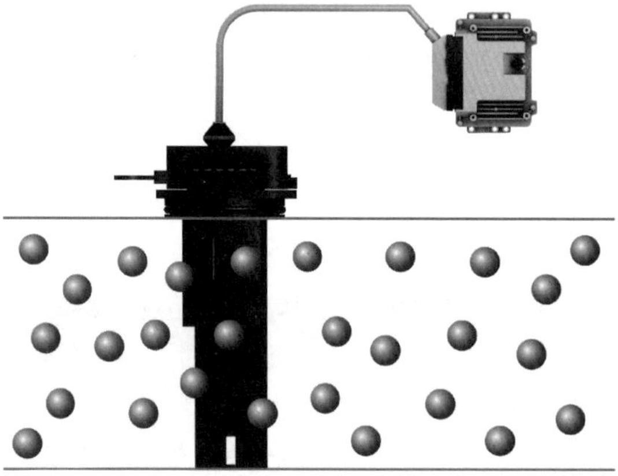

图9-54 进气温度传感器

二、温度传感器分类

1. 按检测对象分类

如检测对象为进气温度传感器、冷却液温度传感器、排气温度传感器和润滑油温度传感器等。这种分类方法简单实用,使用者根据测量对象即可方便地选择使用所需的传感器,如图9-55所示。

a)冷却液温度传感器　　　b)进气温度传感器　　　c)润滑油温度传感器　　　d)排气温度传感器

图9-55 温度传感器分类

2. 按结构与物理性能分类

温度传感器的种类很多,常用的有热敏电阻式、金属热电阻式、线绕电阻式、半导体晶体管式等。现代汽车广泛采用热敏电阻式温度传感器。

三、热敏电阻温度传感器结构组成

下面以热敏电阻式温度传感器为例,介绍温度传感器的结构组成和工作原理。

热敏电阻又可分为正温度系数(PTC)型热敏电阻、负温度系数(NTC)型热敏电阻、临界温度型热敏电阻和线性热敏电阻。汽车上常用的是负温度系数型热敏电阻式温度传感器，该热敏电阻是利用陶瓷半导体材料的电阻随温度变化而变化的特性制成的，其突出优点是灵敏度高、响应及时、结构简单、制造方便、成本低廉。其结构主要由热敏电阻、金属或塑料壳体、接线插座与连接导线组成。

热敏电阻是温度传感器的主要部件，汽车用热敏电阻是在陶瓷半导体材料中掺入适量金属氧化物，并在1000℃以上的高温条件下烧结而成，控制掺入氧化物的比例和烧结温度，即可得到不同特性的热敏电阻，从而满足使用要求。例如，如果测量发动机冷却液温度，则热敏电阻的工作温度为 −30 ~ 130℃；如果测量发动机的排气温度，热敏电阻的工作温度则为 600 ~ 1000℃。

热敏电阻的外形制作成珍珠形、圆盘形、垫圈形、梳状芯片形、厚膜形等，放置在传感器的金属管壳内。在热敏电阻的两个端面各引出一个电极并连接到传感器插座上。

传感器壳体上制作有螺纹，以便安装与拆卸。接线插座分为单端子式和两端子式两种，中高档轿车燃油喷射系统一般采用两端子式温度传感器，低档轿车燃油喷射系统以及汽车仪表一般采用单端子式温度传感器。如传感器插座上只有一个接线端子，则壳体为传感器的一个电极。

四、热敏电阻式温度传感器工作原理

1. 车用温度传感器的特性与电路

汽车电子控制系统普遍采用了负温度系数 NTC 热敏电阻式温度传感器，其阻值与温度的关系曲线如图 9-56 所示。NTC 型热敏电阻具有温度升高阻值减小；温度降低阻值增大的特性，而且成明显的非线性关系。

2. 工作原理

传感器的两个电极用导线与 ECU 插座连接。ECU 内部串联一只分压电阻，ECU 向热敏电阻和分压电阻组成的分压电路提供一个稳定的电压(5V)，传感器输入 ECU 的信号电压等于热敏电阻上的分压值，如图 9-57 所示。

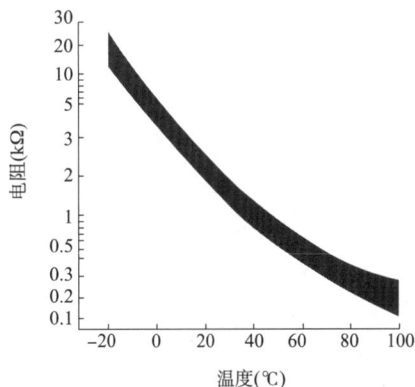

图 9-56 温度传感器的阻值与温度的关系曲线

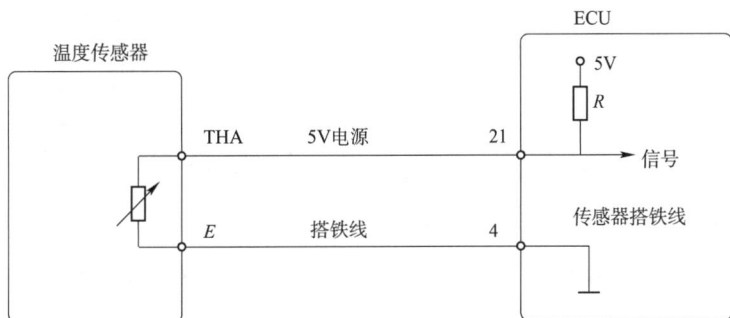

图 9-57 冷却液温度传感器的工作电路

进气温度传感器
工作原理

冷却液温度传感器
工作原理

当被测对象的温度升高时,传感器阻值减小,热敏电阻上的分压值降低;反之,当被测对象的温度降低时,传感器阻值增大,热敏电阻上的分压值升高。ECU 根据接收到得信号电压值,便可计算求得对应的温度值,从而进行实时控制。

操作指引

1. 组织方式

(1)场地设施:举升机一台,装有废气抽排系统和消防设施的场地。
(2)设备设施:迈腾汽车。
(3)工量具:常用工具一套、车辆故障诊断仪、示波器、万用表等。
(4)耗材:熔断丝、线束、冷却液温度传感器、进气温度传感器等。
(5)学生组织:教师指导、分组实训、过程评价。

2. 注意事项

(1)穿着干净整齐的工作服。
(2)遵守场地安全规定,注意用电安全。
(3)插拔诊断仪时一定要关闭点火开关。
(4)正确使用万用表、示波器等工量具。
(5)在检测冷却液温度传感器时,严禁用力拉扯线束。

任务实施

迈腾 EA888 发动机安装有两个冷却液温度传感器,冷却液温度传感器1(G62)安装在发动机缸体上,如图 9-58a)所示;冷却液温度传感器2(G83)安装在散热器出口上;如图 9-58b)所示;进气温度传感器 G42 安装在进气歧管上,如图 9-58c)所示。冷却液温度、进气温度传感器电路图如图 9-59 所示。冷却液温度传感器 G62 与进气温度传感器 G42 的2号端子共用搭铁,1号端子为各自信号。

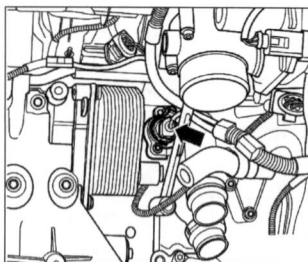 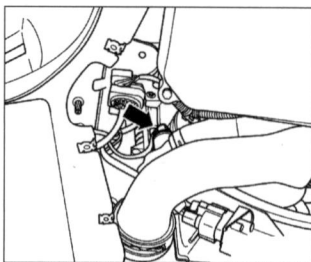 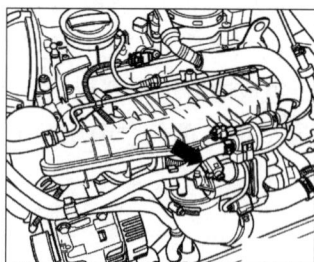

a)传感器G62　　　　　　　　b)传感器G83　　　　　　　　c)传感器G42

图 9-58　迈腾 1.8T 发动机冷却液温度、进气传感器安装位置

1. 读取冷却液温度、进气温度传感器数据流

将故障诊断仪连接到诊断座 DLC3,打开点火开关并起动发动机,打开诊断仪,测量冷却液温度传感器的数据流,见表9-6。

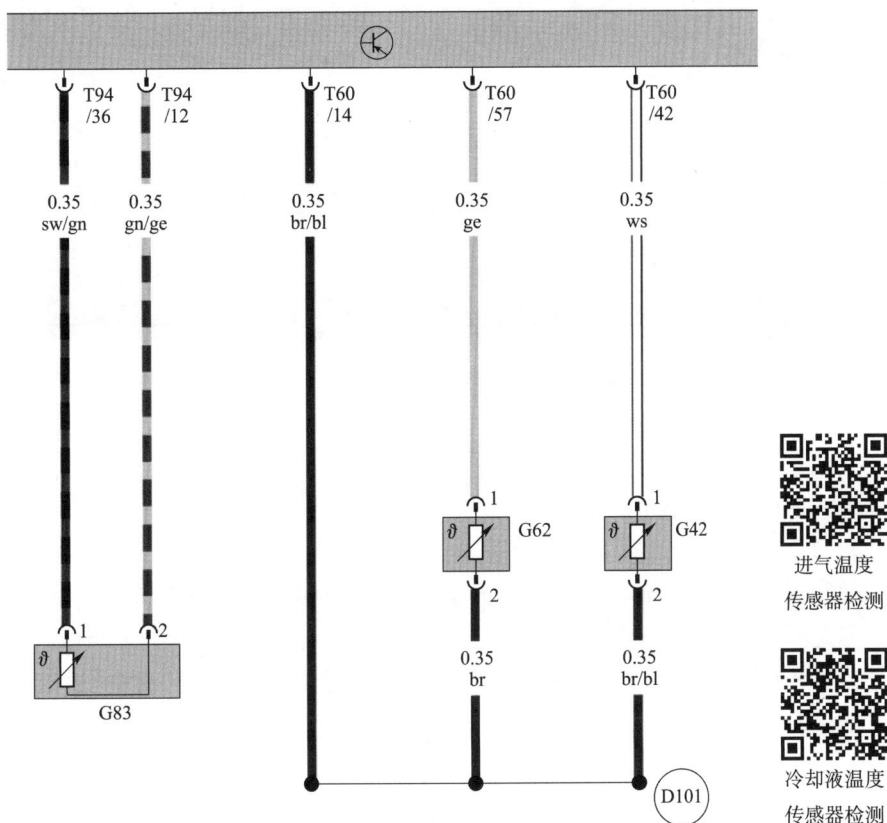

图 9-59　迈腾 1.8T 发动机冷却液温度传感器、进气温度传感器电路图

迈腾 1.8T 轿车冷却液温度传感器数据流　　　表 9-6

地址列	ID	测量值	单位	数值
01	1.1	发动机转速	r/min	2200
	1.2	冷却液温度	℃	51.0

冷却液温度传感器的数据流显示的为发动机冷却液的当前温度,在暖机的过程中,该温度随着发动机冷却液的升温,温度升高。

2. 检测进气温度传感器、冷却液温度传感器线路

1)检测进气温度传感器电源电压

关闭点火开关,拔下进气温度传感器插头,点火开关至 ON 位,用万用表检测进气温度传感器插头 1 号端子与搭铁之间电压,电压应为 5V 左右,如图 9-60 所示。

重新连接进气温度传感器连接器。起动发动机,检测信号线端子电压应在 0~5V。

2)检测进气温度传感器搭铁线路

关闭点火开关,拔下进气温度传感器插头,用万用表检测进气温度传感器插头 2 号端子与搭铁之间电阻,电阻值应小于 1Ω,图 9-61 所示。

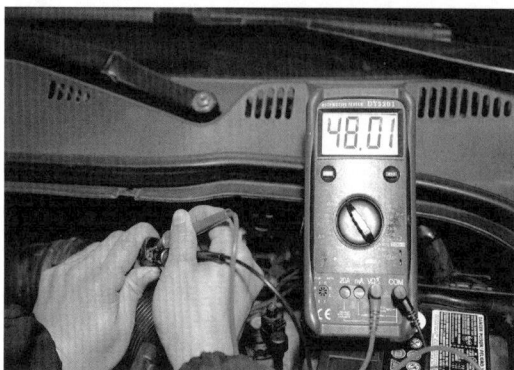

图9-60 进气温度传感器电源电压的检测

图9-61 进气温度传感器搭铁线路的检测

3)检测进气温度传感器线路电阻

关闭点火开关,断开进气温度传感器插接器,检测进气温度传感器插头与发动机 ECU 对应端子的电阻,应小于0.5Ω。

4)检测进气温度传感器自身电阻

关闭点火开关,拔下进气温度传感器插头,用万用表检测进气温度传感器插头1号端子与2号之间电阻,电阻值应随温度变化而变化。进气温度为27°时,电阻值约为1.99kΩ。冷却液温度传感器的检测项目和方法与进气温度传感器的检测是一样的,这里不再重复描述。

3. 更换进气温度传感器、冷却液温度传感器

如确认进气温度、冷却液温度传感器故障,需按维修手册要求更换相应传感器。

🔖 **任务解决方案**

1. 故障原因分析

客户李先生反映一辆装备 EA888 发动机的迈腾汽车,发动机起动后出现散热器风扇常转的故障现象。能引起此故障的因素有多个,可能是发动机冷却系统故障、空调系统故障或者是发动机电控系统故障等。现在需要使用诊断仪器、设备和工具做进一步检测。

2. 故障诊断与排除过程

1)读取故障码

用诊断仪 VAS6150 读取故障码,发动机控制单元内存有"00274 进气温度传感器 G42 信号太小 静态"故障,其余均正常,故障清除后马上再现,如图9-62所示。

通过故障码分析风扇常转的原因是此故障导致。

此故障可能原因有:

(1)进气温度传感器 G42 存在故障。

(2)进气温度传感器到 ECU 的线路、插头存在故障。

(3)发动机 ECU 本身有故障。

2)检查进气温度传感器 G42 插头及线束

关闭点火开关,检查进气温度传感器插头,插头插接正常,无松动和氧化现象。

车辆车载诊断		01-发动机电控系统	
004.01-查询故障存储器		06J90 6027DQ	06J907309B
		MED17.5.2 06	H04 3841
成功执行该功能		编码 长	
1 检测到故障		经销编号 00079	

00274	P0112	000	位置:
进气温度传感器-G42			1
信号太小			
静态			
			分类:
标准数值:			默认值
天数计数器:	03.14.2004 (26.09.2012)		Km
时间:	12:07:25		时间
里程数:	0000000		
优先权:	0		优先权
故障频率计数器:	1		频率
未学习计数器/驱动循环:	-		
测量值:			

车辆车载诊断		01-发动机电控系统	
004.01-查询故障存储器		06J90 6027DQ	06J907309B
		MED17.5.2 06	H04 3841
成功执行该功能		编码 长	
1 检测到故障		经销编号 00079	

			位置:
时间:	12:07:25		1
里程数:	0000000		
优先权:	0		
故障频率计数器:	1		分类:
未学习计数器/驱动循环:	-		默认值
测量值:			Km
	0/min		时间
	0%		
	0Km/h		优先权
	69℃		频率
	141℃		
	810mbar		
	12.319V		

图 9-62　读取故障码

查找电路图,检查进气温度传感器线束,该线束无短路或断路现象。

检查进气温度传感器自身电阻,如图 9-63 所示。经检查,故障车辆 G42 的电阻值为 10.9Ω,与实际值不符,因此,判断由于 G42 传感器本身短路,导致发动机控制单元接收到较小的进气温度信号,由此才出现散热器风扇常转。

按照维修手册要求,更换新的进气温度传感器 G42,清除故障码,再次读取故障码,故障码不再重现,发动机工作正常。

3. 故障小结

G42 传感器的信号是发动机控制单元控制散热器风扇运转的一个辅助信号,当发动

图 9-63　检查进气温度传感器 G42 自身电阻

机控制单元接收到一个错误的进气温度传感器信号,为了防止发动机有损伤,因此控制风扇常转。案例中由于 G42 内部短路,使进气温度信号过小导致风扇常转,拔了 G42 传感器的插头后,ECU 读取的故障为"00275 温度传感器 G42　过大信号　静态",此时也会出现散热器风扇常转。进行故障检测和诊断时,不要盲目更换零部件,要学会使用诊断仪,并通过故障原因分析和检测,最终确定故障点,并按照维修手册要求,修复故障。

任务小结

(1)进气温度传感器用来检测发动机进气温度,并将进气温度信息转换成电信号输入 ECU,ECU 据此计算修正喷油量。

(2)冷却液温度传感器用来检测发动机冷却液的温度,并将温度信号转换为电信号传送给发动机电控单元,电控单元根据该信号修正喷油时间和点火时间,使发动机工况处于最佳运行状态。

(3)进气温度传感器和冷却液温度传感器采用的都是负温度系数的热敏电阻。

(4)冷却液温度传感器、进气温度传感器检修项目包括读取温度传感器的数据流、检测

温度传感器的线路、检测温度传感器的波形及更换温度传感器等。

习题

一、判断题

1.电控单元根据温度信号修正喷油时间和点火时间,使发动机工况处于最佳运行状态。
（　　）

2.冷却液温度传感器属正温度系数型热敏电阻式温度传感器。　　　　（　　）

3.进气温度信号是多种控制功能的修正信号,包括燃油脉宽、点火正时、怠速控制和尾气排放等。　　　　　　　　　　　　　　　　　　　　　　　　　　（　　）

4.热敏电阻是利用陶瓷半导体材料的电阻随温度变化而变化的特性制成的。（　　）

5.如果测量发动机的排气温度,热敏电阻的工作温度则为 −30～130℃。（　　）

二、选择题

1.NTC 型热敏电阻,温度越高,阻值（　　）。

　　A.越大　　　　　　B.越小　　　　　　C.不变　　　　　　D.不确定

2.迈腾 1.8TSICEA 发动机的冷却液温度传感器 G83 安装在（　　）。

　　A.发动机缸体上　　B.散热器上　　　C.膨胀水壶上　　D.散热器出口水管上

3.冷却液温度传感器损坏,不可能引起的故障有（　　）。

　　A.起动机不转　　　B.起动困难　　　C.风扇常转　　　D.水温过高

4.检测冷却液温度传感器电源是否是 5V 时,需要（　　）。

　　A.断开蓄电池负极　　　　　　　B.起动发动机

　　C.拔下冷却液温度传感器线束插头　　D.从发动机上拆卸下冷却液温度传感器

5.当用万用表检测到冷却液温度传感器信号为 0 时,说明（　　）。

　　A.信号断路　　　B.信号对地短路　　　C.信号虚接　　　D.信号正常

学习任务 6　氧传感器故障诊断与修复

任务描述

一辆装备 EA888 发动机的迈腾汽车,客户提车后不久,客户李先生反映该车发动机故障指示灯点亮,但动力性能并没有什么变化。

能引起此故障灯点亮的因素有多个,可能是进气系统故障、燃油供给系统故障、点火系统故障或者发动机电控系统故障。氧传感器失效会导致混合气过浓或过稀,产生怠速不稳、油耗过大、排放过高等故障,此时发动机自诊断系统将点亮汽车仪表板上的发动机故障报警灯,提示要立即检修。若判断故障在氧传感器,则需要对氧传感器进行检修。

学习目标

知识目标

(1)掌握氧传感器的功用;

(2)掌握氧传感器的类型;

(3)掌握氧传感器的结构组成、工作原理及信号特性;

(4)掌握氧传感器的故障检测诊断方法。

技能目标

(1)具备信息查询和维修手册使用的基本能力;

(2)能够按照企业安全生产规范进行操作;

(3)能运用检测和诊断设备完成氧传感器的检测与诊断;

(4)能参阅维修手册完成氧传感器的更换。

素质目标

(1)培养学生具有爱党报国、敬业奉献和服务人民的思想;

(2)培养学生具有奋斗精神、奉献精神、创造精神、勤俭节约精神、劳动精神、工匠精神;

(3)培养学生良好的职业道德,严谨的工作态度和严格的质量意识、安全意识、环保意识、团队意识。

建议学时:4 学时。

知识准备

氧传感器安装在排气管上,在使用三元催化转化器降低排放污染的发动机上,氧传感器是必不可少的。三元催化转化器安装在排气管的中段,它能净化排气中 CO、HC 和 NO_x 三种主要的有害成分,但只在混合气的空燃比处于接近理论空燃比的一个窄小范围内,才能有效地起到净化功用。故在排气管中插入氧传感器,借检测废气中的氧浓度测定空燃比,并将其转换成电压信号或电阻信号,反馈给 ECU,ECU 控制空燃比收敛于理论值附近。

一、氧传感器类型

目前使用的氧传感器有氧化锆(ZrO_2)式和氧化钛(TiO_2)式两种,如图 9-64 所示,其中应用最多的是氧化锆式氧传感器。氧传感器有多种形式,除结构上有差异外,在外形上也有所不同,其接线有一根、二根或者三根、四根。后两种是装有加热元件的加热式氧传感器。检测时需要使用数字式万用表或示波器来检测输出电压信号随混合气浓度变化的情况,以及 ECU 对电压信号的响应。发动机在正常工作温度时,氧传感器如不能随混合气浓度输出相应的电压,则证明失效,需要进行更换。氧传感器失效会导致混合气过浓或过稀,产生怠速不稳、油耗过大、排放过高等故障,此时发动机自诊断系统将点亮汽车仪表板上的发动机报警灯,提示要立即检修。

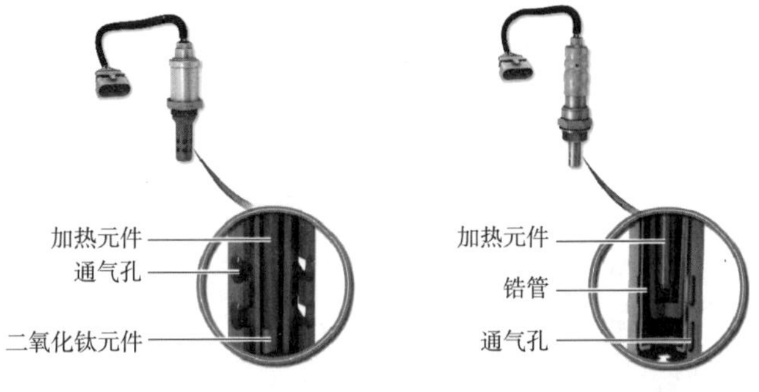

a)氧化锆式氧传感器   b)氧化钛式氧传感器

图 9-64 氧传感器

氧传感器原理

按检测空燃比数值的范围不同分为普通氧传感器和宽带型氧传感器。普通氧传感器只能检测空燃比是大于或小于 14.7,当空燃比偏离理想空燃比较多时,其反应灵敏性降低;宽带型氧传感器即新式氧传感器,简称"空燃比传感器",能检测的空燃比范围为 23:1 ~ 11:1,且检测精度高,不仅能使发动机实现稀混合气或浓混合气控制,而且喷油量的控制更加精确。

按功能不同分为:前氧传感器和后氧传感器。前氧传感器安装在三元催化转换器前面,用于检测混合气空燃比,ECU 据此调节喷油量,实现空燃比的闭环控制;后氧传感器安装在三元催化转换器后面,用于检测经过三元催化转换器转换后的排气成分,监测三元催化转换器的转换效率。

二、普通氧化锆式传感器结构组成与工作原理

1.普通氧化锆式氧传感器结构组成

氧化锆式氧传感器的基本元件是氧化锆(ZrO_2)陶瓷管(固体电解质),又称锆管,如图 9-65 所示。锆管固定在带有安装螺纹的固定套中,内外表面均覆盖着一层多孔性的铂膜,其内表面与大气接触,外表面与废气接触。氧传感器的接线端有一个金属护套,其上开有一个用于锆管内腔与大气相通的孔;电线将锆管内表面的铂极经绝缘套从此接线端引出。

2.普通氧化锆式氧传感器工作原理

氧化锆在温度超过 300℃后,才能进行正常工作。早期使用的氧传感器靠排气加热,这种传感器必须在发动机起动运转数分钟后才能开始工作。现在,大部分汽车使用带加热器的氧传感器。这种传感器内有一个电加热元件,可在发动机起动后的 20 ~ 30s 内迅速将氧传感器加热至工作温度。

图 9-65 氧化锆式氧传感器

连接器针脚

大气孔

加热元件
锆管

外电极
闪电极

氧化锆式氧传感器
工作原理

锆管的陶瓷体是多孔的,渗入其中的氧气,在温度较高时发生电离。由于锆管内、外侧氧含量不一致,存在浓度差,因而氧离子从大气侧向排气一侧扩散,从而使锆管成为一个微电池,在两铂极间产生电压。

当混合气的实际空燃比小于理论空燃比,即发动机以较浓的混合气运转时,排气中氧含量少,但 CO、HC、H_2 等较多,这些气体在锆管外表面的铂催化功用下与氧发生反应,将耗尽排气中残余的氧,使锆管外表面氧气浓度变为零,这就使得锆管内、外侧氧浓度差加大,两铂极间电压陡增。因此,锆管传感器产生的电压将在理论空燃比时发生突变:稀混合气时,输出电压几乎为零;浓混合气时,输出电压接近 1V,如图 9-66 所示。

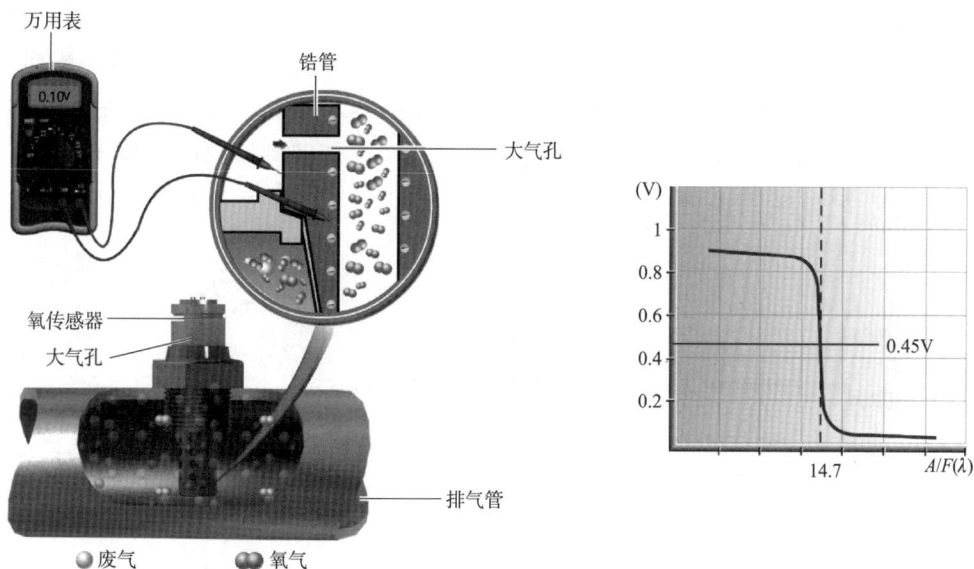

万用表

锆管

大气孔

氧传感器
大气孔

排气管

废气 氧气

图 9-66 氧传感器的工作原理

要准确地保持混合气浓度为理论空燃比是不可能的。实际上的反馈控制只能使混合气在理论空燃比附近一个较小的范围内波动,故氧传感器的输出电压在 0.1 ~ 0.8V 之间不断变化(通常每 10s 内变化 8 次以上)。如果氧传感器输出电压变化过缓(每 10s 少于 8 次)或电压保持不变(不论保持在高电位或低电位),则表明氧传感器有故障,需检修。

三、宽带型氧传感器结构组成与工作原理

宽带型氧传感器能够提供准确的空燃比反馈信号给ECU,从而ECU精确地控制喷油时间,使汽缸内混合气浓度始终保持在理论空燃比值附近。宽带型氧传感器的使用提高了ECU的控制精度,最大限度地发挥了三元催化的功用,优化了发动机的性能,并可节省大约15%的燃油消耗,更加有效地降低了有害气体的排放。宽带型氧传感器通过检测发动机尾气排放中的氧含量,并向发动机控制单元(ECU)输送相应的电压信号,反应空燃比的稀浓。ECU根据氧传感器传送的实际混合气浓稀信号而相应调节喷油脉宽,使发动机运行在最佳空燃比($\lambda = 1$)状态,从而为三元催化转换器的尾气处理创造理想的条件。如果混合气太浓($\lambda < 1$),必须减少喷油量,如果混合气太稀($\lambda > 1$),则要增加喷油量。

1.宽带型氧传感器分类与结构组成

根据氧传感器的制造材料不同,宽带型氧传感器可分为氧化锆为基本的固化电解质型和利用氧化物半导体电阻变化型两大类;根据传感器的结构不同,宽带型氧传感器又可分为电池型、临界电流型及泵电池型。宽带型氧传感器的基本控制原理就是以普通氧化锆型氧传感器为基础扩展而来。氧化锆型氧传感器有一特性,即当氧离子移动时会产生电动势。反之,若将电动势加在氧化锆组件上,即会造成氧离子的移动。根据此原理即可由发动机控制单元控制所想要的比例值。

宽带型氧传感器的结构如图9-67所示。构成宽带型氧传感器的组件有两个部分:一部分为氧电池B,另一部分是泵氧元A。氧电池的一面与大气接触,而另一面是测试腔,通过扩散孔与排气接触,与普通氧化锆传感器一样,由于氧电池两侧的氧含量不同而产生一个电动势。一般的氧化锆传感器将此电压作为控制单元的输入信号来控制混合比,而宽带型氧传感器与此不同的是,发动机控制单元要把氧电池两侧的氧含量保持一致,让电压值维持在0.45V,这个电压只是ECU的参考标准值,它就需要传感器的另一部分来完成。

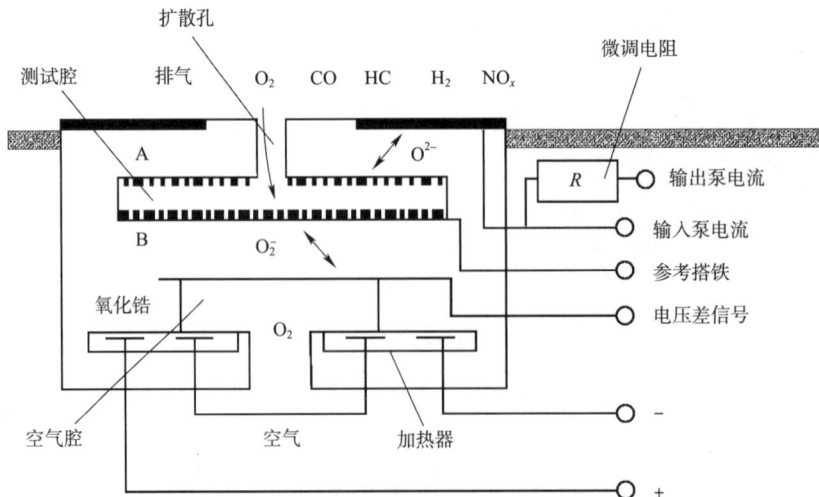

图9-67 宽带型氧传感器的结构

2. 宽带型氧传感器的基本原理

宽带型氧传感器的另一部分是传感器的关键部位——泵氧元，泵氧元一边是排气，另一边与测试腔相连。泵氧元就是利用氧化锆传感器的反功用原理，将电压施加于氧化锆组件（泵氧元）上，这样会造成氧离子的移动，把排气中的氧泵入测试腔当中，使氧电池两侧的电压值维持在 0.45V。这个施加在泵氧元上变化的电压，才是我们要的氧含量信号。如果混合气太浓，那么排气中含氧量下降，此时从扩散孔溢出的氧较多，氧电池的电压升高。为达到平衡发动机的控制单元，增加控制电流使泵氧元增加泵氧效率，使测试腔的氧含量增加，这样可以调节感应式的电压恢复到 0.45V；相反混合气太稀，则排气中的含氧量增加，这时氧要从扩散孔进入测试腔，氧电池电压降低，此时泵氧元向外排出氧来平衡测试腔中的含氧量，使氧电池的电压维持在 0.45V。总而言之，加在泵氧元上的电压可以保证当测试腔内的氧多时，排出腔内的氧，这时发动机控制单元的控制电流是正电流；当腔内的氧少时，进行供氧，此时发动机控制单元的控制电流是负电流。以上过程供给泵氧元的电流就反映了排气中的剩余空气含量系数。

宽带型氧传感器有 5 跟接线端子，其中 2 根是加热器的接线，1 根是泵氧元 A 和氧电池 B 共用的参考搭铁线，1 根是氧电池单元的信号线（电压差信号），另一根是泵氧单元泵电流的线。由于排气中的氧分子通过扩散孔向测试腔的扩散速率直接影响泵电流的数值，为了补偿制造误差，制造厂在每个宽带型氧传感器成品之前都要对其进气严格的校准，在传感器的泵电流电路上增加一个微调电阻，并将电阻安置在传感器的线束插头内，使 5 根接线的宽带型氧传感器有 6 根接线。该微调电阻阻值范围在 30 ~ 300Ω 之间，而且对每个传感器而言，该电阻的阻值都不完全相同，在更换传感器时，应将带有该电阻的传感器线束一同换掉。

四、空燃比反馈控制

1. 空燃比反馈控制原因

为了获得三元催化转换器所要求的空燃比，必须十分精确地控制喷油量。但在如下情况下，仅凭空气流量传感器测得进气量信号是达不到这么高的控制精度，都会造成燃烧后排出的 CO、HC、NO_x 在排气管中的混合比例不对，三元催化转换效率下降，造成排放污染严重。

（1）如喷油器漏油或堵塞时会造成实际混合气过浓或过稀。

（2）点火系统缺火或火花能量不足会造成没有燃烧完的混合气直接进入三元催化转换器燃烧，造成动力性、经济性和排放性下降。

（3）气门正时不对，混合气也会直接进入三元催化转换器燃烧。

（4）空气流量传感器后的进气歧管漏气会造成生成的 NO_x 过多或空气流量传感器有故障后的输出曲线有偏差。

（5）冷却液温度传感器输出曲线有偏差。

（6）燃油系统喷油压力调节装置失效，使系统压力不正确。

（7）进气温度传感器信号输出曲线有偏差等。

因此必须借助安装在排气管中的氧传感器送来的反馈信号,对理论空燃比进行反馈控制。发动机控制单元根据氧传感器的输入信号,对混合气空燃比进行控制的方法称为闭环控制,它是一个简单而实用的闭环控制系统,这个控制系统需要经过一定时间间隔,控制过程才能响应,即从进气管内形成混合气开始,至氧传感器检测排气中的含氧浓度,需要经过一定时间。这一过程的时间包括混合气吸入汽缸、排气流过氧传感器以及氧传感器的响应时间等。由于存在滞后时间,要完全准确地使空燃比保持在理论空燃比14.7是不可能的,因此实际控制的混合气的空燃比总是保持在理论空燃比14.7附近的一个狭窄范围内。

2. 反馈控制的实施条件

采用氧传感器进行反馈控制即闭环控制期间,原则上供给的混合气是在理论空燃比附近。但在有些条件下又是不适宜的,如发动机起动时以及刚起动未暖机时,由于发动机冷却液温度低,这时需要较浓的混合气,如按反馈控制供给的混合气在理论空燃比附近,发动机可能会熄火。又如发动机在大负荷、高转速运转时(实际在高速公路、车速超过130km/h,风阻很大,要保证高车速必须大节气门才能维持发动机高转速高转矩,发动机转速高,车速才能高)也需要较浓的混合气,如按反馈控制供给的混合气也在理论空燃比附近,则发动机会运转不良。所以在有些情况下必须停止反馈控制,即进入开环控制状态,一般遇到以下情况反馈控制功用解除:

(1)发动机起动时。

(2)冷起动后暖机过程。

(3)汽车大负荷或超速行驶时。

(4)燃油中断停供时。

(5)从氧传感器送来的空燃比过稀信号持续时间大于规定值(如10s以上)时。

(6)从氧传感器送来的空燃比过浓信号持续时间大于规定值(如4s以上)时。

此外,由于氧传感器的温度在300℃以下不会产生电压信号,当然反馈控制也不会发生功用。

操作指引

1. 组织方式

(1)场地设施:举升机一台,装有废气抽排系统和消防设施的场地。

(2)设备设施:迈腾汽车。

(3)工量具:常用工具一套、车辆故障诊断仪、示波器、万用表等。

(4)耗材:熔断丝、线束、氧传感器等。

(5)学生组织:教师指导、分组实训、过程评价。

2. 注意事项

(1)穿着干净整齐的工作服。

(2)遵守场地安全规定,注意用电安全。

(3)插拔诊断仪时一定要关闭点火开关。

（4）正确使用万用表、示波器等工量具。

（5）在检测氧传感器时，严禁用力拉扯线束。

任务实施

氧传感器检测

迈腾的 EA888 发动机安装有两个氧传感器，前氧传感器为 G39，加热器为 Z19；后氧传感器为 G130，加热器为 Z29。前、后氧传感器线束插头安装位置如图 9-68 所示。前、后氧传感器电路图如图 9-69 所示。

a)前传感器插头　　　　　　　　　　b)后氧传感器插头

图 9-68　迈腾 1.8T 发动机前、后氧传感器线束插头安装位置

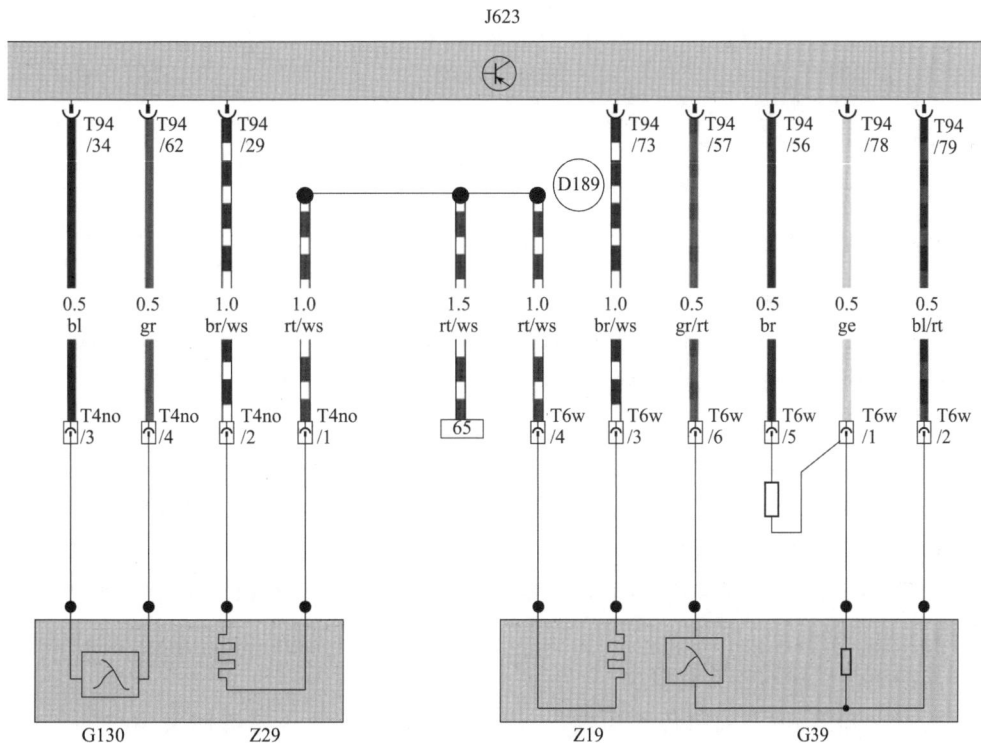

图 9-69　迈腾 1.8T 发动机前、后氧传感器电路图

前氧传感器为新型宽带型氧传感器,有6根线。T6w/4 为加热器12V电源、T6w/3 为加热器 ECU 控制的搭铁端子,T6w/6 为氧电池单元的信号端子,T6w/5 为校准后的泵氧单元的信号端子,T6w/1 为泵氧单元的初始信号端子,T6w/2 为氧电池单元与泵氧单元的共用参考搭铁端子。后氧传感器为普通加热式氧传感器,有4根线,T4no/1、T4no/2 为加热器端子,T4no/3、T4no/4 为氧传感器端子。下面以前氧传感器为例说明其检测过程。

1. 读取氧传感器数据流

将故障诊断仪连接到诊断座 DLC3,打开点火开关并起动发动机,打开诊断仪,测量数据流,发动机转速在 $700 \sim 860 r/min$(迈腾 1.8T),氧传感器的数据流见表9-7。

氧传感器数据流

表9-7

地址列	ID	测量值	单位	数值
01	1.1	发动机转速	r/min	2640
	1.2	冷却液温度	℃	67.0
	1.3	氧传感器控制值	%	0.0
	34.2	催化转换器温度	℃	498.0
	34.3	传感器1、动态因素		1.00
	36.1	传感器2、传感器电压	V	0.45
	37.3	确定空燃比控制的部件		0.000
	41.1	氧传感器加热、传感器1的电脑	Ω	510
	41.3	氧传感器加热、传感器2的电脑		
	41.4	传感器2的状态		HIg aC,切断
	43.1	发动机转速、空燃比传感器老化	r/min	2040
	43.3	传感器2、氧传感器电压	V	0.47

2. 检测氧传感器线路

1)检测加热器电源

关闭点火开关,拔下前氧传感器插头,点火开关至 ON 位,用万用表检测前氧传感器插头 4 号端子与搭铁之间电压,电压应为12V 左右。

2)检测氧传感器输出信号

起动发动机并运转至工作温度,用万用表检测前氧传感器信号端子 T6w/5 与搭铁之间电压,怠速时信号电压值应在 $2.2 \sim 2.8V$ 之间变化。后氧传感器信号在 0.45V 左右。

3)检测氧传感器线路电阻

点火开关断开,断开氧传感器插接器,检测氧传感器与发动机 ECU 对应端子的电阻,应小于1Ω。

4)检测氧传感器加热器电阻

关闭点火开关,拔下前氧传感器插头,用万用表检测前氧传感器插头 T6w/3 与 T6w/4 端子之间电阻,电阻值应为3.7Ω 左右,如图9-70 所示。

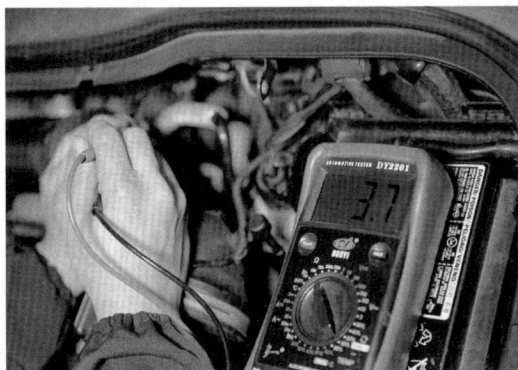

图 9-70　检测传感器加热器电阻

3. 检测氧传感器信号特性

用示波器测量氧传感器信号波形,普通氧传感器信号如图 9-71 所示,宽带型氧传感器信号如图 9-72 所示。

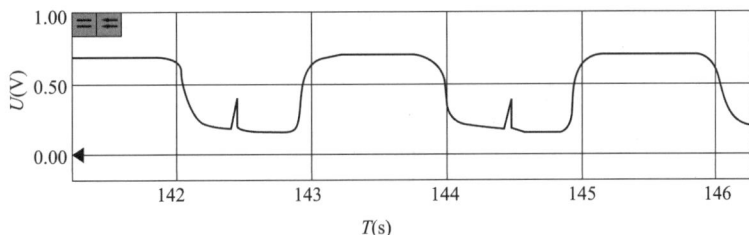

图 9-71　普通氧传感器信号波形

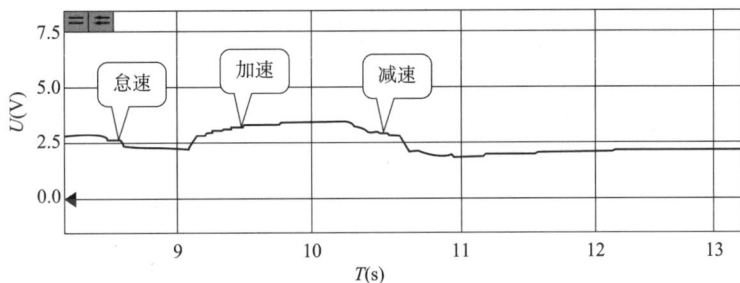

图 9-72　宽带型氧传感器信号波形

4. 更换氧传感器

如确认氧传感器故障,需按维修手册要求更换氧传感器。

任务解决方案

1. 故障原因分析

客户李先生反映一辆装备 EA888 发动机的迈腾汽车发动机故障灯点亮。能引起此故障灯点亮的因素有多个,可能是进气系统故障、燃油供给系统故障、点火系统故障或者发动机电控系统故障。现在需要使用诊断仪器、设备和工具做进一步检测。

2.故障诊断与排除过程

1）读取故障码

用诊断仪 VAS6150 读取故障码,发动机控制单元内存有"00320 P0140 000（氧传感器电路,汽缸列1 传感器2 未检测到任何活动 静态）"故障,其余均正常,如图9-73 所示。

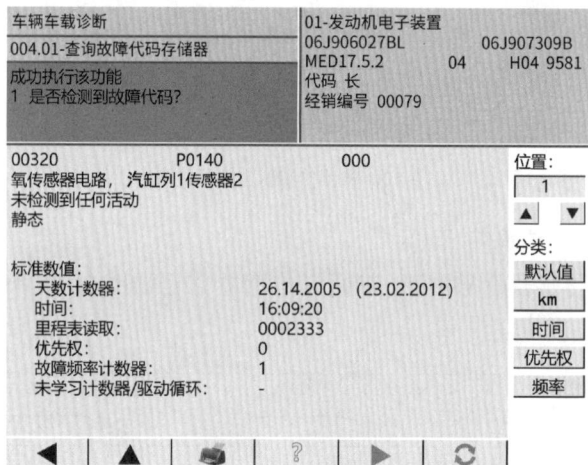

图9-73　读取故障码

2）读取数据流

读取发动机36 组数据块传感器2 数据（传感器2 即后氧传感器 G130）如下。

第一区:0.47V;第二区:汽缸列1 传感器2 不正常,如图9-74 所示。

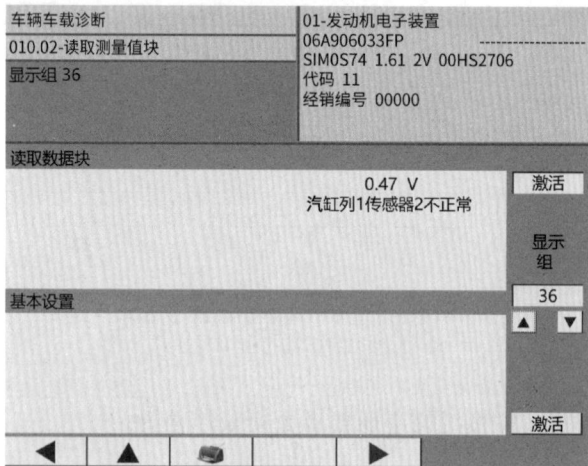

图9-74　读取数据流

根据实车加速正常和前氧传感器工作正常,参照以上故障记录和数据块分析可能的故障原因:

（1）后氧传感器 G130 存在故障。

（2）后氧传感器 G130 到 ECU 的线路、插头存在故障。

（3）发动机 ECU 本身有故障。

3）检查后氧传感器 G130 插头及线束

关闭点火开关，检查后氧传感器 G130 插头，后氧传感器 G130 插头为 T4no，经检查插头内部 T4no/4 插脚接触不良，导致 G130 不能正常工作，发动机尾气排放故障灯亮，如图 9-75 所示。

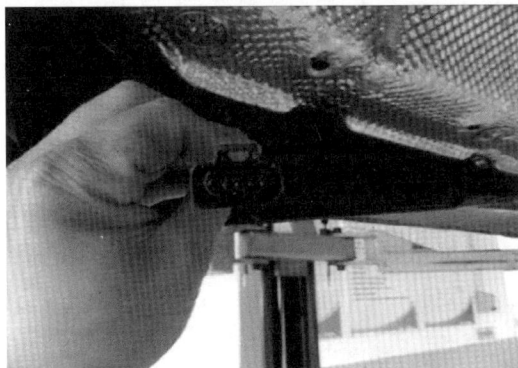

图 9-75　后氧传感器电路

将后氧传感器 G130 插头 T4no 修复后（图 9-76），清除故障码，再次读取故障码，故障码不再重现，故障灯不再点亮，发动机工作正常。

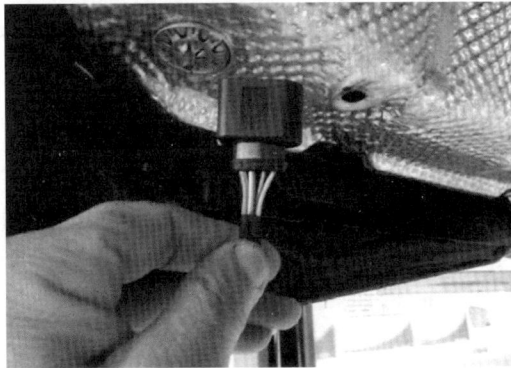

图 9-76　后氧传感器 G130 插头为 T4no

3.故障小结

案例中是后氧传感器 G130 线束插头接触不良导致发动机尾气排放故障灯亮。进行故障检测和诊断时,不要盲目更换零部件,要学会使用诊断仪,并通过故障原因分析和检测,最终确定故障点,并按照维修手册要求,排除故障。

任务小结

(1)氧传感器安装在排气管上,用来检测排气管尾气中氧气的含量,并以电信号的方式告知发动机控制单元,发动机控制单元根据氧传感器的信号去调整喷油量来实现喷油系统的闭环控制。

(2)如果氧传感器出现问题,可能会导致混合气过浓或过稀,产生怠速不稳、油耗过大、排放过高等故障。

(3)氧传感器检修项目包括读取氧传感器数据流、检测氧传感器线路、检测氧传感器波形及更换氧传感器等。

习题

一、判断题

1.氧量传感器 O2S,氧传感器安装在排气管上。   (   )

2.不管混合气稀浓,三元催化转化器都能有效地起到净化作用。   (   )

3.宽带型氧传感器只能检测空燃比是大于或小于14.7。   (   )

4.前氧传感器用于检测经过三元催化转换器转换后的排气成分,监测三元催化转换器的转换效率。   (   )

5.氧化锆在温度超过300℃后,才能进行正常工作。   (   )

二、选择题

1.用于空燃比的喷油闭环控制的是(   )。

    A.空气流量传感器 B.前氧传感器   C.后氧传感器   D.燃油泵

2.氧传感器加热丝可在发动机起动后的(   )内迅速将氧传感器加热至工作温度。

    A.20～30s   B.30～60s   C.1min   D.2min 以上

3.当混合气的实际空燃比小于理论空燃比时,锆管内、外侧氧浓度差(   )。

    A.增大   B.减小   C.不变   D.不确定

4.氧传感器损坏,不可能引起的故障有(   )。

    A.起动机不转   B.油耗过大   C.怠速不稳   D.排放过高

5.如果混合气太浓,那么排气中含氧量下降,(   )控制电流使泵氧元增加泵氧效率,使测试腔的氧含量增加。

    A.增加   B.减少   C.不变

学习任务7 爆震传感器故障诊断与修复

任务描述

一辆装备 EA211 发动机的速腾汽车,行驶里程仅 1213km,客户李先生反映该车出现行驶加速无力,最高只有 80km/h,转速 3000r/min 不升挡的故障现象。

发动机机械系统正常的情况下,发动机加速无力,一般故障出现在发动机电控系统的传感器、ECU 或执行器。当爆震传感器出现故障时,可能会出现发动机加速无力、排放超标等故障现象。若判断故障在爆震传感器,则需要对爆震传感器进行检修。

学习目标

知识目标

(1)掌握爆震传感器的功用;

(2)掌握爆震传感器的类型;

(3)掌握爆震传感器的结构组成、工作原理及信号特性;

(4)掌握爆震传感器的故障检测诊断方法。

技能目标

(1)具备信息查询和维修手册使用的基本能力;

(2)能够按照企业安全生产规范进行操作;

(3)能运用检测和诊断设备完成爆震传感器的检测与诊断;

(4)能参阅维修手册完成爆震传感器的更换。

素质目标

(1)培养学生具有爱党报国、敬业奉献和服务人民的思想;

(2)培养学生具有奋斗精神、奉献精神、创造精神、勤俭节约精神、劳动精神、工匠精神;

(3)培养学生良好的职业道德,严谨的工作态度和严格的质量意识、安全意识、环保意识、团队意识。

建议学时:2 学时。

知识准备

发动机工作时因点火时间提前过度(点火提前角)、发动机的负荷、温度及燃料的质量等影响,会引起发动机爆震。发生爆震时,由于气体燃烧在活塞运动到上止点之前,轻者产生噪声及降低发动机的功率,重者会损坏发动机的机械部件。为了防止爆震的产生,爆震传感器是不可缺少的重要部件,以便通过电子控制系统去调整点火提前时间。

一、发动机爆震传感器分类

检测发动机爆震的方法有三种:一是检测发动机燃烧室的压力变化;二是检测发动机缸

体的振动频率;三是检测混合气燃烧的噪声。通过直接检测燃烧室压力变化来检测发动机振动的测量精度高,但传感器安装复杂且耐久性差,一般用于测量仪器。测量混合气燃烧噪声的方法为非接触式检测,其耐久性好但测量精度与灵敏度较低,实际应用很少。实际应用的压力检测传感器均为间接测量式,通过检测发动机缸体振动频率来检测爆震的优点是测量灵敏度高、传感器安装方便且输出电压变化大,因此现代汽车工业广泛采用该种检测方法的爆震传感器。

利用振动法检测爆震的传感器有磁致伸缩型和半导体压电型两种类型,其中半导体压电型又有共振型和非共振型之分,如图9-77所示。

a)非共振型压电式爆震传感器　　b)共振型压电式爆震传感器　　c)磁致伸缩式爆震传感器

爆震传感器功用

爆震传感器
工作原理

图9-77　爆震传感器类型

二、非共振型压电式爆震传感器结构组成与工作原理

非共振型压电式爆震传感器以接收加速度信号的形式,来判别爆震是否产生。传感器结构如图9-78所示。

它由两个压电元件同极性相向对接,使用的配重块用一个螺钉固定在壳体上,它将加速度变换成作用于压电元件上的压力,输出电压由两个压电元件的中央取出。这种传感器构造简单,制造时不需调整。

非共振型压电式爆震传感器工作原理

发动机振动时,安装在发动机缸体上的爆震传感器内部配重受振动的影响而产生加速度,因此,在压电元件上就会受到加速时惯性力的作用而产生电压信号。此种传感器不像磁致伸缩式爆震传感器那样在爆震频率附近产生一个较高的输出电压,用以判断爆震的产生,而是具有平的输出特性,如图9-79所示为非共振型压电式爆震传感器输出电压与频率的关系。因此,必须将反应发动机振动频率的输出电压信号送至识别爆震的滤波器中,判别是否有爆震信号产生。这种传感器的感测频率范围设计成由零至数十千赫兹,可检测具有很宽频带的发动机的振动频率。

三、共振型压电式爆震传感器结构组成与工作原理

共振型压电式爆震传感器利用产生爆震时的发动机振动频率,与传感器本身的固有频率相符合,而产生共振现象,用以检测爆震是否发生。该传感器在爆震时的输出电压比无爆震时的输出电压高得多,因此无需使用滤波器,即可判别有

共振型压电式爆震传感器工作原理

无爆震产生。如图 9-80a)所示为共振型压电式爆震传感器的结构,压电元件紧密地贴合在振荡片上,振荡片则固定在传感器的基座上,振荡片随发动机振动而振荡,并且波及压电元件,使其变形而产生电压信号。当发动机爆震时的振动频率与振荡片的固有频率相符合时,振荡片产生共振,此时压电元件将产生最大的电压信号,如图 9-80b)所示。

图 9-78 非共振型压电式爆震传感器

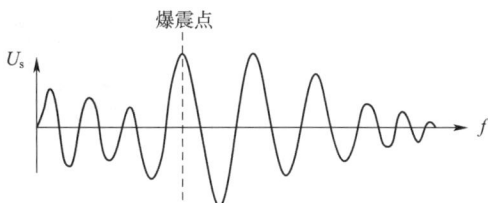

图 9-79 输出电压与频率的关系

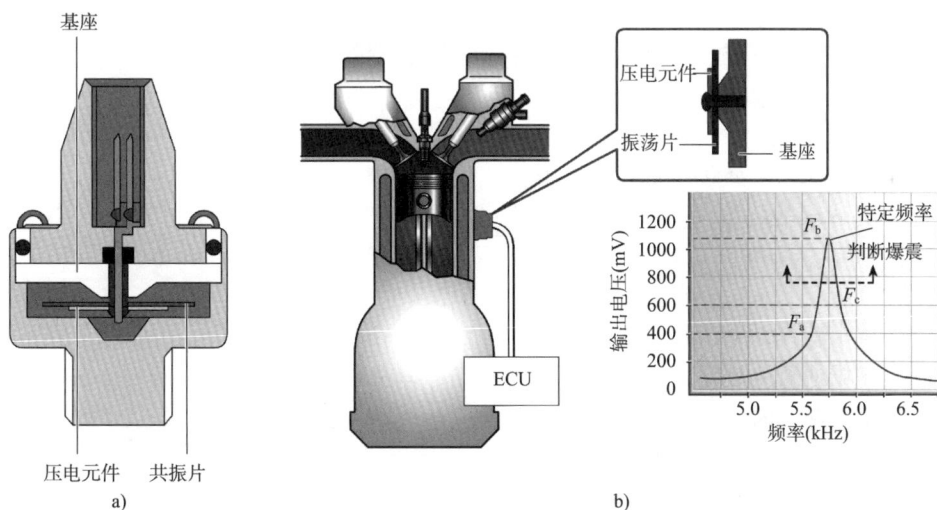

a)

b)

图 9-80 共振型压电式爆震传感器

四、磁致伸缩式爆震传感器结构组成与工作原理

磁致伸缩式爆震传感器安装在发动机上,将发动机振动频率转换成电压信号,然后输送给 ECU,以检测发动机爆震的强度。当发动机的爆震强度与设定值相同时,爆震传感器输出最大的电压信号,以表示发动机由于爆震而产生使机体异常的振动频率。如图 9-81 所示为磁致伸缩式爆震传感器结构图,其内部有永久磁铁、靠永久磁铁激磁的强磁性铁芯以及铁芯周围的线圈。其工作原理是:当发动机的汽缸体出现振动时,该传感器在 7kHz 左右处与发动机产生共振,强磁性材料铁芯的磁导率发生变化,致使永久磁铁穿心的磁通密度也变化,

从而在铁芯周围的绕组中产生感应电动势,并将这一电信号输入 ECU。

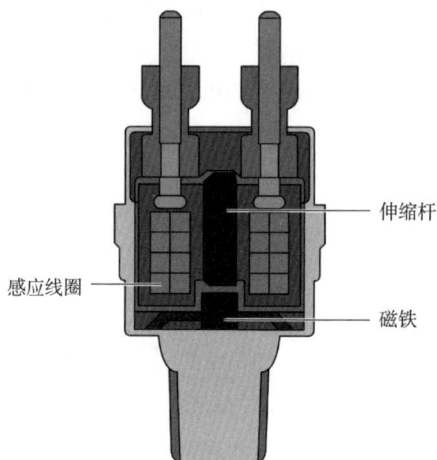

图 9-81　磁致伸缩式爆震传感器

操作指引

1. 组织方式

(1)场地设施:举升机一台,装有废气抽排系统和消防设施的场地。

(2)设备设施:迈腾汽车。

(3)工量具:常用工具一套、车辆故障诊断仪、示波器、万用表等。

(4)耗材:熔断丝、线束、爆震传感器等。

(5)学生组织:教师指导、分组实训、过程评价。

2. 注意事项

(1)穿着干净整齐的工作服。

(2)遵守场地安全规定,注意用电安全。

(3)插拔诊断仪时一定要关闭点火开关。

(4)正确使用万用表、示波器等工量具。

(5)在检测爆震传感器时,严禁用力拉扯线束。

任务实施

图 9-82、图 9-83 所示为迈腾 1.8T CEA 发动机爆震传感器的安装位置图和电路图。

1. 爆震传感器电阻的检测

点火开关置于"OFF"位置,拔开爆震传感器导线接头,用万用表欧姆挡检测爆震传感器的接线端子与外壳间的电阻,应为∞(不导通);若为0Ω(导通)则需更换爆震传感器。用万用表的欧姆挡测量传感器两个端子与搭铁之间的电阻,若导通,说明传感器已经损坏,必须更换。

J$_{623}$

T60/56 T60/10 T60/25

0.35 sw   0.35 ws/br   0.35 br/rt

T3bh/3   T3bh/2   T3bh/1

G$_{61}$

图 9-82　爆震传感器安装位置图　　　　图 9-83　爆震传感器电路

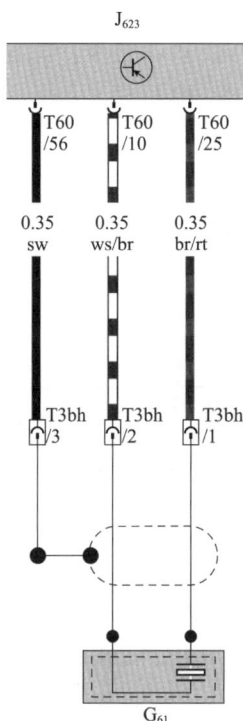

爆震传感器检测

拆卸和安装
爆震传感器

对于磁致伸缩式爆震传感器,还可应用万用表欧姆挡检测线圈的电阻,其阻值应符合规定值(具体数据见具体车型维修手册),否则更换爆震传感器。

2. 爆震传感器波形的检测

爆震传感器是否正常,应该用示波器检测发动机工作时,爆震传感器输出电压波形。如果有不规则的振动波形出现,并且该波形随发动机爆震情况的变化而有明显的变化,则说明爆震传感器工作正常。如果没有波形输出或者输出波形不随发动机工作情况的变化而变化,说明爆震传感器有故障,应该更换。

3. 爆震传感器输出信号的检测

1.8T 发动机爆震传感器的 3 个端子及电路图如图 9-83 所示,在爆震传感器的连接电路中,端子 1 为信号线正极,端子 2 为信号线负极,端子 3 为屏蔽线。拔开爆震传感器的连接插头,在发动机怠速时用万用表电压挡检查爆震传感器的接线端子与搭铁间的电压,应有脉冲电压输出。如没有,应更换爆震传感器。

4. 更换爆震传感器

如确认爆震传感器故障,需按维修手册要求更换爆震传感器。

任务解决方案

1. 故障原因分析

客户李先生反映一辆装备 EA211 发动机的速腾汽车,出现行驶加速无力、最高只有

80km/h、转速 3000r/min 不升挡的故障现象。能引起此故障的因素有多个,可能是进气系统故障、燃油供给系统故障、点火系统故障或发动机电控系统故障等。现在需要使用诊断仪器、设备和工具做进一步检测。

2. 故障诊断与排除过程

1)读取故障码

用诊断仪 VAS6150 读取故障码,发动机控制单元内存有"00807 P0327 002(爆震传感器1-G61 信号太小静态)"故障,其余均正常,如图9-84 所示。

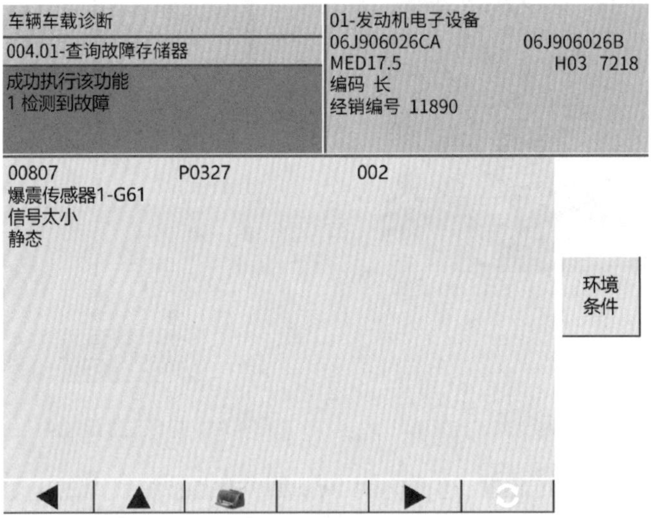

车辆车载诊断	01-发动机电子设备	
004.01-查询故障存储器	06J906026CA	06J906026B
成功执行该功能	MED17.5	H03 7218
1 检测到故障	编码 长	
	经销编号 11890	

00807   P0327   002
爆震传感器1-G61
信号太小
静态

环境
条件

◀   ▲   📖   ▶   🔄

图 9-84 读取故障码

2)读取数据流

读取发动机怠速数据未发现异常,外出试车发现汽车动力不足,转速在 3000r/min 才升挡,加速踏板踩到底只能升到 5 挡 80km/h,读取 01 发动机 14.15.16.组数据并未发现有失火现象,以故障码分析造成这种故障现象可能性有:

(1)燃油品质差。

(2)点火提前正时故障。

(3)爆震传感器故障。

(4)线路故障。

(5)发动机 ECU 板故障等。

3)检查爆震传感器插头、线束及发动机 ECU

经检查爆震传感器插头、线束及发动机 ECU 正常、燃油品质等均正常。

根据故障现象换挡时发动机转速升到 3000r/min 时发动机控制单元进行了转矩控制,提速换挡转速来保证足够的动力输出,怠速读取点火提前角数据和爆震传感器数据未发现异常,拷贝故障码清除后试车,发现汽车恢复正常,车辆行驶升挡正常,换挡时发动机在 2000r/min 左右,但行驶到桥面时又突然报此前故障。此时读取发动机数据流发现爆震传感器数据为 18kW,正常车辆爆震调节范围在 0 ~ 12.75kW,发动机控制单元监测到爆震异常,会延迟点火来控制,导致动力不足,多次试验汽车在急加速或上陡坡爆震传感器数据就会异常,上不去坡报以上故障。

在检查爆震传感器时发现传感器安装螺钉比较松,按维修手册重新安装爆震传感器,拧紧力矩为20N·m,清除故障反复急加速大负荷试车未发现问题,可以判断就是爆震传感器的问题。为验证故障原因,恢复爆震传感器原安装力矩试车,故障再现,最后判定为爆震传感器安装时未按标准力矩安装造成汽车故障。后续跟踪回访至今未出现问题。

3.故障小结

爆震传感器本身在实际中很少发生故障,发生故障时多为爆震传感器拧紧力矩不对,标准力矩为20N·m。如果发动机爆震传感器固定力矩过大,可能使它过于灵敏,减小了点火提前角造成发动机反应迟钝、排气温度过高、油耗增大;而如果发动机爆震传感器固定力矩过小,传感器灵敏度下降,此时发动机容易产生爆震,从而使得发动机温度过高、NO_x 化合物的排放量超标。进行故障检测和诊断时,不要盲目更换零部件,要学会使用诊断仪,并通过故障原因分析和检测,最终确定故障点,并按照维修手册要求,修复故障。

任务小结

(1)传感器通过检测发动机的振动强度判断发动机是否有无爆震,ECU 根据爆震传感器的信号去控制点火提前角的调整,实现点火系统的闭环控制。

(2)爆震传感器出现问题,可能会造成发动机的动力性下降、提速慢、发动机过热等故障现象,影响发动机动力输出和增加燃油消耗,使排放恶化。

(3)传感器检修项目包括爆震传感器波形分析、检测爆震传感器线路、检测爆震传感器阻值及更换爆震传感器等。

习题

一、判断题

1.点火提前角过大,会引起发动机爆震。　　　　　　　　　　　　　　　　　　(　　)

2.通过检测发动机缸体振动频率来检测爆震的优点是测量灵敏度高、传感器安装方便且输出电压变化大。　　　　　　　　　　　　　　　　　　　　　　　(　　)

3.通过直接检测燃烧室压力变化来检测发动机振动的测量精度高,但传感器安装复杂且耐久性差,一般用于测量仪器。　　　　　　　　　　　　　　　　　(　　)

4.磁致伸缩型爆震传感器又有共振型和非共振型之分。　　　　　　　　　　(　　)

5.磁致伸缩式爆震传感器在爆震频率附近产生一个较高的输出电压,用以判断爆震的产生。　　　　　　　　　　　　　　　　　　　　　　　　　　　　　(　　)

二、选择题

1.检测发动机爆震的方法有(　　　)种。

　　A.1　　　　　　　　　B.2　　　　　　　　　C.3　　　　　　　　　D.4

2.非共振型压电式爆震传感器以接收(　　　　)信号的形式,来判别爆震是否产生。

　　A.压力　　　　　B.转矩　　　　　　C.速度　　　　　　D.加速度

3. 下面不是爆震产生原因的是(　　)。

  A. 点火角过于提前   B. 发动机过度积炭

  C. 发动机温度过高   D. 燃油辛烷值过高

4. 爆震传感器一般有(　　)线束。

  A. 1 根   B. 2 根   C. 3 根   D. 4 根

5. 非共振型压电式爆震传感器,发动机振动时,在(　　)上就会受到加速时惯性力的作用而产生电压信号。

  A. 压电元件   B. 永久磁铁   C. 强磁性铁芯   D. 线圈

项目十　电子节气门系统故障诊断与修复

项目描述

　　一辆装备 EA888 发动机的迈腾汽车,行驶里程 6.8 万 km,用户李先生反映该车行驶时 EPC 灯亮,加速无力且换挡冲击大,偶尔出现发动机跛行控制。

　　引起该故障的主要原因可能有节气门位置传感器故障、节气门驱动电动机故障、加速踏板位置传感器故障等,需要对可能的故障部位进行检查,确定故障后,进行维修或部件更换。

学习目标

知识目标

(1)掌握发动机电子节气门系统的组成、功用及工作原理;

(2)掌握发动机电子节气门系统主要零部件的结构及工作原理;

(3)掌握发动机电子节气门系统各零部件检测及更换流程;

(4)掌握发动机电子节气门系统常见故障的诊断方法。

技能目标

(1)具备信息查询和电路图识读的基本能力;

(2)能够利用检测设备和工具进行发动机电子节气门系统主要零部件的检修;

(3)能够利用检测设备和工具进行发动机电子节气门系统的就车检测;

(4)能够利用检测设备和工具对发动机电子节气门系统的常见故障进行诊断和修复。

素质目标

(1)培养学生具有爱国敬业、爱党奉献和服务人民的思想;

(2)培养学生具有奋斗精神、奉献精神、创造精神、工匠精神;

(3)培养学生良好的职业道德,培养严格的质量意识、安全意识、环保意识;

(4)培养学生团队意识,养成自主学习的习惯。

建议学时:4 学时。

知识准备

电子节气门系统中节气门由一个电动机进行驱动,取消了加速踏板与节气门之间的拉索。驾驶人的驾驶意愿通过加速踏板位置传感器将信号传送到发动机控制单元,该控制单元再发出指令控制节气门开度。

一、电子节气门系统主要零部件结构及工作原理

电子节气门系统主要包括加速踏板位置传感器、节气门位置传感器、发动机控制单元(ECU)、节气门驱动电动机、EPC 灯等。

1.加速踏板位置传感器

加速踏板位置传感器检测踩下加速踏板踏量大小和变化速率并将电信号输入 ECU。

电子节气门系统采用两个加速踏板位置传感器,也称之为"冗余设计",其结构如图10-1所示,G79、G185 分别是大众迈腾发动机两个加速踏板位置传感器。冗余设计可使两个传感器相互检测,当一个传感器发生故障时能及时被识别,在很大程度上增加了系统的可靠性,保证行车的安全性。

加速踏板位置传感器有 6 条线,完全与发动机 ECU 相连,其中有 2 条电源线,2 条搭铁线,2 条信号线,电路图如图 10-2 所示。

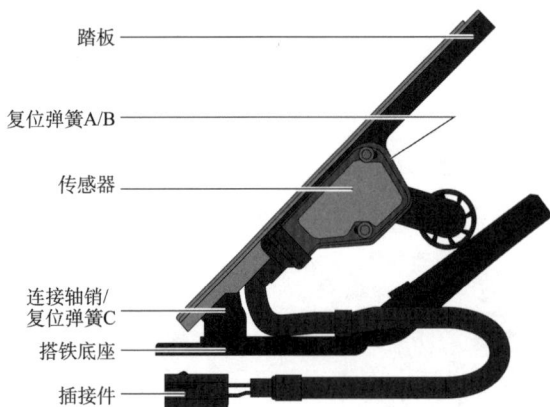

图 10-1　加速踏板位置传感器总成

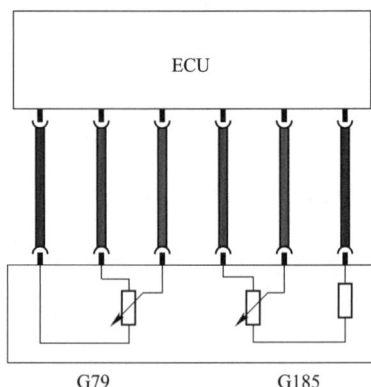

图 10-2　加速踏板位置传感器电路

ECU 向传感器提供基准电压,随着加速踏板位置的改变,两个传感器的信号电压也同步

改变,一个传感器的信号电压增大,另一个则同步增大。

2. 节气门位置传感器

节气门位置传感器安装到节气门体上,由两个无触点线性电位器组成,且由 ECU 提供相同的基准电压,其结构如图 10-3 所示。

图 10-3　节气门体总成

当节气门位置发生变化时,产生相应的电压信号输入 ECU,该电压信号反映节气门开度大小和变化速率。为保证系统的工作可靠性及行车的安全性,该传感器采用了冗余设计。

节气门位置传感器有 4 条线,完全与发动机 ECU 相连,其中有 1 条电源线,1 条搭铁线,2 条信号线,电路图如图 10-4 所示。

图 10-4　节气门位置传感器电路

大众节气门体

节气门位置
传感器结构

3. 控制单元(ECU)

控制单元是整个系统的核心,由信息处理模块和电动机驱动电路模块两部分组成。

信息处理模块接收来自加速踏板位置传感器的电压信号,经过处理后得到节气门的最佳开度,并把相应的电压信号发送到电动机驱动电路模块。电动机驱动电路模块接收来自信息处理模块的信号,控制电动机转动相应的角度,使节气门达到或保持相应的开度。

此外,控制单元还对系统的功能进行监控,如果发现故障,将点亮系统故障指示灯,提醒驾驶人系统有故障。

4. 节气门驱动电动机

节气门驱动电动机一般为直流电动机,经过两级齿轮减速来控制节气门开度。控制单元通过调节脉宽调制信号的占空比来控制直流电动机转角的大小,电动机方向则是由和节气门相连的复位弹簧控制。电动机输出转矩和脉宽调制信号的占空比成正比。当占空比一定,电动机输出转矩与复位弹簧阻力矩保持平衡时,节气门开度不变;当占空比增大时,电动机驱动力矩克服复位弹簧阻力矩,节气门开度增大;反之,当占空比减小时,电动机输出转矩和节气门开度也随之减小。

若驱动电动机有故障,节气门不再受电动机控制。节气门在复位弹簧的作用下返回到一个小开度的位置,使车辆慢速开到维修地点。

5. EPC 灯

发动机功率电子调节(Electronic Power Control,EPC),通常称为电子节气门,在仪表台上有对应的 EPC 报警灯,该指示灯用于监控汽油发动机的电子功率控制系统。在接通点火开关后,该灯亮3s,如果故障存储器内没有故障记录或者在这段时间内没有识别出故障,该灯就又熄灭了。系统出现故障时,发动机控制单元会接通该灯,故障存储器内也会记录下故障。

二、电子节气门系统工作原理

驾驶人操纵加速踏板,加速踏板位置传感器产生相应的电压信号输入控制单元,控制单元根据分析判断出驾驶人意图,并计算出对发动机转矩的基本需求,得到相应的节气门转角的基本期望值,然后再通过其他工况信息以及各种传感器信号如发动机转速、挡位、节气门位置、空调负载等了解其他功率需求,由此计算出整车所需求的全部转矩,通过对节气门转角期望值进行补偿,得到节气门的最佳开度,并把相应的电压信号发送到驱动电动机模块,驱动电动机使节气门达到最佳的开度位置。节气门位置传感器则把节气门的开度信号反馈给控制单元,形成闭环的位置控制。

电子节气门的特点是能通过调整节气门的位置来改变发动机的输出转矩,即使驾驶人没有踏动加速踏板也可调节发动机转矩。这样可使得发动机管理系统之间和内部更好地协调工作。

📖 **操作指引**

电子节气门
系统工作原理

1. 组织方式

(1)场地设施:举升机一台,装有废气抽排系统和消防设施的场地。

(2)设备设施:迈腾汽车。

(3)工量具:常用工具一套、车辆故障诊断仪、示波器、万用表等。

(4)耗材:熔断丝、线束等。

(5)学生组织:教师指导、分组实训、过程评价。

节气门位置传感器
工作原理

2.注意事项

(1)在实训场地应穿着干净整齐的工作服。

(2)听从实训指导教师的安排,严格遵守场地安全规定,注意用电安全。

(3)在操作过程中,注意拆装工具及万用表、诊断仪等设备的使用,拆下的零部件要轻拿轻放,避免磕碰和损坏。

(4)在检测加速踏板位置传感器、节气门位置传感器等部件的线路时,严禁用力拉扯线束。

(5)检测电气元件需断开部件插头时,应提前关闭点火开关。

项目实施

1.检测加速踏板位置传感器

1)读取加速踏板位置传感器数据流

将故障诊断仪连接到诊断座 DLC3,打开点火开关,打开诊断仪,测量数据流,踩下加速踏板(迈腾 1.8T)G79 变化范围应为 12% ~97%,G185 变化范围应为 4% ~49%。

2)检测加速踏板位置传感器线路

(1)检测电源电压。断开加速踏板位置传感器插接器,将点火开关置于 ON 位置。

将万用表旋转开关置于直流电压挡,检测电源线的电压应为 5V。

(2)检测加速踏板位置传感器输出信号。连接加速踏板位置传感器插接器,点火开关置于 ON 位置,踩下加速踏板,检测信号线端子电压应在 0 ~5V。

(3)检测加速踏板位置传感器线路电阻。点火开关断开,断开节气门位置传感器插接器,检测节气门位置传感器与发动机 ECU 对应端子的电阻,应小于 0.5Ω。

检测加速踏板位置传感器线路与车身的电阻应为∞。

2.检测节气门位置传感器及驱动电动机

1)读取节气门位置传感器数据流

将故障诊断仪连接到诊断座 DLC3,打开点火开关,打开诊断仪,测量数据流,踩下加速踏板(迈腾轿车)G187 变化范围应为 3% ~93%,G188 变化范围应为 3% ~97%。

2)检测节气门位置传感器线路

(1)检测电源电压。断开节气门位置传感器插接器,将点火开关置于 ON 位置。

将万用表旋转开关置于直流电压挡,检测电源线的电压应为 5V。

(2)检测节气门位置传感器输出信号。连接节气门位置传感器插接器,点火开关置于 ON 位置,踩下加速踏板,检测信号线端子电压应在 0 ~5V。

(3)检测节气门位置传感器线路电阻。点火开关断开,断开节气门位置传感器插接器,检测节气门位置传感器与发动机 ECU 对应端子的电阻,应小于 0.5Ω。

检测加速踏板位置传感器线路与车身的电阻应为∞。

3)检测节气门驱动电动机

断开节气门驱动电动机插头,检测电动机的电阻应符合维修手册的要求。

项目解决方案

1. 故障原因分析

发动机 EPC 灯点亮且发动机动力不足的主要原因可能是节气门位置传感器及线路故障、加速踏板位置传感器及线路故障以及发动机电控单元局部故障等。

2. 故障诊断与排除过程

(1)首先使用汽车故障诊断仪进行检测,进入自诊断网关列表,出现三个系统故障,分别是发动机控制系统故障、变速器控制系统故障、电子驻车系统故障。再分别进入上述三个系统,均显示故障码:00545,节气门/加速踏板位置传感器/开关-B-电路故障,删除故障码,重新对节气门进行基本设定,试车故障暂时排除,稍后再进行二次试车,故障重现,故障现象如初。

(2)读取发动机数据流,显示怠速时发动机负荷为 14% ,正常值应为 18% ~ 19% ,由于节气门开度低于怠速时节气门开度值,因此 ECU 会将车辆控制为跛行状态。

(3)根据故障提示,由浅入深,先更换加速踏板位置传感器,路试故障依旧;对加速踏板位置传感器线路进行排查,分别测量传感器至发动机控制单元的 6 根线路,电阻值正常。节气门体与发动机电控单元连接 6 根线,在检查发动机控制单元侧 41 号端子时发现有松动现象,该端子是 G187 信号线端子,紧固处理后故障排除。

3. 故障小结

在解决故障时要先理解故障码的含义,同时还要根据系统原理加以分析,然后逐一排除,找出故障真因。

项目小结

(1)电子节气门系统通过加速踏板位置传感器将信号传送到发动机控制单元,控制单元再发出指令控制节气门。

(2)加速踏板位置传感器的功用是检测加速踏板的位置和踩加速踏板的速率。

(3)节气门位置传感器的作用是检测节气门的开度,驱动电动机的作用是开启和关闭节气门。

(4)电子节气门系统故障会点亮仪表上 EPC 灯。

(5)加速踏板位置传感器和节气门位置传感器检测项目包括元件和线路检测。

习题

一、判断题

1. 电子油门系统主要包括加速踏板位置传感器、节气门位置传感器、控制单元、节气门驱动电机、EPC 灯等。 (　　)

2. 发动机控制单元接收不到节气门位置传感器的信号发动机无法运转。 (　　)

3. 节气门驱动电机接收来自发动机电脑的信号,控制电机转动相应的角度,使节气门达

到或保持相应的开度。 （　　）

4.电子油门的特点是能通过调整节气门的位置来改变发动机的输出扭矩,即使司机没有踏动油门踏板也可调节发动机扭矩。 （　　）

5.发动机电脑接收不到加速踏板位置传感器的信号,车辆将无法行驶。 （　　）

二、选择题

1.当节气门驱动电机占空比一定,电机输出转矩与回位弹簧阻力矩保持平衡时,节气门开度（　　）。

　　A.增大　　　　　　B.减小　　　　　　C.不变　　　　　　D.不能确定

2.在接通点火开关到发动机起动后,发动机正常状态下 EPC 灯显示状态（　　）。

　　A.常亮　　　　　　B.点亮起动后熄灭　C.闪烁　　　　　　D.一直不亮

3.点火开关置于 ON 位置,踩下加速踏板,节气门位置传感器信号电压应为（　　）。

　　A.增大　　　　　　B.减小　　　　　　C.不变　　　　　　D.不确定

4.两个加速踏板位置传感器的信号电压的变化特点是（　　）。

　　A.两个同时增大或减小　　　　　　B.一个增大一个减小

　　C.两个信号相同　　　　　　　　　D.不确定,依车型定

5.加速踏板位置传感器有（　　）条线与发动机 ECU 相连。

　　A.8　　　　　　　　B.4　　　　　　　　C.2　　　　　　　　D.6

项目十一　发动机点火系统故障诊断与修复

项目概述

　　汽油发动机混合气的着火方式是点燃式,故在汽油发电机上设有点火系统。发动机点火系统是汽油发动机的重要组成部分,该系统性能对发动机的动力性、经济性、起动性能和排放性能等至关重要。目前,点火系统在汽车上应用比较广泛的有非独立点火系统和独立点火系统。

主要学习任务

1.非独立点火系统故障诊断与修复
2.独立点火系统故障诊断与修复

学习任务1　非独立点火系统故障诊断与修复

任务描述

　　一辆一汽大众宝来经典自动时尚型汽车,客户李先生反映该车发动机能正常起动,但起动后一会儿发动机自检指示灯点亮。发动机能维持怠速运转,怠速时车辆有明显的抖动,提速时间较长,当车速达50km/h以上时,发动机自检指示灯闪动。

若车辆怠速抖动,加速无力,故障原因有点火系故障、燃油供给系统故障、进排气系统故障、J623 自身故障、机械故障等几个方面。若判断故障在点火系统,则需要对点火系统进行检修。

学习目标

知识目标

(1)掌握发动机非独立点火系统的组成、功用及工作原理;

(2)掌握发动机非独立点火系统主要零部件的结构及工作原理;

(3)掌握发动机非独立点火系统各零部件检测及更换流程;

(4)掌握发动机非独立点火系统常见故障的诊断方法。

技能目标

(1)具备信息查询和电路图识读的基本能力;

(2)能够利用检测设备和工具进行发动机非独立点火系统主要零部件的检修;

(3)能够利用检测设备和工具进行发动机非独立点火系统的就车检测;

(4)能够利用检测设备和工具对发动机非独立点火系统的常见故障进行诊断和修复。

素质目标

(1)培养学生具有爱国敬业、爱党奉献和服务人民的思想;

(2)培养学生具有奋斗精神、奉献精神、创造精神、工匠精神;

(3)培养学生良好的职业道德,培养严格的质量意识、安全意识、环保意识;

(4)培养学生团队意识,养成自主学习的习惯。

建议学时:6 学时。

知识准备

点火系统是汽油发动机重要的组成部分,点火系统的性能良好与否对发动机的功率、油耗和排气污染等影响很大。能够在火花塞两电极间产生电火花的全部设备称为发动机"点火系统"。

一、汽油机点火系统的功用及组成

点火系统的作用是将蓄电池或发电机提供的低压电变为高压电,按照发动机的工作顺序和点火时刻,适时准确地将高压电分配给各缸火花塞,使之跳火,点燃汽缸内的可燃混合气,如图 11-1 所示。

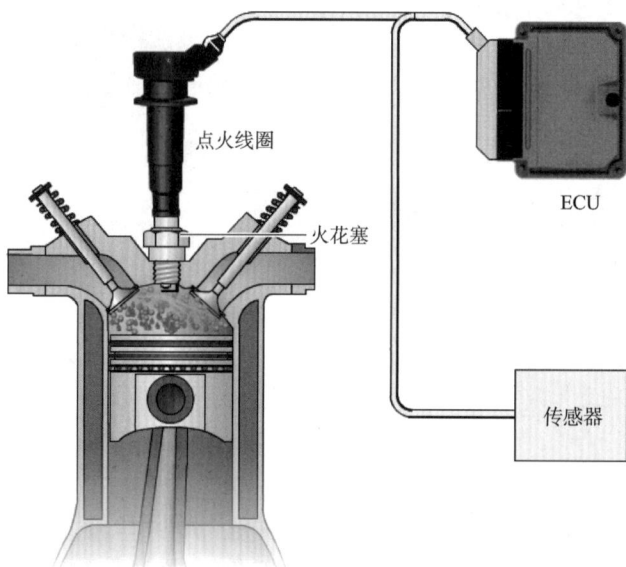

图 11-1　点火系统功用

点火系统的基本装置包括电源、传感器、电子控制单元、点火线圈、高压电分配装置、高压线及火花塞。现代的点火提前装置则已改由发动机管理电脑所控制,电脑收集发动机转速、进气歧管压力或空气流量、节气门位置、蓄电池电压、冷却液温度、爆震等信号,算出最佳点火正时提前角度,再发出点火信号,达到控制点火正时的目的。

二、发动机对点火系统的基本要求

点火系统应在发动机各种工况和使用条件下都能保证可靠而准确地点火。为此点火系统应满足以下基本要求。

1. 能产生足以击穿火花塞间隙的电压

火花塞电极击穿而产生火花时所需要的电压称为击穿电压。点火系统产生的次级电压必须高于击穿电压,才能使火花塞跳火。火花塞电极间隙是火花塞中心电极与侧电极之间的间隙,如图 11-2 中所示。

2. 火花应具有足够的能量

发动机正常工作时,不同工况下,对电火花能量的要求不一样。因此,为了保证可靠点火,高能电子点火系统一般应具有 80 ~ 100mJ 的火花能量,起动时应产生高于 100mJ 的火花能量。

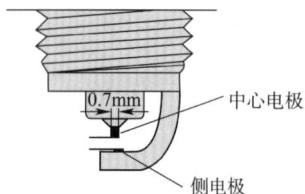

图 11-2　火花塞电极示意图

3. 点火时刻应适应发动机的工作情况

首先,点火系统应按发动机的工作顺序进行点火。其次,必须在最有利的时刻进行点火。

由于混合气在汽缸内燃烧占用一定的时间,所以混合气不应在压缩行程上止点处点火,而应适当提前,使活塞达到上止点时,混合气已得到充分燃烧,从而使发动机获得较大功率。点火时刻一般用点火提前角来表示,即从火花塞开始跳火到活塞到达上止点为止这段时间曲轴转过的角度。

如果点火过迟,当活塞到达上止点时才点火,则混合气的燃烧主要在活塞下行过程中完成,汽缸内最高燃烧压力降低,导致发动机过热,功率下降。如果点火过早,由于混合气的燃烧完全在压缩过程进行,汽缸内的燃烧压力急剧升高,当活塞到达上止点之前即达最大,使活塞受到反冲,不仅使发动机的功率降低,并有可能引起爆震和运转不平稳的现象。

三、微机控制非独立点火系统的组成及工作原理

微机控制点火系统主要由凸轮轴位置传感器(CIS)、曲轴位置传感器(CPS)、空气流量传感器(AFS)、节气门位置传感器(TPS)、冷却液温度传感器(CTS)、爆震传感器(DS)等传感器,各种控制开关、电控单元(ECU)、点火控制模块、点火线圈以及火花塞等组成。如图11-3所示为微机控制非独立点火系统的结构组成。

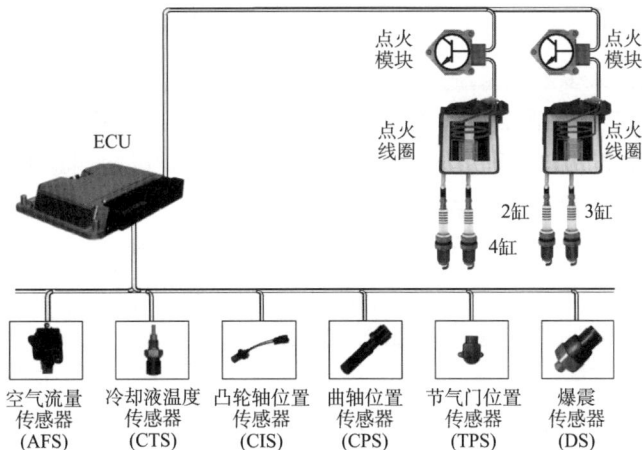

图11-3 微机控制非独立点火系统的结构组成

1.传感器与开关信号

传感器用来检测与点火有关的发动机工作和状况信息,并将检测结果输入ECU,作为计算和控制点火时刻的依据。虽然各型汽车采用的传感器的类型、数量、结构及安装位置不尽相同,但是其作用都大同小异,而且这些传感器大多与燃油喷射系统、怠速控制系统等共用。

(1)凸轮轴位置传感器。

凸轮轴位置传感器能够识别汽缸活塞即将到达上止点,所以被称为汽缸识别传感器。

曲轴位置传感器的作用就是确定曲轴的位置,也就是曲轴的转角。通过曲轴位置传感器信号来判断哪缸活塞处于上止点,通过凸轮轴位置传感器来计算判断哪缸活塞是在压缩行程中,这样,发动机ECU可以计算出各缸的点火时刻。

(2)空气流量传感器。

空气流量传感器是确定进气量大小的传感器。空气流量信号输入ECU后,除了用于计算基本喷油时间之外,还用作负荷信号来计算和确定基本点火提前角。

（3）节气门位置传感器。

节气门位置传感器将节气门开启角度转换为电信号输入ECU，ECU利用该信号和车速传感器信号来综合判断发动机所处的工况(怠速、中等负荷、大负荷、减速)，并对点火提前角进行修正。

（4）冷却液温度传感器。

冷却液温度传感器信号反映发动机工作温度的高低。在微机控制点火系统中，ECU除了利用该信号对基本点火提前角进行修正之外，还要利用该信号控制起动和发动机暖机期间的点火提前角。

（5）各种开关。

各种开关信号用于修正点火提前角。空调开关信号用于怠速工况下使用空调时修正点火提前角；起动开关信号用于起动时修正点火提前角；空挡安全开关仅在采用自动变速器的汽车上使用，ECU利用该开关信号来判断发动机是处于空挡状态还是行驶状态，然后对点火提前角进行必要的修正。

2.电控单元(ECU)

现代汽车发动机大多数都采用集中控制系统，微机控制点火系统是其子系统，ECU不仅是燃油喷射控制系统的控制核心，也是点火控制系统的控制核心。在ECU的只读存储器ROM中，除存储有监控和自检等程序之外，还存储有由台架试验测定的该型发动机在各种工况下的最佳点火提前角。随机存储器RAM用来存储微机工作时暂时需要存储的数据，如输入/输出数据、单片机运算得出的结果、故障码、点火提前角修正数据等。这些数据根据需要可随时调用或被新的数据改写。CPU不断接收上述各种传感器发送来的信号，并按预先编制的程序进行计算和判断，向点火控制器发出接通与切断点火线圈初级电路的控制信号。

3.点火控制器

点火控制器又称点火电子组件或点火器，如图11-4所示，是发动机控制系统的执行器，是根据微机发出的指令信号，通过内部大功率三极管的导通与截止来控制点火线圈初级绕组电路的通断，使点火绕组产生高压电。点火控制器取代了传统点火系统中断电器的触点，将点火信号发生器输出的点火信号整形、放大，转变为点火控制信号，控制点火线圈初级绕组中电流的通、断，以便在次级绕组的绕组中产生高压电，供火花塞点火。点火控制器的基本电路包括整形电路、开关信号放大电路、功率输出电路等。

图11-4　点火控制器

四、点火系统工作原理

电控系统产生高压电的具体过程如图11-5所示，点火控制器内三极管接通，初级绕组电路接通，电流通路：蓄电池＋→点火开关→初级绕组→点火控制器内三极管接通→搭铁→蓄电池－。初级绕组通过电流且增长，引起磁场变化，在初级绕组中产生自感电动势，由于其方向与电流方向相反，阻碍初级绕组电流增长，使磁场变化速率低，在次级绕组中产生互感电动势大约为2000V。点火控制器内三极管截止,初级绕组电路切断,初级电流消失,引起磁场变化,在初级绕组中产生自感电动势,由于阻碍初级电流消失,磁场变化率低,在次级绕组中产生互感电动势大约为4000V,点火线圈产生高压电,击穿火花塞间隙,点燃混合气。

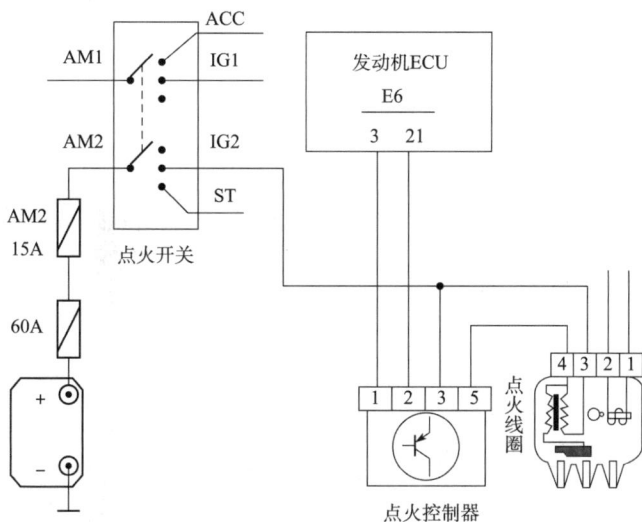

图11-5 点火系统的工作原理图

点火系统工作原理

点火系统的工作过程可分三个阶段:

(1)初级绕组电路接通。

(2)初级绕组电路切断。

(3)击穿火花塞间隙,点燃混合气。

微机控制点火系统(MCI)根据各种传感器提供的发动机工况的信息,发出点火控制信号,控制点火时刻,点燃可燃混合气。微机控制点火系统将点火提前角控制在最佳值,使可燃混合气燃烧后产生的温度和压力达到最大值,从而提高发动机的动力性,同时还能提高燃油经济性和减少有害气体的排放量,已被广泛应用于各种汽车中。

五、微机控制非独立点火系统的控制过程

1.微机控制非独立点火系统的原理

微机控制非独立点火系统的控制原理如图11-6所示,曲轴位置传感器(CPS)向ECU提供发动机转速、曲轴转角信号,转角信号用于控制点火时刻(点火提前角),转速信号用于计算确定点火提前角。空气流量传感器(AFS)和节气门位置传感器(TPS)向ECU提供发动机负荷信号,用于计算确定点火提前角。冷却液温度传感器(CTS)信号、车速传感器(VSS)信号、进气温度传感器(IATS)信号、空调开关(A/C)信号以及爆震传感器(EDS)信号等,用于修正点火提前角。

发动机工作时,CPU通过上述传感器把发动机的工况信息采集到随机存储器RAM中,并不断检测凸轮轴位置传感器信号,判定是哪一缸即将到达压缩上止点。当接收到后,CPU

立即开始对曲轴转角信号进行计算,以便控制点火提前角。与此同时,CPU 根据反映发动机工况的转速信号、负荷信号以及与点火提前角有关的传感器信号,从只读存储器 ROM 中查询出相应工况下的最佳点火提前角。在此期间,CPU 一直在对曲轴转角信号进行计数,判断点火时刻是否到来。当曲轴转角等于最佳点火提前角时,CPU 立即向点火控制器发出控制指令,使功率三极管截止,点火线圈初级绕组电路切断,次级绕组产生高压,并按发动机点火顺序分配到各缸火花塞跳火点着可燃混合气。

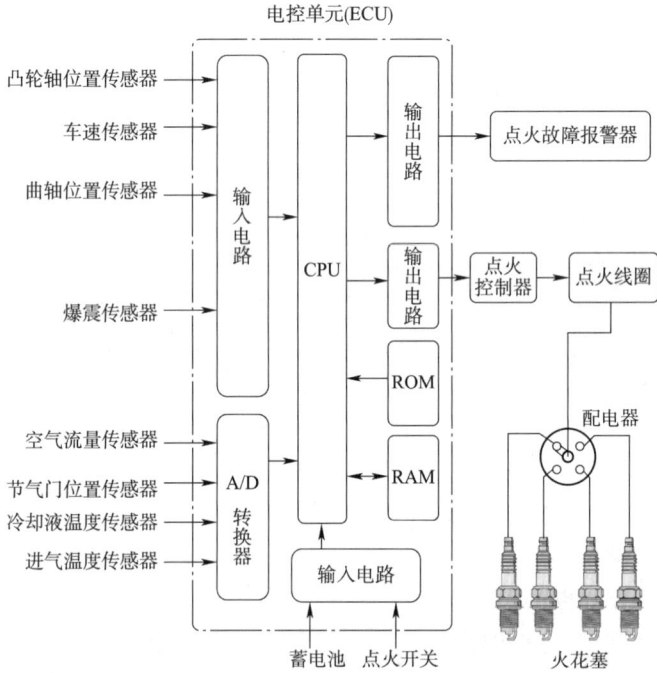

图 11-6 微机控制点火系统的控制原理

上述控制过程是指发动机在正常状态下点火时刻的控制过程。当发动机起动、怠速或汽车滑行工况时,设有专门的控制程序和控制方式进行控制。

2. 点火提前角的确定

汽油发动机的可燃混合气在汽缸内燃烧不是瞬时完成的,需要先经诱导期,然后才能进入猛烈的明显燃烧期。因此,要使发动机发出最大的功率,混合气不应在压缩行程上止点处点火而应适当地提早一些。通常把发动机发出功率最大和油耗最少的点火提前角称为最佳点火提前角。点火提前角大小直接影响发动机的输出功率、油耗、排放等。发动机工况不同,需要的最佳点火提前角也不相同,怠速时的最佳点火提前角是为了使怠速运转平稳、降低有害气体排放量和减少燃油消耗量;部分负荷时的最佳点火提前角是为了减少燃油消耗量和有害气体排放量,提高经济性和排放性能;大负荷时的最佳点火提前角是为了增大输出转矩,提高动力性能。

微机控制的点火提前角由汽车起动时的初始点火提前角和起动后的基本点火提前角与修正点火提前角三部分组成。

1)起动时点火提前角的确定

发动机起动过程中,进气管绝对压力传感器信号或空气流量计信号不稳定,ECU 无法正确计算点火提前角,一般将点火时刻固定在设定的初始点火提前角。

2)起动后点火提前角的确定

起动后点火提前角由基本点火提前角和修正角(或修正系数)组成。

(1)基本点火提前角。

发动机设计的最佳基本点火提前角的数据存储在发动机 ECU 的存储器中。发动机运行时,发动机 ECU 根据各种传感器的输入信号,在存储器中查找到这一工况条件下运转时相应的基本点火提前角。

基本点火提前角根据发动机运行工况可分为:

①怠速时的基本点火提前角。

②正常运行时的基本点火提前角。

怠速工况时基本角确定:ECU 根据节气门位置传感器(IDL)信号、发动机转速传感器(Ne)信号和空调开关(A/C)信号来确定,如图 11-7 所示。

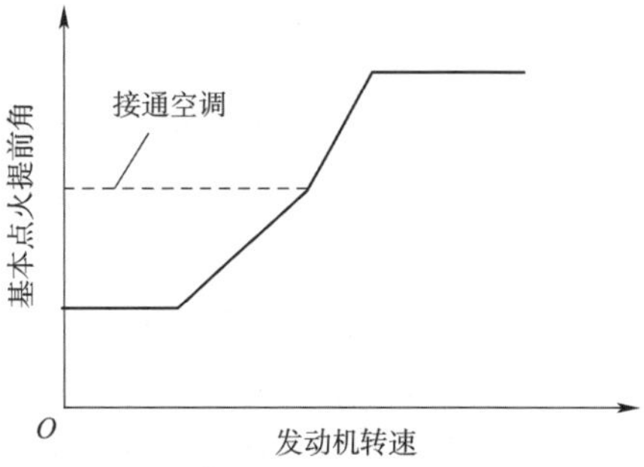

图 11-7 怠速时基本点火提前角的确定

其他工况下基本角:ECU 根据发动机的转速和负荷对照存储器中存储的基本点火提前角控制模型来确定,如图 11-8 所示。

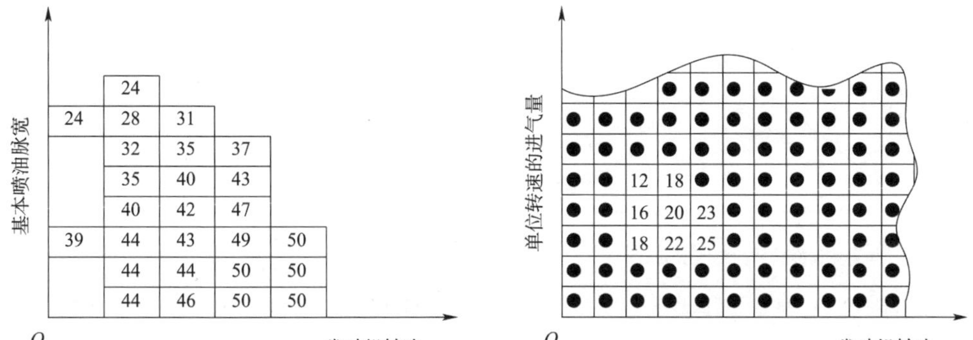

a)按喷油量和转速确定

b)按进气量和转速确定

图中数值为点火提前角(°)

图 11-8 基本点火提前角控制模型

(2)点火提前角的修正。

①冷却液温度修正。暖机过程中,随着冷却液温度的升高,点火提前角应逐渐减小,如图 11-9a)所示。发动机处于部分负荷运行时,如图 11-9b)所示,当冷却液温度过高时,为了避免爆震,可将点火提前角推迟。发动机处于怠速工况(如节气门位置传感器怠速触点闭合),冷却液温度过高时,为避免发动机长时间过热,应将点火提前角增大,以此来提高发动机的怠速转速,从而提高水泵和冷却风扇的转速,增强制冷效果,降低发动机的温度。过热修正曲线如图 11-9c)所示。

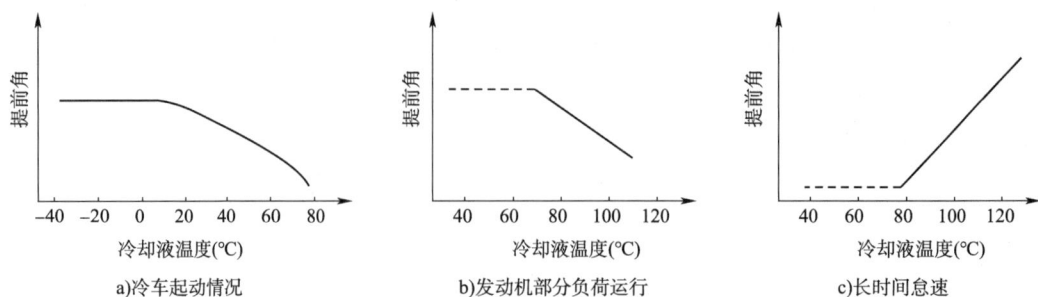

a)冷车起动情况　　　　　b)发动机部分负荷运行　　　　　c)长时间怠速

图 11-9　点火提前角与冷却液温度信号的关系

②怠速稳定性修正。怠速运行期间,发动机负荷变化时发动机转速也会发生改变,为使发动机在规定的怠速运转下稳定运转,需要对点火提前角进行修正。怠速运转时,当平均转速低于或高于规定的怠速转速时,发动机 ECU 根据与怠速目标转速差值的大小并结合空调的接通与否相应地增大或减小点火提前角,如图 11-10 所示。

③喷油量修正。装有氧传感器和闭环控制程序的电子燃油控制系统中,发动机 ECU 根据氧传感器的反馈信号对空燃比进行修正。在喷油量减少时,混合气变稀,发动机转速相应降低,为了提高怠速的稳定性,点火提前角应适当地增加;反之点火提前角应适当地减小,如图 11-11 所示。

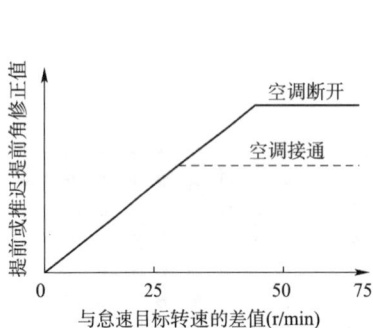

图 11-10　怠速稳定性修正

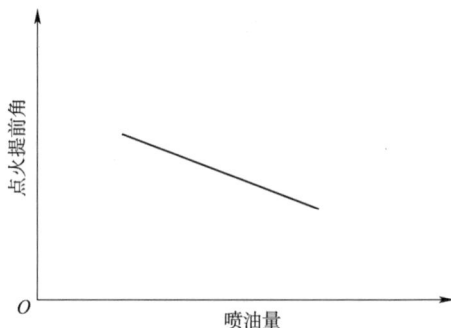

图 11-11　点火提前角随喷油量的变化关系

3.微机控制通电时间的控制

1)通电时间控制的必要性

当点火线圈的初级绕组电路被接通后,其初级电流按指数规律增长,通电时间长短决定初级电流的大小。当初级电流达到饱和时,若初级绕组电路被断开,此瞬间初级电流达到最大值(断开电流),会感应次级电压达到最大值。次级电压的升高,会使火花塞点火能力增强,所以在发动机工作时,必须保证点火线圈的初级绕组电路有足够的通电时间。但如果通电时间过长,点火线圈又会发热并增大电能消耗。所以,通电时间过长过短,都会给点火系统带来不利,为了保证点火线圈工作性能,必须对初级绕组电路的通电时间进行控制。

2)通电时间的控制

在现代电控点火系统中,通过凸轮轴/曲轴位置传感器把发动机工作信号输入给 ECU,

ECU 根据存储在内部的闭合角(通电时间)控制模型,可以确定闭合角,闭合角(通电时间)控制模型如图 11-12 所示,从而控制点火线圈初级电路的通电时间。发动机工作时,ECU 根据发动机转速信号和电源电压信号确定最佳的闭合角(通电时间),并向点火器输出指令信号,以控制点火器中晶体管的导通时间,并随发动机转速提高和电源电压下降,闭合角(通电时间)增长。

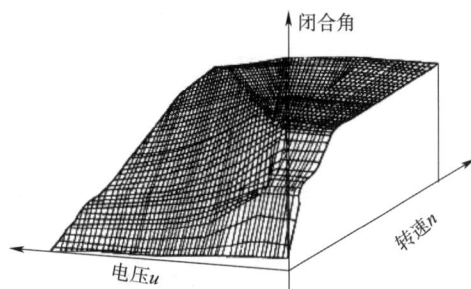

图 11-12 闭合角(通电时间)控制模型

4. 微机控制非独立点火系统高压电的分配方式

微机控制非独立点火系统可分为有分电器微机控制非独立点火系统和无分电器微机控制非独立点火系统。

1)有分电器电控非独立点火系统

有分电器电控非独立点火系统组成如图 11-13 所示。

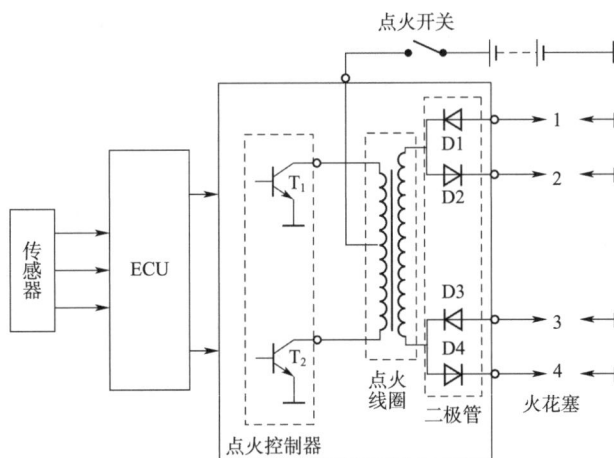

图 11-13 二极管分配高压电同时点火方式

发动机工作时,ECU 根据各传感器信号确定某缸点火时,向点火器发出指令信号,点火器控制点火线圈内初级电路通电或断电。

带分电器配电方式存在缺点有:分火头与分电器盖旁电极之间必须保留一定间隙才能进行高压电分配,因此,必须损失一部分火花能量,同时也是一个主要的无线电干扰源。

2)无分电器电控非独立点火系统

无分电器电控非独立点火系统是指在点火控制器控制下,点火线圈的高压电按照一定的点火顺序,直接加到火花塞上的直接点火方式。常用无分电器电控非独立点火系统可通过双缸同时点火实现。

双缸同时点火是指点火线圈每产生一次高压电,都使两个汽缸的火花塞同时跳火。次级绕组产生的高压电将直接加在两个汽缸(四缸发动机的 1、4 缸或 2、3 缸;六缸发动机的 1、

6缸、2、5缸或3、4缸)的火花塞电极上跳火。

双缸同时点火时,一个汽缸处于压缩行程末期,是有效点火,另一个汽缸处于排气行程末期,缸内温度较高而压力很低,火花塞电极间隙的击穿电压很低,对有效点火汽缸火花塞的击穿电压和火花放电能量影响很小,是无效点火。曲轴旋转一转后,两缸所处行程恰好相反。双缸同时点火时,高压电的分配方式又分为二极管分配和点火线圈分配两种类型。

(1)二极管分配高压电式。

利用二极管分配高压电的双缸同时点火电路原理如图11-13所示。点火线圈由两个初级绕组和一个次级绕组构成,次级绕组的两端通过4只高压二极管与火花塞构成回路。4只二极管有内装式(安装在点火线圈内部)和外装式两种。对于点火顺序为1-3-4-2的发动机,1、4缸为一组,2、3缸为另一组。(1缸、2缸、3缸、4缸所对应的二极管分别是D1、D2、D3、D4)。点火控制器中的两只功率三极管分别控制一个初级绕组,两只功率三极管由电控单元(ECU)按点火顺序交替控制其导通与截止。

当电控单元(ECU)将1、4缸的点火触发信号输入点火控制器时,功率三极管T1截止,初级绕组(箭头向下)中的电流切断,次级绕组中就会产生高压电动势。在该电动势的作用下,二极管D1、D4正向导通,1、4缸火花塞电极上的电压迅速升高直至跳火,高压放电电流经过图中实线箭头所指方向构成回路;D2、D3反向截止,不能构成放电回路,因此2、3缸火花塞电极上无高压火花放电电流而不能跳火。

(2)点火线圈分配高压电式。

利用点火线圈直接分配高压的同时点火电路原理如图11-14所示,桑塔纳2000Gsi、3000型轿车点火系统采用了这种配电方式。

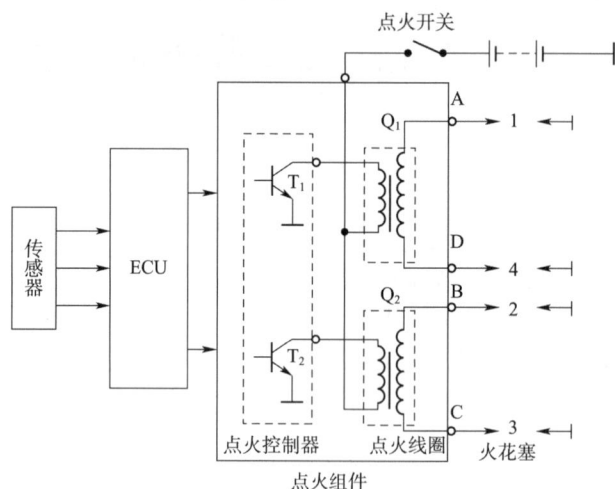

图11-14 点火线圈分配高压电双缸同时点火方式

点火线圈组件由两个(四缸发动机)或三个(六缸发动机)独立的点火线圈组成,每个点火线圈供给成对的两个火花塞工作(四缸发动机的1、4缸和2、3缸分别共用一个点火线圈;六缸发动机的1、6缸、2、5缸和3、4缸分别共用一个点火线圈)。点火控制组件中设有与点火线圈数量相等的功率三极管,分别控制一个点火线圈工作。点火控制器根据电控单元

（ECU）输出的点火控制信号，按点火顺序轮流触发功率三极管导通与截止，从而控制每个点火线圈轮流产生高压电，再通过高压线直接输送到成对的两缸火花塞电极间隙上跳火点燃可燃混合气。

微机控制无分电器点火系统消除了分电器高压配电的不足。由于点火线圈（或初级绕组）数量增加，对每一个点火线圈来说，初级绕组允许通电时间可增加 2~6 倍。因此，即使发动机高速运转时，初级绕组也有足够充裕的通电时间。换句话说，无分电器点火系统具有足够大的点火能量和足够高的次级电压来保证发动机在任何工况都能可靠点火。

六、爆震控制

1. 发动机爆震的控制作用

汽油发动机获得最大功率和最佳燃油经济性的有效方法之一是增大点火提前角，但是点火提前角过大又会引起发动机爆震。

发动机爆震，是燃烧室内混合气异常燃烧导致汽缸压力骤然上升，而引起发动机缸体产生的振动。在采用闭环控制的发动机电子控制系统中，当发动机产生爆震时，电控系统就能够通过调整点火时刻（点火提前角）来有效地抑制和消除发动机爆震。爆震传感器（DS）是发动机闭环控制系统中的重要部件，其功能是将发动机爆震信号转换为电信号传递给电控单元，电控单元根据爆震信号随时对点火时刻进行修正，使点火提前角保持在最佳状态。

2. 爆震控制过程

火花塞跳火点燃混合气后，如果火焰在传播途中压力异常升高，一些部位的混合气不等火焰传到，自己就会着火燃烧，造成瞬时爆发燃烧，这种现象称为爆震。爆震的危害一是噪声大，二是很可能使发动机损坏，特别在大负荷条件下，这种可能性很大。

要消除爆震，通常可以采用抗爆性能好的燃料、改进燃烧室结构、加强冷却液循环、推迟点火时间等方法。特别是推迟点火时间对消除爆震有明显的作用。

点火提前角越大，越容易产生爆震。试验证明，发动机发出最大转矩的点火时刻是在发动机即将产生爆震的点火时刻附近。

通常情况下，爆震传感器安装在发动机的缸体上，根据发动机产生的各种不同的振荡频率的振动，而产生不同的电压信号。当发动机发生爆震时，爆震传感器的感应性能最好，产生最大的电压信号，其输出电压特性如图 11-15a）所示。

爆震强度以超过基准值的次数计量，次数越多，爆震强度越大；次数越少，爆震强度越小，如图 11-15b）所示。

爆震传感器输入处理回路如图 11-16 所示，发动机 ECU 收到爆震传感器的信号后，经过滤波回路滤波，将爆震信号与其他振动信号分离，只允许特定频率范围的爆震信号通过滤波电路，再经峰值检测电路 3、与基准值比较电路 4 使输入信号的最大值与爆震强度基准值进行比较，比较后由爆震判断电路 5 判断是否产生爆震并将判定后的信号传给 ECU，ECU 相应的减小点火提前角来消除爆震。

a)爆震传感器电压输出特性

b)爆震传感器信号强度

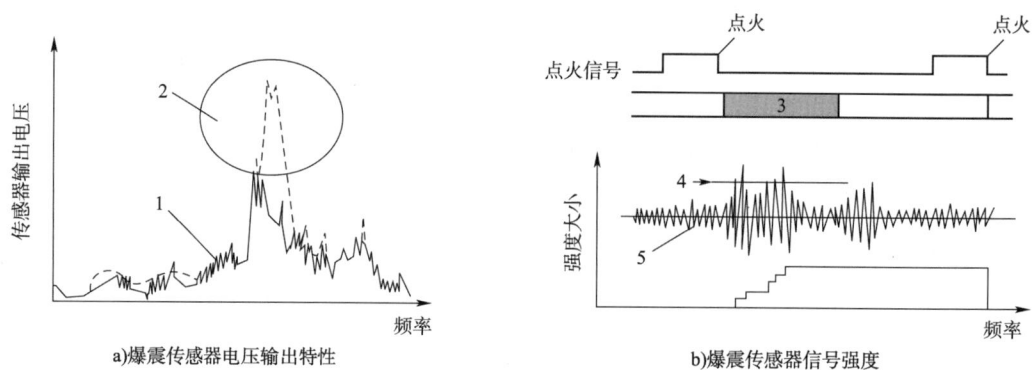

图 11-15　爆燃信号的确定

1-无爆震电压波;2-产生爆震电压波;3-爆震识别区间;4-爆震确定基准;5-爆震传感器输出信号

在电控点火系统中,通过爆震传感器输入给 ECU,ECU 经过分析,判定有无发生爆震及爆震的强度,并根据其判定结果对点火提前角进行反馈控制,可以使发动机处于爆震的边缘工作,既能防止爆震发生,又能有效地提高发动机动力性和经济性。爆震控制实际是点火提前角控制中的追加功能,控制过程如图 11-17 所示。

图 11-16　爆燃识别电路

1-火花塞;2-滤波电路;3-峰值检测电路;4-与基准值比较电路;5-爆震判断电路;6-ECU

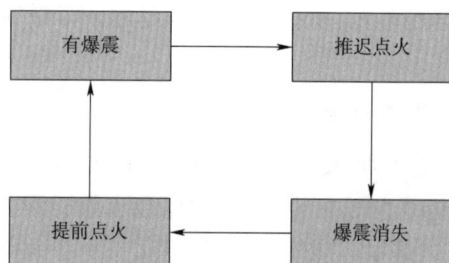

图 11-17　爆震控制过程

📖 操作指引

1. 组织方式

(1)场地设施:举升机一台,工作台一件。

(2)设备设施:整车(新宝来汽车)一辆,诊断仪一套,万用表一个。

(3)工量具:常用工具、专用工具各一套等。

(4)耗材:手套、纱布等。

(5)学生组织:教师指导,分组实训,过程评价。

2. 注意事项

(1)进入场地穿着干净整齐的工作服。

（2）听从实训指导教师的安排，严格遵守场地安全规定，注意用电安全。

（3）在操作过程中，注意拆装工具的使用。拆下零部件如点火线圈要轻拿轻放，避免点火线圈掉到地上摔坏。

（4）在操作过程中，正确使用万用表、诊断仪。在实验车上，测试端口与电控单元直接相连，不要将任何电压加在发动机的测试端口上，以免损坏电控单元。

任务实施

检测点火模块

如图 11-18 所示为新宝来汽车发动机点火系统电路接线图，参考此图拔下点火线圈 4 针插头（图 11-19），进行检测。点火模块各端子功用：1 端子为 1、4 缸点火控制信号；2 端子为点火开关 ON 时 12V 电压；3 端子为 2、3 缸点火控制信号；4 端子为搭铁。

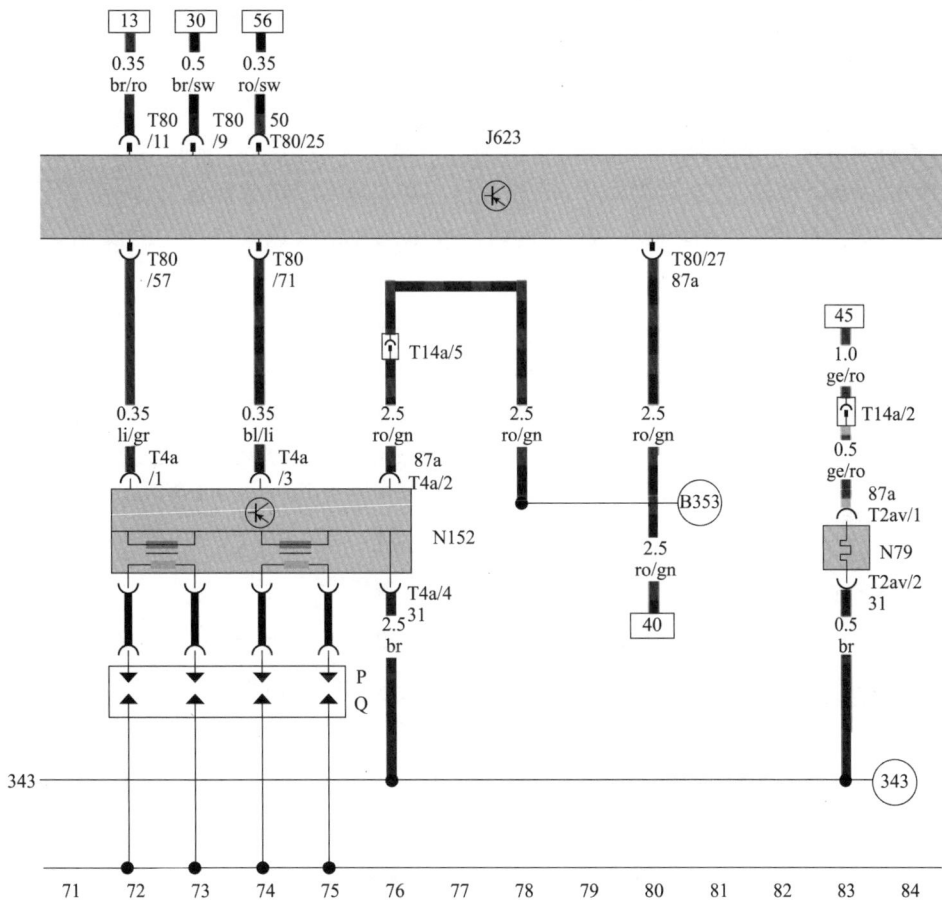

图 11-18 新宝来发动机点火系统电路接线图

1）测试电阻

本项目电阻测试为辅助性测试，主要是检测线束的导通性，以确认线束通畅，无断路短路，插接器牢靠，各信号传递无干扰。测试在汽车微机控制故障检测诊断实验系统的发动机

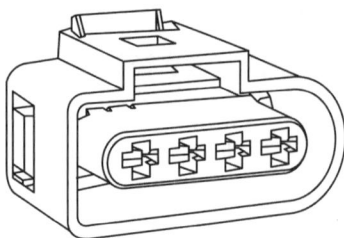

图11-19　点火线圈4针插头

实验台上进行。

（1）线束导通性测试：将数字万用表设置在电阻挡，在电路图上找到点火线圈图形下面的针脚号与ECU信号测试端口图相应的针脚号，分别测试点火线圈针脚对应至电控单元针脚的电阻，所有电阻都应低于5Ω。

（2）线束短路性测试：将数字万用表设置在电阻200kΩ挡，测量点火线圈针脚与其不相对应的电控单元针脚之间电阻应为∞。

在实际维修中，欲测试各条线束的导通性，应关闭点火开关，拔下传感器插头与电控单元插接器，使用数字万用表分别测量各线束间的电阻，相连导线电阻应当小于5Ω，不相连导线电阻应∞为正常。在实际测量中，由于测量手法、万用表本身的误差以及被测物体表面的氧化与灰尘等因素，发生几欧姆的误差属正常现象，不必拘泥于具体数字。

2）测试电压

本项目电压测试有电源电压测试和信号电压测试两部分，其中信号电压测试是确定点火线圈是否失效的主要依据。

（1）电源电压测试：在实际维修中，应拔下传感器插头，打开点火开关，测量2号端子与搭铁间电压，起动机起动时应显示12V。此时电控单元会记录点火线圈的故障码，测试完毕后要使用诊断仪清除故障码。

（2）信号电压测试：起动发动机至工作温度，拔下4个喷油器的插头和点火线圈的4针插头，打开点火开关，用发光二极管测试灯连接发动机搭铁点和插头上端子1，接通起动机数秒，测试灯应闪亮，然后用测试灯连接发动机搭铁点和端子3，接通起动电动机数秒，测试灯应闪亮。

任务解决方案

1.故障原因分析

宝来经典自动时尚型汽车发动机是四缸发动机，根据故障现象，发动机故障报警灯发亮的原因，有发动机点火系统故障、燃油供给系统故障以及空气供给及排气系统故障等几方面。

2.故障诊断与排除过程

（1）仔细查看故障现象，发现"排气系统故障报警灯"亮，其含义是：发动机缺火损坏催化净化器时，该灯闪烁。

（2）调取故障码：发动机二缸失火。检查二缸的火花塞，发现火花塞电极发黑，有积炭，更换四个缸火花塞。万用表检测点火线圈的阻值，正常。分别检测高压线阻值，发现二缸高压线电阻值为无穷大，说明二缸高压线断路。仔细检查二缸高压线，发现在插入火花塞一端内孔绝缘体上的导电金属部分脱落，使二缸火花塞有失火现象，导致从汽缸排出的废气中含有尚未燃烧的可燃混合气，可燃混合气在消声器中补燃导致催化净化器过热，净化器监测装置发出报警信号，点亮发动机排气系统故障报警灯，故障原因找出。

（3）更换二缸高压线。重新试车,故障现象消失。

3.故障小结

对于诊断仪报出的故障码内容不能准确指定是某个元件故障的,还需从最基础的检查入手,从简到繁以提高工作效率。

任务小结

（1）现代的点火提前装置则已改由发动机管理电脑所控制,电脑收集发动机转速、进气歧管压力或空气流量、节气门位置、蓄电池电压、冷却液温度、爆震等信号,算出最佳点火正时提前角度,再发出点火信号,达到控制点火正时的目的。

（2）点火系统应在发动机各种工况和使用条件下都能保证可靠而准确地点火。为此点火系统应满足以下基本要求:有能产生足以击穿火花塞间隙的电压;火花应具有足够的能量;点火时刻应适应发动机的工作情况。

（3）微机控制点火系统主要由凸轮轴位置传感器(CIS)、曲轴位置传感器(CPS)、空气流量传感器(AFS)、节气门位置传感器(TPS)、冷却液温度传感器(CTS)、爆震传感器(DS)等传感器、各种控制开关、电控单元(ECU)、点火控制模块、点火线圈以及火花塞等组成。

（4）微机控制点火系统的控制过程。曲轴位置传感器(CPS)向ECU提供发动机转速、曲轴转角信号,转角信号用于控制点火时刻(点火提前角),转速信号用于计算确定点火提前角。空气流量传感器(AFS)和节气门位置传感器(TPS)向ECU提供发动机负荷信号,用于计算确定点火提前角。冷却液温度传感器(CTS)信号、车速传感器(VSS)信号、进气温度传感器(IATS)信号、空调开关(A/C)信号以及爆震传感器(DS)信号等,用于修正点火提前角。

习题

一、判断题

1.混合气应在当活塞到达上止点时才点火,从而使发动机获得较大功率。　　　（　）

2.点火控制器是微机控制点火系统的功率输出级,它接收ECU输出的点火控制信号并进行功率放大,以便驱动点火线圈工作。　　　（　）

3.发动机设计的最佳基本点火提前角的数据存储在发动机电脑的存储器中。　（　）

4.如果点火过迟,当活塞到达上止点时才点火,不仅使发动机的功率降低,并有可能引起爆震和运转不平稳现象。　　　（　）

5.爆震传感器不需要ECU提供电源。　　　（　）

二、选择题

1.发动机实际点火提前角与理想点火提前角关系应为（　　）。

　　A.有较大差值　　　B.有较小差值　　　C.接近　　　　　D.不变

2.电控点火系统由（　　）直接控制点火线圈进行点火。

　　A.曲轴位置传感器　B.点火控制器　　　C.分电器　　　　D.转速信号

3. 缸外多点喷射的喷油时机,一般设置在(   )行程上止点前的某一角度。

    A. 进气　　　　　　　B. 压缩　　　　　　　C. 作功　　　　　　　D. 排气

4. 向发动机 ECU 提供点火提前角闭环控制信号的传感器是(   )。

    A. 节气门位置传感器　　　　　　　B. 凸轮轴位置传感器

    C. 爆震传感器　　　　　　　　　　D. 曲轴位置传感器

5. 在喷油量减少时,混合气变稀,发动机转速相应降低,为了提高怠速的稳定性,点火提前角应适当的(   )。

    A. 减小　　　　　　　B. 不变　　　　　　　C. 增大　　　　　　　D. 不确定

学习任务2　独立点火系统故障诊断与修复

任务描述

    一辆 2014 款大众 1.8T 基本型迈腾 B7L 汽车,车主李先生反映最近在行驶中,起动正常,怠速抖动,EPC 灯亮,发动机故障指示灯亮。

    若车辆怠速抖动,EPC 灯亮,发动机故障指示灯亮,故障原因有点火系故障、燃油供给系统故障、进排气系统故障、J623 自身故障、机械故障等几个方面。若判断故障在点火系统,则需要对点火系统进行检修。

学习目标

知识目标

(1)掌握发动机独立点火系统的组成、功用及工作原理;

(2)掌握发动机独立点火系统各零部件检测方法;

(3)掌握发动机独立点火系统常见故障的诊断方法。

技能目标

(1)具备信息查询和电路图识读的基本能力;

(2)能够利用检测设备和工具进行发动机独立点火系统主要零部件的检修;

(3)能够利用检测设备和工具进行发动机独立点火系统的就车检测;

（4）能够利用检测设备和工具对发动机独立点火系统的常见故障进行诊断和修复。

素质目标

（1）培养学生具有爱国敬业、爱党奉献和服务人民的思想；

（2）培养学生具有奋斗精神、奉献精神、创造精神、工匠精神；

（3）培养学生良好的职业道德，培养严格的质量意识、安全意识、环保意识；

（4）培养学生团队意识，养成自主学习的习惯。

建议学时：4 学时。

知识准备

独立点火方式是每一个汽缸分配一个点火线圈，点火线圈安装在火花塞上的顶上，取消了高压线。这种点火方式通过凸轮轴传感器或通过监测汽缸压缩来实现精确点火。

一、独立点火系统优点

独立点火系统是指每个汽缸配一个点火线圈，这种点火系统具有的以下优点。

1. 能量损耗小

单缸独立点火系统中，每个汽缸都有单独的点火线圈，点火线圈产生的高压电直接传给火花塞进行点火，不需要用高压线连接。电能在导线中的损耗可以降到最低，可以大大提升性能。

独立点火系统
工作原理

2. 工作更加稳定、可靠

单缸独立点火系统中，一个点火线圈出问题只会影响到它负责的汽缸，其他的汽缸点火都不会受影响。虽然汽车的动力会大大下降，工作也不会太稳定，但可以保证汽车回家功能。

3. 独立点火具有一定的抗电子干扰能力

单缸独立点火系统导线的电流都是低压传输，电压产生的电磁干扰极小。

二、微机控制独立点火系统组成及工作原理

点火系统采用微机控制独立点火方式时，每一个汽缸都配有一个点火线圈，并安装在火花塞上方。在微机控制单元（ECU）中，设置有与点火线圈相同数目的大功率三极管，分别控制每个线圈初级绕组电流的接通与切断，微机控制独立点火系统如图 11-20 所示。

微机控制独立点火系统的控制原理如图 11-21 所示，发动机工作时，电子控制单元不断检测凸轮轴位置传感器信号、曲轴转角信号和节气门位置传感器等信号，把发动机的工况信息采集到随机存储器 RAM 中，并根据发动机工况的转速信号、负荷信号以及与点火提前角有关的传感器信号，从只读存储器中查询出相应工况下的最佳点火提前角。在此期间，CPU一直在对曲轴转角信号进行计数，分别判断每个缸点火时刻是否到来。当曲轴转角等于最佳点火提前角时，CPU 按发动机点火顺序，依次向各缸发出控制指令，使功率三极管截止，点火线圈初级电流切断，次级绕组产生高压，该缸火花塞跳火，从而点燃可燃混合气。下面以

迈腾 1.8T 汽车发动机独立点火系统为例来说明点火系统工作原理。点火模块各端子连线如下。

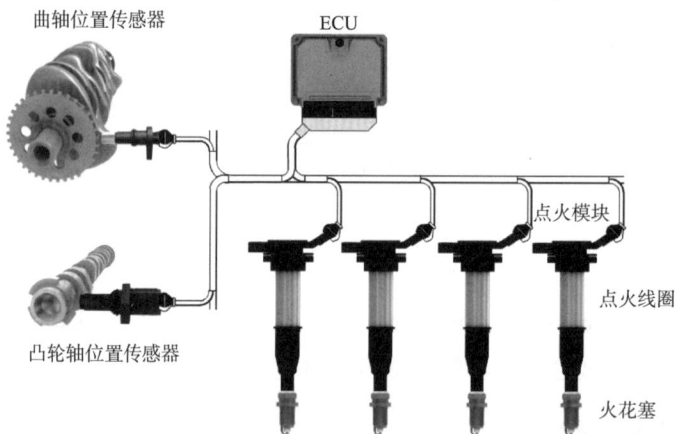

图 11-20　微机控制单缸独立点火控制方式

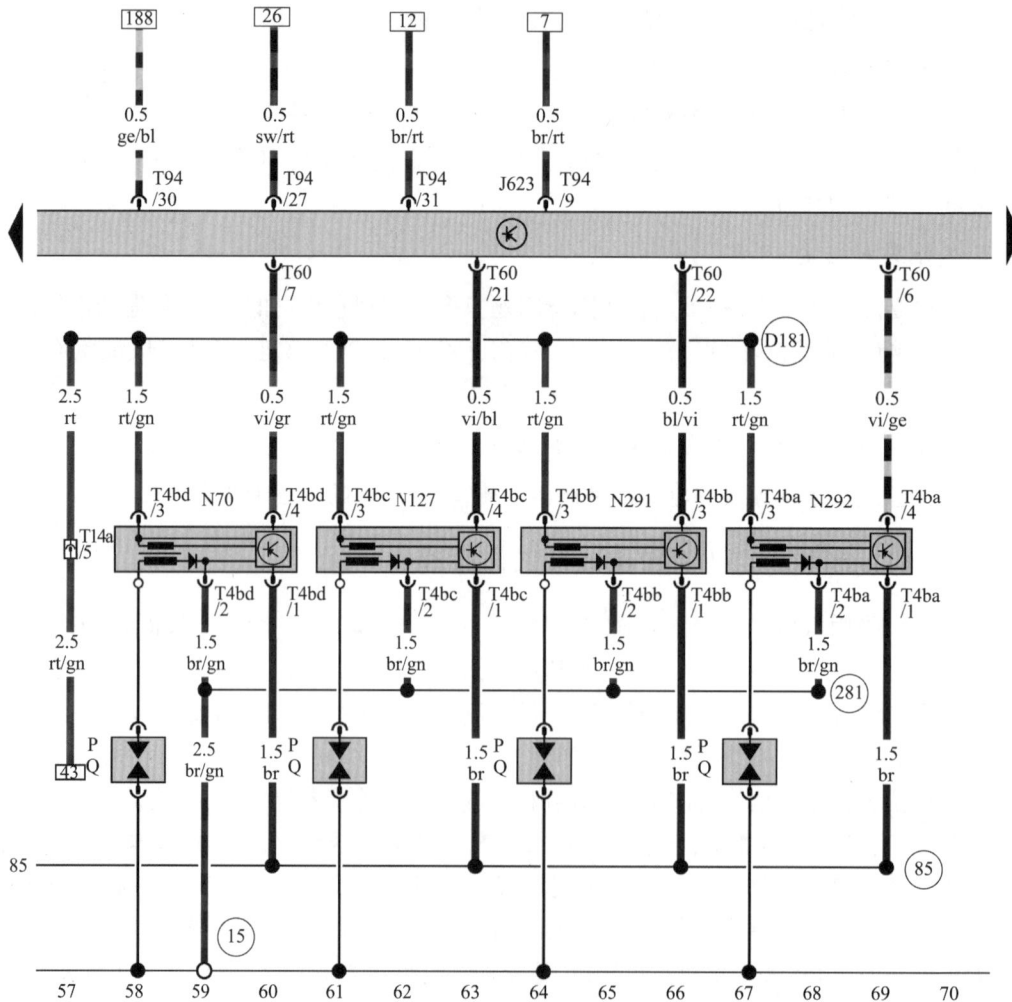

图 11-21　迈腾 1.8T 汽车发动机独立点火系统电路图

1 端子:点火控制模块搭铁端。

2 端子:点火线圈搭铁端。

3 端子:点火开关打开时,电源为点火控制器提供的工作电压12V(14V),同时也是点火线圈初级绕组工作电压。

4 端子:ECU 输出给点火控制器控制各缸点火线圈初级绕组电路通断的控制信号。

控制单元 J623 接收来自各传感器信号及开关信号,分别计算确定各个缸最佳点火提前角和点火时间后,分别通过各个点火控制器的 4 号端子,输出控制信号,接通和断开初级线圈电路,使次级产生感应高压电。例如发动机转速 $n = 3000r/min$,电子控制单元计算出最佳点火提前角6°,保证足够点火能量的蓄能时间为3.3ms,当电子控制单元通过曲轴和凸轮轴位置传感器传回信号计算出曲轴将处于1缸压缩上止点前12°时,电子控制单元控制通过 4 号端子控制 1 缸点火线圈初级绕组接通,产生磁场,开始蓄能;曲轴继续转过6°(1°信号 0.055ms,0.055ms×6 = 3.3ms)后,电子控制单元通过 4 号端子控制 1 缸点火线圈初级绕组断开,磁场迅速消失,次级线圈由于互感效应,通过火花塞发动机壳体形成回路产生感应高压电,电流通过火花塞中心电极和侧电极的空气隙流过,产生电火花,点燃 1 缸内压缩的可燃混合气。

操作指引

1. 组织方式

(1)场地设施:举升机一台,工作台一件。

(2)设备设施:迈腾整车一辆,诊断仪一套,万用表一个。

(3)工量具:常用工具、专用工具各一套等。

(4)耗材:手套、纱布等。

(5)学生组织:教师指导,分组实训,过程评价。

检查点火系统

2. 注意事项

(1)进入场地穿着干净整齐的工作服。

(2)听从实训指导教师的安排,严格遵守场地安全规定,注意用电安全。

(3)在操作过程中,注意拆装工具的使用。拆下零部件如点火线圈要轻拿轻放,避免点火线圈掉到地上摔坏。

(4)在操作过程中,正确使用万用表、诊断仪。在实验车上,测试端口与电控单元直接相连,不要将任何电压加在发动机的测试端口上,以免损坏电控单元。

任务实施

独立点火系统由于其自身特点,对各零部件检测维修操作相对不简便,可以通过专用诊断仪对车辆进行自诊断检测,调取故障码或者波形,检测点火系统是否正常。

1. 诊断仪的检测点火系统数据流

目前市面上诊断仪种类繁多,在本任务里,我们以 V. A. S5052A 大众专用诊断仪为例进行说明。

（1）连接故障诊断接口，进入主界面。

（2）选择车辆系统。

（3）选择诊断功能。

（4）读取故障码。

（5）弹出故障码。

（6）读取数据块（图 11-22）。

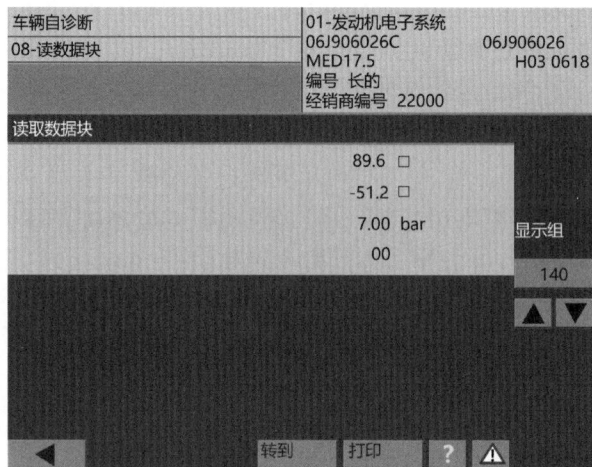

图 11-22　读取数据块

2. 示波器检测点火波形

在不解体情况下，发动机点火系统的检测诊断主要分为点火波形的检测与分析和点火正时检测两个方面。下面介绍点火波形的分析知识。

波形分析指把汽车发动机机点火系统实际点火波形与标准波形比较以判断点火系统故障的过程。

目前市场上有多种示波器，我们以 V. A. S 6356 大众专用设备调取点火系统波形。

（1）连接线路，进入主界面。

（2）选择"测试仪器"。

（3）功能切换（图 11-23）。

Go to(转到)—Multimeter(万用表)或 DSO。

3. 点火波形分析

1）标准波形

电子点火系统的点火波形，其闭合段后部电压略有上升。有的波形在闭合段中间也有一个微小的电压波动，这反映了点火控制器(电子模块)中限流电路的作用。另外，电子点火波形闭合段的长度随转速变化而变化。初级点火波形如图 11-24 所示。

2）波形分析

波形上的故障反映区如果用示波器测得的波形与标准波形比较有差异，说明点火系统有故障。点火系统故障在波形(以次级波形为例)上有四个主要反映区,如图 11-25 所示。

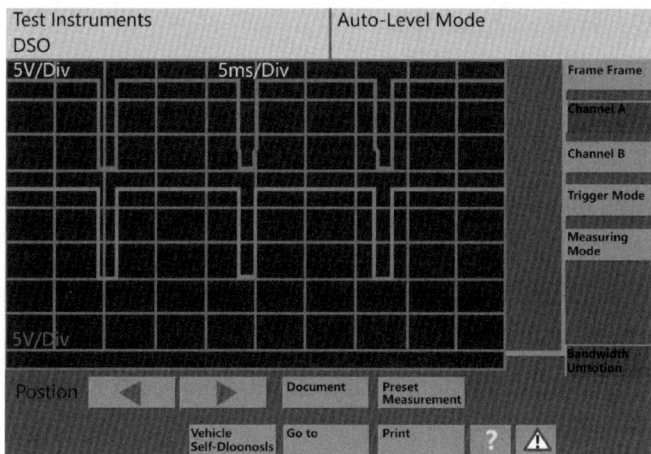

图 11-23　功能切换

图 11-24　初级点火波形图

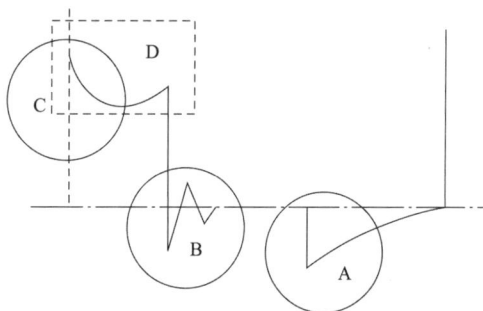

图 11-25　次级波形故障反映区

C 区域为点火区:当初级电路切断时,点火线圈初级绕组内电流迅速降低,所产生的磁场迅速衰减,在次级绕组中产生高压电(15000~20000V),火花塞间隙被击穿。击穿电压一般为 4000~8000V。火花塞电极被击穿放电后,次级点火电压随之下降。

D 区域为燃烧区:当火花塞电极间隙被击穿后,电极间形成电弧使混合气点燃。火花放电过程一般持续 0.6~1.5ms,在二次点火电压波形上形成火花线。

B 区域为振荡区:在火花塞放电终了,点火线圈中的能量不能维持火花放电时,残余能量以阻尼振荡的形式消耗殆尽。此时,点火电压波形上出现具有可视脉冲的低频振荡。

A 区域为闭合区:一次电路再次闭合后,二次电路感应出 1500~2000V 与蓄电池电压相反的感生电压。在点火波形上出现迅速下降的垂直线,然后上升过渡为水平线。

任务解决方案

1. 故障原因分析

根据故障现象,初步分析故障原因为点火系统故障、燃油供给系统故障、进排气系统故障、J623 自身故障、机械故障。

2.故障诊断与排除过程

(1)诊断仪读取故障码,显示故障码:

①00771 汽缸3:检测到不发火,静态。

②00851 汽缸3 点火促动:功能失效,静态。

根据故障码,进一步分析故障原因可能为3缸点火线圈自身及线路故障。

(2)读取发动机控制模块数据流,结果如下:怠速时15、16 组1、2、4 缸失火率均为零,3 缸失火数为178,3 缸失火严重。

(3)3 缸点火线圈信号怠速时,测量3 缸点火波形,发现波形为一条直线。

由于3 缸点火线圈损坏,不能产生高压电,功能失效,引起3 缸失火,造成发动机怠速抖动。更换3 缸点火线圈组件,故障消失。

3.故障小结

对车辆检测维修时,需充分利用维修设备和资料。利用解码器和示波器的功能进行发动机故障码、数据流的读取和波形分析,结合维修手册中的"故障码列表和标准数据流",为发动机控制系统的检修和故障排除提供依据。

任务小结

(1)点火系统采用单独点火方式时,每一个汽缸都配有一个点火线圈,并安装在火花塞上方。在微机控制单元中,设置有与点火线圈相同数目的大功率三极管,分别控制每个线圈次级绕组电流的接通与切断。

(2)独立点火系统由于其自身特点,对各零部件检测维修操作相对不简便,可以通过专用诊断仪对车辆进行自诊断检测,调取故障码或者波形,检测点火系统是否正常。

习题

一、判断题

1.在不解体情况下,发动机点火系统的检测诊断主要分为点火波形的检测与分析和点火正时检测两个方面。   (   )

2.波形分析指把汽车发动机机点火系统实际点火波形与标准波形比较以判断点火系统故障的过程。   (   )

3.在微机控制单元(ECU)中设置有与点火线圈相同数目的大功率三极管分别控制每个线圈初级绕组电流的接通与切断。   (   )

4.电子点火波形闭合段的长度是固定的,不随转速负荷变化而变化。   (   )

5.单缸独立点火系统中,点火线圈产生的高压电通过高压线传给火花塞。   (   )

二、选择题

1.微机控制独立点火系统到(   )中查询最佳点火提前角。

    A. RAM   B. ROM   C. CPU   D. ECU

2.一般来说,缺少下列哪个信号,点火系统将不能工作(   )。

A. 发动机转速　　　　B. 水温　　　　　　C. 上止点　　　　　D. 进气量

3. 点火系统采用微机控制独立点火方式时,每一个汽缸都配有一个(　　　)。

A. 火花塞　　　　　　B. 点火控制　　　　　C. 点火线圈　　　　D. 电子控制单元

4. 点火提前角应该随着发动机工况变化而变化,甲认为,点火提前角应随着发动机转速提高而减小,乙认为,点火提前角应随着发动机的负荷增大而增大。你认为(　　　)。

A. 甲对　　　　　　　B. 乙对　　　　　　　C. 甲乙都对　　　　D. 甲乙都不对

5. 在检查点火控制器好坏时,甲认为可在控制器的信号输入端输入模拟的点火信号,检查点火控制器的大功率三极管的通断情况开确定点火控制器的好坏,乙认为只要总高压线无火,就说明点火控制器已经损坏。你认为(　　　)。

A. 甲对　　　　　　　B. 乙对　　　　　　　C. 甲乙都对　　　　D. 甲乙都不对

项目十二　汽油发动机燃油系统故障诊断与修复

项目概述

　　汽油发动机燃油系统为发动机工作提供所需要的燃油,并将燃油准确地喷入进气道或汽缸。该系统包括两种类型,即普通汽油发动机燃油系统和汽油直喷发动机燃油系统。

主要学习任务

　　1.普通汽油发动机燃油系统故障诊断与修复
　　2.汽油直喷发动机燃油系统故障诊断与修复

学习任务1　普通汽油发动机燃油系统故障诊断与修复

任务描述

　　一辆宝来1.8AT汽车,行驶里程9.2万km,用户李先生反映燃油量快到红线的时候左转前进或倒车均正常,而车辆在右转的情况下,前进或倒车时加油及减速均会出现加速不良或发动机熄火现象。

引起该故障的主要原因可能有发动机燃油系统故障、发动机点火系统故障、发动机机械系统故障等,需要对发动机相关各系统进行检查,确定故障后,进行维修或部件更换并将发动机进行装复。

学习目标

知识目标

(1)掌握普通汽油发动机燃油系统的组成、功用及工作原理;

(2)掌握普通汽油发动机燃油系统主要零部件的结构及工作原理;

(3)掌握普通汽油发动机燃油系统各零部件检测方法;

(4)掌握普通汽油发动机燃油系统常见故障的诊断方法。

技能目标

(1)具备信息查询和电路图识读的基本能力;

(2)能够利用检测设备和工具进行普通汽油发动机燃油系统主要零部件的检修;

(3)能够利用检测设备和工具进行普通汽油发动机燃油系统的就车检测;

(4)能够利用检测设备和工具对普通汽油发动机燃油系统的常见故障进行诊断和修复。

素质目标

(1)培养学生具有爱国敬业、爱党奉献和服务人民的思想;

(2)培养学生具有奋斗精神、奉献精神、创造精神、工匠精神;

(3)培养学生良好的职业道德;培养严格的质量意识、安全意识、环保意识;

(4)培养学生团队意识,养成自主学习的习惯。

建议学时:6 学时。

知识准备

汽油喷射式燃料
供给系统工作原理

燃油供给系统是电控发动机的主要组成部分,如图 12-1 所示。它主要是保证在各工况下可靠地提供发动机所需要的燃油。

一、燃油供给系统组成及工作原理

普通汽油发动机燃油系统即发动机缸外喷射系统,通常也被称为进气管喷射,该系统包括燃油的供给、输送以及燃油喷射,主要包括燃油箱、电动燃油泵、喷油器、燃油滤清器、燃油压力调节器等。电动燃油泵把燃油从油箱中吸出,使之经过燃油滤清器,进入与电磁喷油器相连的燃油(分配)轨道。喷油器把燃油按精确的数量喷射到发动机的进气歧管内。配有回油管路的系统中,多余的燃油经过装有压力调节器的回油管路回到油箱中。

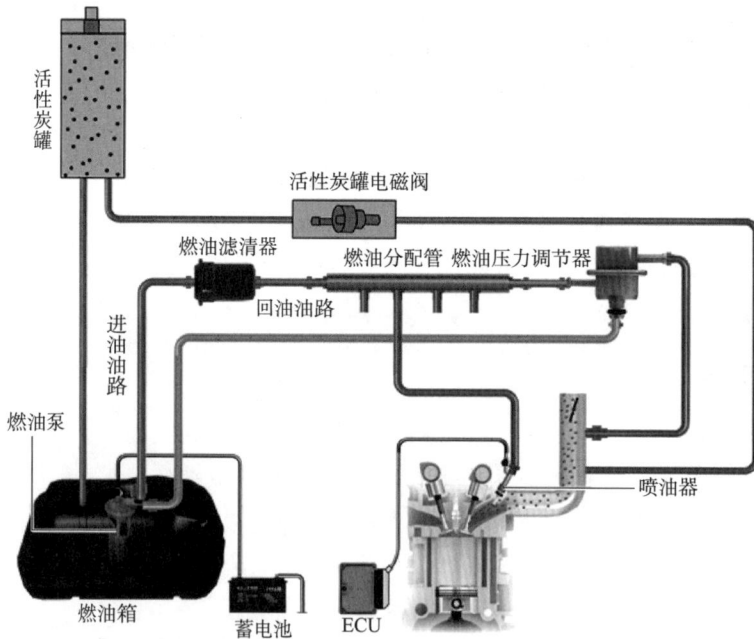

图 12-1　发动机燃油系统图

二、燃油供给系统主要零部件的结构和工作原理

1. 电动燃油泵

电动燃油泵是电控发动机燃油供给系统最重要的部件,它是为燃油供给系统提供所需要的燃油压力动力源。

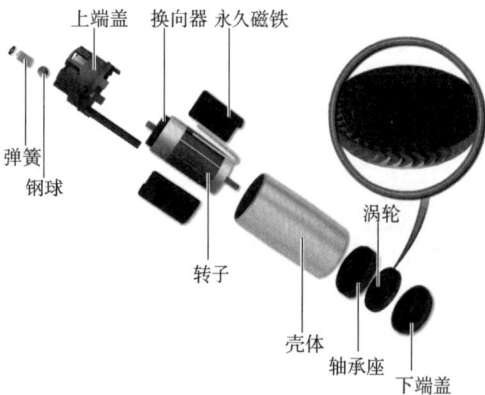

图 12-2　涡轮式电动燃油泵

燃油泵由发动机 ECU 控制。当发动机处于静止状态而点火开关并未关断时,燃油泵不工作。

1)电动燃油泵的功用

目前使用的电动燃油泵(图 12-2)通常都安装在油箱中,集成在一起的还有油位传感器和用来消除回油路中气泡的涡流板。电动燃油泵由小型直流电动机驱动,发动机运转时电动燃油泵连续不断地把燃油从油箱中吸出,加压后输送到管路中,和燃油压力调节器配合建立合适的系统压力。电动燃油泵的电动机和燃油泵连成一体,密封在同一壳体内。

电动燃油泵向喷油器提供油压需高于进气歧管压力 250~300kPa,但是为了保证系统供油压力满足所有工况的要求,所以油泵的最高油压需要 450~600kPa,最大供给能力要高于系统的理论最大需求量。

2)电动燃油泵的分类

电动燃油泵按其结构不同,主要有涡轮式、滚柱式、叶片式三种油泵。

3)电动燃油泵的组成及工作原理

涡轮式电动燃油泵如图 12-2 所示,涡轮式电动燃油泵主要由燃油泵电动机、涡轮泵、出油阀、卸压阀等组成。油箱内的燃油进入燃油泵内的进油室前,首先经过滤网初步过滤。

涡轮泵主要由叶轮、泵壳体和泵盖组成,叶轮安装在燃油泵电动机的转子轴上。油泵电动机通电时,燃油泵电动机驱动涡轮泵叶轮旋转,由于离心力的作用。使叶轮周围小槽内的叶片贴紧泵壳,并将燃油从进油室带往出油室。由于进油室燃油不断被带走,所以形成一定的真空度,将油箱内的燃油经进油口吸入;而出油室燃油不断增多,燃油压力升高,当油压达到一定值时,则顶开出油阀经出油口输出。出油阀还可在燃油泵不工作时,阻止燃油倒流回油箱,这样可保持油路中有一定的残余压力,便于下次起动。

燃油泵工作中,燃油流经燃油泵内腔,对燃油泵电动机起到冷却和润滑的作用。燃油泵不工作时,出油阀关闭,使油管内保持一定的残余压力,以便于发动机起动和防止气阻产生。卸压阀安装在进油室和出油室之间,当燃油泵输出油压达到 0.6MPa 时,卸压阀开启,使油泵内的进、出油室连通,燃油泵工作只能使燃油在其内部循环,以防止输油压力过高。

涡轮式电动燃油泵具有泵油量大、泵油压力较高(可达 600kPa 以上)、供油压力稳定、运转噪声小、使用寿命长等优点,所以应用最为广泛。

2. 喷油器

对汽车平稳运行和低排放的严格要求使得每一个工作循环都需要提供完全精确的混合气配制。喷射的燃油量必须精确计量以匹配吸入的空气量,因此,每个汽缸都配有一个电磁喷油器。喷油器由发动机 ECU 控制,在准确的时间点将精确的燃油量直接喷向汽缸进气门。这样大大避免了沿进气管壁的凝结现象。多点喷射系统的喷油器安装在各缸进气歧管或汽缸盖上的各缸进气道处。

1)喷油器的分类

按喷油口的结构不同,喷油器可分为轴针式和孔式两种,如图 12-3 所示为轴针式喷油器结构原理图。

2)喷油器的结构及工作原理

喷油器主要由滤网、线束插接器、电磁线圈、复位弹簧、衔铁和针阀等组成,针阀与衔铁制成一体。

燃油供给管路中的滤网防止污物进入喷油器,同时,两个 O 形圈分别对油轨和进气歧管与喷油器连接处进行密封。线圈中不通电时,弹簧和燃油压力将针阀紧压在阀座上,使燃油轨道与进气歧管分隔开来。

当喷油器电磁阀绕组通电时,线圈即产生电磁场。电磁场使衔铁升起,针阀随之离开阀座,燃油从喷油器喷出。系统压力和喷油器量孔开度是单位时间内喷油量的决定因素。触发电流中止,针阀立即关闭。

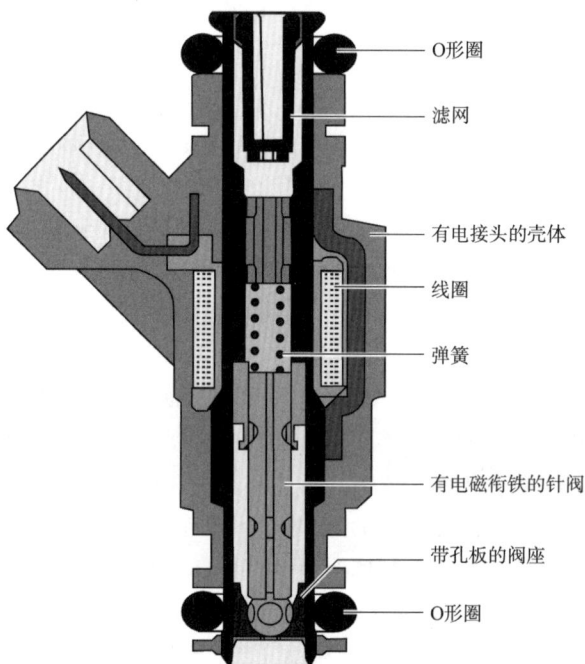

喷油器类型、功用、
工作原理

燃油压力调节器
工作原理

图12-3　轴针式喷油器结构原理图

喷油器通常采用顺序燃油喷射,即曲轴每转两圈,各缸的喷油器按照发动机的点火顺序,依次在最合适的曲轴转角位置进行燃油喷射。

发动机的喷油量通过电控单元控制喷油器的通电时间(喷油脉冲宽度)来确定。发动机ECU根据发动机运转工况及各种影响因素进行计算,最后确定喷油器通电时间。

3. 燃油压力调节器

喷油量仅应由喷射时间来决定。因此,燃油分配管与进油管间的压差必须保持恒定,所以需要一种方法来调节油压以适应不同负荷下进气歧管的压力变化。油压调节器通过调节回油量来维持喷油器的压力差恒定。压力调节器通常装在燃油分配管的远端,避免干扰燃油分配管内的油流。不过,它也可以安装在回油路中。

油压调节器被设计为一种膜片控制溢流压力调节器(图12-4)。一个橡胶纤维膜片将压力调节器分为两部分:燃油室和压力室。弹簧压在一个固定在膜片上的压板上,这个弹簧力使得活动安装的阀片压在阀座上。当油压大于弹簧压力时,油压作用在膜片上,阀门打开,燃油直接流回油箱,直到膜片恢复平衡状态,这时作用在膜片两边的压力相等。在弹簧室和节气门后面的进气歧管间有一根气压管相连通,它使得弹簧室的压力随歧管真空度的变化而变化。因此,膜片处的压力就和喷油器一致,结果就使喷油器的压差保持恒定,它仅由弹簧力和膜片面积决定。

在无回油管路的系统中,燃油压力调节器安装在油箱内置燃油泵总成内,它维持燃油分配管中燃油压力相对于环境压力保持恒定。由此可见,系统并没有保持燃油分配管与进气歧管之间压力差恒定,这种油路系统通常会采用 D 型燃油喷射系统,通过电控单元通过进气压力传感器来检测进气压力,从而对喷油量进行修正。

4. 稳压器

喷油器周期性的喷油和燃油泵的燃油周期性输出特性都会在燃油系统中引起压力波。在不利情况下,电动燃油泵底座、油管和燃油分配管本身会将这些振动传到燃油箱和车身。由此引起的噪声可通过使用特殊设计的底座和燃油稳压器来加以抑制。稳压器的结构(图 12-5)与压力调节器相似。它们都有一个弹簧压住的膜片来分隔燃油和空气。设计计算的弹簧压力使得一旦燃油达到工作压力,膜片就离开座面。这提供了一个可变油腔在高峰油压容纳燃油和油压下降时释放,使得燃油绝对压力波动的情况下保持燃油压力在最佳工作范围内。

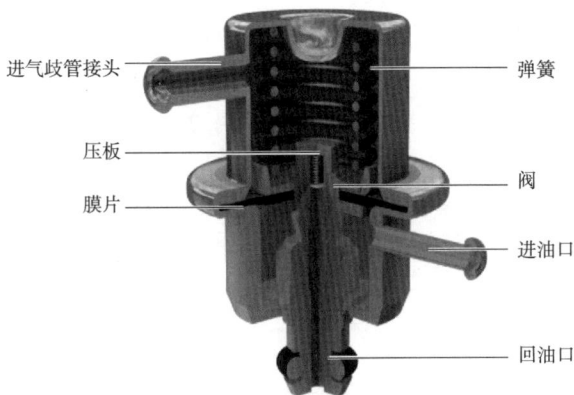

图 12-4　燃油压力调节器

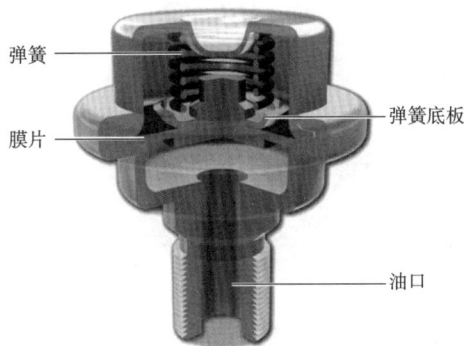

图 12-5　稳压器

脉动稳压器
工作原理

操作指引

1. 组织方式

(1)场地设施:举升机一台,装有废气抽排系统和消防设施的场地。

(2)设备设施:装备非直喷发动机的整车。

(3)工量具:常用工具一套、车辆故障诊断仪、示波器、万用表等。

(4)耗材:熔断丝、线束等。

(5)学生组织:教师指导、分组实训、过程评价。

2. 注意事项

(1)在实训场地应穿着干净整齐的工作服。

(2)听从实训指导教师的安排,严格遵守场地安全规定,注意用电安全。

(3)在操作过程中,注意拆装工具及万用表、诊断仪等设备的使用,拆下的零部件要轻拿轻放,避免磕碰和损坏。

(4)在检测喷油器、油泵等部件的线路时,严禁用力拉扯线束。

(5)检测电气元件需断开部件插头时,应提前关闭点火开关。

任务实施

1. 检测喷油器电阻值

拔下喷油器线束插头，用万用表测量喷油器两端子之间的电阻，电阻应符合规定值，通常应在 13～16Ω。

2. 检测喷油器电路

断开喷油器线束插接器，接通点火开关，但不起动发动机，用万用表测量其电源端子与搭铁间电压应为 12V 电源电压（有些车需起动发动机）。测量喷油器搭铁端子与发动机 ECU 端子之间的阻值应小于 1Ω。

3. 检测电动燃油泵

断开电动燃油泵线束插接器，接通点火开关起动挡，用万用表测量其电源端子与搭铁间电压应为 12V 电源电压。测量电动燃油泵搭铁端子与车身之间的阻值应小于 1Ω。

断开电动燃油泵线束插接器，检测电动燃油泵的电阻应符合规定值，通常阻值在 1～2Ω。

4. 检测油路油压

首先将油路泄压，然后将燃油压力表（图 12-6）接入燃油管路中，起动发动机油压应符合规定值，如速腾 1.6L 发动机怠速运转燃油系统压力应为 0.4MPa。

图 12-6　燃油压力表

发动机熄火后，等待一段时间，观察压力表的压力，应符合规定值。

任务解决方案

1. 故障原因分析

该车在油量较少的情况下才会出现加速不良或发动机熄火现象说明发动机点火系统、进排气系统、机械系统等应该正常，可能是燃油系统供油不足。

2. 故障诊断与排除过程

（1）首先用汽车故障诊断仪对车辆系统进行诊断，各系统均都没有故障码存储。因为用户反映只有油量快到红线的时候且向右转才会出现此故障，所以怀疑是汽油泵瞬间供不上油所导致。

（2）因为需要路试才会出现出现故障现象，所以断开燃油的供油管路，接入燃油压力表进行路试检测，左转前进或倒车时油压基本正常，而右转前进或倒车时在出现故障的时候油压显示非常低，由此判断故障在燃油泵。

（3）拆下燃油泵发现燃油泵壳体的下部在一侧严重开裂，通过向用户询问得知该车曾经拖过底，所以造成燃油泵损坏，更换燃油泵后试车一切正常。

3.故障小结

因为燃油泵壳体右下部损坏导致壳体内汽油很少,右转时由于惯性的作用汽油向左倾斜,造成燃油供应不足,使油压下降造成加速不良或发动机熄火。

任务小结

(1)普通汽油发动机燃油系统的主要组成包括电动燃油泵、喷油器、燃油滤清器、燃油压力调节器,该系统包括燃油的供给、输送以及燃油喷射。

(2)普通汽油发动机燃油系统中电动燃油泵向喷油器提供油压,喷油器将燃油喷入进气道。

(3)电动燃油泵和喷油器的检测项目包括电阻的检测、线路的检测等。

(4)普通汽油发动机燃油系统可以通过燃油压力的检测来判断系统的工作状况。

(5)普通汽油发动机燃油系统在检测中如果需要断开油路需先泄压,同时注意保护电气元件和线路。

习题

一、判断题

1.燃油供给系统的作用是保证在各工况下可靠地提供发动机所需要的燃油。　　(　　)

2.普通燃油喷射系统的喷油器把燃油按精确的数量喷射到发动机的进气歧管内。

(　　)

3.电动燃油泵不工作时油路中将无燃油。　　　　　　　　　　　　　　(　　)

4.电动燃油泵由小型交流电动机驱动,工作时把燃油从油箱中吸出。　　(　　)

5.电动燃油泵通常由发动机控制单元直接驱动。　　　　　　　　　　　(　　)

二、选择题

1.喷油器的电阻通常应为(　　　)。

　　A.小于1Ω　　　　　　B.小于5Ω　　　　　　C.小于10Ω　　　　　　D.小于20Ω

2.下列关于喷油的描述不正确的是(　　　)。

　　A.各喷油器按顺序喷射

　　B.燃油喷射到进气歧管

　　C.发动机进气行程喷油

　　D.喷油器喷油量决定于喷油时间

3.喷油器喷油时发动机所处的行程是(　　　)。

　　A.进气行程　　　　　B.压缩行程　　　　　C.做功行程　　　　　D.排气行程

4.电动燃油泵电阻通常应为(　　　)。

　　A.小于1Ω　　　　　　B.小于5Ω　　　　　　C.小于10Ω　　　　　　D.小于20Ω

5.关于无回油管路的燃油油路油压的描述正确的是(　　　)。

　　A.油压随发动机负荷变化　　　　　　　　B.油压与进气压力差相对恒定

　　C.油压保持稳定　　　　　　　　　　　　D.以上都不正确

学习任务2　汽油直喷发动机燃油系统故障诊断与修复

任务描述

一辆迈腾汽车行驶7万 km,用户李先生反映发动机偶尔无法起动,怠速运转时高压泵有异响,正常行驶时该车加速无力。

引起该故障的主要原因可能有高压油泵故障、低压油泵故障、燃油系统线路故障等,需要对发动机相关部件进行检查,确定故障后,进行维修或部件更换。

学习目标

知识目标

(1)掌握汽油直喷发动机燃油系统的组成、功用及工作原理;

(2)掌握汽油直喷发动机燃油系统主要零部件的结构及工作原理;

(3)掌握汽油直喷发动机燃油系统各零部件检测方法;

(4)掌握汽油直喷发动机燃油系统常见故障的诊断方法。

技能目标

(1)具备信息查询和电路图识读的基本能力;

(2)能够利用检测设备和工具进行汽油直喷发动机燃油系统主要零部件的检修;

(3)能够利用检测设备和工具进行汽油直喷发动机燃油系统的就车检测;

(4)能够利用检测设备和工具对汽油直喷发动机燃油系统的常见故障进行诊断和修复。

素质目标

(1)培养学生具有爱国敬业、爱党奉献和服务人民的思想;

(2)培养学生具有奋斗精神、奉献精神、创造精神、工匠精神;

(3)培养学生良好的职业道德,培养严格的质量意识、安全意识、环保意识;

(4)培养学生团队意识,养成自主学习的习惯。

建议学时:6学时。

知识准备

汽油直喷也称为缸内直喷,就是直接将燃油喷入汽缸内与进气进行混合。缸内直喷的喷油压力高,燃油雾化好,燃烧更加充分,油耗量降低,升功率增大,真正实现了精准地控制喷油并与进气充分混合。

一、缸内直喷发动机燃油系统组成及工作原理

直喷发动机燃油系统包括低压燃油系统和高压燃油系统,如图 12-7 所示。低压燃油系统包括低压油泵、燃油泵 ECU、汽油滤清器等,高压燃油系统包括高压油泵、燃油压力调节阀、燃油压力传感器、高压喷油器(喷嘴)等。燃油首先由低压油泵建立压力,然后经过高压油泵加压,并经过燃油压力调节阀对高压进行调节以符合工况需要,最终通过高压喷油器喷入汽缸。

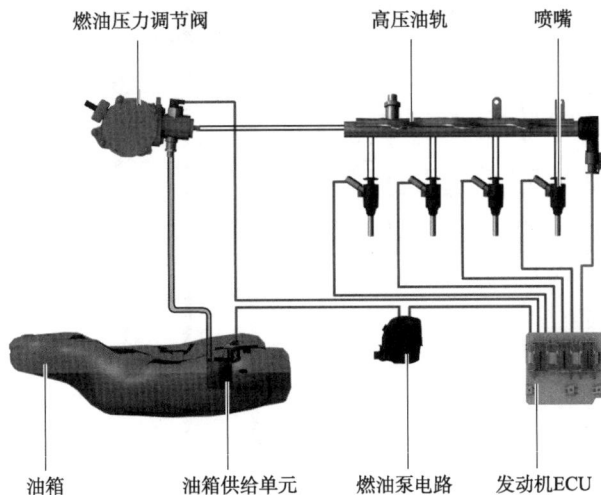

直喷发动机燃油
系统工作原理

图 12-7 直喷发动机燃油系统

二、缸内直喷发动机燃油系统各部分组成及工作原理

1. 低压燃油系统的组成及工作原理

低压燃油系统(如迈腾)包括油箱、低压油泵、油泵控制单元、燃油滤清器等。

燃油泵控制单元(J538)安装在电动燃油泵(G6)附近,它接收发动机控制单元(J623)的控制信号,接收车载电网控制单元(J519)的预工作信号,J538 通过脉宽调制信号(PWM)来控制电动燃油泵,为油泵提供正电和搭铁,此外还向仪表(J285)提供油位显示信号。

燃油泵的基本结构与普通发动机的燃油泵基本相同。

当车辆解锁后,打开主驾车门,车载电网控制单元收到车门打开的信号后向 J538 发出使油泵预工作的信号,J538 控制电动燃油泵工作几秒,燃油系统首先建立低压油压,便于发动机起动。当发动机起动后发动机控制单元 J623 一直向 J538 发送使油泵运转的信号,则 J538 控制燃油泵持续运转。

燃油泵及燃油泵控制单元(迈腾)相关线路如图 12-8 所示。

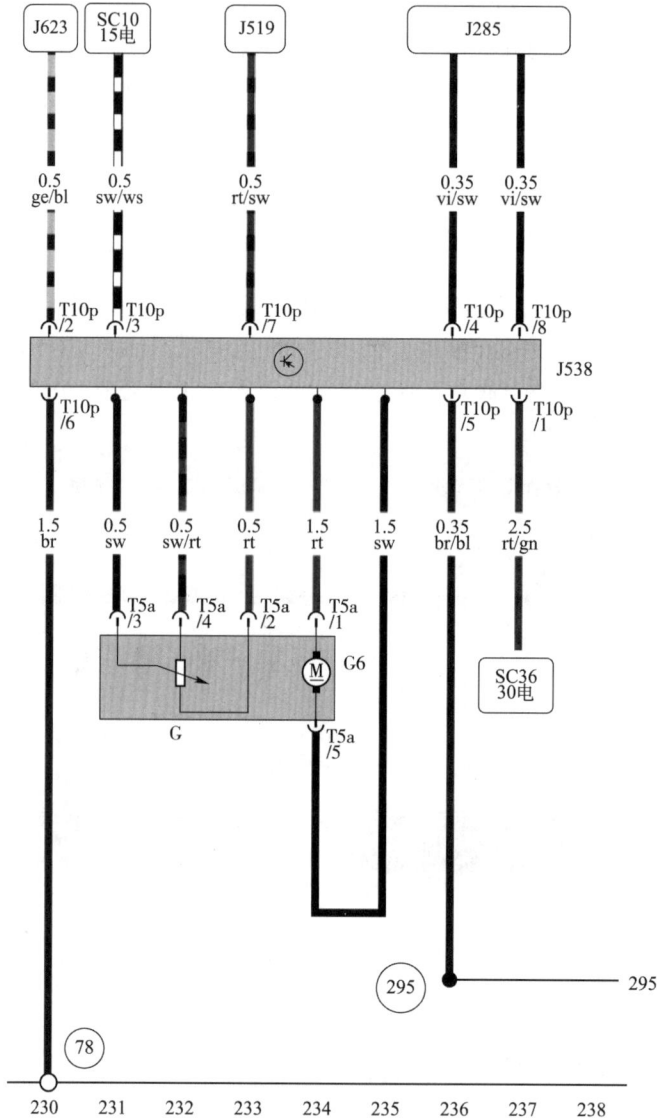

图 12-8　低压油泵工作电路

2. 高压燃油系统的组成及工作原理

高压燃油系统(迈腾)主要包括高压燃油泵、油压调节阀 N276、油轨、压力限制阀(开启压力大约为 14MPa)、燃油压力传感器 G247、高压喷油器(喷嘴)N30-N33。

高压燃油系统的油压范围可以达到 4～14MPa。

燃油压力传感器(迈腾)安装在油轨或高压泵上,其作用是监控油轨内的燃油压力,依此来调整燃油压力。它的核心就是一个钢膜,在钢膜上镀有应变电阻,要测的压力经压力接口作用到钢膜的一侧时,由于钢膜弯曲,就引起应变电阻的阻值发生变化,阻值的变化转换成电压信号传给发动机控制单元,发动机控制单元根据这个信号,调节燃油压力调节阀来控制油轨内的燃油压力。其结构如图 12-9 所示。

高压燃油泵通常由排气凸轮轴驱动,有的安装在凸轮轴的中部位置、有的安装在凸轮轴的后端位置。高压燃油泵(迈腾)外部结构如图 12-10 所示。

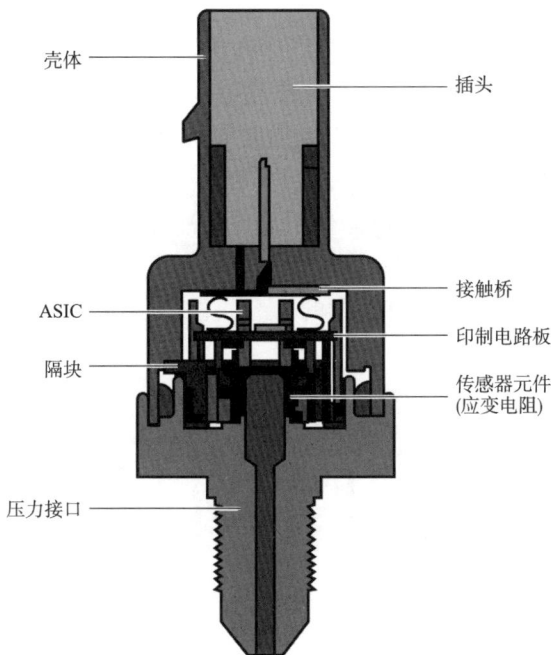

图 12-9　燃油压力传感器

图 12-10　高压燃油泵

高压燃油泵(迈腾)工作分为三个阶段(图 12-11),即进油阶段、回油阶段、供油阶段。在进油阶段,靠泵活塞的下行提供吸油的动力,同时进油阀打开,燃油被吸入了泵腔。在泵活塞行程的最后 1/3 段,燃油压力调节阀断电,使得在泵活塞向上运动的初期进油阀仍然打开来进行回油。

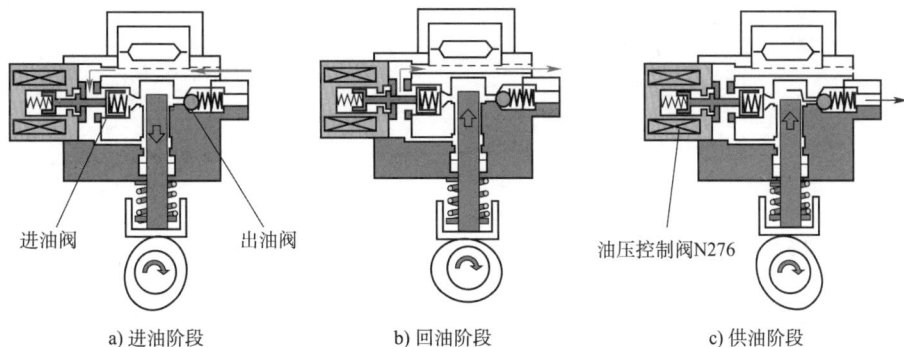

a) 进油阶段　　　　　　b) 回油阶段　　　　　　c) 供油阶段

图 12-11　高压燃油泵的泵油过程

在回油阶段,为了控制实际的供油量,进油阀在泵活塞向上运动的初期还是打开的,多余的燃油被泵活塞挤回低压端。在供油阶段的初期,燃油压力调节阀通电,进油阀关闭。泵活塞上行在泵腔内产生压力,当压力超过油轨内压力时,出油阀就被打开,燃油被泵入油轨。

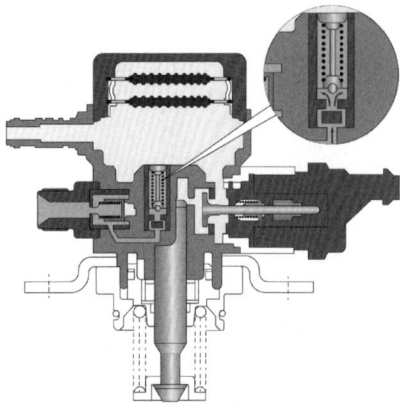

图 12-12 限压阀

燃油压力限压阀(迈腾)集成在高压燃油泵内(图 12-12),作用是在发生燃油热膨胀和故障的时候,为系统提供过压保护。它是一个机械阀,在压力超过 14MPa 的时候打开,打开的是在泵内从高压端到低压端的回流油道,然后燃油再被压回高压端。

油压调节阀 N276 安装在高压泵的侧面,其作用是控制进入油轨的油压,发动机电控单元通过脉宽调制信号对其进行控制。

高压喷油器(迈腾)的作用是将燃油分别喷入每个汽缸中,控制单元的驱动电压约 65V,瞬时电流可达 12A,平均电流 2.6A。高压喷油器的电路如图 12-13 所示。

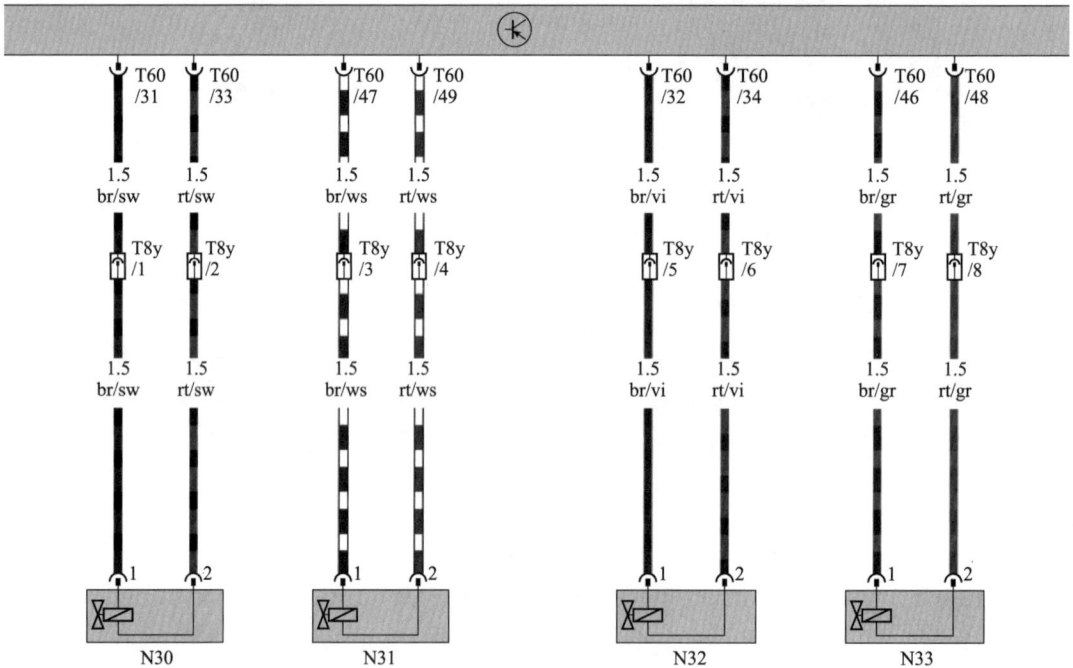

图 12-13 高压喷油器的电路

 操作指引

1. 组织方式

(1)场地设施:举升机一台,装有废气抽排系统和消防设施的场地。

(2)设备设施:迈腾汽车。

(3)工量具:常用工具一套、车辆故障诊断仪、示波器、万用表等。

(4)耗材:熔断丝、线束等。

(5)学生组织:教师指导、分组实训、过程评价。

2. 注意事项

(1) 在实训场地应穿着干净整齐的工作服。

(2) 听从实训指导教师的安排,严格遵守场地安全规定,注意用电安全。

(3) 在操作过程中,注意拆装工具及万用表、诊断仪等设备的使用,拆下的零部件要轻拿轻放,避免磕碰和损坏。

(4) 在检测油压调节阀、燃油压力传感器等部件的线路时,严禁用力拉扯线束。

(5) 检测电气元件需断开部件插头时,应提前关闭点火开关。

任务实施

1. 检测燃油压力传感器(大众迈腾 1.8T)

1) 燃油压力传感器数据流(图 12-14)

图 12-14 燃油压力传感器数据流图

将故障诊断仪连接到诊断座 DLC3,打开点火开关,打开诊断仪,测量数据流,怠速时约为 0.4MPa(迈腾 1.8T),踩下加速踏板(迈腾 1.8T)油压相应上升。

2) 燃油压力传感器线路的检测

(1) 检测电源电压。断开燃油压力传感器插接器,将点火开关置于 ON 位置,将万用表旋转开关置于直流电压挡,检测电源线的电压应为 5V。

(2) 检测燃油压力传感器输出信号。连接燃油压力传感器插接器,起动发动机并踩下加速踏板,检测信号线端子电压应在 0~5V。

(3) 检测燃油压力传感器线路电阻。点火开关断开,断开燃油压力传感器插接器,检测燃油压力传感器与发动机 ECU 对应端子的电阻应小于 0.5Ω。检测燃油压力传感器线路与车身的电阻应为∞。

2. 检测油泵控制单元及油泵

测量燃油泵控制单元的工作电压,T10p/1 为电源电压,T10p/3 端子打开点火开关,该端子应为电源电压。

检查燃油泵控制单元搭铁线(T10p/6 端子)与车身搭铁之间电阻应小于1Ω。

检测油泵电阻,通常阻值在 1 ~ 2Ω。

3. 检测油压调节阀(迈腾 1.8T)

点火开关 ON,检测油压调节阀 1 脚为电源电压。检测油压调节阀电磁线圈的电阻应符合规定值。测量电磁阀与电控单元相连的搭铁线的电阻,应小于 0.5Ω。

利用诊断仪进行执行元件功能测试,选择燃油压力调节阀,应能听见电磁阀"嗒嗒"的声音,同时用手触摸电磁阀有振动。

注意:在检查燃油压力调节器电磁阀是否工作时,如果采用直接通电方式进行测试,禁止给电磁阀持续通电,否则电磁阀会损坏。

4. 检测高压喷油器(喷嘴)

点火开关 OFF,拔下高压喷油器插接器,用万用表检测高压喷油器的电阻,应符合规定值。测量高压喷油器与电控单元相连的搭铁线的电阻,应小于 0.5Ω。

利用诊断仪进行执行元件功能测试,选择高压喷油器,应能听见高压喷油器"嗒嗒"的声音,同时用手触摸有振动。

5. 检测油压

正常怠速时油压应为4MPa。

检测低压油泵油压:额定值应为 0.6 ~ 0.8MPa。

检查保持压力:检测 10min 后的油压应至少为 0.375MPa。

🛠 任务解决方案

1. 故障原图分析

发动机怠速运转时高压泵有异响,正常行驶时该车加速无力,这个故障可能是高压泵有机械故障或者燃油压力调节阀及线路故障。

2. 故障诊断与排除过程

(1)首先利用诊断仪检测发动机系统的故障码为 P2293—燃油压力调节阀 N276 机械故障。

出现该故障码可能原因有低压油泵的油压过低;N276 电路存在故障;N276 本身损坏;高压泵本身机械故障;发动机控制单元故障。

(2)根据故障码的内容读取怠速实际导轨油压的数据流,油压显示 0.7MPa,油压明显低于正常值,正常怠速油压应为 4MPa,0.7MPa 油压只是低压油路的油压值,因此判断该车高压油路出现问题。

(3)检查 N276 插头正常,测量电磁阀两根导线的电阻,均小于 0.5Ω,电源线电压正常,说明线路没有问题。检查电磁阀线圈的电阻,电阻正常。最终判断 N276 线路和电磁阀正常。

(4)电磁阀和高压泵是一体的,而高压泵伴随有响声,故障只能出在这个总成上,更换高压泵,故障排除。

3. 故障小结

故障诊断时如果有故障码,应该先按故障码的方向去分析,同时读取数据流进行故障的确认,最后结合故障现象找到相应的故障点。

任务小结

（1）汽油直喷发动机燃油系统主要包括低压油泵、燃油泵 ECU、高压油泵、燃油压力调节阀、燃油压力传感器、高压喷油器等。

（2）汽油直喷发动机燃油系统中低压油泵的作用是建立基本油压,高压油泵的作用是建立高压油,燃油压力调节阀的作用是调节油路油压,燃油压力传感器的作用是检测油压,高压喷油器的作用是将燃油喷入汽缸。

（3）高压油泵、高压喷油器主要包括元件电阻检测和线路检测,燃油压力调节阀主要进行线路检测。

（4）汽油直喷发动机燃油系统可以通过读取系统油压和故障码来判断系统有无故障。

（5）汽油直喷发动机燃油系统在检测中如果需要断开油路需先泄压,同时注意保护电气元件和线路。

习题

一、判断题

1. 直喷发动机的喷油器把燃油按精确的数量喷射到发动机的气缸内。 （　　）

2. 燃油压力传感器安装在油轨上,其作用是监控油轨内的燃油压力。 （　　）

3. 低压油泵不工作发动机将无法起动。 （　　）

4. 高压燃油泵由发动机控制单元驱动。 （　　）

5. 利用诊断仪执行元件功能测试,选择喷油阀,应能听见喷油阀"哒哒"的声音。

（　　）

二、选择题

1. 下列关于直喷喷油器描述正确的是（　　　）。

　　A. 直喷喷油器电阻大于进气管喷射的喷油器

　　B. 直喷喷油器工作电压为12V

　　C. 直喷喷油器由发动机电脑控制其搭铁线路

　　D. 直喷喷油器两条线均与发动机电脑相连

2. 发动机控制单元控制直喷喷油器驱动电压为（　　　）。

　　A. 12V　　　　　　　B. 20V　　　　　　　C. 30V　　　　　　　D. 大于50V

3. 在高压泵进油阶段,下列描述不正确的是（　　　）。

　　A. 泵活塞上行　　　B. 进油阀开启　　　C. 出油阀打开　　　D. 凸轮轴驱动泵活塞

4. 下列关于油路油压描述正确的是（　　　）。

　　A. 低压油压保持相对稳定　　　　　　　B. 高压油压保持稳定

　　C. 油压传感器故障发动机无法工作　　　D. 高压油泵不工作发动机无法工作

5. 喷油器喷油时发动机所处的行程是（　　　）。

　　A. 进气行程　　　　B. 压缩行程　　　　C. 做功行程　　　　D. 排气行程

项目十三 发动机怠速控制系统故障诊断与修复

车主李先生反映他的行驶里程约 4.6 万 km 的大众迈腾 1.8T 自动挡舒适型汽车,近期发动机出现怠速抖动严重,并且伴有异响声的故障现象。

造成发动机怠速抖动的原因很多,点火系统、燃油供给系统、空气供给系统等都会造成怠速抖动。若判断故障在怠速系统,则需要对怠速系统进行检修。

📖 学习目标

知识目标

(1)掌握发动机怠速控制系统的组成、功用及工作原理;

(2)掌握发动机怠速控制系统主要零部件的结构及工作原理;

(3)掌握发动机怠速控制系统各零部件检测方法;

(4)掌握发动机怠速控制系统常见故障的诊断方法。

技能目标

(1)具备信息查询和电路图识读的基本能力;

(2)能够利用检测设备和工具进行发动机怠速控制系统主要零部件的检修;

(3)能够利用检测设备和工具进行发动机怠速控制系统的就车检测;

(4)能够利用检测设备和工具对发动机怠速控制系统的常见故障进行诊断和修复。

素质目标

(1)培养学生具有爱国敬业、爱党奉献和服务人民的思想;

（2）培养学生具有奋斗精神、奉献精神、创造精神、工匠精神；

（3）培养学生良好的职业道德，培养严格的质量意识、安全意识、环保意识；

（4）培养学生团队意识，养成自主学习的习惯。

建议学时：4 学时。

✂ **知识准备**

汽油机怠速控制系统是当代汽油发动机控制中的一个重要组成部分。怠速工况的控制性能，反映了汽车的技术性、稳定性、动力性、经济性、污染性等各种技术指标。

一、怠速控制系统功用

怠速工况是发动机在对外不做功的情况下，以最低稳定的转速运行的状态。此时发动机与传动系完全脱离，其目的就是维持发动机的在较低的转速下连续、平稳运转和提供其他各辅助装置的工作动力，比如空调、动力转向装置等突然开启或关闭时，使发动机转速稳定运行在某一速度范围。若怠速过高会造成燃油消耗增加，若怠速过低则会增加排放污染。汽车在使用过程中，发动机怠速运转时间约占 30%，怠速工况是发动机工作的重要工况之一，所以对怠速工况进行控制，很有必要。具体有以下几个方面。

1. 稳定怠速控制

保证发动机排放要求且稳定运转的前提下，尽量使怠速转速最低，以减少燃油消耗。

2. 快速暖机控制

冷机起动后，控制发动机在较高的怠速下稳定运转，以加速暖机过程。

3. 高怠速控制

在怠速工况下，当发动机负荷增加（使用空调制冷）时，为使负荷正常工作，发动机又不熄火，控制在设定的高怠速下稳定运转。

4. 其他控制

发动机熄火，使怠速空气道随即开到最大；发动机零部件磨损，控制修正怠速转速至正常值；若怠速过高，燃油消耗增加；若怠速过低，增加排放污染。

二、怠速控制系统的组成

怠速控制就是怠速转速的控制。配置怠速控制系统后，发动机的怠速转速在汽车使用期内，不会因发动机老化、汽缸积炭、火花塞间隙等变化而发生变化。

汽车发动机进气方式有怠速旁通供给空气式进气系统和怠速直接供给空气式进气系统。设有旁通空气道的怠速控制系统的组成如图 13-1 所示，由各种传感器、信号控制开关、怠速控制阀、电子控制单元（ECU）和节气门旁通空气道等组成。迈腾、速腾、高尔夫、捷达和红旗等汽车都采用节气门直接控制的方式，不需要设置旁通空气道。

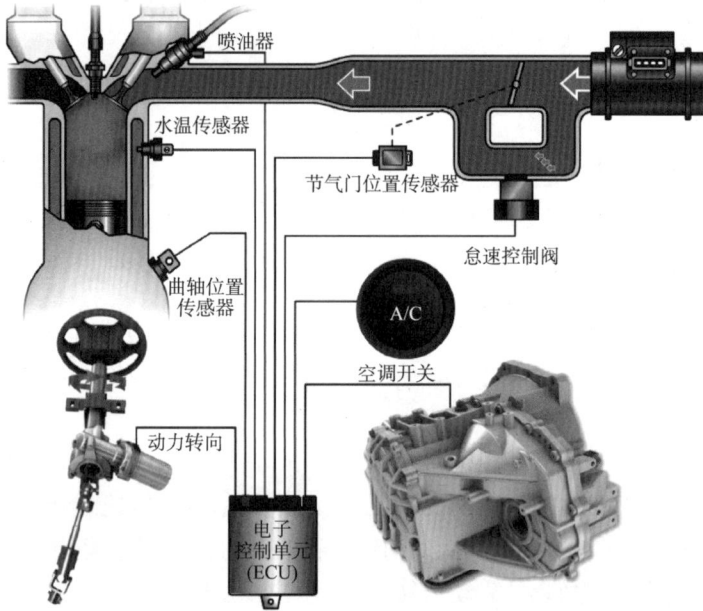

图 13-1　旁通空气式怠速控制系统组成

车速传感器提供车速信号,节气门位置传感器提供怠速触点开闭信号,这两个信号用来判定发动机是否处于怠速状态。发动机怠速时,节气门关闭,节气门位置传感器的怠速触点 IDL 闭合,传感器输出端子 IDL 输出低电平信号。因此,当 IDL 端子输出低电平信号时,如果车速为零,就说明发动机处于怠速状态;如果车速不为零,则说明发动机处于减速状态。

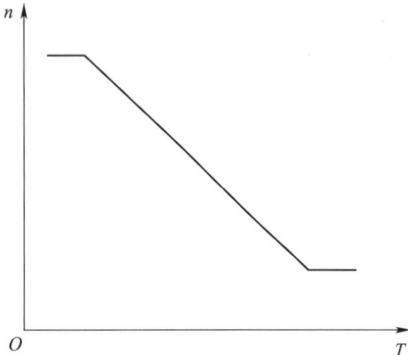

图 13-2　不同温度下的怠速转速

冷却液温度信号用于修正怠速转速。在 ECU 内部存储有不同冷却液温度对应的最佳怠速转速,如图 13-2 所示。在冷车起动后的暖机过程中,ECU 根据发动机温度信号,通过控制怠速控制阀的开度来控制相应的快怠速转速,并随发动机温度升高逐渐降低怠速转速。当冷却液温度达到正常工作温度时,怠速转速恢复正常怠速转速。

动力转向开关、空调开关、空挡起动开关信号和电源电压信号等向 ECU 提供发动机负荷变化的状态信息。在 ECU 内部,存储有不同负荷状况下对应的最佳怠速转速。

各型汽车采用的怠速控制阀不尽相同,切诺基吉普车采用步进电动机式怠速控制阀来控制怠速转速,桑塔纳 3000 型、GXT 型汽车采用节气门控制组件来自动调整怠速转速。

三、怠速控制系统工作原理

1. 怠速转速控制过程

怠速控制的实质是控制发动机怠速时的进气量。怠速时的喷油量则由 ECU 根据预先试验设定的怠速空燃比和实际进气量计算确定。

怠速控制内容主要是发动机负荷变化控制和电器负荷变化控制。怠速控制系统控制怠速转速的方法如下。

当发动机怠速负荷增大时,ECU 控制怠速控制阀使进气量增大,从而使怠速转速提高,防止发动机运转不稳或熄火,当发动机怠速负荷减小时,ECU 控制怠速控制阀使进气量减少,从而使怠速转速降低,以免怠速转速过高。

在发动机怠速状态下,当空调开关、动力转向开关等接通或空挡起动开关断开时,发动机负荷就会增大,转速就会降低。如果转速降低过多,发动机就可能熄火,会给车辆使用带来不便。因此,在接通空调开关或动力转向开关之前,需要先将怠速转速提高,防止发动机熄火。当空调开关或动力转向开关断开时,发动机负荷又会减小,转速就会升高,不仅油耗会增大,而且会给汽车驾驶带来一定困难(起步前冲,容易导致汽车追尾)。因此在断开空调开关或动力转向开关之后,需要将怠速转速降低,防止怠速转速过高。另外,当电器负荷增大(如夜间行车接通前照灯、按喇叭等)时,电气系统的供电电压就会降低,如果电源电压过低,就会影响电控系统正常工作和用电设备正常用电,因此在电源电压降低时,需要提高怠速转速,以便提高电源电压。

怠速转速控制过程如图 13-3 所示。ECU 首先根据怠速触点 IDL 信号和车速信号,判断发动机是否处于怠速状态。当判定为怠速工况时,再根据发动机冷却液温度传感器信号、空调开关、动力转向开关等信号,从存储器存储的怠速转速数据中查找相应的目标转速,然后将目标转速与曲轴位置传感器检测的发动机实际转速进行比较。

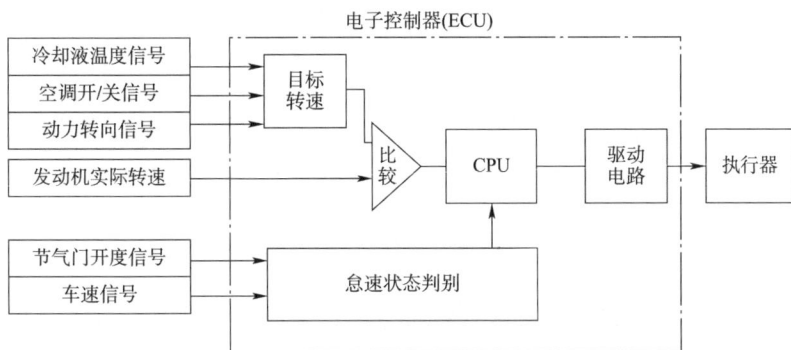

图 13-3 怠速转速控制过程

当发动机负荷增大,需要发动机快怠速运转,目标转速高于实际转速时,ECU 将控制怠速控制阀增大旁通进气量来实现快怠速;反之,当发动机负荷减小,目标转速低于实际转速时,ECU 将控制怠速控制阀减小旁通进气量来调节怠速转速。

例如,当接通空调(发动机负荷增大)时,需要发动机快怠速运转(目标转速 = 快怠速转速),ECU 就使怠速控制阀的阀门开大,增大旁通进气量。当旁通进气量增大时,因为怠速空燃比已由试验确定为一定值(一般为 12∶1),所以 ECU 将控制喷油器增大喷油量,发动机转速随之增高到快怠速转速运转。国产汽车电控发动机的怠速转速常见为 750r/min ± 50r/min。当接通空调或动力转向泵时,其快怠速转速为 1000r/min ± 50r/min。快怠速时,转速升高

200r/min 左右。同理,当断开空调(发动机负荷减小),需要降低发动机转速,即目标转速低于实际转速时,ECU 将使怠速控制阀的阀门关小,减小旁通进气量进行调节。

2. 怠速控制参数确定

1)初始位置确定

为了改善发动机的再起动性能,点火开关"off"后,ECU 控制怠速控制阀处于全开位置(步进电动机处于 125 步),为下次起动做好准备。

为了使怠速控制阀在发动机下次起动时处于完全打开状态,当点火开关断开后必须继续给 ECU 和步进电动机供电(一般为 2s),通过 ECU 内部的主继电器控制电路对主继电器进行控制,主继电器由 ECU 的备用电源 m-rel 端继续供电 2s,保持接通状态,直至步进电动机进入起动初始位置后再断电。

2)起动控制特性

发动机起动时,由于怠速控制阀预先设定在全开位置,在起动期间,流经怠速控制阀的旁通空气量最大,发动机容易起动;若起动后怠速控制阀仍保持在全开位置,将使怠速转速过高,因而在发动机转速达到规定值时,ECU 开始控制步进电动机降低阀门开启高度,减小旁通空气量。如起动时冷却液温度为 200℃,发动机转速达到 500r/min 时,ECU 将控制步进电动机由全开 125 步时的 A 点降到 B 点,如图 13-4 所示,使阀门关小,防止转速过高。

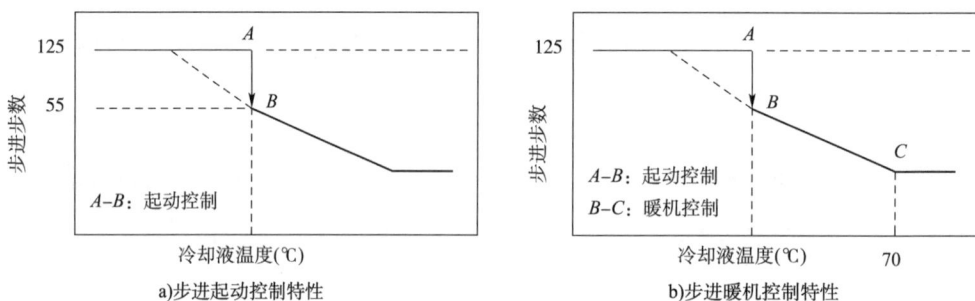

图 13-4　步进电动机式怠速控制阀的起动与暖机控制特性

3)暖机控制特性

在发动机起动后的暖机过程中,ECU 将根据冷却液温度传感器信号确定步进电动机步进的位置。随着转速升高和发动机温度升高,控制阀阀门将逐渐关小,步进电动机步进的步数逐渐减少,如图 13-4b)所示。当冷却液温度达到 70℃时,暖机控制结束,步进电动机及其阀芯位置保持不变。

4)反馈控制

在怠速运转过程中,如果发动机的实际转速与设定的目标转速差达到一定值(如 20r/min)时,ECU 将通过步进电动机控制怠速控制阀相应增减旁通空气量,使实际转速与目标转速保持一致。

5)发动机负荷变化的控制

当开启空调、实施动力转向、自动变速器工作或电气负荷增大时,发动机负荷立即发生变化,为了避免发动机抖动、熄火,在发动机转速出现变化之前,ECU 控制步进电动机预先移动一定的步级,使怠速控制阀开大或关小一个固定开度。

6)学习控制

ECU 通过控制步进电动机的正反转步数来确定怠速控制阀的位置,达到调整怠速转速的目的。而发动机的使用性能和技术状况在运转过程中会发生变化,虽然步进电动机阀门位置未变,但怠速转速可能会发生变化。此时 ECU 通过反馈控制方法使怠速转速与设定值保持一致。与此同时,ECU 还将步进电动机转过的步数存储在存储器中,在以后的怠速控制过程中出现相同情况时可直接调用。

3.怠速控制方法

怠速控制的实质就是通过怠速执行器调节进气量,同时配合点火提前角及喷油量的控制,改变怠速工况燃料消耗所发出的功率,以稳定或改变怠速转速。电控汽油喷射式发动机的最小进气量两种控制方式:节气门直动控制式和旁通空气道控制式,控制方式如图 13-5 所示。

怠速控制
系统原理

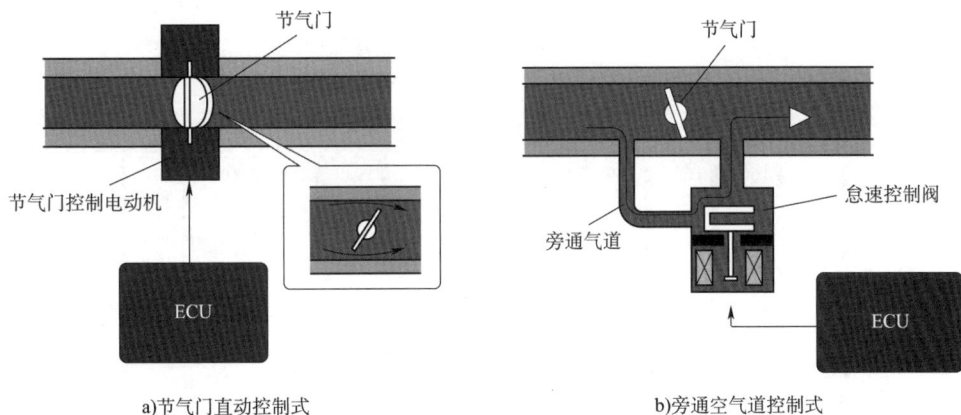

图 13-5　怠速的两种控制方式

a)节气门直动控制式　　　　b)旁通空气道控制式

1)节气门直动式怠速控制系统工作过程

节气门直动式怠速控制系统取消了旁通通道,而是通过控制节气门的开启角度,调节空气通路的截面来控制充气量,实现对怠速的控制,现在桑塔纳、帕萨特、宝来以及奥迪 A6 1.8L 都用这种怠速系统。

大众系列汽车怠速系统多采用的节气门直动控制系统,以下为节气门直动式怠速控制系统的工作过程。

节气门直动式怠速控制系统主要由节气位置传感器、怠速开关和执行器(怠速直流电动机)、怠速节气门位置传感器以及一套齿轮驱动机构组成,如图 13-6a)(已拆去节气门体上的塑料盖板)所示为其结构图,如图 13-6b)所示为其内部电路图。内部有节气门位置传感器和怠速节气门位置传感器,另外在节气门体上有一个双齿轮,它是由同轴的一个大齿轮和一个小齿轮组成。与怠速直流电动机同轴的小齿轮与双齿轮中的大齿轮啮合,扇形齿轮与节气门同轴并与双齿轮中的大齿轮啮合。当驾驶人踩加速踏板时,怠速开关断开,发动机控制模块根据节气门位置传感器的输入信号判断发动机的运行工况,并进行点火控制和喷油控制。驾驶人不踩加速踏板时,节气门在复位弹簧的作用下关闭,怠速开关闭合。发动机控制模块收到怠速开关闭合的信号,得知发动机处于怠速运行状态,并根据曲轴位置传感器的信号和怠速节气门位置传感器的信号来控制怠速直流电动机的动作,经过小齿轮、双齿轮和扇形齿轮将电动机的转动传递到节气门,使其打开相应的角度,使怠速转速达到最佳值。

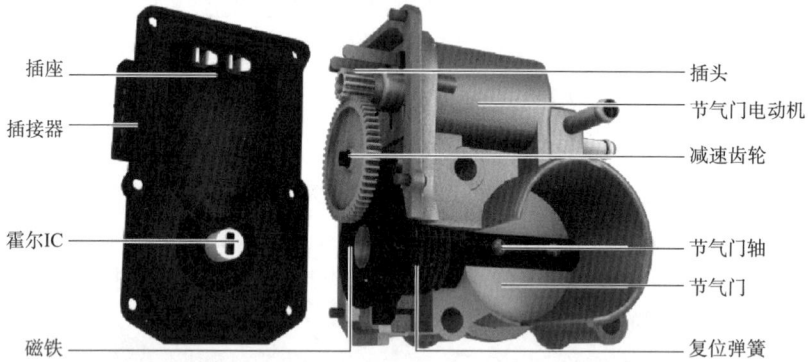

a)节气门体结构图

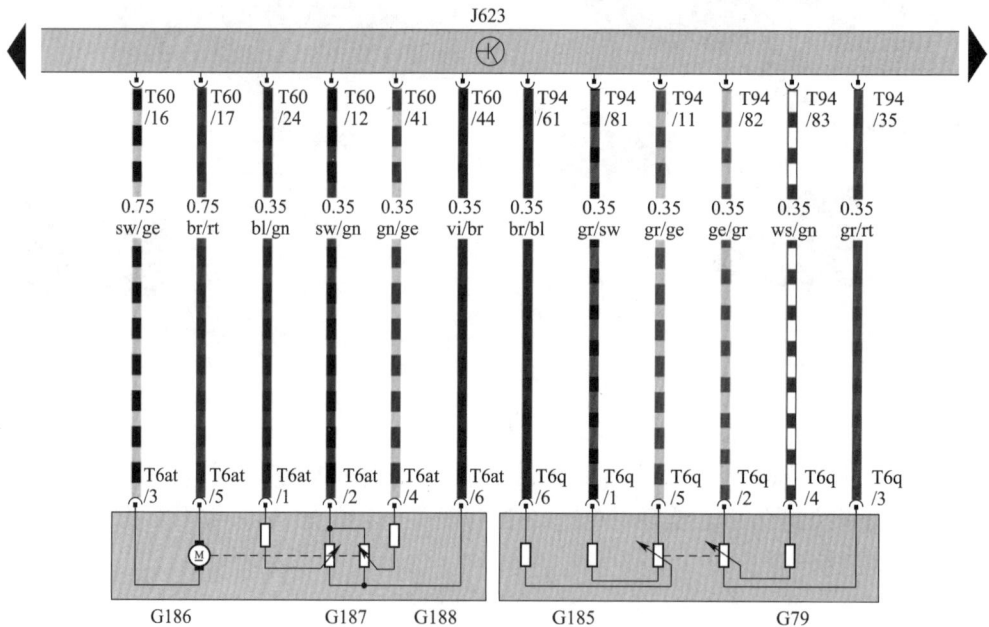

b)节气门体电路图

图 13-6　节气门体结构及电路图

G79-加速踏板位置传感器;G185-加速踏板位置传感器 2;G186-电控节气门操纵机构的节气门驱动装置;G187-电控节气门操纵机构的节气门驱动装置角度传感器 1;G188-电控节气门操纵机构的节气门驱动装置角度传感器 2;J623-发动机控制单元,排水槽内中部;T6at-6 芯插头连接;T6q-6 芯插头连接;T60-60 芯插头连接;T94-94 芯插头连接

2)旁通空气道式怠速控制系统

按照执行器驱动方式的不同,旁通进气量调节方式的怠速执行器又分为旋转电磁阀型、步进电动机型、占空比控制电磁阀型和开关控制电磁阀型。丰田卡罗拉、皇冠、别克轿车和

切诺基吉普车采用旁通空气道式怠速控制系统。

（1）步进电动机式怠速控制阀。

丰田车系、通用车系、奇瑞车系等均有一些车型采用步进电动机来控制发动机怠速转速。图 13-7 所示为步进电动机怠速空气控制阀（IACV）的结构图，步进电动机式怠速空气控制阀安装在发动机进气总管内，发动机控制模块根据各种传感器的信号在怠速空气控制阀接头各端子上加电压（端子如图 13-8 所示），它利用系统供给的步进信号进行转换控制，使转子可以正转，也可以反转，从而使阀芯（丝杆）进行伸缩运动以达到调节旁通空气道截面的目的，从而稳定怠速，并达到理想的怠速转速。

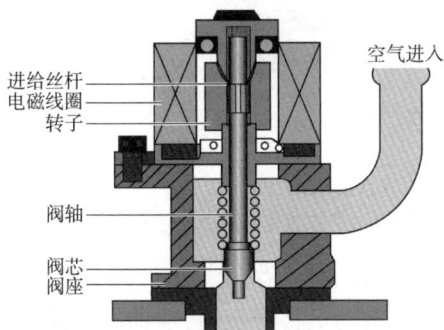

图 13-7　步进电动机式怠速空气控制阀的结构　　图 13-8　怠速空气控制阀端子分布图

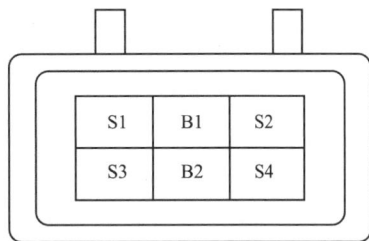

步进电动机式怠速控制阀的怠速控制线路如图 13-9 所示。当发动机怠速负荷变化时，在怠速转速变化之前，ECU 将按照一定顺序，控制驱动电路中的三极管 VT_1、VT_2、VT_3、VT_4 适时导通，分别接通步进电动机定子绕组电流，使电动机转子旋转，带动控制阀的阀芯移动，从而调节进气量，使发动机怠速转速达到目标转速。

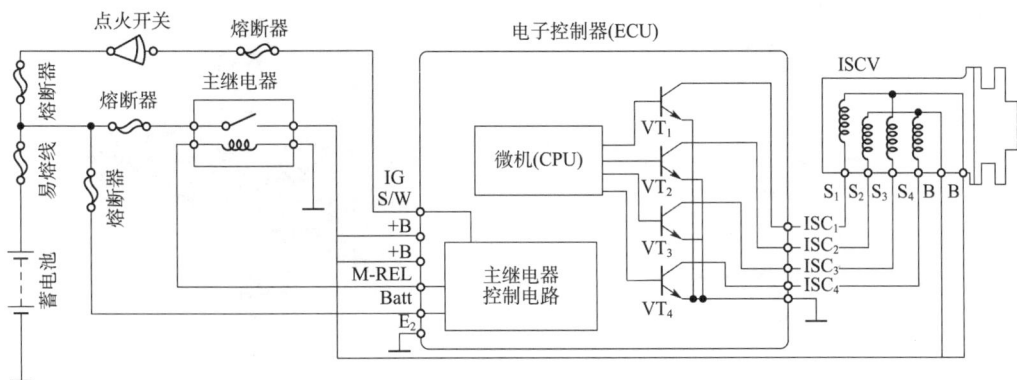

图 13-9　步进电动机式怠速控制阀控制电路

发动机控制模块（ECU）对发动机怠速进行控制时，一般控制程序如图 13-10 所示。首先，发动机控制模块根据车速信号和节气门位置传感器（TPS）的信号，来判断发动机是否处于怠速运行状态，然后根据发动机冷却液温度传感器（ECT）、动力转向开关（PS）、空调开关（A/C）以及空挡起动开关等信号，按照存储器内存储的参考数据，确定相应的目标转速。一般情况下，怠速控制常采用发动机转速信号作为反馈信号，实现怠速转速的闭环控制，即发动机的实际转速与目标转速进行比较,根据比较得出的差值,确定相应目标转速控制量,去驱动步进电动机,使实际转速趋近于目标转速。

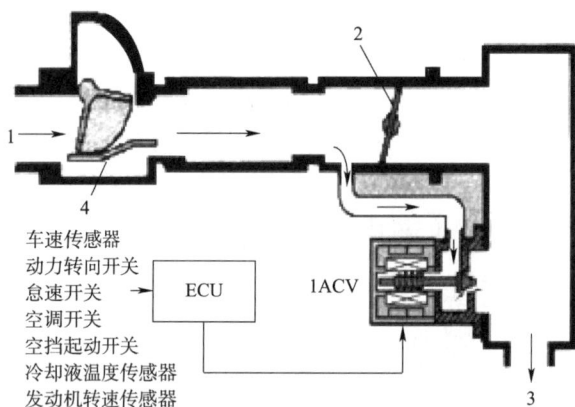

步进电动机
怠速控制阀结构
和工作原理

图 13-10　步进电动机式怠速控制系统
1-空气;2-节气门;3-至汽缸;4-空气流量传感器

步进电动机的控制,发动机控制模块依一定顺序,使功率管 $VT_1 - VT_2 - VT_3 - VT_4$ 适时导通,分别给步进电动机定子线圈供电,驱动步进电动机转子旋转,使前端的阀门移动,改变阀门与阀座之间的距离,调节旁通空气道的空气流量,使发动机怠速转速达到所要求的目标转速。

(2)旋转电磁阀型怠速控制阀。

旋转滑阀式怠速控制系统的构造如图 13-11 所示。图 13-12 所示为广州本田奥德赛的怠速阀实物图。

单线圈旋转滑阀型
怠速控制阀工作原理

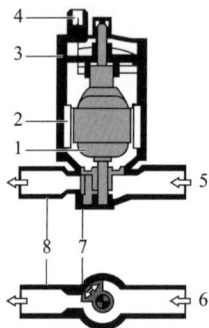

图 13-11　旋转滑阀式怠速空气控制阀结构图
1-电枢;2-永久磁铁;3-外壳;4-电接头;5、6-空气;7-旋转滑阀;8-空气旁通道

图 13-12　广州本田奥德赛的旋转滑阀式怠速阀
1-空气进口;2-空气出口;3-密封圈;4-冷却液管

旋转滑阀式怠速控制系统主要由永久磁铁、旋转滑阀、空气旁通道和复位弹簧等组成。其中旋转滑阀装在电枢轴上,与电枢轴一起转动,用以控制通过旁通空气道的空气量;永久磁铁固装在外壳上,形成永磁磁场;复位弹簧的作用是在发动机熄火后使怠速阀旁通道完全打开;电枢铁芯上绕有两组绕向相反的电磁线圈 L_1 和 L_2(图 13-13),当给线圈通电时,就会

产生磁场从而使电枢轴带动旋转滑阀转动,控制通过旁通空气道的空气。电磁线圈 L_1 和 L_2 由发动机控制模块通过晶体管 V_1 和 V_2 控制,V_1 和 V_2 由同一信号进行反向控制,即 V_2 导通时,V_1 截止;V_2 截止时,V_1 导通。

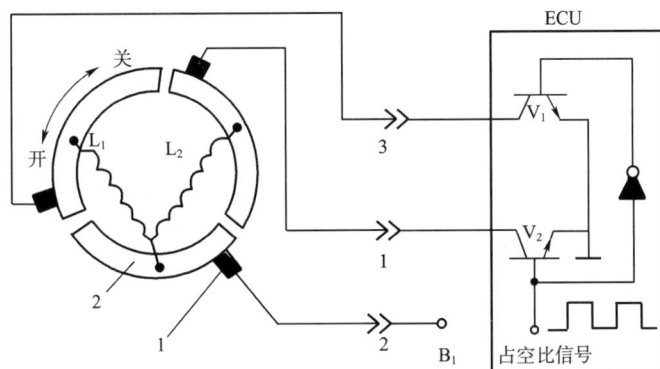

图 13-13　旋转滑阀式怠速空气控制阀的电路连接图
1-电刷;2-滑片

双线圈滑阀型
怠速控制阀结构

由这两组线圈的导通时间的比例关系来决定电枢所受的转矩和偏转角度。电枢受到的转矩有 3 个:

①T_1——线圈 L_1 产生的转矩,逆时针方向,大小与电流有关。

②T_2——线圈 L_2 产生的转矩,顺时针方向,大小与电流有关。

③T_3——复位弹簧产生的转矩,逆时针方向,大小与转角有关。

工作时,发动机控制模块根据节气门位置传感器(TPS)等输入的信号和发动机冷却液温度传感器(ECT)的信号,确定发动机所处怠速工况的混合气浓度,并输出占空比信号控制 L_1 或 L_2 的通电时间。占空比是指发动机控制模块控制信号在一个周期内的通电时间与通电周期之比,如图 13-14 所示。

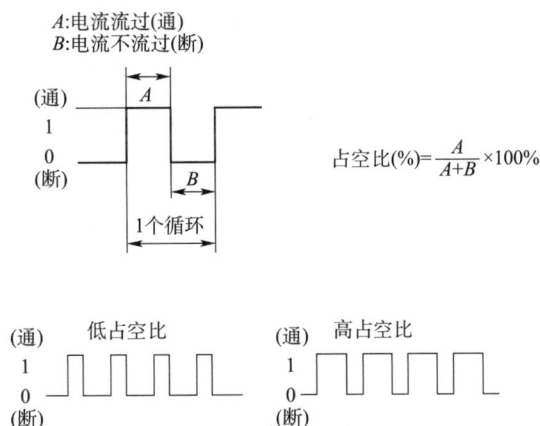

图 13-14　信号的占空比

若不计复位弹簧的扭矩,则:

当占空比为 50% 时,线圈 L_1 和线圈 L_2 平均通电时间相等,$T_1 = T_2$,电枢停止转动。

当占空比大于50%时,线圈 L_2 的平均通电时间长,$T_2 > T_1$,电枢带动旋转滑阀顺时针偏转,空气旁通道截面减小,怠速降低。

当占空比小于50%时,线圈 L_1 的平均通电时间长,$T_1 > T_2$,电枢带动旋转滑阀逆时针偏转,空气旁通道截面减小,怠速降低。

旋转滑阀根据控制脉冲信号的占空比偏转,占空比的范围约为18%(旋转滑阀关闭)~82%(旋转滑阀打开)之间。滑阀的偏转角度限定在90°内。

(3)占空比控制电磁阀型怠速控制阀。

占空比控制电磁阀型怠速控制阀结构如图13-15所示,由电磁线圈、铁芯、衔铁、弹簧、控制阀等组成。占空比控制电磁阀型怠速控制阀与旋转电磁阀型怠速控制阀相同,ECU根据传感器提供的信号,输出控制占空比信号,使电磁线圈通电产生吸力,提起阀门轴向移动。电磁阀的开度取决于线圈产生的电磁力大小,ECU是通过控制输入线圈脉冲信号的占空比来控制电场强度,以调节控制阀的开度,从而实现怠速空气量的控制。

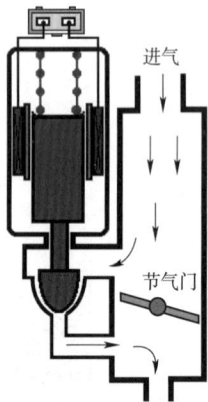

图13-15　占空比控制电磁阀型怠速控制阀结构

(4)开关控制电磁阀型怠速控制阀。

开关型怠速控制阀主要由线圈和控制阀组成。其工作原理与占空比控制电磁阀型类似,不同的是开关型怠速控制阀工作时,ECU只对阀内线圈通电或断电两种状态进行控制,电磁线圈通电时,控制阀开启,线圈断电则控制阀关闭。

操作指引

1. 组织方式

(1)场地设施:举升机一台,工作台一件。

(2)设备设施:速腾/迈腾汽车整车一辆、怠速控制阀一个、节气门控制组件一个。

(3)工量具:常用工具和专用工具各一套、解码仪一台、万用表一块等。

(4)耗材:手套、纱布等。

(5)学生组织:教师指导、分组实训、过程评价。

2. 注意事项

(1)进入场地穿着干净整齐的工作服。

(2)听从实训指导教师的安排,严格遵守场地安全规定,注意用电安全。

(3)在操作过程中,注意拆装工具的使用。怠速控制阀要轻拿轻放,避免怠速控制阀掉到地上摔坏。

(4)在操作过程中,正确使用万用表、诊断仪。在实物台架上,测试端口与电控单元直接相连,不要将任何电压加在发动机实验台的测试端口上,以免损坏电控单元。

(5)上实验台测试电压信号时,注意操作流程和相对应的测试端口。原则上只做本次实验相关的测试。

(6)严禁未经许可,擅自扳动教具、设备的电器开关、点火开关和起动开关。

项目实施

1. 检测怠速控制系统

1)检测发动机怠速运转状况

在冷车状态下起动发动机后,暖机过程开始时,发动机的怠速转速应能达到规定的快怠速转速(通常为1500r/min);在发动机达到正常工作温度后,怠速转速应能恢复正常(通常为750r/min)。如果冷车起动后怠速不能按上述规律变化,则怠速控制系统有故障。

发动机达到正常工作温度后,在打开空调开关时,发动机怠速转速应能上升到900r/min左右。若打开空调开关后发动机转速下降,则怠速控制系统有故障。

2)检测ECU控制电压

对于脉冲线性电磁阀式怠速控制阀,应拔下怠速控制阀线束插接器,用万用表电压挡测量其端子电压。

如果在发动机运转过程中,怠速控制阀线束插接器端子有脉冲电压输出,ECU和怠速控制系统线路无故障。若无脉冲电压输出,可打开空调开关后再测试。若仍无脉冲电压输出,则怠速控制系统不工作,应检查ECU与怠速控制阀之间的线路(是否有接触不良或断路故障);如怠速系统的线路无故障,则ECU有故障,应更换ECU。

3)检查怠速控制阀的工作状况

对于脉冲线性电磁阀式怠速控制阀,可在发动机怠速运转中拔下怠速控制阀线束插接器,观察发动机的转速是否有变化。如此时发动机转速有变化,则怠速控制阀工作正常。对于步进电动机式怠速控制阀,可在发动机熄火后的一瞬间倾听怠速控制阀是否有"嗡嗡"的工作声音(此时步进电动机应工作,直到怠速控制阀完全开启,以利于发动机再起动)。如怠速控制阀发出"嗡嗡"声,则怠速控制阀良好。

为了检查步进电动机式怠速控制阀的工作状况,也可以在发动机起动前拔下怠速控制阀线束插接器,待发动机起动后再插上,观察发动机转速是否有变化。如果此时发动机转速发生变化,则怠速控制阀工作正常;否则,怠速控制阀或控制电路有故障。

2. 检测步进电动机式怠速控制阀

对于步进电动机式怠速控制阀,将点火开关置于"ON"位置,然后测量ECU的端子ICS1、ICS2、ICS3、ICS4与端子E1间的电压值应为9~14V,如无电压则说明ECU有故障。

1)检测怠速控制阀线圈电阻

将怠速控制阀拆下,用万用表欧姆挡测量怠速控制阀线圈的电阻值。脉冲线性电磁阀式怠速控制阀只有一组线圈,其电阻值应为10~15Ω,步进电动机式怠速控制阀通常有2~4组线圈,各组线圈的电阻值为10~30Ω。如线圈电阻值不在上述范围内,需要更换怠速控制阀。

2)检查步进电动机的动作

将蓄电池电源以一定顺序输送给步进电动机各线圈,就可使步进电动机转动。如图13-16

所示。各种步进电动机的接线端的布置形式和线圈形式都不同。这里以皇冠 3.0 轿车 2JZ-GE 发动机怠速控制阀步进电动机为例说明其检查方法。首先,将步进电动机插接器端子 B1 和 B2 与蓄电池正极相连,然后将端子 S1、S2、S3、S4 依次(S1-S2-S3-S4)与蓄电池负极相接,此时步进电动机应转动,阀芯向外伸出,若将端子 S1、S2、S3、S4 按相反的顺序(S4-S3-S2-S1)与蓄电池负极相接,步进电动机应朝相反方向转动,阀芯向内缩入。

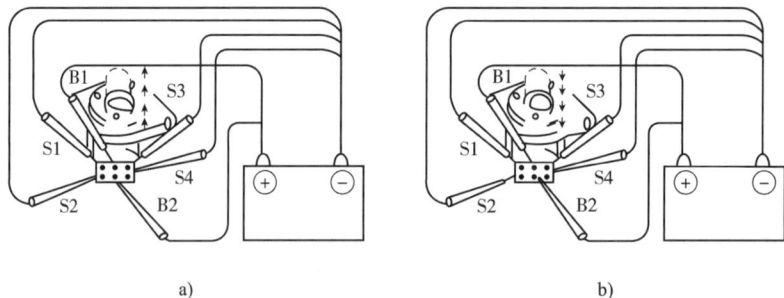

图 13-16　测试怠速空气控制阀

怠速控制阀
性能检测

3. 测试节气门直动式怠速控制阀系统

1)检查机械部分

节气门体在长时间使用后,在进气通道和节气门之间有可能形成积炭,而造成节气门卡滞、怠速不稳等现象。此外节气门体在经受长期剧烈的振动后,有可能出现如怠速直流电动机轴承磨损、塑料齿轮断齿、阀门驱动机构卡滞、驱动机构盖板破裂等,出现这类故障时都无法修复,只能更换新的节气门体总成。所以在对节气门体检查时,可先采用目测有无以上故障发生的方式进行。

2)测试部件

(1)测试电阻。

直动式节气门(迈腾 EA888 发动机)怠速控制阀插头与插座上接线端子的位置如图 13-17 所示。

图 13-17　迈腾 EA888 发动机怠速控制阀端子位置

检修时用万用表电阻挡检测相关端子的电阻。检测时,断开点火开关,拔下传感器线束插头,检测结果应当符合规定。

当用万用表电阻 OHM × 200Ω 或 R × 1Ω 挡检测线束电阻时,断开点火开关,拔下控制器线束插头和怠速控制阀线束插头,检测两插头上各端子之间导线电阻应当符合规定。如阻值过大或为无穷大,说明线束与端子接触不良或断路,应予修理。

拔下节气门控制组件插头,打开点火开关,测量相关线束端子之间电压至少应符合标准。

(2)检测节气门体供电。

如图 13-18a)所示,拔下节气门体插头,有 8 只端子,其中端子 6 是空的(没有接线),端子 1、2、3、4、5、7、8 分别与 ECU 的端子相接。1、2 端子接直流电动机,5、8 端子分别接节气门位置传感器和怠速节气门位置传感器的滑动触点,它们的输出信号都不超过 5V,并且信号电压与节气门开度成反比。端子 3 输出怠速开关信号,端子 4、7 向节气门体提供 5V 电压,其中端子 7 通过发动机控制模块搭铁。

将点火开关置于"ON"(接通而不起动)位置,按图 13-18 所示方法用万用表进行测量:测量端子 4 与端子 7 之间的电压应为 5.0V ± 0.5V。若测量值与上述要求不符,将点火开关置于"OFF"挡,拔下 ECU 接头用万用表进行线路检测,节气门体电路图如图 13-18b)所示。端子 4 与 ECU 接头端子、端子 7 与 ECU 接头端子之间的导线阻值小于 1.5Ω,端子 4 与端子 7 间的电阻应为无穷大。若测得结果与上述要求不符,按电路图查找故障并排除。

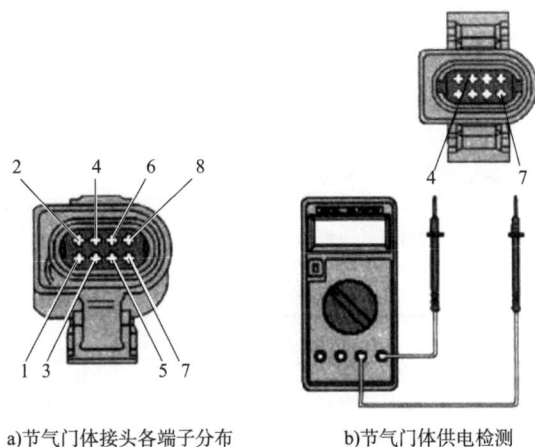

a)节气门体接头各端子分布   b)节气门体供电检测

图 13-18 节气门体接头端子的分布和供电检测

3)检测怠速控制装置

(1)检测怠速节气门位置传感器性能。

如图 13-19 所示。将探针插入节气门体接头端子 8 引线内,起动发动机,进入怠速运行。在冷却液温度达到 80℃ 以上时,按图示方法用万用表测量探针检测点与蓄电池负极之间电压,应为 2.8 ~ 3.6V。

(2)检测怠速节气门位置传感器。

把点火开关置到"OFF"挡,按照"电动机驱动器"操作说明和接线图将其安装在节气门体上,如图 13-20 所示。具体操作见表 13-1。

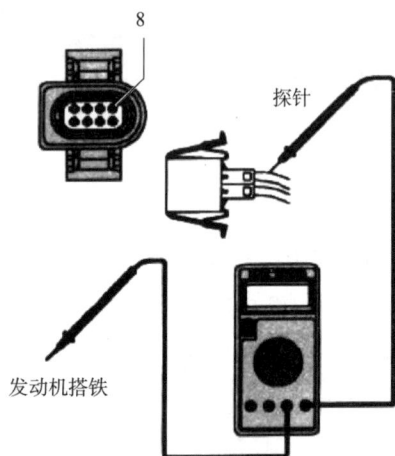

图 13-19　怠速节气门开度传感器性能检测
8-端子

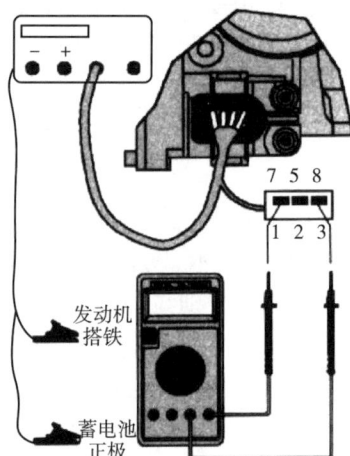

图 13-20　怠速节气门位置传感器及直流电动机检测

操作步骤　　　　　　　　　　　　　　　　　　　　　　表 13-1

操作步骤	操作
1	打开电动机驱动器电源开关,节气门转臂转到初始位置
2	按"－"按钮,节气门转臂从初始位置向怠速最小位置限位块方向移动,每按一次"－"按钮,转臂移动一次,直到该臂靠到怠速最小位置限位块为止
3	按"＋"按钮,节气门转臂从当前位置向怠速最大位置限位块移动,同样,每按一次"＋",转臂移动一次,直到转臂靠到怠速最大位置限位块为止
4	在上述操作中,用万用表测量节气门体接头端子8与端子7之间的电压值,电压应不超过5V
5	关掉电源开关,节气门转臂又自动返回到初始位置

(3)检测直流电动机。

把点火开关置于"OFF"位置,拔下节气门体接头,用万用表测量:节气门体接头端子1与端子2之间的阻值应为 30 ～ 200Ω。若不符合要求,更换节气门体总成。

若测得结果与上述要求不符,应更换节气门体总成。图 13-21 为节气门转臂的位置。否则用万用表检测节气门体接头端子与 ECU 端子之间的电阻。检测节气门体接头端子 1、2、7、8,测试端子 1、2、7、8 与 ECU 接口两端端子电阻应小于 1.5Ω,与其他端子之间电阻应为无穷大。若以上节气门体的各项检查结果全都满足,但怠速控制装置仍不工作,则应更换发动机控制模块。

(4)检测节气门位置传感器。

打开点火开关,如图 13-22 所示。将万用表表笔插入节气门体插座第 5 端子引线内,缓慢踩下加速踏板从关闭到全开,万用表电压读数应随着节气门开度的增大而缓慢下降。反之,随节气门的逐渐关闭,万用表电压读数应逐渐上升,否则应进行供电和线路检查。

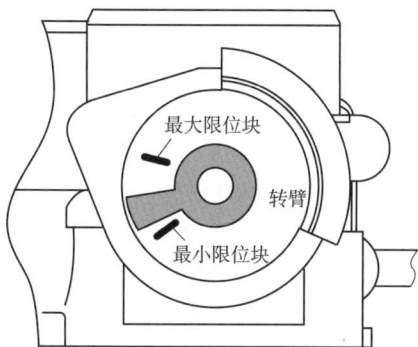

图 13-21 节气门转臂的位置

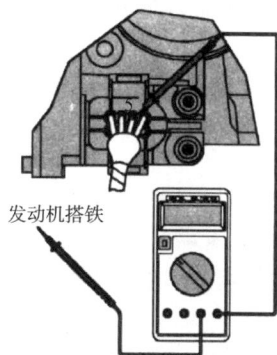

图 13-22 节气门位置传感器的检测

供电检测:关闭点火开关,拔下节气门体插座,再打开点火开关,检查节气门体接头端子4和端子7间的电压应为5.0V±0.5V。

线路检查:检测节气门体接头端子4、5、7,测试端子4、5、7与ECU接口两端端子电阻应小于1.5Ω,与其他端子之间电阻应为无穷大。若供电和线路均无故障则更换节气门体总成。

(5)检测怠速开关。

将点火开关置于"OFF"挡,拆下节气门体接头。用万用表检测节气门全闭时端子3与端子7之间的电阻应小于1Ω,缓慢踩下加速踏板,端子3与7间阻值应为无穷大。否则更换节气门体。

项目解决方案

1. 故障原因分析

造成发动机怠速抖动的原因很多,点火系统、燃油供给系统、空气供给系统等都会造成怠速抖动。

2. 故障诊断与排除过程

(1)首先起动发动机试车:发现发动机怠速抖动严重,似有发动机"缺缸"的故障,发动机上部偶尔发出"卿卿"的异响。怀疑发动机产生的异响与怠速抖动有关,于是使用故障检测仪读取发动机电控单元内的故障存储,调得的故障内容为检测到3缸和4缸失火。失火可能的原因有:火花塞损坏;点火线圈故障;喷油器故障;进气系统故障;发动机机械零部件磨损等。

(2)进一步检测:读取数据流,发现氧传感器的信号电压过低,常处在0.45V以下,数据流第14、15、16组失火次数一直增加。使用尾气分析仪对尾气进行分析,发现O_2、HC值高于标准值,CO_2低于标准值,据此分析,认为可能是混合气过稀导致发动机汽缸失火的。拆下第3、4缸火花塞检查,发现其上积炭较多并较湿润;检测点火控制电路,没有发现异常,测量各缸的汽缸压力,均达到1000kPa以上,怀疑进气系统有漏气的情况,于是接上真空表测量发动机怠速时的真空度,发现偏小,而且同时发现空气流量传感器信号数值较小,说明发动机进气系统确有泄漏。于是对发动机进气系统进行仔细检查,没有发现有明显的异常,将进气歧管上的曲轴箱通风管拔下后用手堵住试验,上述故障消失了,发动机怠速变得稳定,异响声也消失了。

(3)故障处理:更换曲轴箱通风装置。

3. 故障小结

本次故障车经过仔细检查,发现故障是由于曲轴箱通风装置故障引起的进气管漏气,导致可燃混合气过稀,发动机缺火,怠速抖动,并有"卿卿"的漏气声音。

此现象是曲轴箱通风装置故障引起的进气管漏气导致的,在分析查找故障的原因时,应考虑全面,通过解码仪检测数据,分析原因,全面检测。

项目小结

(1)怠速执行器的功能就是改变怠速时的进气量,改变的方式有直接操纵节气门的方式即节气门直动式和改变旁通进气量的方式。按照执行器驱动方式的不同,旁通进气量调节方式的怠速执行器又分为旋转电磁阀型、步进电动机型、占空比控制型真空开关阀和开关控制型真空开关阀。

(2)当发动机怠速运行时,节气门处于全关位置,即进入发动机的空气量不再由节气门进行调节。怠速控制的实质就是通过怠速执行器调节进气量,同时配合点火提前角及喷油量的控制,改变怠速工况燃料消耗所发出的功率,以稳定或改变怠速转速。

(3)发动机怠速控制就是怠速转速的控制。配置怠速控制系统后,发动机的怠速转速在汽车使用期内,不会因发动机老化、汽缸积炭、火花塞间隙等变化而发生变化。怠速控制的实质是控制发动机怠速时的进气量。怠速时的喷油量则由 ECU 根据预先试验设定的怠速空燃比和实际进气量计算确定。

习题

一、判断题

1. 迈腾 B8 发动机上的怠速控制,是由步进怠速电机通过传动机构驱动节气门。

（　　）

2. 旋转电磁阀一定是受 ECU 控制通电占空比工作的电磁阀。　　　　（　　）

3. 步进电机式怠速控制阀的步进电机工作电压,为脉冲电压。　　　　（　　）

4. 步进电机式怠速控制阀在点火开关断开后必须继续通电使其退回到初始位置。

（　　）

5. 怠速时,电器负荷增大,怠速控制阀的工作步数应减小。　　　　（　　）

二、选择题

1. 迈腾 B8 发动机驱动怠速调整的动力部件是(　　　　)。

　　A. 步进电机　　　　B. 永磁直流电机　　　　C. 电磁直流电机　　　　D. 比例电磁阀

2. 当发动机出现怠速上下波动故障时,故障部位有可能是在?(　　　　)

　　A. 怠速控制阀及电路　　　　　　　　　　B. 气缸压力过高

　　C. 燃油压力过高　　　　　　　　　　　　D. 点火系统电路

3.一般在怠速控制时,有怠速阀机构的系统在发动机熄火后或启动前(　　)。

A.怠速控制阀全关　　　　　　　　B.怠速控制阀处在工作中某个位置

C.怠速控制阀全开　　　　　　　　D.怠速控制阀处于启动时位置

4.发动机怠速时,节气门关闭,节气门位置传感器的怠速触点 IDL 闭合,传感器输出端子 IDL 输出低电平信号。如果车速不为零,则说明发动机处于(　　)状态。

A.加速　　　　　　B.匀速　　　　　　C.减速　　　　　　D.停止

5.怠速控制的实质就是通过怠速执行器调节(　　),同时配合点火提前角及喷油量的控制,改变怠速工况燃料消耗所发出的功率,以稳定或改变怠速转速。

A.电流　　　　　　B.电压　　　　　　C.进气量　　　　　　D.转速

项目十四 发动机进气控制系统故障诊断与修复

📖 **项目概述**

　　发动机为提高功率输出、提高燃油的经济性、降低排放,通常会增加一些发动机进气的辅助控制系统,常见的有发动机可变气门正时系统、进气道控制系统、废气涡轮增压系统。

👁 **主要学习任务**

1.发动机可变气门正时系统与进气道控制系统故障诊断与修复
2.发动机废气涡轮增压系统故障诊断与修复

学习任务1　发动机可变气门正时系统与进气道控制系统故障诊断与修复

✒ **任务描述**

　　一辆装备 EA888 发动机的迈腾汽车,行驶里程为 4.8 万 km,用户李先生反映该车怠速抖动,加速时液压挺柱有异响,同时该车还有机油消耗量较大的问题。

引起该故障的主要原因可能有发动机可变气门正时控制系统故障、发动机正时机械部分故障、发动机配气机构故障等。需要对发动机相关各系统进行检查,确定故障后,进行维修或部件更换并将发动机装复。

学习目标

知识目标

(1)掌握发动机可变气门正时系统与进气道控制系统的组成、功用及工作原理;

(2)掌握发动机可变气门正时系统与进气道控制系统主要零部件的结构及工作原理;

(3)掌握发动机可变气门正时系统与进气道控制系统常见故障的诊断方法。

技能目标

(1)具备信息查询和电路图识读的基本能力;

(2)能够利用检测设备和工具进行发动机可变气门正时系统与进气道控制系统主要零部件的检修;

(3)能够利用检测设备和工具进行发动机可变气门正时系统与进气道控制系统的就车检测;

(4)能够利用检测设备和工具对发动机可变气门正时系统与进气道控制系统的常见故障进行诊断和修复。

素质目标

(1)培养学生具有爱国敬业、爱党奉献和服务人民的思想;

(2)培养学生具有奋斗精神、奉献精神、创造精神、工匠精神;

(3)培养学生良好的职业道德,培养严格的质量意识、安全意识、环保意识;

(4)培养学生团队意识,养成自主学习的习惯。

建议学时:6 学时。

知识准备

当前很多发动机进气系统是可变进气控制系统,该系统不同于以往的固定长度和直径的进气道以及传统的进气控制方式,该系统通过改变进气道的长度或者改变进排气门的开启时刻或升程等方式来提高发动机的动力性和经济性。

可变进气系统主要包括可变气门正时和可变进气管长度。这些技术的作用主要是使发动机在低转速时获得较大转矩,在高转速时提高发动机的输出功率。

一、可变气门正时系统

1. 可变气门正时系统的功用

可变气门正时系统可根据发动机的状态控制进气凸轮轴、排气凸轮轴,

可变气门正时
系统原理

通过调整凸轮轴转角对配气时机进行优化,以获得最佳的配气正时,从而在所有转速范围内提高转矩,并能大大改善燃油经济性,有效提高汽车的功率与性能,减少油耗和废气排放。

2. 可变气门正时系统的组成

可变气门正时系统由传感器、发动机电控单元、凸轮轴正时控制阀和执行器等组成,如图 14-1 所示。

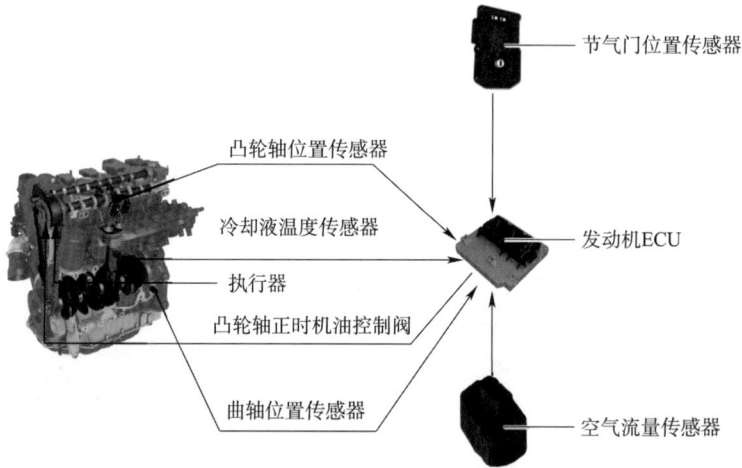

图 14-1　可变气门正时系统的组成

(1)传感器包括凸轮轴位置传感器、曲轴位置传感器、节气门位置传感器等。

(2)凸轮轴正时控制阀是一个电磁阀,如图 14-2 所示。当发动机在怠速或低速低负荷时,凸轮轴正时控制阀使进气凸轮正时处于延迟位置,以保证发动机稳定的工作状态;当发动机在中低速高负荷时,进气凸轮处于提前位置,以增加转矩输出;当发动机在高速低负荷时,进气凸轮正时处于延迟位置,以利于高速运转;当发动机温度较低时,进气凸轮正时处于延迟位置,以稳定怠速,降低油耗。

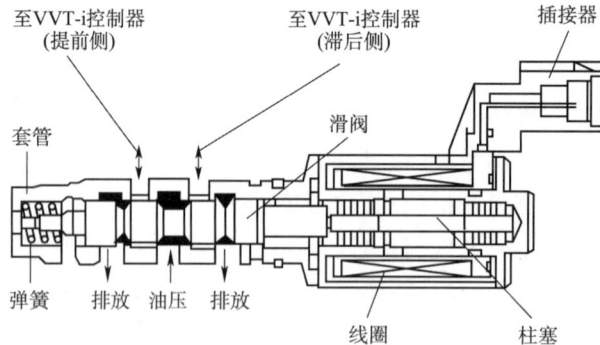

图 14-2　凸轮轴正时控制阀

(3)执行器装在进气凸轮轴前端,其结构如图 14-3 所示。叶片与进气凸轮轴固定在一起。外壳内,因油压的作用,叶片可在一定角度内位移,带动进排气凸轮轴一起旋转,达到进气门正时的连续变化;另外,锁定销右侧有油压送入时,柱塞克服弹簧力向左移,与链轮盘分离,故叶片可在执行器内左右移动;但无油压进入时,柱塞弹出,叶片与链轮盘及外壳等连接成一体转动。

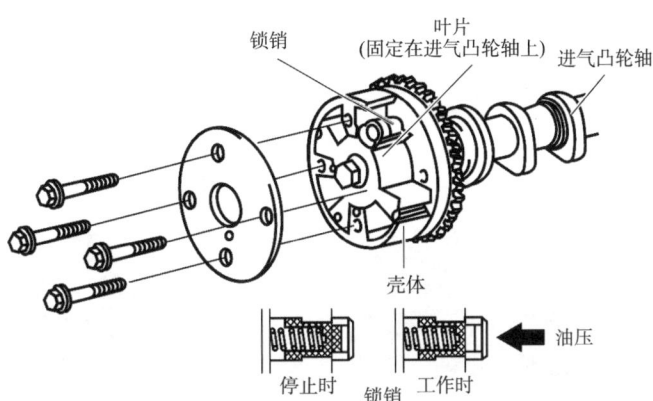

图 14-3　可变气门正时系统执行器

（4）电控单元接收各传感器的信号,确立气门正时目标值,并修正气门正时实际值的回馈,以占空比的方式控制凸轮轴正时控制阀,改变油压方向或油比的进出,达到使进气门正时提前、延后或固定的目的。

3.可变气门正时系统的工作原理

1）进气门正时提前时

ECU 送出"ON"时间较长的占空比信号给凸轮轴正时电磁阀,柱塞阀移至最左侧,此时左油道与机油压力相通,右油道为回油道,故机油压力将叶片向凸轮轴旋转方向推动,使进气凸轮轴向前转一个角度,进气门提前开启,进、排气门重叠开启角度增大。

2）进气门正时固定时

ECU 送出"ON"时间一定的占空比信号给凸轮轴正时油压电磁阀,柱塞阀保持在中间,堵住左、右油道,此时不进油也不回油,叶片保持在活动范围的中间。

3）进气门正时延迟时

ECU 送出"ON"时间较短的占空比信号给凸轮轴正时电磁阀,柱塞阀移至最右侧,此时左油道回油,右油道与机油压力相通,故机油压力将叶片逆凸轮轴旋转方向推动,故进气门开启提前角减小。

二、可变进气管长度控制系统

1.可变进气管长度控制的功用

发动机在怠速和低转速时,用较长的进气道,可以增加进气的气流速度和气压强度,使燃油雾化得更好,燃烧得更好,提高转矩。发动机在中、高转速时需要大量进气,此时进气经过较短进气道,发动机可以有更多的进气,提高输出功率。可变进气管在发动机低速和高速时都能提供最佳配气。

2.可变进气管长度控制系统的组成及工作原理

可变进气管长度系统（如宝来 1.8L 发动机,图 14-4 ~ 图 14-6）主要包括真空控制罐（图 14-7）、进气管转换电磁阀（图 14-8）、进气管/主进气管等。

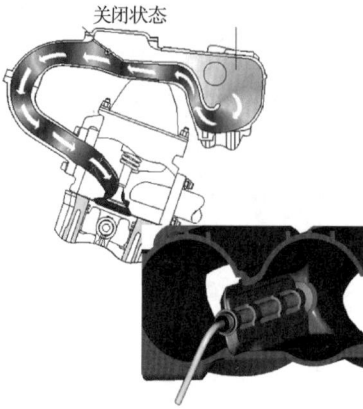

图 14-4　可变进气管长进气道开启　　　　图 14-5　可变进气管短进气道开启

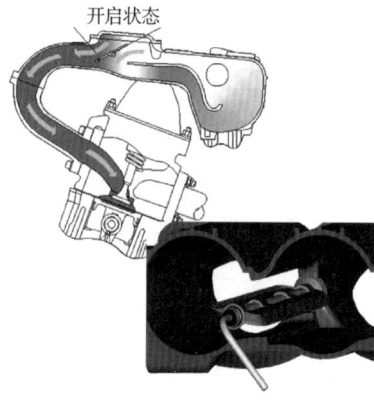

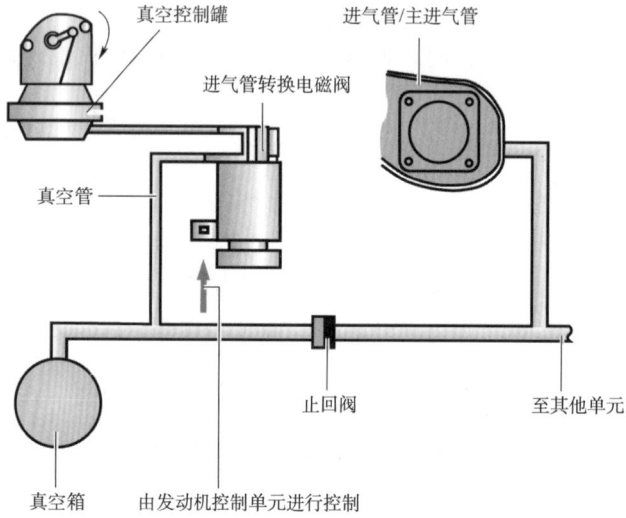

图 14-6　气动控制管路

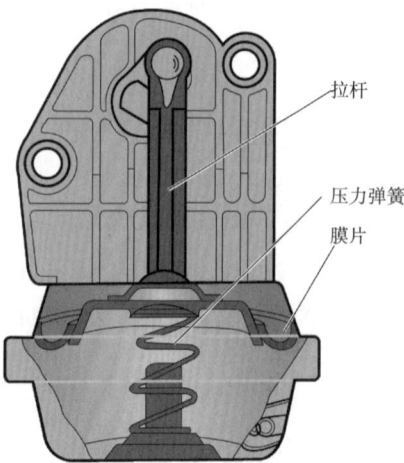

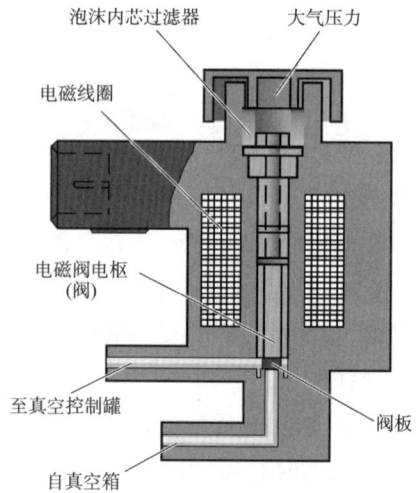

图 14-7　真空控制罐　　　　图 14-8　进气管转换电磁阀

进气管转换借助真空以气动方式进行控制。气动操纵由发动机控制单元通过进气管转换电磁阀进行控制。

进气管在主进气管处接受真空,在真空箱内形成真空,一个止回阀用于防止真空泄漏。发动机怠速和低速运转时控制鼓位于功率调节位置,即进气经过较长气道。控制鼓由真空控制罐内的压力弹簧支撑在这个位置。进气管转换电磁阀阻断至真空控制罐的真空。当发动机在中、高速运转时,进气管转换电磁阀通电工作,真空箱至真空控制罐的管路导通,真空控制罐中的膜片克服压力弹簧的张力,膜片与拉杆一起被拉下,控制鼓转动90°进气管转换到转矩调节位置,即进气经过较短进气道。

操作指引

1. 组织方式

(1)场地设施:举升机一台,装有废气抽排系统和消防设施的场地。

(2)设备设施:发动机台架或整车。

(3)工量具:常用工具一套、车辆故障诊断仪、示波器、万用表等。

(4)耗材:熔断丝、线束等。

(5)学生组织:教师指导、分组实训、过程评价。

2. 注意事项

(1)在实训场地应穿着干净整齐的工作服。

(2)听从实训指导教师的安排,严格遵守场地安全规定,注意用电安全。

(3)在操作过程中,注意拆装工具及万用表、诊断仪等设备的使用,拆下的零部件要轻拿轻放,避免磕碰和损坏。

(4)在检测可变进气系统各部件的线路时,严禁用力拉扯线束。

(5)检测电气元件需断开部件插头时,应提前关闭点火开关。

任务实施

1. 检测可变气门正时系统

1)功能检测

在发动机暖机后,使用汽车诊断仪的动态测试功能操作凸轮轴正时控制阀,当凸轮轴正时控制阀为"OFF"时,发动机转速应正常;当凸轮轴正时控制阀为"ON"时,发动机怠速应不稳定甚至熄火。

2)凸轮轴正时控制阀检测

(1)检测电阻值。拔下电磁阀线束插头,用万用表测量阀两端子之间的电阻,应符合规定值,如新宝来轿车为 7.8Ω。

(2)电路检测。断开电磁阀线束插接器,点火开关 ON,用万用表测量其电源端子与搭铁间电压应为电源电压。测量电磁阀搭铁端子与发动机 ECU 端子之间的阻值应小于 1Ω。

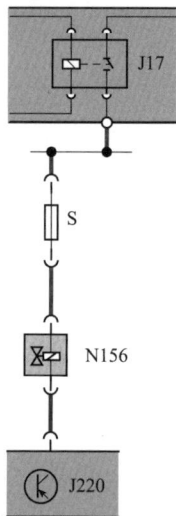

图14-9 进气管转换
电磁阀电路

2. 检测可变进气管长度控制系统

1) 功能检测

发动机怠速和低速运转时，控制鼓位于经过较长进气道位置。增大发动机转速到一定值，则转换到短进气行程位置。

用手拉动拉杆，检查转换机构是否运转自如。

检查真空管连接是否完好。

检查真空系统及进气歧管真空罐的密封性。

2) 检测进气管转换电磁阀

（1）功能检查。从电磁阀上拆下真空输入端软管，用手动真空泵给阀施加一定的真空度应能保持住真空，电磁阀通电应无真空度。

（2）检测电阻值。拔下电磁阀阀线束插头，用万用表测量阀两端子之间的电阻，应符合规定值，如宝来1.8L轿车电阻为25～35Ω。

（3）检测电路。断开电磁阀线束插接器（宝来1.8L轿车电磁阀线路，如图14-9所示），起动发动机，用万用表测量其电源端子与搭铁间电压应为电源电压。测量电磁阀搭铁端子与发动机ECU端子之间的阻值应小于1Ω。

任务解决方案

1. 故障原因分析

该车怠速抖动，加速时液压挺柱有异响，同时该车机油消耗量较大，该故障可能是发动机进气系统机械故障或者进气控制系统相关部件发生故障。

2. 故障诊断与排除过程

首先使用汽车故障诊断仪进行检测，查询故障存储器，发动机控制单元1-4缸均有失火记录，同时有不可消除的静态故障码00022——凸轮轴位置传感器G40/发动机转速传感器分配不正确。根据故障现象及其故障码分析，初步判断：

（1）张紧器故障，正时链条错位。

（2）进气凸轮轴调节电磁阀或其线路故障。

检查进气凸轮轴调节电磁阀供电正常，电磁阀的线路正常。

拆卸进气凸轮轴调节电磁阀，发现柱塞失效，导致进气门调节错位，引起上述故障。

此车机油消耗量较大，每行驶5000km左右就需添加机油，此次行驶了将近7000km没有再次加注机油，拔出润滑油尺查看机油油位，机油液面非常低，因此判定故障产生的原因可能是机油量偏少，在发动机工作时，机油油压不能及时达到正常工作的压力，引起进气凸轮轴调节电磁阀柱塞失效，导致进气门调节错位，发动机怠速抖动。

更换进气凸轮轴调节电磁阀后故障消失，发动机正常工作。

3. 故障小结

该故障发生部位不方便检测，因此应该先读取有无相关故障码，如果有故障码按照故障码进行查找故障，同时检查数据流，通过数据流查找可能的故障原因，然后判断出故障发生在机械部分还是电控部分。

任务小结

（1）可变气门正时系统主要包括凸轮轴位置传感器、凸轮轴正时控制阀和执行器等。

（2）可变气门正时系统的功用是通过调整凸轮轴转角对配气时机进行优化，以获得最佳的配气正时。

（3）可变气门正时系统的检测主要包括功能检测和凸轮轴正时控制阀检测。

（4）可变进气管长度控制系统主要包括进气管转换电磁阀、进气管/主进气管、真空控制罐等。

（5）可变进气管长度控制系统采用不同的进气管长度来适应发动机不同转速。

（6）可变进气管长度控制系统的检测主要包括功能检测和进气管转换电磁阀检测。

习题

一、判断题

1. 可变气门正时系统可根据发动机的状态控制进气凸轮轴，通过调整凸轮轴转角对配气时机进行优化，以获得最佳的配气正时，从而在所有转速范围内提高扭矩，有效提高汽车的功率与性能，但会增加油耗和废气排放。　　　　　　　　　　　　（　　）

2. 当发动机在高速高负荷时，凸轮轴正时控制阀使进气凸轮正时处于延迟位置，以保证发动机稳定的工作状态。　　　　　　　　　　　　　　　　　（　　）

3. 当发动机温度较低时，进气凸轮正时处于延迟位置，以稳定怠速，降低油耗。（　　）

4. 发动机在高转速时需要大量进气，此时进气歧管变细变长，发动机可以有更多的进气，提高输出功率。　　　　　　　　　　　　　　　　　　　　（　　）

5. 进气管在主进气管处接受真空。在真空箱内形成真空，一个止回阀用于防止真空泄漏。发动机关闭时以及怠速运转时控制鼓位于功率调节位置，即进气行程较长。（　　）

二、选择题

1. 断开电磁阀阀线束连接器（宝来1.8L电磁阀线路），起动发动机，用万用表测量其电源端子与搭铁间电压应为_____ V电源电压。测量电磁阀搭铁端子与发动机 ECU 端子之间的阻值应小于_____ Ω。（　　）

A. 10,1　　　　　　B. 12,1　　　　　　C. 10,0.5　　　　　　D. 12,0.5

2. 进气门正时提前时，ECU 送出"ON"时间较长的占空比信号给凸轮轴正时电磁阀，柱塞阀移至最_____侧，此时左油道与机油压力相通，右油道为回油道，故机油压力将叶片向凸轮轴旋转方向推动，使进气凸轮轴向前转一个角度，进气门提前开启，进、排气门重叠开启角度最_____。（　　）

A. 右,小　　　　　　B. 右,大　　　　　　C. 左,小　　　　　　D. 左,大

3. 当发动机在中低速高负荷时，进气凸轮处于提前位置，以增加扭矩输出（　　）。

A. 匀速高负荷　　B. 高速低负荷　　C. 低速高负荷　　D. 低速低负荷

4. 发动机在_____转速时，用细长的进气歧管，可以_____进气的气流速度和气压

强度,使燃油雾化的更好,燃烧的更好,提高扭矩。(　　　)

  A. 高速,减少   B. 高速,增加   C. 低速,减少   D. 低速,增加

  5. 对进气管转换电磁阀进行控制时,至真空控制罐的真空导通,系统克服压力弹簧的张力,膜片与拉杆一起被拉下,控制鼓转动_____度进气管转换到扭矩调节位置。(　　　)

  A. 60   B. 45   C. 90   D. 180

学习任务2　发动机废气涡轮增压系统故障诊断与修复

任务描述

  一辆迈腾1.8 TSI汽车,车主李先生反映,该车加速时加不上,升挡困难,耸车,急加速排放报警灯报警。

  引起该故障的主要原因可能有涡轮增压器压力单元故障;增压压力控制阀 N75 故障;涡轮增压器压力单元真空管堵塞;旁通阀连接件故障;发动机 ECU 故障等几个方面。需要对发动机相关各部件进行检查,确定故障后,进行维修或部件更换并将发动机装复。

学习目标

知识目标

(1)掌握发动机废气涡轮增压系统的组成、功用及工作原理;

(2)掌握发动机废气涡轮增压系统主要零部件的结构及工作原理;

(3)掌握发动机废气涡轮增压系统各零部件检测及更换流程;

(4)掌握发动机废气涡轮增压系统常见故障的诊断方法。

技能目标

(1)具备信息查询和电路图识读的基本能力;

(2)能够利用检测设备和工具进行发动机废气涡轮增压系统主要零部件的检修;

(3)能够利用检测设备和工具进行发动机废气涡轮增压系统的就车检测;

(4)能够利用检测设备和工具对发动机废气涡轮增压系统的常见故障进行诊断和修复。

素质目标

(1)培养学生具有爱国敬业、爱党奉献和服务人民的思想;

（2）培养学生具有奋斗精神、奉献精神、创造精神、工匠精神；

（3）培养学生良好的职业道德，培养严格的质量意识、安全意识、环保意识；

（4）培养学生团队意识，养成自主学习的习惯。

建议学时：8 学时。

知识准备

现代汽车在不增加发动机排量的基础上，提高发动机功率，废气涡轮增压系统起到了不可替代的作用。

一、废气涡轮增压系统的功用

1. 废气涡轮增压系统功用

所谓增压是将进入汽缸前的新鲜空气预先进行压缩，然后再以高密度送入汽缸。增压器的结构形式有多种，但目前在轿车上应用最普遍、最有效的是废气涡轮增压系统，它是根据发动机的负荷来控制排气的流动路线，并通过涡轮增压器提高进气压力，增加进气量，从而大大改善发动机的动力性。国内常见的奥迪、大众、丰田、通用等车系都有装备废气涡轮增压系统的汽油发动机。

废气涡轮增压系统结构

废气涡轮增压系统工作原理

2. 废气涡轮增压系统优点

（1）废气涡轮增压发动机利用废气的动能来增加进气压力，不需要消耗发动机的动力，有较好的经济性。

（2）发动机进气增压，增加了汽缸中的氧气量，燃烧效果更佳，在燃油消耗和 CO_2 排放方面明显减少，同时提高了发动机的功率。

二、废气涡轮增压系统的组成

废气涡轮增压系统的主要部件有涡轮增压器、增压压力控制电磁阀、膜片式控制阀和冷却器。废气涡轮增压是利用发动机排出的具有一定能量（高压、高温）的废气，驱动涡轮增压器中的动力涡轮，再带动与动力涡轮同轴的增压涡轮（工作叶轮）一起转动。增压涡轮一般位于空气流量传感器（MAF）与进气门之间的进气管道中。增压涡轮转动时，对从空气滤清器进入的新鲜空气进行压缩，然后再送入汽缸。

1. 涡轮增压器

涡轮增压器内有动力涡轮和增压涡轮，它们安装在同一根轴上，当废气从排气歧管流至动力涡轮机叶轮处，其压力就使动力涡轮叶轮转动，同时增压涡轮也转动，迫使空气进入汽缸。如图 14-10 所示为迈腾 1.8T 涡轮增压器。

2. 增压压力电磁阀和膜片式控制阀

发动机 ECU 通过控制增压压力控制电磁阀，进一步控制膜片式控制阀使旁通阀门动作，从而改变实际涡轮增压压力。阀门打开，增压压力下降；阀门关闭，增压压力上升。

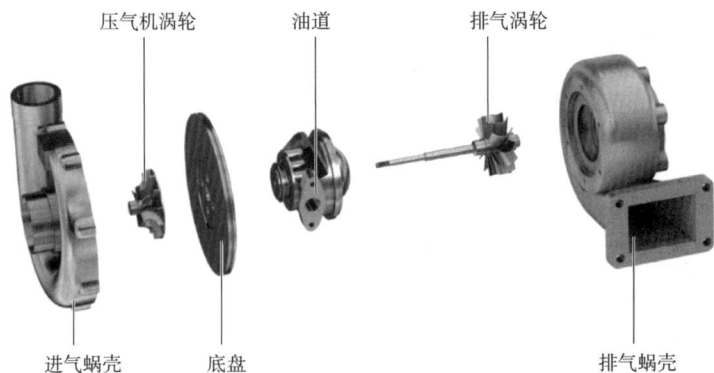

图 14-10　迈腾 1.8T 涡轮增压器

3. 冷却器

在废气涡轮增压系统中，一般都带有冷却器（也称为中冷器），它可降低进气温度，对消除发动机爆震、提高进气效率等都十分有利的。

三、涡轮增压系统的工作原理

采用涡轮增压技术后，由于平均有效压力增加，发动机爆震倾向增大，热负荷偏高。为了保证发动机在不同转速及工况下都得到最佳增压值，并防止发动机爆震和限制热负荷，对涡轮增加系统增压压力必须进行控制（图 14-11）。

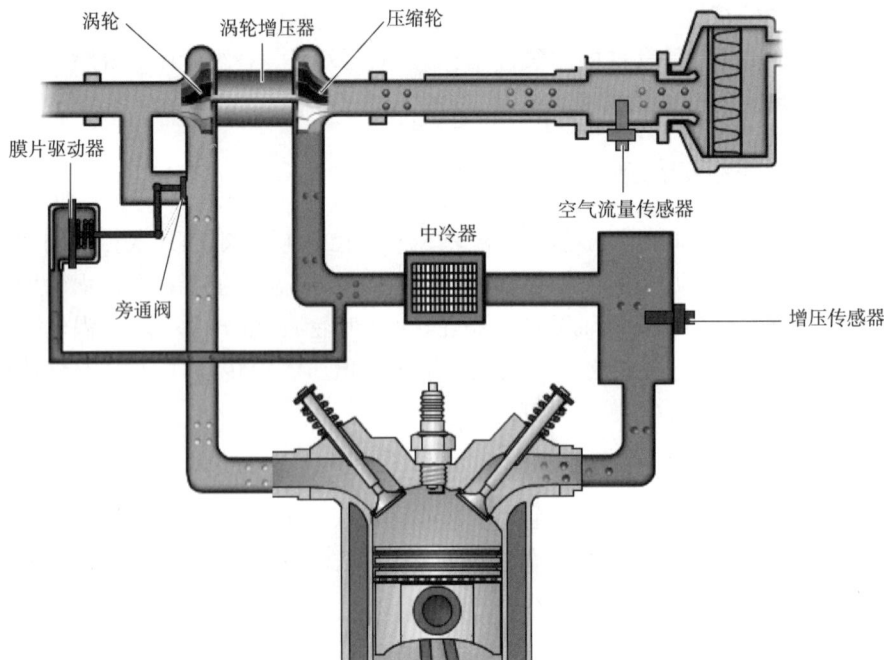

图 14-11　废气涡轮增压结构图

废气涡轮增压
系统原理

目前多是采用旁通的方法，即调节进入动力涡轮室的废气量从而对增压压力进行控制。

当需要增加进气压力时,排气歧管排出的废气进入涡轮增压器,经动力涡轮排出;随着节气门开度的增加和发动机转速的升高,动力涡轮的转速加快,与其同轴的增压涡轮的转速也加快,致使进气增压压力增大。如果此时旁通阀打开,通过动力涡轮的废气量和气压就会减小,动力涡轮和增压涡轮转速降低,进气增压压力就会减小。由此可见,通过控制旁通阀,就可改变通过动力涡轮的废气量,从而实现对增压压力的控制。通常,旁通阀由膜片式控制阀控制,而膜片式控制阀则由发动机ECU通过增压压力控制电磁阀进行控制。

如图14-12所示为带有废气涡轮增压的发动机电子控制系统。在发动机ECU的存储器中,存储着发动机增压压力特性图的有关数据,理论增压压力值随发动机转速变化。在发动机工作时,发动机ECU根据增压压力等传感器输入的信息,确定当时的实际进气增压压力,然后将实际进气压力与理论压力值进行比较。若实际增压压力值与理论压力值不相符合,发动机ECU就输出控制信号,通过对增压压力电磁阀进行控制,改变膜片式控制阀上的压力,使旁通阀动作,改变实际增压压力。即当实际进气压力低于理论值时,旁通阀关闭;当进气压力高于理论值时,旁通阀打开。

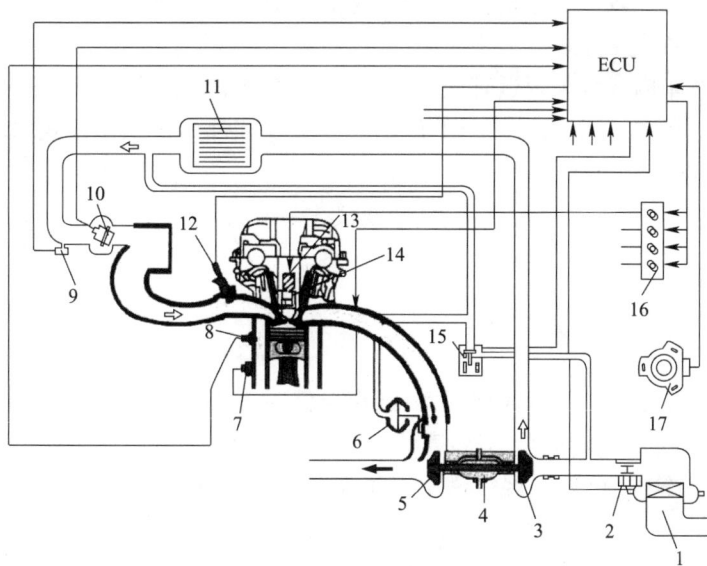

图14-12 带有涡轮增压的发动机电子控制系统

1-空气滤清器;2-空气流量传感器;3-增压涡轮;4-涡轮增压器;5-动力涡轮;6-膜片式控制阀;7-爆震传感器;8-冷却液温度传感器;9-增压压力传感器;10-节气门位置传感器;11-冷却器;12-喷油器;13-点火线圈;14-火花塞;15-增压压力控制电磁阀;16-点火控制模块;17-曲轴位置传感器

在实际中,一般都是采用调节点火正时和调节增压压力相结合的办法来获得更好的控制效果。因为单一地通过降低增压压力的办法,会引起发动机运行性能降低;而采用涡轮增压后,发动机排气温度较高,所以也不宜只通过调节点火正时的办法来控制爆震,否则由于温度增高,对高温排气驱动的涡轮有不利影响。因此,两种方法并用是最好的方法。实际应用中,通常是当发动机ECU根据传感器输入的信号鉴别出发动机爆震时,即刻使点火提前角推迟,同时平行地降低增压压力。在这两方面调节生效(爆震消失)时,仍将增压压力慢慢降低,通过点火正时调节装置再将点火提前调节至最佳值,以便可能保持发动机获得最大转矩。当点火提前角达到最佳值时,再慢慢地增加充气增压压力。

操作指引

1.组织方式

(1)场地设施:举升机一台,装有废气抽排系统和消防设施的场地。

(2)设备设施:整车(带废气涡轮增压器)一辆。

(3)工量具:常用工具一套、车辆故障诊断仪、万用表等。

(4)耗材:熔断丝、线束等。

(5)学生组织:教师指导,分组实训,过程评价。

2.注意事项

(1)进入场地穿着干净整齐的工作服。

(2)听从实训指导教师的安排,严格遵守场地安全规定,注意用电安全。

(3)在EVAP系统元件附近不要抽烟,也不要让其他火源接近。

(4)如果在汽车内或汽车附近有汽油味,应立即检查EVAP是否有漏油处。

(5)在操作过程中,注意拆装工具的使用。拆下零部件如传感器要轻拿轻放,以免掉到地上摔坏内部电路。

(6)在操作过程中,正确使用万用表、诊断仪。

拆卸和安装废气
涡轮增压器

任务实施

1.检查涡轮增压器

(1)如果必须从车上拆下涡轮增压器,则在检修时务必保持清洁,任何赃物或污染都会导致严重后果。在拆卸涡轮机前,应将壳体和零件的相对位置加上标志,以保证重新装配时正确无误。拆开涡轮装好,仔细观察增压涡轮和动力涡轮,检查是否存在弯曲、破裂或过度磨损现象。

(2)检查涡轮壳体内部是否存在由于轴的摆动范围过量、进入脏污或润滑不当而造成的磨损或冲击损伤。用手旋转涡轮,手感阻力应是均匀的,不应过大,转动应无黏滞感,即应无擦伤或任何接触。

(3)由于对轴承间隙有严格要求,应按生产厂规定的程序检查轴向和径向间隙,以大众汽车的涡轮增压器为例。可将百分表插入涡轮机壳的孔中,使其接触轴端,沿轴向移动涡轮机轴,测量轴的轴向间隙有较严格要求(参数参照每款车型的维修手册),如图14-13所示。若轴向间隙或径向间隙不符合要求,则更换涡轮增压器。

图14-13　涡轮增压器轴向间隙的检查

2. 测试增压压力控制电磁阀和膜片式控制阀

1）检测增压压力控制电磁阀

下面以一汽大众奥迪 A6 为例介绍增压压力控制电磁阀的检测。

（1）连接故障诊断仪 VAG6150，选择读取测量数据块（功能 08）。

（2）从增压压力控制电磁阀（N75）上拆下软管。接上辅助软管。起动执行元件诊断，并触发增压压力控制电磁阀（N75）。

（3）显示屏显示如图 14-14 所示（图下部为翻译后的内容）。

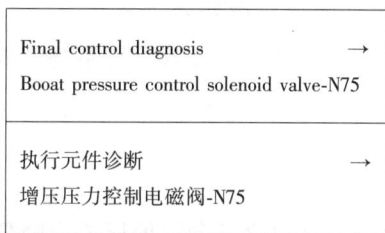

Final control diagnosis　　　　　　→
Booat pressure control solenoid valve-N75
执行元件诊断　　　　　　　　　　→
增压压力控制电磁阀-N75

图 14-14　检测增压压力控制电磁阀（N75）的显示内容

（4）电磁阀将发出"咔嚓"声响并打开和关闭（通过向辅助软管吹气来检查）。

（5）如果电磁阀无"咔嚓"声，对增压压力控制电磁阀进行电气检查，见"增压压力控制电磁阀（N75）的电气检测"。

（6）当没有电信号时，电磁阀常闭。

（7）如电磁阀有"咔嚓"声但不正常地打开和关闭，更新增压压力控制电磁阀（N75）。

2）检测增压压力控制电磁阀（N75）

（1）拔下电磁阀的供电插头，如图 14-15 所示。用万用表测量其电阻值应该是 25 ~ 35Ω。

（2）如果没有达到规定值，更换增压压力控制电磁阀（N75）。

（3）如果达到了规定值，检查增压压力控制电磁阀的供电，见下面所述"增压压力控制电磁阀（N75）的供电"。

3）检测增压压力控制电磁阀（N75）的供电

（1）使起动机短时工作（允许起动机短时起动），用万用表（电压测量挡）测量端子 1、2 处的电压应该是蓄电池电压，如图 14-16 所示。

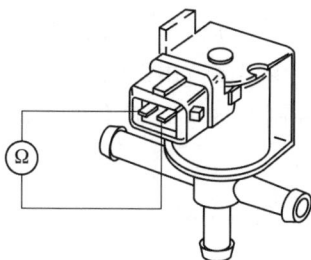

图 14-15　测量触点间的电阻　　　　图 14-16　电磁阀的供电插头

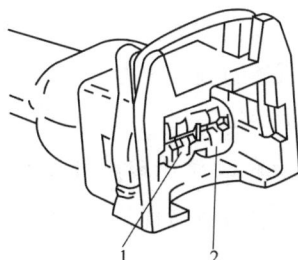

（2）如果没有达到规定值，检测增压压力控制电磁阀的触发情况，见下面所述"检测增

压压力控制电磁阀(N75)的触发情况"。

4)检查增压压力控制电磁阀(N75)的触发情况

(1)拔下电磁阀(N75)的供电插头并把二极管检测灯串接在线束侧端子1和2之间。

(2)起动执行元件诊断并触发增压压力控制电磁阀,二极管检测灯应闪亮。

(3)如果二极管检测灯不闪亮或常亮,检测线束的插接。

(4)把检测盒 VAG1598/22 接到发动机电控装置的线束上,检测端子2 与检测盒 VAG1598/22 触点64 间的导线是否断路或对正极、对负极短路。

3.涡轮增压器性能下降的故障原因与排除方法

涡轮增压器性能的变化或发动机供油系统及配气系统的故障,会直接影响增压发动机的功率、油耗和排气温度等性能指标。

常见故障现象如下。

1)增压发动机功率下降

涡轮增压器本身及进气管路系统的故障会使增压压力降低,从而导致增压发动机功率下降。其故障原因及排除方法如下。

(1)旁通阀门关闭不严。一般是旁通阀处有积炭,过脏或增压压力控制电磁阀或膜片控制电磁阀损坏造成。

(2)空气进口阻力损失过大。应检查清洁空气滤清器及管道,减少阻力损失。

(3)增压器叶轮、壳体和流道脏污。应拆下增压器进行清洁。

(4)动力涡轮壳流道和叶轮上严重积炭。排除积炭的方法有:更换密封环、排除漏油故障;改变发动机的使用工况,如避免低负荷长时间运转、减少频繁的冷起动等;检查发动机供油系统和机油消耗情况,拆开涡轮增压器,清除动力涡轮端的积炭。

(5)增压涡轮出口管路漏气。产生这一故障的原因大多是软管接头松动脱开、管子焊接处损坏、锁紧机构松动失效等。根据需要采取相应的措施加以排除。

(6)发动机排气管连接处漏气。这种情况比较常见,主要是由于发动机的排气歧管、排气管垫片或排气管与涡轮壳之间连接不紧、螺栓松动或垫片损坏,还可能是涡轮壳产生了裂纹引起的漏气。一般要针对故障原因,采取相应措施。但如若涡轮壳产生裂纹引起漏气,必须更换新的涡轮壳。

2)增压发动机进气压力上升

通常是涡轮增压器及发动机供油系统、配气系统的故障,使增压发动机进气压力上升。但这种故障较前面所述的进气压力下降的故障要少得多。由涡轮增压器直接造成增压压力上升的原因一般是增压压力控制电磁阀或膜片控制电磁阀损坏,使旁通阀门不能适时打开。

4.涡轮增压器机械故障原因与排除方法

涡轮增压器常见机械故障现象是异常振动和异常噪声。

1)涡轮增压器的异常振动

涡轮增压器异常振动大部分是由于转子部件不平衡所引起的。虽然转子部件经过严格检测和精确平衡后才允许在涡轮增压器上使用,但在安装和使用中也有各种因素会破坏转

子的平衡精度,从而引起增压器异常振动。比较常见的有:

(1)涡轮增压器转子部件不平衡引起的振动。转子部件上的各零件清洗不干净,或零件内孔与轴的配合不好,组装时产生的偏心等都会使转子轴弯曲,导致其平衡被破坏。因此,在转子部件组装前,必须认真地检查清洗转子部件上的所有零件。

(2)涡轮增压器工作时,异物进入涡轮的流道损坏了叶轮,使转子部件失去平衡。在安装涡轮增压器工作时,必须先将涡轮增压器的各进出口用封口罩盖好,待管路调整对好后,再将封口罩取掉,然后,连接好各管路。

(3)增压器叶轮叶片的疲劳断裂。如果出现叶片断裂故障,一律更换新的涡轮增压器。

(4)增压器叶轮叶片被严重脏污后,转子部件的平衡被破坏而产生异常振动。如果发动机长时间使用低质燃油,因其燃烧后的产物中含有五氧化二钒和硫化钠等物质,在一定的温度下,这些物质会粘在涡轮叶片上,形成污垢。排除这种故障时,必须拆开涡轮增压器,取出涡轮叶轮,轻轻地除掉五氧化二钒,但要小心不能碰坏叶片,并用水清除硫化钠和其他污垢。

2)涡轮增压器的异常噪声

增压发动机正常工作时,具有一定的噪声级,有经验的驾驶人很容易就可分辨出来。如果噪声级发生变化或出现异常噪声,则说明有故障发生。

产生异常噪声的原因与排除的方法如下。

(1)涡轮增压器的动力涡轮或增压涡轮的叶片损坏,导致平衡破坏,引起噪声。其原因与排除方法如前所述。

(2)涡轮增压器转子部件和固定件能够碰撞产生噪声。主要原因是安装涡轮壳和压气机壳时,装配不正。可拆开增压器,检查内部是否有损伤、有脏污、转子转动是否平顺、转动时是否有响声等,确认有问题后进行适当的修复或更换。

5. 涡轮增压器漏油的原因及排除方法

涡轮增压器如有轻微的渗油,虽可继续工作但也应及时到维修站检查或维修,而严重的漏油必须立即加以排除。因为增压涡轮端严重漏油会使机油经增压涡轮进到进气管,最终进入发动机汽缸内,造成发动机性能恶化、润滑油消耗量增大,并使发动机活塞顶部、喷油器、活塞环等零件严重积炭、胶结。

1)涡轮增压器外部漏油

外部漏油大多是润滑油进油管和回油管连接不牢固造成的。检查漏油部位之前,先擦干净涡轮增压器外部的油泥,然后再重新起动发动机,认真观察漏油部位。经常出现漏油的原因有:进、回油管接头松动,油管接头外垫片损坏及油管接头出现裂纹或损坏等。

螺纹连接的锥形接头密封不好可修理接头或更换新的油管;如果垫片损坏,应更换新的垫片。

2)涡轮增压器内部漏油

涡轮增压器内部漏油是比较常见的故障,产生原因主要有以下几种。

(1)涡轮增压器密封装置(密封环)损坏引起漏油。

(2)发动机曲轴箱内的压力过高,使涡轮增压器回油不畅引起漏油。

(3)涡轮增压器回油管截面积小或过多的弯曲,使回油不畅引起漏油。

(4)发动机长时间空载运转,涡轮增压器容易漏油。排除故障时,根据漏油部位,进行维修。

任务解决方案

1. 故障原因分析

导致此故障的可能是:涡轮增压器压力单元故障;增压压力控制电磁阀 N75 故障;涡轮增压器压力单元真空管堵塞;旁通阀连接件故障;发动机 ECU 故障。

2. 故障诊断与排除过程

(1)用电脑检测 01-02 读取故障码,故障码为 00564(增压器过度增压状态)。

(2)清除故障码,原地加油没有故障现象,试车加速时仍有故障现象。再次调取故障信息,仍有此故障码。

(3)从简单入手进行拆装增压控制管路。当拆下吸油管时,发现从 N75 到压力单元管路没有安装,而且 N75 上面还都是泥土。

因为 N75 到压力单元是通过真空管路控制,此处断路会导致发动机再也不能通 N75 控制涡轮增压器,旁通阀始终是关闭状态,不能控制进气量,从而急加速时进入大量的空气,导致油少气多,加速升挡困难。

(4)清理 N75 上面的灰尘,防止上面的管路堵塞,重新连接 N75 管路。重新安装好后试车无故障现象,故障排除。

3. 故障小结

此现象是涡轮增压压力过大导致的,应该弄清楚增压原理,由简到繁找故障的原因。

任务小结

(1)废气涡轮增压系统是根据发动机的负荷来控制排气的流动路线,并通过涡轮增压器提高进气压力,增加进气量,从而大大改善发动机的动力性。其控制多是采用旁通的方法,即调节进入动力涡轮室的废气量,从而对增压压力进行控制。

(2)废气涡轮增压系统的主要部件有涡轮增压器、增压压力控制电磁阀、膜片式控制阀和冷却器。

(3)涡轮增压系统检查。目测软管、垫片和管道;检查进气负压或空气滤清器;检查涡轮增压器。

(4)增压压力控制电磁阀和膜片式控制阀的测试主要有控制电磁阀的检测;增压压力控制电磁阀(N75)的电气检测;增压压力控制电磁阀(N75)的供电检测;检查增压压力控制电磁阀(N75)的触发情况。

习题

一、判断题

1.废气涡轮增压是利用发动机排出的具有一定能量的废气驱动涡轮转动。　　　　(　　)

2.当需要增加进气压力时,排气管排出的废气全部进入涡轮增压器,经动力涡轮排出。

（　　）

3.发动机电脑通过控制膜片式控制阀控制增压压力上升和下降。　　　　（　　）

4.在废气涡轮增压系统中,一般都带有冷却器(也称为中冷器),降低进气温度。

（　　）

5.如果出现叶片断裂故障,一律更换新的涡轮增压器。　　　　　　　　（　　）

二、选择题

1.在实际中,一般采用调节点火正时和调节增压压力相结合的办法来获得更好的控制效果。因为单一地通过降低增压压力的办法,会引起(　　　)。

  A.发动机排气温度高　　　　　　　　B.发动机动力受限

  C.发动机运行性能降低　　　　　　　D.发动机爆震

2.如果发动机运转时涡轮增压器的旁通阀打开则会出现(　　　)。

  A.动力涡轮的废气量增加,增压涡轮转速降低

  B.动力涡轮的废气量降低,增压涡轮转速降低

  C.动力涡轮的废气量增加,进气增压压力增加

  D.增压涡轮转速减小,进气增压压力减小

3.涡轮增压器的涡轮轴磨损增大会出现的故障是(　　　)。

  A.涡轮增压器不能工作　　　　　　　B.发动机动力减

  C.涡轮增压器卡滞　　　　　　　　　D.发动机烧润滑油

4.增压压力电磁阀电阻值应该是(　　　)。

  A.$20\sim30\Omega$　　　　B.$25\sim35\Omega$　　　　C.$30\sim35\Omega$　　　　D.$20\sim35\Omega$

5.关于废气涡轮增压系统开始介入发动机工作的转速描述较准确的是(　　　)。

  A.发动机转速达700r/min以上　　　　B.发动机转速达1000r/min以上

  C.发动机转速达1300r/min以上　　　　D.发动机转速达2000r/min以上

项目十五 发动机排放控制系统故障诊断与修复

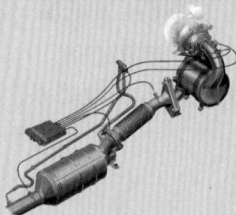

项目概述

发动机排放控制系统的作用是通过一些控制装置来减少发动机排放出的有害气体、对大气有污染的气体。发动机排放控制系统主要有燃油蒸气排放控制系统、二次空气喷射系统、废气再循环系统等。

主要学习任务

1. 燃油蒸气排放控制系统故障诊断与修复
2. 二次空气喷射系统故障诊断与修复
3. 废气再循环系统故障诊断与修复

学习任务1 燃油蒸气排放控制系统故障诊断与修复

任务描述

一辆迈腾汽车,行驶里程6.2万km,用户李先生反映此车在较高温度环境下(如太阳直射30min左右)不好着车,并且着车后20s左右发动机转速不稳、抖动、排气管冒黑烟。此故障已有两年,每到夏天就会出现,而气温低时无此现象。

引起该故障的主要原因可能有燃油蒸气排放控制系统故障;发动机进气系统故障;发动机燃油系统故障等几个方面。需要对发动机相关各系统进行检查,确定故障后,进行维修或部件更换并将发动机装复。

学习目标

知识目标

(1)掌握发动机燃油蒸气排放控制系统的组成、功用及工作原理;

(2)掌握发动机燃油蒸气排放控制系统主要零部件的结构及工作原理;

(3)掌握发动机燃油蒸气排放控制系统常见故障的诊断方法。

技能目标

(1)具备信息查询和电路图识读的基本能力;

(2)能够利用检测设备和工具进行发动机燃油蒸气排放控制系统主要零部件的检修;

(3)能够利用检测设备和工具进行发动机燃油蒸气排放控制系统的就车检测;

(4)能够利用检测设备和工具对发动机燃油蒸气排放控制系统的常见故障进行诊断和修复。

素质目标

(1)培养学生具有爱国敬业、爱党奉献和服务人民的思想;

(2)培养学生具有奋斗精神、奉献精神、创造精神、工匠精神;

(3)培养学生良好的职业道德,培养严格的质量意识、安全意识、环保意识;

(4)培养学生团队意识,养成自主学习的习惯。

建议学时:3学时。

知识准备

燃油蒸气排放控制系统(EVAP)能够存储燃油系统产生的燃油蒸气(HC),阻止燃油蒸气泄漏到大气中,减少环境污染;同时将收集的燃油蒸气适时地送入进气歧管,与正常混合气混合后进入发动机燃烧,使汽油得到充分利用。

一、燃油蒸气排放(EVAP)控制系统的功用

EVAP控制系统是为防止燃油箱内的燃油蒸气排入大气产生污染而设的,其功能是收集燃油箱内蒸发的燃油蒸气排放,并将燃油蒸气导入汽缸参加燃烧,从而防止燃油蒸气直接排入大气而造成污染。同时,还必须根据发动机工况,控制导入汽缸参加燃烧的燃油蒸气量。

二、燃油蒸气排放控制系统的组成及工作原理

燃油蒸气排放控制系统如图15-1所示。它主要由燃油箱、活性炭罐、炭罐控制电磁阀

和发动机控制单元等组成。

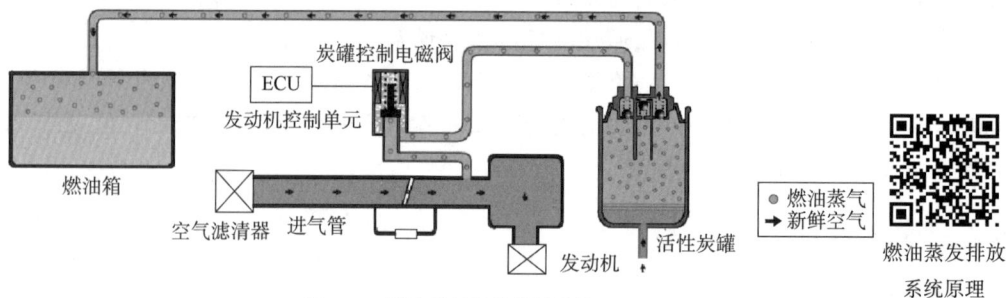

图 15-1　燃油蒸气排放控制系统

　　活性炭罐是燃油蒸气排放控制系统中收集和储存燃油蒸气的部件,活性炭罐的下部与大气相通,上部有接头与油箱和进气歧管相连,其内部充满活性炭颗粒,它具有极强的吸附燃油分子的作用。炭罐电磁阀控制活性炭罐到发动机进气管之间的气路,电磁阀(图 15-2、图 15-3)主要部件是电磁线圈,电磁线圈通电产生磁力吸引衔铁,衔铁带动针阀使电磁阀开启,该电磁阀受电控单元控制。

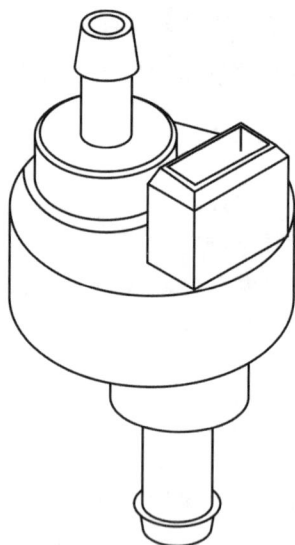

图 15-2　炭罐电磁阀

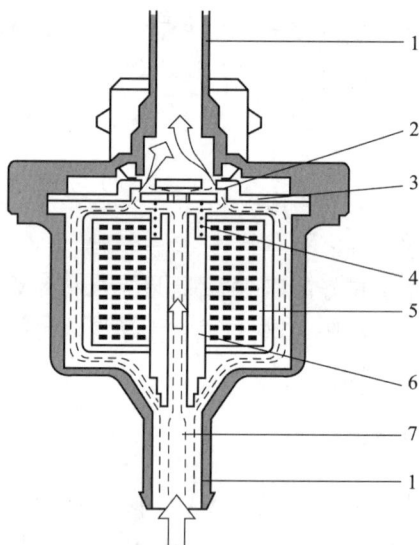

图 15-3　炭罐电磁阀结构图

1-管接头;2-密封元件;3-衔铁;4-弹簧片;5-电磁线圈;6-密封座;7-蒸气管道

　　燃油箱内的燃油蒸气经连接油箱的管路进入活性炭罐后,蒸气中的燃油分子被吸附在活性炭颗粒表面。活性炭罐有一个出口,经软管与发动机进气歧管相通。软管的中部设一个活性炭罐电磁阀(常闭),以控制管路的通断。当发动机运转时,如果发动机控制单元控制活性炭罐电磁阀开启,则在进气歧管真空吸力的作用下,空气从活性炭罐底部进入,经过活性炭至上方出口,再经软管进入发动机进气管,吸附在活性炭表面的燃油分子又重新脱附,随新鲜空气一起被吸入发动机汽缸燃烧。这一过程一方面使燃油得到充分利用,另一方面也使活性炭罐内的活性炭保持良好的吸附燃油分子的能力,而不会因用久而失效。当活性炭罐电磁阀关闭时,燃油蒸气储存在活性炭罐中。

三、燃油蒸气排放控制系统的控制过程

为了防止破坏发动机正常工作时的混合气成分,影响发动机正常工作,必须对燃油蒸气进入发动机进气歧管的时机和进入量进行控制,通常是通过发动机控制单元控制炭罐控制电磁阀的占空比来控制其开启和关闭。

发动机控制单元使炭罐控制电磁阀工作通常考虑以下条件:

(1)发动机起动已超过规定的时间。

(2)冷却液温度已高于规定值。

(3)发动机处于非怠速状态。

(4)发动机转速高于规定值。

当满足以上条件时,发动机控制单元(ECU)使电磁阀线圈通电,并控制电磁阀开启程度,储存在活性炭罐内的燃油蒸气经软管被吸入发动机燃烧。此时由于发动机的进气量较大,少量的燃油蒸气进入发动机不会影响混合气的浓度。如果不完全满足上述条件,ECU 不会激活炭罐电磁阀,燃油蒸气被储存在炭罐中。

📖 操作指引

1. 组织方式

(1)场地设施:举升机一台,装有废气抽排系统和消防设施的场地。

(2)设备设施:发动机台架或整车。

(3)工量具:常用工具一套、车辆故障诊断仪、示波器、万用表等。

(4)耗材:熔断丝、线束等。

(5)学生组织:教师指导、分组实训、过程评价。

2. 注意事项

(1)在实训场地应穿着干净整齐的工作服。

(2)听从实训指导教师的安排,严格遵守场地安全规定,注意用电安全。

(3)在操作过程中,注意拆装工具及万用表、诊断仪等设备的使用,拆下的零部件要轻拿轻放,避免磕碰和损坏。

(4)在检测燃油蒸气排放控制系统各部件的线路时,严禁用力拉扯线束。

(5)检测电气元件需断开部件插头时,应提前关闭点火开关。

⚙️ 任务实施

1. 系统基本检查与维护

检查各连接管路有无破损或漏气,必要时应更换连接软管;检查活性炭罐壳体有无裂

纹、底部进气滤芯是否脏污,必要时应更换活性炭罐。

2. 检测炭罐电磁阀

1)检查炭罐电磁阀功能

从炭罐电磁阀上拆下出气端软管,用手动真空泵给阀施加一定的真空度,应能保持住真空,电磁阀通电应无真空度。

2)检测炭罐电磁阀的电阻值

拔下炭罐电磁阀线束插头,用万用表测量炭罐电磁阀两端子之间的电阻,应符合规定值。

3)检测炭罐电磁阀电路

断开炭罐电磁阀线束插接器,接通点火开关,但不起动发动机,用万用表测量其电源端子与搭铁间电压应为12V电源电压。测量喷油器搭铁端子与发动机ECU端子之间的阻值应小于1Ω。

📚 任务解决方案

1. 故障原因分析

该车在较高温度环境下不好着车,并且刚起动后发动机转速不稳、抖动,排气管冒黑烟,从故障现象看故障应该是发动机空燃比过大,混合气过浓,导致发动机燃烧异常,应该检查发动润滑油路系统,以及导致混合气过浓的汽油蒸气回收系统等。

2. 故障诊断与排除过程

(1)首先进行试车,发现故障确实如此,然后连接汽车故障诊断仪进行自诊断,但是无故障码。于是结合故障现象判断喷油器、节流阀故障比较大,但更换两个部件后故障依旧。

(2)察看数据流,发现在怠速工况时,喷油脉宽为1ms,而正常值应为2~3ms,λ 调节值为25%;正常值应在 -10% ~ $+10\%$,λ 的电压值为0.8V,正常值应为0.1~0.8V连续变化,发动机冷却液温度、进气温度及进气压力正常。检查燃油压力、汽缸压力、发动机正时均正常。从检查的数据反映出,发动机工作在过浓的混合气状态下,λ 调节已达极限,同时发动机ECU也将喷油时间降低到正常值以下。结合此车热车着车后发动机抖动、冒黑烟的现象,判断其热车不易着车应该也与混合气过浓有关。

(3)分析混合气过浓的原因,主要有两个方面:一是发动机的喷油控制有问题或喷油器有故障;二是有未经控制的不正常燃油进入燃烧室。由于此车已更换过电控系统的相应零部件且电气检测未发现故障。因此重点检查是否有未经控制的燃油进入发动机燃烧。首先拔下燃油压力调节器真空管检查未发现渗漏,当把活性炭罐电磁阀至节流阀的燃油蒸气管夹死后,发动机起动顺利,电脑检测数据正常,拆下炭罐控制电磁阀N80检查,发现其卡死在常开位置,导致大量未经控制的燃油蒸气经此进入发动机燃烧,造成混合气过浓。更换N80后故障彻底排除。

3.故障小结

在车辆遇到没有故障码的故障时不应该盲目地更换零部件,而应该在故障发生的过程中很好地结合数据流进行分析,然后结合故障现象认真分析故障的可能原因,再确定故障诊断的方向。

任务小结

(1)燃油蒸气排放控制系统主要包括活性炭罐、炭罐控制电磁阀等,该系统是将燃油箱内蒸发的燃油蒸气排放导入汽缸参加燃烧。

(2)燃油蒸气排放控制系统主要部件的功用及工作原理。

(3)燃油蒸气排放控制系统的检测主要包括功能检测和炭罐控制电磁阀检测。

(4)燃油蒸气排放控制系统可以通过检测其控制过程是否正常来判断系统是否存在故障。

习题

一、判断题

1.燃油蒸气排放控制系统受发动机控制单元控制。 ( )

2.燃油蒸气排放控制系统控制油箱中的燃油蒸气适时的进入进气系统并最终参与燃烧。 ( )

3.燃油蒸气排放控制系统出现故障,发动机会出现无法起动。 ( )

4.燃油蒸气排放控制系统的英文缩写是 EVAP。 ( )

5.活性炭罐的上部与大气相通,下部有接头与油箱相连,其内部充满活性炭颗粒。
( )

二、选择题

1.关于燃油蒸气排放控制系统工作的描述正确的是( )。
  A.持续工作   B.发动机冷态下工作
  C.起动后即开始工作   D.符合工作条件才会工作

2.燃油蒸气排放控制系统故障发动机最可能出现的故障是( )。
  A.发动机怠速不稳   B.发动机起动后熄火
  C.发动机无法起动   D.不能确定

3.下列关于活性炭罐的功能描述正确的是( )。
  A.活性炭罐完全密封   B.收集和贮存燃油蒸气
  C.活性炭罐在汽车行驶中才起作用   D.活性炭罐与进气管直接相连

4.关于炭罐电磁阀安装部位描述正确的是( )。
  A.燃油箱附近   B.汽车底盘   C.发动机舱   D.驾驶室内

5.燃油蒸气排放控制系统净化的物质是( )。
  A.一氧化碳   B.氮氧化物
  C.炭氢化合物   D.二氧化碳

学习任务2 二次空气喷射系统故障诊断与修复

任务描述

一辆宝来汽车行驶9万km,用户李先生反映该车正常行驶时仪表台EPC灯报警,但是该车发动机运转正常,无其他故障现象,发动机中存储有故障码,将故障码删除几天后EPC灯又报警。

学习目标

知识目标

(1)掌握二次空气喷射系统的组成、功用及工作原理;

(2)掌握二次空气喷射系统主要零部件的结构及工作原理;

(3)掌握二次空气喷射系统各零部件检测及更换流程;

(4)掌握二次空气喷射系统常见故障的诊断方法。

技能目标

(1)具备信息查询和电路图识读的基本能力;

(2)能够利用检测设备和工具进行二次空气喷射系统主要零部件的检修;

(3)能够利用检测设备和工具进行二次空气喷射系统的就车检测;

(4)能够利用检测设备和工具对二次空气喷射系统的常见故障进行诊断和修复。

素质目标

(1)培养学生具有爱国敬业、爱党奉献和服务人民的思想;

(2)培养学生具有奋斗精神、奉献精神、创造精神、工匠精神;

(3)培养学生良好的职业道德,培养严格的质量意识、安全意识、环保意识;

(4)培养学生团队意识,养成自主学习的习惯。

建议学时:4学时。

知识准备

一、二次空气喷射系统的组成及工作原理

二次空气喷射系统是降低尾气排放的机外净化装置之一,如图 15-4 所示,该系统主要包括发动机控制单元、二次空气控制阀、二次空气机械阀、二次空气泵等,该系统通过向废气中吹进额外的空气(二次空气),增加其中氧气的含量。这样使废气中未燃烧的有害物质。(一氧化碳以及碳氢化合物)在高温环境下再次燃烧。

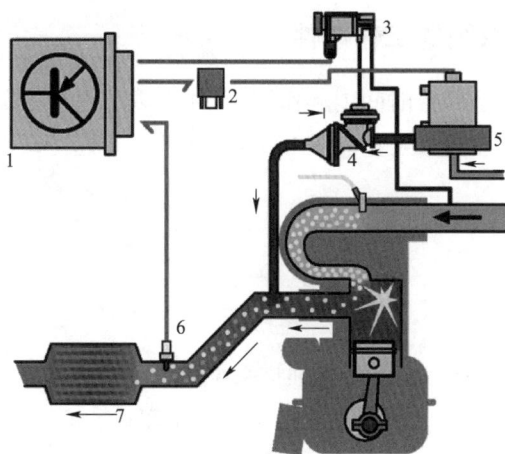

二次空气喷射
系统工作原理

图 15-4 二次空气喷射系统

1-发动机控制单元;2-二次空气继电器;3-二次空气控制阀;4-二次空气机械阀;5-二次空气泵;6-氧传感器;7-三元催化转换器

二次空气控制阀受发动机控制单元控制,发动机控制单元根据工况需要适时的打开与关闭二次空气控制阀。二次空气机械阀接受二次空气控制阀控制,二次空气控制阀工作后,来自进气道的真空吸力打开二次空气机械阀,二次空气机械阀打开后新鲜空气经过该阀进入排气管。

发动机冷起动阶段未燃烧的碳氢化合物及一氧化碳等有害物质排放相对较高,并且此时,三元催化转换器尚未达到工作温度(300℃以上)。所以在轿车排放标准达到 EU3 或 EU4 要求时,一些车必须装备此机外净化装置——二次空气喷射系统(图 15-5),以降低发动机冷起动阶段有害物质的排放。另一方面,再次燃烧的热量使三元催化转换器很快就达到所需的工作温度。

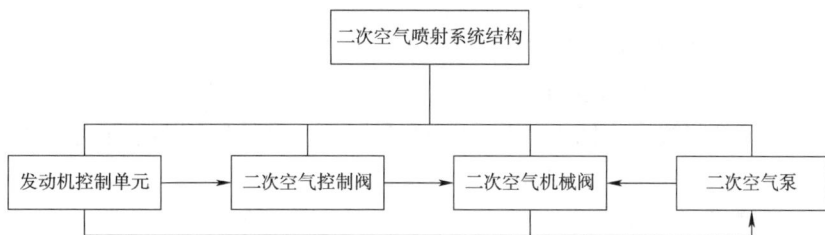

图 15-5 二次空气喷射系统结构

发动机起动后,发动机 ECU 激活二次空气喷射系统开始工作,发动机 ECU 控制二次空气控制阀,并通过进气真空吸力打开二次空气机械阀,空气经过滤清器过滤后通过二次空气泵增大压力直接被吹到二次空气机械阀后,最终进入排气管。二次空气泵的电源通过继电器得到。二次空气泵作用是在很短时间内将空气压进二次空气机械阀后面的废气中。二次空气喷射系统未工作时,热的废气将停止在组合阀门处,阻止进入二次空气泵。在控制过程中,自诊断系统同时进行着检测。由于废气中所含氧气量的增加导致氧传感器电压降低,所以氧传感器必须处于工作状态。二次空气喷射系统正常工作时,氧传感器将检测到极稀的混合气。

二、二次空气喷射系统的工作条件

二次空气喷射系统只是部分时间内起作用,具体在以下两种工况下工作(以宝来为例):冷起动后冷却液温度 +5 ~ 33℃,工作时间 100s;热起动后怠速冷却液温度直到最高 96℃,工作时间 10s。

操作指引

1. 组织方式

(1)场地设施:举升机一台,装有废气抽排系统和消防设施的场地。

(2)设备设施:装备二次空气喷射系统发动机的整车。

(3)工量具:常用工具一套、车辆故障诊断仪、示波器、万用表等。

(4)耗材:熔断丝、线束等。

(5)学生组织:教师指导、分组实训、过程评价。

2. 注意事项

(1)在实训场地应穿着干净整齐的工作服。

(2)听从实训指导教师的安排,严格遵守场地安全规定,注意用电安全。

(3)在操作过程中,注意拆装工具及万用表、诊断仪等设备的使用,拆下的零部件要轻拿轻放,避免磕碰和损坏。

(4)在检测二次空气喷射系统各部件的线路时,严禁用力拉扯线束。

(5)检测电气元件需断开部件插头时,应提前关闭点火开关。

任务实施

1. 检测二次空气控制阀

1)检测二次空气控制阀的电阻值

拔下二次空气控制阀线束插头,用万用表测量二次空气控制阀两端子之间的电阻,应符合规定值,多数车型电阻应在 13 ~ 16Ω。

2)二次空气控制阀电路检测

断开二次空气控制阀线束插接器,接通点火开关,但不起动发动机,用万用表测量其电源端子与搭铁间电压应为 12V 电源电压(有些车需起动发动机)。

2. 检测二次空气泵

1) 检测二次空气泵的线路

断开二次空气泵插头,二次空气继电器工作时在二次空气泵电源端子可以检测到 12V 电压。测量二次空气泵搭铁端子与车身之间的阻值应小于 1Ω。

2) 检测二次空气泵电阻

断开二次空气泵插头,检测二次空气泵电阻应符合规定值。

3. 二次空气泵执行功能测试

拆下二次空气泵上的压力软管。利用故障诊断仪启用执行元件自诊断功能起动二次空气继电器,二次空气泵应间歇工作,出风口出风。

4. 检测二次空气控制阀

断开二次空气泵插头,点火开关 ON,检测二次空气控制阀电源端子应为电源电压,测量二次空气控制阀搭铁端子与发动机 ECU 端子之间的阻值应小于 1Ω。

断开二次空气控制阀插头,检测二次空气控制阀电阻应符合规定值。

📖 任务解决方案

1. 故障原图分析

仪表台 EPC 灯报警,但是该车发动机运转正常,无其他故障现象,说明故障点对发动机工作影响不大,很可能是发动机辅助控制系统发生故障,因为故障灯点亮,因此首先应读取发动机故障码。

2. 故障诊断与排除过程

利用汽车故障诊断仪进行检测,查出故障为"汽缸一列二次空气系统气流受阻",用诊断仪进行二次空气泵功能测试,运转正常,怀疑是二次空气控制阀被积炭卡住,于是拆下二次空气控制阀检查发现,没有积炭产成,于是装上二次空气管,用诊断仪进行二次空气泵功能测试,结果发现没有气流吹出。此时只有两种可能:一是二次空气泵问题;二是控制阀的问题。将控制阀安装在其他车上进行试验功能正常,所以肯定故障在二次空气泵,该车二次空气泵的气流,比没有故障的泵差得很多,因此判断二次空气泵损坏,更换该泵,故障排除。

由于二次空气泵的气流无法将组合阀打开,在起动后氧传感器无法检测到新鲜空气进入,所以将 EPC 灯点亮。

3. 故障小结

由于该车故障码可以删除,所以没有引起重视,但几天后故障又再次出现,在维修中我们应将故障现象与系统工作原理综合在一起进行分析,这样会避免返修。

🔍 任务小结

(1)二次空气喷射系统主要包括二次空气控制阀、二次空气机械阀、二次空气泵等,该系统通过向废气中吹进额外的空气(二次空气),增加排气中氧气的含量。

(2)二次空气喷射系统中二次空气控制阀接受发动机控制单元控制,发动机控制单元根据工况需要适时地打开与关闭二次空气控制阀。

(3)二次空气喷射系统主要包括二次空气控制阀检测和二次空气泵检测等。

(4)二次空气喷射系统可以通过检测其控制过程是否正常来判断系统是否存在故障。

习题

一、判断题

1.二次空气喷射系统是降低尾气排放的机外净化装置之一。　　　　　　　　　(　　)

2.二次空气泵作用是持续不断的将空气压进进气管中。　　　　　　　　　　(　　)

3.二次空气喷射系统不是持续工作。　　　　　　　　　　　　　　　　　　(　　)

4.利用故障诊断仪启用执行元件自诊断功能启动二次空气泵工作。　　　　　(　　)

5.测量二次空气控制阀搭铁端子与发动机 ECU 端子之间相连的导线电阻应小于10Ω。

　　　　　　　　　　　　　　　　　　　　　　　　　　　　　　　　(　　)

二、选择题

1.关于二次空气喷射系统工作的描述正确的是(　　　　)。

　　A.汽车行驶时持续工作

　　B.发动机热机状态下工作

　　C.发动机起动后一直工作

　　D.符合工作条件才会工作

2.二次空气喷射系统故障发动机最可能出现的故障是(　　　　)。

　　A.发动机动力不足

　　B.发动机起动不良

　　C.发动机无法起动

　　D.发动机排放超标

3.关于二次空气控制阀描述正确的是(　　　　)。

　　A.二次空气控制阀受发动机控制单元控制

　　B.二次空气控制阀控制二次空气泵工作

　　C.二次空气控制阀间歇性工作

　　D.二次空气控制阀直接控制空气进入排气管

4.二次空气喷射系统将新鲜空气喷入的部位是(　　　　)。

　　A.节气门后的进气道

　　B.节气门前的进气道

　　C.三元催化转换器前的排气管

　　D.三元催化转换器后的排气管

5.二次空气喷射系统起到净化作用的物质不可能是(　　　　)。

　　A.一氧化碳　　　　　　B.氮氧化物　　　　　　C.炭氢化合物　　　　　　D.二氧化碳

学习任务3 废气再循环系统故障诊断与修复

任务描述

一辆大众宝来汽车,发动机1.6L,行驶里程13.2万km,用户李先生反映该车冷起动和怠速时发动机抖动严重,转速升高后基本恢复正常,行驶时汽车的动力性较以前有所下降。该车按时维护,此前无其他故障,没进行过其他修理。

学习目标

知识目标

(1)掌握废气再循环系统的组成、功用及工作原理;

(2)掌握废气再循环系统主要零部件的结构及工作原理;

(3)掌握废气再循环系统常见故障的诊断方法。

技能目标

(1)具备信息查询和电路图识读的基本能力;

(2)能够利用检测设备和工具进行废气再循环系统主要零部件的检修;

(3)能够利用检测设备和工具进行废气再循环系统的就车检测;

(4)能够利用检测设备和工具对废气再循环系统的常见故障进行诊断和修复。

素质目标

(1)培养学生具有爱国敬业、爱党奉献和服务人民的思想;

(2)培养学生具有奋斗精神、奉献精神、创造精神、工匠精神;

(3)培养学生良好的职业道德,培养严格的质量意识、安全意识、环保意识;

(4)培养学生团队意识,养成自主学习的习惯。

建议学时:3学时。

✂ *知识准备*

一、废气再循环的作用及 NO_x 生成机理

废气再循环(Exhaust Gas Recirculation,EGR)系统的作用是把一部分排气引入进气系统中使其和新鲜混合气一起进入汽缸中参与燃烧,其主要目的是减少氮氧化合物(NO_x)的排放。

氮氧化合物(NO_x)是混合气在高温和富氧条件下燃烧时,含在混合气中的 N_2 和 O_2 发生化学反应产生的。燃烧温度越高,N_2 和 O_2 越容易反应,排出的 NO_x 越多,所以减少 NO_x 的较好方法是降低燃烧室的温度。

EGR 系统工作时,一部分废气进入进气系统,与新鲜的燃油混合气混合,使混合气变稀,从而降低了燃烧速度,燃烧压力随之下降,从而有效地减少 NO_x 的生成。

随着 EGR 率的增加,将使燃烧速度减慢、燃烧稳定性变差,HC 和 CO 排放上升,发动机功率下降、油耗增大,因此 EGR 率(EGR 的控制量用 EGR 率表示,其定义为再循环废气的量占整个进气量的百分比)必须适当控制,总的控制要求是:

(1)NO_x 排放量随负荷增加而增加,EGR 率也应随之增加。

(2)发动机冷却液温度低于 50℃时,不应进行废气再循环。

(3)汽油发动机在怠速时,NO_x 排放量不高,不进行废气再循环,中小负荷时将一定量的废气引入燃烧室参与燃烧,全负荷和急加速时,不应进行废气再循环。

(4)柴油发动机在怠速、中小负荷时,将一定量的废气引入燃烧室参与燃烧,但在全负荷时不起作用。

二、废气再循环控制系统

1. 普通废气再循环控制系统

该系统主要由发动机控制单元、废气再循环电磁阀(EGR 电磁阀)、废气再循环阀(EGR 阀)等组成,如图 15-6 所示采用的是废气再循环电磁阀、废气再循环阀分开设计,有的 EGR 系统将废气再循环电磁阀与废气再循环阀合二为一,直接由发动机控制单元控制。

废气再循环(EGR)
控制系统原理

当发动机工作时,发动机控制单元根据曲轴位置传感器(CKP)、节气门位置传感器(TPS)、发动机冷却液温度传感器(ECT)等信号,给废气再循环控制电磁阀提供不同占空比的脉冲电压,使其打开、关闭的平均时间不同,从而得到控制 EGR 阀不同开度所需的各种真空度,获得适合发动机工况的不同的 EGR 率。脉冲电压信号的占空比越大,电磁阀打开时间越长,EGR 率越大;反之,脉冲电压信号的占空比越小,EGR 率越小,当小至某一值时,EGR 控制阀关闭,废气再循环系统停止工作。

2. 带废气再循环位置传感器的废气再循环系统

带 EGR 位置传感器的废气再循环系统如图 15-7 所示,除了有与普通 EGR 控制系统相同功能的废气再循环电磁阀、废气再循环阀以外,在废气再循环阀上还装有一个可以检测

EGR 阀升程的 EGR 位置传感器,该传感器是一个电位计,它向发动机控制单元传送废气再循环阀开度信号,作为控制废气再循环的参考信号,实现 EGR 系统的闭环控制。发动机 ECU 中存储有多种工况下 EGR 阀的最佳提升高度信号。如果实际提升高度值与发动机 ECU 存储的最佳值不同,ECU 便改变 EGR 控制电磁阀上的电压,从而使 EGR 控制电磁阀通过 EGR 真空控制阀提高或降低 EGR 阀上的真空压力,控制进入燃烧室的废气量。

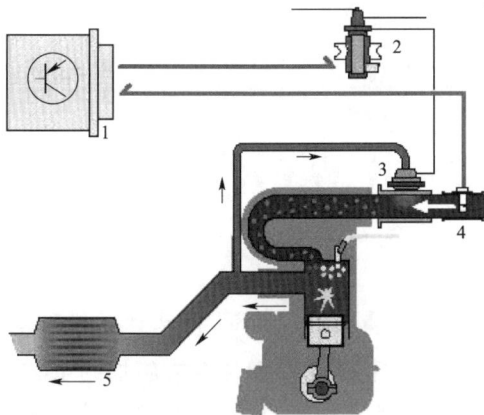

图 15-6 普通 EGR 控制系统

1-发动机控制单元;2-废气再循环电磁阀;3-废气再循环阀;4-空气流量传感器;5-尾气净化装置

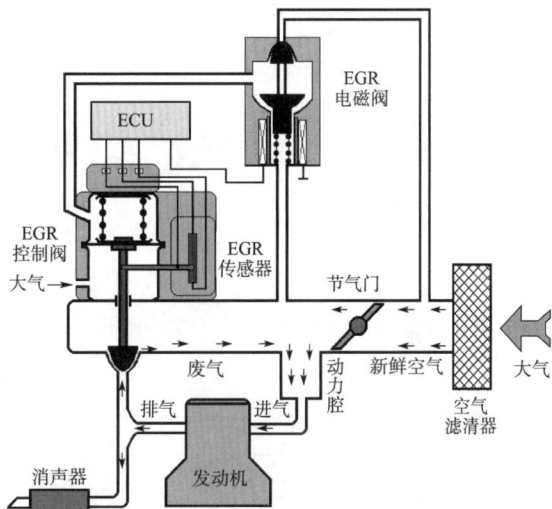

图 15-7 带 EGR 位置传感器的 EGR 控制系统

操作指引

1. 组织方式

(1)场地设施:举升机一台,装有废气抽排系统和消防设施的场地。

(2)设备设施:整车或发动机台架。

(3)工量具:常用工具一套、车辆故障诊断仪、示波器、万用表等。

(4)耗材:熔断丝、线束等。

(5)学生组织:教师指导、分组实训、过程评价。

2. 注意事项

(1)在实训场地应穿着干净整齐的工作服。

(2)听从实训指导教师的安排,严格遵守场地安全规定,注意用电安全。

(3)在操作过程中,注意拆装工具及万用表、诊断仪等设备的使用,拆下的零部件要轻拿轻放,避免磕碰和损坏。

(4)在检测废气再循环系统各部件的线路时,严禁用力拉扯线束。

(5)检测电气元件需断开部件插头时,应提前关闭点火开关。

任务实施

1. 检测废气再循环电磁阀

1)废气再循环电磁阀功能检测

真空测试仪与电磁阀连接 EGR 阀一侧相连,检测电磁阀真空度,开始无真空,电磁阀开始工作后将有真空产生。

2)检测废气再循环电磁阀的电阻值

拔下废气再循环电磁阀线束插头,用万用表测量废气再循环电磁阀两端子之间的电阻,应符合规定值,多数车型通常应在 14~20Ω。

3)废气再循环电磁阀电路检测

断开废气再循环电磁阀线束插接器,接通点火开关,但不起动发动机,用万用表测量其电源端子与搭铁间电压应为 12V 电源电压(有些车需起动发动机)。测量废气再循环电磁阀搭铁端子与发动机 ECU 端子之间的阻值应小于 1Ω。

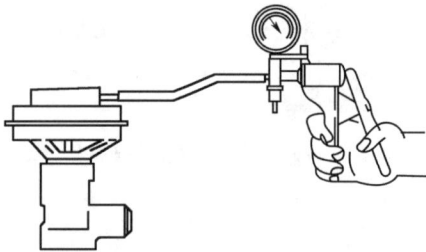

2. 检测废气再循环阀(EGR 阀)及位置传感器

用手动真空泵给 EGR 阀膜片上方施加约 15kPa 的真空度时,如图 15-8 所示,EGR 阀应能开启;不施加真空度时,EGR 阀应能完全关闭。若施加约 51kPa 的真空时,应出现怠速不稳或熄火。若不符合上述要求,说明 EGR 阀工作不良。

EGR 位置传感器的电源电压应为 5V,当 EGR 阀位置改变时,传感器信号应在 0~5V 之间相应改变。

图 15-8　检查 EGR 阀

任务解决方案

1. 故障原因分析

发动机冷起动和怠速时发动机抖动严重,转速升高后基本恢复正常。

2. 故障诊断与排除过程

1)汽车故障诊断仪对车辆系统进行诊断

(1)读取故障码。各系统均都没有故障码存储。

(2)读取数据流。读取节气门位置传感器的数据流,数据在规定范围内,但是开度稍微大一些。

2)故障分析

发动机怠速抖动,但是其他工况症状不太明显,综合分析该故障的主要原因有:

(1)节气门体工作不良。

(2)进气系统漏气。

(3)油路压力低。

检测废气再循环阀
(EGR 阀)及位置
传感器

(4)喷油器工作不良。

(5)火花塞工作不良等。

3)零部件检查

(1)拆下节气门体,发现节气门内部积炭很多,清洗节气门,装复后对节气门体进行基本设定,经试车,怠速有好转,但抖动仍很严重。

(2)在怠速运转情况下,向进气系统中的连接管处喷射化油器清洗剂,发动机转速没有变化,说明进气系统不存在漏气现象。

(3)连接油压表,起动发动机,检查怠速时燃油管路中的压力,符合要求。检查火花塞跳火情况,无异常。测量各汽缸压力,均在正常值范围内。

(4)更换一块发动机控制单元试车,故障依旧。

(5)检查进气歧管,发现进气歧管温度很高,感觉烫手。正常情况下进气歧管是不会烫手的。正常情况下,EGR阀只有在发动机转速升高或中、高负荷时才开启。EGR阀开启后,把排气管中的部分废气引入新鲜混合气中,进入燃烧室参与燃烧,使燃烧室的最高温度降低,从而减少有害气体的排放,但在发动机大负荷和怠速时,EGR阀应关闭,防止排气管中的废气进入进气歧管。会不会是EGR阀(废气再循环阀)将废气漏入进气歧管中了呢?检查EGR阀体,温度很高,初步确定为EGR阀关闭不严。

(6)更换新的EGR阀,再次试车,故障完全排除。

3. 故障小结

EGR阀关闭不严,怠速时排气管中的废气就会进入进气歧管,使混合气过稀,导致发动机怠速抖动;加速时由于喷油器的喷油脉宽加大,即使EGR阀关闭不严,从排气管进入进气歧管中的废气对混合气浓度的影响也不会太大,所以转速升高后发动机不抖动。

任务小结

(1)废气再循环系统的主要包括废气再循环电磁阀、废气再循环阀等。

(2)废气再循环系统系统的作用是把一部分排气引入进气系统中使其和新鲜混合气一起进入汽缸中参与燃烧,其主要目的是减少氮氧化合物(NO_x)的排放。

(3)废气再循环系统主要包括功能检测、废气再循环电磁阀和废气再循环阀的检测。

(4)废气再循环系统可以通过检测其控制过程是否正常来判断系统是否存在故障。

习题

一、判断题

1.废气再循环系统是降低尾气排放的机外净化装置之一。　　　　　　　　　　(　　)

2.废气再循环阀受发动机控制单元控制。　　　　　　　　　　　　　　　　(　　)

3.废气再循环系统将废气引入进气系统并最终参与燃烧。　　　　　　　　　(　　)

4.废气再循环系统出现故障,发动机会出现无法起动。　　　　　　　　　　(　　)

5.废气再循环系统的英文缩写是EGR。　　　　　　　　　　　　　　　　　(　　)

二、选择题

1.关于废气再循环系统工作的描述正确的是(   )。

    A.持续工作   B.发动机冷态下工作

    C.起动后即开始工作   D.符合工作条件才会工作

2.废气再循环系统不工作则发动机最可能出现的故障是(   )。

    A.发动机动力不足   B.发动机起动不良

    C.发动机无法起动   D.发动机排放超标

3.关于废气再循环电磁阀描述正确的是(   )。

    A.废气再循环电磁阀受发动机控制单元控制

    B.废气再循环电磁阀是开关式电磁阀

    C.废气再循环电磁阀间歇性工作

    D.废气再循环电磁阀直接控制空气进入进气管

4.废气再循环系统将新鲜空气引入的部位是(   )。

    A.节气门后的进气道   B.节气门前的进气道

    C.节气门前后的进气道   D.直接进气缸

5.废气再循环系统起到净化作用的物质主要是(   )。

    A.一氧化碳   B.氮氧化物   C.炭氢化合物   D.二氧化碳

项目十六 发动机综合故障诊断与修复

项目概述

发动机综合故障指的是该类故障会涉及发动机的多个系统,在对此类故障进行分析和诊断时要综合考虑发动机的各个系统,包括发动机点火系统、燃油系统、进气控制系统、辅助控制系统等,既包括发动机的电路故障也包括发动机机械故障。

主要学习任务

1. 发动机总装及性能检测
2. 发动机不能起动故障诊断与修复
3. 发动机怠速不稳故障诊断与修复
4. 发动机动力不足故障诊断与修复

学习任务1 发动机总装及性能检测

任务描述

用户李先生反映,购买的一辆迈腾汽车,行驶约6万km,该车在行驶中经常出现熄火故障,停车后再起动又恢复正常,开始故障发生的频率比较低,后来频率逐渐加大,最终出现发动机无法起动故障。

引起该故障的主要原因可能有发动机电控单元故障、发动机点火系统故障、发动机油路系统故障,发动机线束故障等。需要对发动机各系统检查,确定故障后,进行维修或部件更换并将发动机进行装复。

学习目标

知识目标

(1)掌握发动机总装的方法和流程;

(2)掌握发动机总装的注意事项。

技能目标

(1)具备信息查询和使用手册的基本能力;

(2)能够利用设备和工具进行发动机总装。

素质目标

(1)培养学生具有爱国敬业、爱党奉献和服务人民的思想;

(2)培养学生具有奋斗精神、奉献精神、创造精神、工匠精神;

(3)培养学生良好的职业道德,培养严格的质量意识、安全意识、环保意识;

(4)培养学生团队意识,养成自主学习的习惯。

建议学时:4学时。

知识准备

发动机在拆卸和检查后要进行发动机总体装复及性能检测,这项工作完成的好坏将直接影响发动机能否正常运行,发动机性能能否恢复正常。发动机总体装复必须按照发动机维修手册规定的流程和技术标准。

发动机装复要求(以速腾/迈腾轿车发动机为例):

(1)连接发动机电控单元的插头后才能连接蓄电池接线电缆。

(2)在装复发动机时一定要将所有的连接软管、真空管、进气软管等连接好。

(3)为避免损坏管路和导线,应注意所有运动的或热的部件与其他部件应有足够的距离。

(4)安装所有电缆扎带时应在原位置上重新固定。

(5)更换以规定角度拧紧的螺栓、密封环和密封件。

(6)加注冷却液一定要进行排气。

操作指引

1.组织方式

(1)场地设施:发动机装复专用场地。

(2)设备设施:发动机台架、工作台、工具车、1.8L或2.0L发动机总成。

（3）工量具：发动机拆装专用、常用工具，常用、专用量具等。

（4）耗材：发动机各种密封件、胶带、密封胶等。

（5）学生组织：教师指导、分组实训、过程评价。

2. 注意事项

（1）进入场地穿着干净整齐的工作服。

（2）听从实训指导老师安排，严格遵守场地安全规定，注意用电安全。

（3）操作过程中，注意场地整洁，零部件要摆放有序，确保人身和工件安全。

（4）正确使用专用工具、诊断设备，保持设备的清洁。

任务实施

（1）整理好发动机线束，连接发动机点火系统、燃油系统、进排气系统、各传感器和执行器的线束插头。

（2）连接发动机电控单元的插头，并固定好发动机电控单元。

（3）连接发动机所有的连接软管、真空管、进气软管等。

（4）连接燃油分配器、高压泵相应的油管。

（5）连接发动机冷却水管，加注冷却液。

（6）连接并固定好发动机进气管路。

（7）连接蓄电池接线电缆。

（8）按要求加注发动机润滑油。

（9）连接大众车辆专用故障诊断设备 VAS6150，查询所有的故障存储信息，同时清除由于安装发动机而产生的所有故障信息。

（10）试车，即进行发动机工作性能测试，包括发动机起动工作状态、怠速工作状态、加减速工作状态，以及发动机充电系统、润滑系统、冷却系统等。

任务解决方案

1. 发动机无法起动故障原因分析

该发动机在起动时起动机不转，仪表显示正常，发动机故障灯未点亮。从故障现象看该故障与防盗系统无关，导致该故障的可能原因有：

（1）起动系统故障。

（2）车辆主继电器自身故障。

（3）车辆主继电器连接线路故障。

（4）发动机控制单元故障。

（5）发动机控制单元相关线路故障。

2. 发动机无法起动故障诊断与排除过程

（1）连接大众车辆专用故障诊断设备 VAS6150，查询车辆故障信息，结果诊断仪与发动机电控单元无法通信。

（2）检查发动机控制单元的主供电熔断丝 SB14,熔断丝正常,测量熔断丝接入端,在点火开关接通 ON 时,无电压。

（3）检查发动机控制单元的供电熔断丝 SB13,熔断丝正常,测量熔断丝接入端,电压12V,电压正常。

（4）检测车辆主继电器 J271,继电器正常。

（5）检测主继电器 J271 接线端 85 端子、30 端子的电压为 12V,正常。

（6）检查发动机控制单元供电熔断丝 SC10,熔断丝正常。

（7）检查发动机控制单元供电熔断丝 SC10 接入端电压为 12V,电压正常。

（8）检查发动机控制单元插头 T94/87 针脚电压为 0V,电压应为 12V。

（9）测量 SC10 输出端子到发动机控制单元插头 T94/87 针脚的电阻为无穷大。

（10）更换发动机线束,发动机故障排除。

3. 发动机无法起动故障小结

本案例是因为发动机控制单元供电熔断丝 SC10 到发动机控制单元接线端子之间线路断路,所以发动机控制单元无供电,最终导致发动机电控单元无法工作,从而车辆主继电器 J271 不能工作,发动机无法起动,在诊断时诊断仪与发动机控制单元无法通信。

任务小结

（1）发动机装复应严格按照维修手册进行操作。

（2）发动机装复前应对零件进行检查、清洗,存在问题的应进行更换。

（3）发动机线束应在原位置上重新固定好。

（4）所有连接软管、真空管等一定要连接好。

（5）连接蓄电池接线电缆前应将所有发动机线束连接好。

（6）所有连接螺栓应规定力矩紧固。

习题

一、判断题

1.发动机总装要按照维修手册和实际维修经验进行作业。　　　　　　　　（　　）

2.发动机总装质量对发动机的性能影响很大。　　　　　　　　　　　　　（　　）

3.发动机总装在发动机大修后完成。　　　　　　　　　　　　　　　　　（　　）

4.安装蓄电池是发动机总装的最后一步。　　　　　　　　　　　　　　　（　　）

5.总装的发动机冷却液需要重新添加。　　　　　　　　　　　　　　　　（　　）

二、选择题

1.下列选项中哪一项在发动机总成装复中会涉及(　　　　)。

　　A.添加制动液　　　　B.添加玻璃水　　　　C.添加冷却液　　　　D.添加制冷剂

2.关于发动机装复,以下说法正确的是(　　　　)。

　　A.发动机线束要固定　　　　　　　　　　B.所有连接螺栓都要按规定扭矩拧紧

　　C.加注冷却液后不需要排气　　　　　　　D.总成装复时橡胶软管要更换新件

3.发动机总成装复后需要进行的性能测试有(　　　)。

　　A.发动机起动状态检测　　　　　　　B.发动机怠速状态检测

　　C.发动机加减速状态检测　　　　　　D.汽车高速状态检测

4.发动机总成装复后下列哪项不能通过故障诊断仪进行检测?(　　　)

　　A.燃油压力　　　　　B.进气压力　　　　　C.发动机转速　　　　　D.润滑系统油压

5.下列关于发动机装复的描述中哪一项描述最准确?(　　　)

　　A.发动机高压泵插头没插发动机不能起动

　　B.发动机冷却液未添加发动机无法起动

　　C.发动机润滑油未添加发动机无法起动

　　D.发动机燃油泵插头没插发动机无法起动

学习任务2　发动机不能起动故障诊断与修复

任务描述

　　一辆速腾汽车,行驶里程8.2万km,用户李先生反映车辆停放一个晚上后,早晨不能起动,以前车辆基本正常,没有发生过类似故障,而且车辆按时在维修站进行维护,之前没出现过其他故障,也没有进行过其他维修。

　　引起该故障的主要原因可能有发动机点火系统故障、发动机油路系统故障、发动机起动系统故障等。需要对发动机各系统检查,确定故障后,进行维修或部件更换并将发动机进行装复。

学习目标

知识目标

(1)掌握发动机不能起动故障诊断的方法和流程;

(2)掌握发动机不能起动故障诊断的注意事项。

技能目标

(1)具备信息查询和使用手册的基本能力；

(2)能够利用设备和工具进行发动机不能起动故障诊断。

素质目标

(1)培养学生具有爱国敬业、爱党奉献和服务人民的思想；

(2)培养学生具有奋斗精神、奉献精神、创造精神、工匠精神；

(3)培养学生良好的职业道德,培养严格的质量意识、安全意识、环保意识；

(4)培养学生团队意识,养成自主学习的习惯。

建议学时:4 学时。

知识准备

车辆无法起动涉及多方面的原因,比如起动系统、点火系统、燃油系统、机械系统、电控系统等。

1. 燃油量不足

发动机燃油量不足,导致油路无法建立正常的油压。

2. 发动机起动系统故障

(1)蓄电池电量不足导致起动机运转无力。

(2)蓄电池接线柱接触不良、起动机接线柱接触不良或断路。

(3)起动继电器、起动熔断丝、点火开关、起动机故障,或者它们之间的线路断路或接触不良。

特别注意:如果是自动挡车辆出现起动时起动机不转动,需要查看变速杆是否在 P 挡或者 N 挡(可观察仪表台的挡位指示灯)。

3. 防盗系统故障

(1)点火钥匙失效。

(2)防盗电控单元或防盗模块故障。

(3)识读线圈故障(不同车型名称不同)。

(4)防盗系统线路故障。

4. 点火系统故障

(1)火花塞故障。导致火花塞不能点火或火弱,使发动机混合气无法正常燃烧。

(2)高压线故障。导致火花塞跳火电压过低或无电压。

(3)点火线圈故障。导致不能产生高压电。

(4)分电器故障。导致高压电不能分配到各缸火花塞。

(5)电控单元或点火模块及其线路故障。导致点火系统不能工作。

5. 油路系统故障

(1)喷油器故障。喷油器堵塞、喷油器线路故障、喷油器损坏,导致喷油量过小或不能喷油。

（2）油泵故障。油泵工作不良或损坏、油泵线路故障，导致油路油压低或无油压。

（3）油路油压过低。油泵进油滤网堵塞、油泵工作不良、油泵线路接触不良、汽油滤清器堵塞，导致油路油压过低。

（4）油路油压过高。油压调节器故障，导致油压过高、混合气过浓，发动机无法正常燃烧。

6. 点火正时错误

由于正时皮带过松、正时标记未对正等导致发动机正时偏差过大。

7. 曲轴位置传感器故障

曲轴位置传感器故障、线路故障、信号齿损坏或信号齿与传感器的距离变大，导致信号过弱。

8. 怠速控制系统故障

怠速控制阀卡滞不能打开、节气门体处过脏，导致进气量严重不足。

9. 发动机机械系统故障

汽缸磨损过大、进排气门关闭不严，导致汽缸压力严重不足。

10. 电控单元或线路故障

电控单元内部故障、电控单元供电线路或搭铁线路存在故障。

11. 燃油品质变差

燃油品质变差导致发动机不能正常燃烧。

12. 传感器故障

发动机曲轴位置传感器故障，或出现其他多个传感器不能工作或工作不良，导致发动机无法正常工作。

📖 操作指引

1. 组织方式

（1）场地设施：举升机一台，装有废气抽排系统和消防设施的场地。

（2）设备设施：整车。

（3）工量具：常用工具一套、车辆故障诊断仪、示波器、万用表等。

（4）耗材：熔断丝、线束等。

（5）学生组织：教师指导、分组实训、过程评价。

2. 注意事项

（1）在实训场地应穿着干净整齐的工作服。

（2）听从实训指导教师的安排，严格遵守场地安全规定，注意用电安全。

（3）在操作过程中，注意拆装工具及万用表、诊断仪等设备的使用，拆下的零部件要轻拿轻放，避免磕碰和损坏。

（4）在检测电气与电子元件部件的线路时，严禁用力拉扯线束。

（5）检测电气与电子元件需断开部件插头时，应提前关闭点火开关。

任务实施

1. 首先通过观察仪表排除相关故障

（1）若显示油量不足，则应先添加油量。

（2）若防盗报警灯几秒不熄灭，而是闪烁或常亮，则初步判断防盗系统可能存在故障。

特别提示：有些车型，在防盗系统发生故障时，发动机能正常起动，只是起动后几秒会自动熄火。

（3）若发动机故障报警灯几秒后不熄灭，而是常亮，说明发动机 ECU 中已存有故障信息。

（4）若发动机故障报警灯不亮，则很可能发动机电控单元的供电、搭铁线路存在故障，也有可能是电控单元故障。

2. 起动起动机，观察起动机运转情况

（1）若起动机运转无力，则检测起动系统，蓄电池可能亏电、起动线路可能存在故障、起动机可能存在故障。

（2）若起动机运转正常，则进行下面的检测。

特别注意：在起动机起动时，要注意观察发动机转速表是否摆动。若发动机转速表表针不动，则很可能是发动机转速传感器发生故障。遇此情况，应重点检测发动机转速传感器（曲轴位置传感器）。

3. 利用故障诊断仪读取故障码，查看数据流

若故障诊断仪无法与发动机电控单元进行通信，而能够进入其他电控系统，比如 ABS 系统、安全气囊系统，则应该检查发动机电控单元的供电线路和搭铁线路，这些地方很可能存在故障。

（1）若发动机电控单元中存在故障码，则应该对故障码进行分析，按照故障码进行故障查找。然后要看一下与起动有关的数据流，比如冷却液温度传感器、节气门位置传感器等的信息。

（2）若发动机电控单元中不存在故障码，则应进行下面的检测。

4. 检测点火是否正常，喷油器是否正常工作，油泵是否工作

首先起动起动机（有些车打开点火开关，油泵会工作几秒），查看油泵是否在工作。

（1）若发动机能点火、喷油器也工作，但油泵不工作，则应检查油泵及其相应的线路是否存在故障。

（2）若火弱，则应查找点火系统相关部件，如检查火花塞是否存在故障、高压线是否电阻过大等。

（3）若无火，喷油器工作，则应查找点火模块及线路。

（4）若无火，喷油器也不工作，则应查找曲轴位置传感器，必要时还要查看正时是否严重错误，电控单元及线路是否有故障。

（5）若火正常，喷油器不工作，则喷油器线路可能存在故障。

（6）若火正常，喷油器工作正常，则应检查油路油压是否存在异常。若油压正常，则应检查怠速控制阀是否存在故障，另外查看发动机正时是否存在问题，发动机汽缸压力是否存在不足。

特别提示：发动机无法起动时，别忘了检查是否存在燃油变质的问题。

任务解决方案

1. 故障原因分析

发动机不能正常起动，原因可能有：点火系统、供油系统、发动机机械部分、发动机控制系统和排气系统等。

2. 故障诊断与排除过程

（1）用汽车故障诊断仪检查车辆系统。

首先用汽车故障诊断仪对车辆系统进行诊断，各系统均都没有故障码存储。点火钥匙打开，发动机不运转时的数据流也正常。

由于发动机控制单元能够用诊断仪进行诊断，证明发动机控制单元通信、电源和搭铁没有问题。

（2）检查发动机点火系统。

拆下高压线，安装火花塞试火，发现点火正常，说明发动机点火系统和转速传感器 G28 没有问题。

（3）检查供油系统。

检查汽油泵压力。接上油压表后，起动车辆，发现油压能达到 0.38MPa，说明汽油泵及其控制电路都没有问题。

（4）检查发动机机械部分。

检查汽缸压力，接上汽缸压力表，测量汽缸压力为 1.1MPa，汽缸压力正常。

在检查缸压时，发现火花塞全部都是干的，证明进入发动机汽缸的汽油太少，检查喷油器线路。在插头上面连接一个二极管试灯，起动发动机时试灯闪烁，说明喷油器控制线路正常。在起动车辆的同时喷入化油器清洗剂，发动机可以着车。

由此得出结论：发动机混合气过稀，导致不能着车。

（5）示波器检测喷油器起动时的喷油时间。

通过与正常波形对比，明显发现故障车喷油时间太短，引起混合气太稀，从而导致车辆无法起动。

发动机的基本喷油时间决定于发动机负荷和转速。

（6）检查发动机转速传感器和进气压力传感器。

进一步检测发动机转速传感器和进气压力传感器，均正常。于是更换发动机控制单元，故障排除。

发动机控制单元接收发动机转速和负荷信号来控制喷油时间。当发动机控制单元故障时，即使能正常接收信号，也可能存在不能控制正常喷油。

3. 故障小结

发动机控制单元本身较难判断其自身是否正常,可以先通过容易判断的传感器和执行器进行检测,用排除法来判断其是否正常。

任务小结

(1)发动机不能起动故障主要包括防盗系统故障、点火系统故障、燃油系统故障等。

(2)发动机不能起动故障包括元件故障、线路故障和电控单元故障等。

(3)发动机不能起动故障诊断首先应使用故障诊断仪读取故障信息、查看相关数据流,明确故障诊断的方向,然后按照由简到繁、由易到难的原则进行诊断。

(4)发动机不能起动故障涉及电气故障和机械故障,应该用故障诊断仪、示波器、万用表等多种设备配合诊断,从而可以高效快速地进行诊断。

习题

一、判断题

1. 发动机不能起动时若显示油量不足,则应先添加燃油。   （   ）

2. 发动机不能起动,若仪表的发动机故障报警灯显示正常,说明发动机一定不会有故障。   （   ）

3. 若起动机运转无力,则需检测起动电路和蓄电池是否亏电。   （   ）

4. 若故障诊断仪无法与发动机电控单元通讯则说明发动机控制单位存在故障。（   ）

5. 若发动机高压油泵不工作发动机无法起动。   （   ）

二、选择题

1. 下列选项中哪一项会导致发动机无法起动。(   )

    A. 冷却液不足   B. 燃油量不足

    C. 增压器不工作   D. 正时调节系统不工作

2. 以下说法不准确的是(   )。

    A. 发动机无法起动需检查点火系统   B. 发动机无法起动需检查供油系统

    C. 发动机无法起动需检查进气系统   D. 发动机无法起动需检查排气系统

3. 下列哪项是发动机起动需要的最重要的信号是(   )。

    A. 进气压力信号   B. 油压信号

    C. 发动机转速信号   D. 节气门开度信号

4. 发动机不能起动,下列哪项不能通过故障诊断仪进行检测。(   )

    A. 进气温度   B. 进气压力   C. 发动机转速   D. 氧传感器信号

5. 下列关于发动机无法起动的描述中哪一项描述最准确。(   )

    A. 发动机节气门驱动电机不工作不能起动

    B. 发动机点火线圈不工作无法起动

    C. 发动机增压系统不工作无法起动

    D. 发动机进气压力传感器插头没插发动机无法起动

学习任务3 发动机怠速不稳故障诊断与修复

任务描述

一辆装备的888发动机的迈腾汽车,行驶里程5.8万km,用户李先生反映该车最近发动机怠速抖动严重,加速无力。从用户了解到该车一直在维修站按时维护。

引起该故障的主要原因可能有发动机点火系统故障、发动机油路系统故障,发动机进气控制系统故障等。需要对发动机各系统检查,确定故障后,进行维修或部件更换并将发动机进行装复。

学习目标

知识目标

(1)掌握发动机怠速不稳故障诊断的方法和流程;

(2)掌握发动机怠速不稳故障诊断的注意事项。

技能目标

(1)具备信息查询和使用手册的基本能力;

(2)能够利用设备和工具进行发动机怠速不稳故障诊断。

素质目标

(1)培养学生具有爱国敬业、爱党奉献和服务人民的思想;

(2)培养学生具有奋斗精神、奉献精神、创造精神、工匠精神;

(3)培养学生良好的职业道德,培养严格的质量意识、安全意识、环保意识;

(4)培养学生团队意识,养成自主学习的习惯。

建议学时:4学时。

知识准备

发动机怠速不稳可能存在多方面的原因,比如点火系统、燃油系统、进排气系统、机械系统,以及发动机辅助控制系统等。

1. 进气道或与其相连的气体管路及阀体泄漏

多余的空气进入进气道或进气歧管会使发动机混合气偏稀,导致发动机怠速不稳。同样,发动机怠速时,若废气再循环系统故障,使废气进入发动机,也会导致发动机怠速不稳。常见故障原因有:进气总管卡子松动或胶管破裂;进气歧管衬垫漏气;喷油器密封圈漏气;真空管插头脱落、破裂;曲轴箱强制通风(PCV)阀开度大;活性炭罐电磁阀关闭不严或者常开;废气再循环(EGR)阀关闭不严等。

2. 节气门或进气道积垢过多

节气门或周围进气道的积炭、污垢过多,空气通道截面积发生变化,使得电控单元无法精确控制怠速进气量,造成怠速不稳。

3. 怠速空气控制元件故障

怠速空气控制元件指的是控制发动机怠速的怠速电磁阀或怠速电动机。若这些怠速空气控制元件发生故障不工作、工作不良,或者阀体上有油污和积炭都会导致怠速空气控制不准确,使发动机怠速不稳。

4. 进气量控制失准

若发动机冷却液温度传感器、进气压力传感器、空气流量计等传感器或其线路发生故障,电控单元就会接收到错误信号而进行错误的怠速控制,引起发动机怠速进气量控制失准。

5. 燃油系统故障

1)喷油器故障

发动机个别缸的喷油器不工作或工作不良,以及各缸的喷油器喷油量不均、雾化不好,会使各缸发出的功率不一致从而导致发动机怠速不稳。

2)燃油压力故障

油压过低会使喷油器喷出的燃油雾化不良,且使喷油量减少导致混合气过稀;油压过高,实际喷油量增加,使混合气过浓,这两种情况都能导致发动机怠速不稳。常见的燃油压力故障原因有:燃油滤清器堵塞、燃油泵滤网堵塞、燃油泵工作不良、油管变形、燃油压力调节器故障等。

3)喷油量失准

若发动机冷却液温度传感器、进气压力传感器、空气流量计等传感器或其线路发生故障时,电控单元就会接收错误信号而进行错误的怠速控制,引起发动机怠速喷油量控制失准。

6. 点火系统故障

1)点火模块与点火线圈故障

独立点火的发动机,个别缸点火模块或点火线圈不工作或工作不良,导致个别缸不工作或工作不良,造成发动机怠速不稳。如点火模块损坏,点火模块的电源电路、信号电路故障;

点火线圈损坏或工作不稳定等。

非独立点火的发动机,若点火模块或点火线圈工作性能不稳定同样会造成发动机怠速不稳。

近些年来,各车型多将点火模块与点火线圈制成一体,点火模块或点火线圈有故障主要表现为高压火花弱或火花塞不点火。常见原因有:点火触发信号缺失;点火模块有故障;点火模块供电或搭铁线的连接松动、接触不良;初级线圈或次级线圈有故障等。

2)火花塞与高压线故障

火花塞、高压线故障导致火花能量下降或失火。常见原因有:火花塞间隙不正确;火花塞电极烧蚀或损坏;火花塞电极有积炭;火花塞磁绝缘体有裂纹;高压线电阻过大;高压线绝缘外皮或插头漏电;分火头电极烧蚀或绝缘不良。

3)点火提前角失准

由于发动机曲轴位置传感器、凸轮轴位置传感器及其线路故障,导致电控单元收到错误信号使点火提前角不正确。

7. 机械部分故障

1)配气机构故障

配气机构故障导致个别汽缸的功率下降过多,从而使各汽缸功率不平衡。常见原因有:正时皮带安装位置错误,使各缸气门的开闭时间发生变化,导致配气相位失准,各汽缸燃烧不正常;气门工作面与气门座圈积炭过多,气门密封不严,使各汽缸压缩压力不一致;凸轮轴的凸轮磨损,各缸凸轮的磨损不一致导致各汽缸进入空气量不一致;气门相关件有故障,如气门推杆磨损或弯曲、摇臂磨损、气门卡住或漏气、气门弹簧折断等。

若进气门背部存在大量积炭,则冷起动后积炭会吸附刚喷入的燃油,使进入汽缸的燃油量减小、混合气过稀,从而导致冷车刚起动时怠速不稳。

此外,装有液压挺柱的发动机,在通往汽缸盖的润滑油道上安装有一个泄压阀。当压力高于300kPa时,该阀打开。如果该阀堵塞,会使润滑油压力过高从而使液压挺柱伸长过多,导致气门关闭不严。

2)发动机体、活塞连杆机构故障

发动机体的常见故障有:汽缸衬垫烧蚀或损坏,造成单缸漏气或两缸之间漏气;活塞与汽缸磨损,汽缸圆度、圆柱度超差;汽缸进水后导致连杆弯曲,改变压缩比。

活塞连杆机构的常见故障有:活塞环端隙过大、对口或断裂,活塞环失去弹性;活塞环槽内积炭过多。

发动机体、活塞连杆机构的这些故障都会使个别汽缸功率下降过多,从而使各汽缸功率不平衡。

3)其他原因

对于装备废气再循环系统的发动机,若EGR阀由于积炭等原因发生卡滞并在发动机怠速时开启,会使一部分废气进入燃烧室,导致发动机燃烧变得不稳定,从而怠速不稳。

发动机曲轴、飞轮等转动部件动平衡不合格,以及发动机支撑胶垫损坏、松动同样会引起发动机怠速不稳。

📖 **操作指引**

1. 组织方式

（1）场地设施：举升机一台，装有废气抽排系统和消防设施的场地。

（2）设备设施：整车。

（3）工量具：常用工具一套、车辆故障诊断仪、示波器、万用表等。

（4）耗材：熔断丝、线束等。

（5）学生组织：教师指导、分组实训、过程评价。

2. 注意事项

（1）在实训场地应穿着干净整齐的工作服。

（2）听从实训指导教师的安排，严格遵守场地安全规定，注意用电安全。

（3）在操作过程中，注意拆装工具及万用表、诊断仪等设备的使用，拆下的零部件要轻拿轻放，避免磕碰和损坏。

（4）在检测电气与电子元件部件的线路时，严禁用力拉扯线束。

（5）检测电气与电子元件需断开部件插头时，应提前关闭点火开关。

⏱ **任务实施**

1. 利用故障诊断仪进行诊断

发动机电控单元都具有自诊断功能，因此应该先利用电控单元的自诊断功能，查看是否有故障信息记录，从而为维修人员提供诊断方向。

（1）读取故障码。查看是否存在永久性或偶发性故障码，如果有故障码，则应该分析哪些故障码与怠速不稳故障有关。若有多个故障码，则应该对故障码进行分析，分析各故障码之间是否具有关联性，同时了解故障码发生的原因、影响因素。分析完成后，即可根据故障码进行下一步检修。若没有故障码，则应该按照常规诊断方法进行诊断，重点检查发生故障但电控单元不能进行监测和记录故障码的部件。

（2）查看分析数据流。数据流可以提供发动机运转中的实时数据。发生怠速不稳故障时要查看发动机转速、节气门开度、怠速空气流量学习值、怠速空气调节值、怠速　学习值、怠速　调节、吸入空气量、点火提前角、传感器信号电压、冷却液温度等数据。数据实时值、学习值和调整值以实际值或百分率表示，工况以文字表示。如果发现哪项数据流的实际值超出规定范围，则应该分析引起数值偏差的原因，并对相应的部件及线路等进行检修。

（3）还可以利用故障诊断仪的主动测试功能对可能有故障的部件进行动态测试，比如对喷油器、燃油泵等进行主动测试，即可观察它们是否能工作，以此来判断其自身及其线路是否有故障。

2. 其他检测与诊断

根据故障现象、故障码内容、数据流数值确定检测内容。根据检测项目选择万用表、尾气检测仪、燃油压力表、真空表、汽缸压力表、示波器等检测设备。尾气检测和波形分析很重要,非独立点火的发动机也可以用断缸法迅速找到输出功率小的汽缸,使用真空表可以分析影响真空度的具体原因。检测的原则通常是从电到机、从简到繁,尽量在不拆卸或少拆卸的情况下确定故障部位。

诊断提示:在进行发动机怠速不稳的故障诊断时,要注意检查发动机在其他工况是否还存在工作异常情况,如发动机是否有起动不良、加速不良、动力不足、减速熄火等故障。若发动机只是怠速不稳,则在诊断时应该重点考虑影响发动机怠速不稳的故障原因;若还有其他症状,则在诊断时要综合考虑会同时引起多个工况工作异常的故障部位。

任务解决方案

1.故障原因分析

发动机怠速不稳可能是燃油系统、点火系统、进排气系统、机械系统、其他辅助控制系统等出现故障,应先要判断故障是单缸工作不良导致还是多缸工作不良导致。

2.故障诊断与排除过程

(1)首先用汽车故障诊断仪读取发动机故障码,出现 P0300(识别到燃烧断火)、P0301(汽缸 1 燃烧断续器识别)、P0302(汽缸 2 燃烧断续器识别)、P0303(汽缸 3 燃烧断续器识别)、P0304(汽缸 4 燃烧断续器识别),说明发动机电控单元检测到发动机有失火。

因为怠速抖动严重,类似缺缸现象,所以先断缸做试验,效果不明显,证明不是某一汽缸燃烧不好导致。检查火花塞和点火线圈,火花塞表面略有发黑现象,更换火花塞和点火线圈试验,无效。

(2)检查数据流,故障车冷车怠速数据流中,氧传感器调节达到了 22.7%(标准值为 −10% ~ +10%),证明发动机 ECU 检测到了混合气偏稀,对喷油器不断在加浓,达到了 22.7% 后无法继续调节,发动机负荷数据达 55.6%,正常车辆为 10% ~ 25%,喷油脉宽为 4.59ms,进气量为 8.72g/s,节气门开度为 10.20%,均大于正常车辆数据很多,说明发动机电控单元检测到了怠速工况燃烧不良,为了保证发动机能够继续着车运行,需要使节气门开大一些,多喷油。

综合故障码和数据流分析得出该车因为混合气偏稀导致发动机抖动严重,工作无力,混合气过稀可能有五种原因:

①漏气。
②燃油系统故障。
③传感器数据偏差。
④发动机机械故障。
⑤发动机电控单元故障。

(3)对采集数据流进行分析,主要传感器数据无明显偏差,按照故障频率发生高低的顺序先检查是否有漏气的地方,检查各个真空管,无明显裂缝。

(4)检查油路油压,怠速时数据为 3.973MPa,加速可以达到 12MPa,与正常车辆数据无明显差异,据此怀疑喷油器堵塞,查询该车维护记录,均按时使用燃油添加剂。

因为混合气过稀,所以拔下油雾分离器连接进气歧管的真空管,向该管路里面喷化清剂,人工进行加浓处理,结果发现发动机抖动明显减小,怠速有变稳的趋势,而且氧传感器调节值由 22.7% 下降到 10% 左右,因此怀疑喷油器内部堵塞,用超声波清洗机清洗喷油器 20min 后装车,故障消失,数据流恢复到正常状态。

3. 故障小结

后经了解发现,该车虽然定期维护,但是因为没有定期清洗燃油系统,导致喷油器过脏,该车发动机采用缸内直喷技术,对喷油器雾化效果的要求比缸外喷射的发动机要高,如果不能保证燃油系统的清洁,就会导致严重抖动甚至多缸失火的现象发生。

任务小结

(1)发动机怠速不稳故障主要包括点火系统故障、燃油系统故障、进气控制系统故障等。

(2)发动机怠速不稳故障包括元件故障、线路故障和电控单元故障等。

(3)发动机怠速不稳首先应使用故障诊断仪读取故障信息、查看相关数据流,明确故障诊断的方向,然后按照由简到繁、由易到难的原则进行诊断。

(4)发动机怠速不稳故障涉及电气故障和机械故障,应该用故障诊断仪、示波器、万用表等多种设备配合诊断,从而可以高效快速地诊断。

习题

一、判断题

1. 发动机怠速不稳同时会导致发动机动力不足。（　　）
2. 节气门体处过脏可能会导致发动机怠速不稳。（　　）
3. 若发动机出现怠速不稳故障,则发动机电脑中会存有故障信息。（　　）
4. 若发动机排气系统故障,不可能会导致发动机怠速不稳。（　　）
5. 喷油器堵塞或雾化不良,可能导致发动机怠速不稳。（　　）

二、选择题

1. 下列选项中哪一项会导致发动机怠速不稳。（　　）
   A. 高压泵不工作　　　　　　　　　B. 发动机润滑油压力低
   C. 增压器不工作　　　　　　　　　D. 火花塞火弱

2. 以下说法不准确的是（　　）。
   A. 发动机怠速不稳需检查点火系统　　B. 发动机怠速不稳需检查供油系统
   C. 发动机怠速不稳需检查进气系统　　D. 发动机怠速不稳需检查起动系统

3. 下列哪项最容易产生发动机冷车怠速不稳。（　　）
   A. 空气滤清器没按时更换　　　　　B. 燃油滤清器没按时更换
   C. 火花塞没按时更换　　　　　　　D. 喷油器没及时更换

4. 发动机怠速不稳,下列哪项应该优先进行检测。（　　）
   A. 进气温度　　　B. 发动机转速　　　C. 冷却液温度　　　D. 喷油器的喷油脉宽

5.下列关于发动机怠速不稳的描述中哪一项描述最准确。(　　)

　　A.发动机节气门驱动电机不工作发动机怠速不稳

　　B.发动机点火线圈不工作发动机怠速不稳

　　C.发动机增压系统不工作发动机怠速不稳

　　D.发动机进气压力传感器无信号发动机怠速不稳

学习任务4　发动机动力不足故障诊断与修复

任务描述

一辆迈腾汽车,行驶里程11万km,用户李先生反映该车加速无力,故障灯报警,这段时间感觉车的动力性有所下降,用户说该车一直在维修站按时维护。

引起该故障的主要原因可能有发动机点火系统故障、发动机油路系统故障、发动机进气控制系统故障等。需要对发动机各系统检查,确定故障后,进行维修或部件更换并将发动机进行装复。

学习目标

知识目标

(1)掌握发动机动力不足故障诊断的方法和流程;

(2)掌握发动机动力不足故障诊断的注意事项。

技能目标

(1)具备信息查询和使用手册的基本能力;

(2)能够利用设备和工具进行发动机动力不足故障诊断。

素质目标

(1)培养学生具有爱国敬业、爱党奉献和服务人民的思想;

(2)培养学生具有奋斗精神、奉献精神、创造精神、工匠精神;

(3)培养学生良好的职业道德,培养严格的质量意识、安全意识、环保意识;

(4)培养学生团队意识,养成自主学习的习惯。

建议学时:4 学时。

知识准备

发动机动力不足是指发动机无负荷运转时基本正常,但带负荷运转时加速缓慢,上坡无力,加速踏板踩到底时仍感到动力不足,车速提升很慢,达不到最高车速。

发动机动力不足的常见故障原因主要包括以下几种。

(1)发动机进、排气系统堵塞导致进排气不顺畅。

(2)节气门调整不当,不能全开,导致发动机进气不足。

(3)燃油压力过低导致喷油量不足,混合气变稀。

(4)喷油器堵塞或雾化不良,导致空燃比变大。

(5)冷却液温度传感器故障,导致空燃比失调。

(6)空气流量传感器故障导致空燃比失调。

(7)点火正时不当或高压火太弱,导致发动机燃烧不好。

(8)发动机汽缸压缩压力不足,导致发动机燃烧不好。

(9)废气涡轮增压器不工作或工作不良,导致发动机无增压效果。

(10)可变进气系统不工作或工作不良,导致发动机进气不足、排气不畅。

操作指引

1. 组织方式

(1)场地设施:举升机一台,装有废气抽排系统和消防设施的场地。

(2)设备设施:整车。

(3)工量具:常用工具一套、车辆故障诊断仪、示波器、万用表等。

(4)耗材:熔断丝、线束等。

(5)学生组织:教师指导、分组实训、过程评价。

2. 注意事项

(1)在实训场地应穿着干净整齐的工作服。

(2)听从实训指导教师的安排,严格遵守场地安全规定,注意用电安全。

(3)在操作过程中,注意拆装工具及万用表、诊断仪等设备的使用,拆下的零部件要轻拿轻放,避免磕碰和损坏。

(4)在检测电气与电子元件部件的线路时,严禁用力拉扯线束。

(5)检测电气与电子元件需断开部件插头时,应提前关闭点火开关。

任务实施

(1)将加速踏板踩到底,同时读取加速踏板位置传感器和节气门位置传感器的数据流,检查节气门是否存在卡滞、能否全开。

（2）检查空气滤清器有无堵塞：如有堵塞应更换。

（3）进行故障自诊断，检查有无故障码出现：影响发动机动力性的传感器和执行器有冷却液温度传感器、空气流量传感器或进气歧管绝对压力传感器、点火器、喷油器等。按所显示的故障码查找故障原因。

（4）检查节气门位置传感器的怠速开关和全负荷开关是否调整正确：如不正确，应按标准重新调整。

（5）检查点火正时：当发动机温度正常后，怠速时点火提前角及加速时的点火提前角都应符合规定。如点火提前角不正确，应对点火系统或相关部件进行检查。

（6）检查冷却液温度传感器：在不同温度下，冷却液温度传感器的电阻应能按规定标准值变化。如不符合标准值，应更换冷却液温度传感器。

（7）检查空气流量传感器或进气歧管压力传感器：如有异常应更换。

（8）检查各缸火花塞、高压线、点火线圈、点火器等：如有异常应更换。

（9）检查燃油压力：如压力过低，应进一步检查电动燃油泵、油压调节器、燃油滤清器等。

（10）拆卸喷油器，检查喷油量是否正常：如喷油量不正常或喷油雾化不良，应清洗或更换喷油器。

（11）测量汽缸压缩压力：如压力过低，应拆检发动机。

任务解决方案

1. 故障原因分析

发动机动力不足可能是燃油系统、点火系统、进排气系统、机械系统、其他辅助控制系统等出现故障，此类故障不容易确定故障诊断方向，应借助故障诊断仪读取故障码和数据流确定故障诊断的方向。

2. 故障诊断与排除过程

接车后，首先进行试车，故障现象与客户描述的一致，利用汽车故障诊断仪读取发动机故障码，出现 P2015——进气管风门电位计电路故障码，分析造成故障的原因可能是：

（1）进气翻板驱动控制臂脱落。

（2）真空泵止回阀故障。

（3）进气管风门电位计故障。

（4）电磁阀故障。

（5）进气道损坏。

在与客户沟通交流中，客户反映之前在别处更换过进气管风门电位计，没有解决问题，按照由简到难检查，观察在发动机急加速时进气翻板驱动正常，控制臂未脱落。于是对真空泵止回阀进行检查，怠速着车拔下真空管用手阻塞看是否有较强的吸力，当拔下真空管时，发现真空管破损，由此发现问题所在，真空管破损，吸力不足，导致靠真空驱动的翻板不能正常工作。更换真空管后，故障消除。

3. 故障小结

由于真空管破损，在急加速时，进气翻板不能正常工作，导致进气量少，喷油量增加，燃烧不完全,因此出现加速无力,故障灯报警现象。

任务小结

(1)发动机动力不足故障主要包括点火系统故障、燃油系统故障、进气控制系统故障等。

(2)发动机动力不足故障包括元件故障、线路故障和电控单元故障等。

(3)发动机动力不足首先应使用故障诊断仪读取故障信息、查看相关数据流,明确故障诊断的方向,然后按照由简到繁、由易到难的原则进行诊断。

(4)发动机动力不足故障涉及电气故障和机械故障,应该用故障诊断仪、示波器、万用表等多种设备配合诊断,从而可以高效快速地进行诊断。

习题

一、判断题

1.发动机动力不足同时也会出现怠速不稳。 ( )

2.节气门体处过脏可能会导致发动机出现动力不足。 ( )

3.若发动机出现动力不足故障,则发动机电脑中会存有故障信息。 ( )

4.若发动机排气系统故障,不可能会导致发动机动力不足。 ( )

5.喷油器堵塞,可能导致发动机动力不足。 ( )

二、选择题

1.下列选项中哪一项不易导致发动机动力不足。( )

    A.压泵不工作   B.发动机燃油压力低

    C.涡轮增压器不工作   D.曲轴箱通风不工作

2.以下说法不准确的是( )。

    A.发动机动力不足需检查点火系统   B.发动机动力不足需检查供油系统

    C.发动机动力不足需检查进气系统   D.发动机动力不足需检查润滑系统

3.下列哪项最不容易产生发动机动力不足。( )

    A.空气滤清器没按时更换   B.燃油滤清器没按时更换

    C.机油滤清器没按时更换   D.火花塞没按时更换

4.发动机动力不足,下列哪项应该优先进行检测。( )

    A.进气温度   B.发动机转速   C.冷却液温度   D.喷油器的喷油脉宽

5.下列关于发动机动力不足的描述中哪一项描述最不准确。( )

    A.节气门位置传感器故障发动机动力不足

    B.发动机点火线圈不工作发动机动力不足

    C.发动机增压系统不工作发动机动力不足

    D.发动机进气温度传感器故障发动机动力不足

参 考 文 献

[1] 张凤山,张春华.速腾/迈腾轿车快修精修手册[M].北京:机械工业出版社,2011.

[2] 张西振,韩梅.汽车发动机构造与维修[M].北京:机械工业出版社,2005.

[3] 顾瑄.汽车发动机机械系统检修[M].北京:人民邮电出版社,2013.

[4] 黄俊平.汽车发动机维修实训[M].北京:机械工业出版社,2009.

[5] 曹向红.汽车发动机电控系统故障诊断与修复[M].北京:人民邮电出版社,2013.

[6] 舒华,姚国平.汽车电控系统结构与维修[M].北京:北京理工大学出版社,2009.

[7] 吴宗保.汽车发动机电控系统维修实训[M].北京:机械工业出版社,2009.

[8] 丁新隆,吴天林,赵金国.汽车发动机电控系统结构检修[M].长春:吉林大学出版社,2015.

[9] 邢忠义.汽车新结构与新技术[M].北京:机械工业出版社,2008.

[10] 梁勇.汽车发动机构造与维修[M].3版.北京:中国农业出版社,2015.

[11] 侯红宾,李卓,平云光.汽车发动机电控系统检修[M].北京:机械工业出版社,2021.

[12] 申荣卫.汽车发动机电控系统检修[M].北京:机械工业出版社,2020.